La gestión de las piscinas de uso público: derechos, programas y garantías

NATACIÓN

●●● COLECCIÓN: NATACIÓN, DESDE LA ENSEÑANZA AL ALTO RENDIMIENTO

DIRECTORES DE COLECCIÓN:

    Fernando Navarro
        Doctor en Ciencias del Deporte UPM
        Master En Alto Rendimiento Deportivo COE/UAM
        Maestro-Entrenador ENE/RFEN
        Entrenador Olímpico

    Antonio Oca
        Director Técnico de la FNCLM
        Profesor ENE/RFEN
        Ex Seleccionador Nacional de Jóvenes

La gestión de las piscinas de uso público: derechos, programas y garantías

JUAN ANTONIO MESTRE SANCHO
UCV (Valencia, España)

JULIÁN HONTANGAS CARRASCOSA
Ayuntamiento de l'Eliana (Valencia, España)

FRANCISCO ORTS DELGADO
Fundación Deportiva Municipal. Ayuntamiento de Valencia (España)

sb

Madrid - Santiago - Montevideo - Asunción - Lima - Buenos Aires - Bogotá - México

Mestre Sancho, Juan Antonio
    La gestión de las piscinas de uso público : derechos, programas y garantías / Juan Antonio Mestre Sancho ; Julián Hontangas Carrascosa ; Francisco Orts Delgado ; 1a ed . - Madrid : Sb, 2020.
    334 p. ; 23 x 16 cm. - (Natación: desde la enseñanza al alto rendimiento. Serie 4: Contenidos de apoyo ; 1)
    ISBN 978-987-4434-75-3

    1. Deporte. 2. Natación. 3. Gestión. I. Hontangas Carrascosa, Julián. II. Orts Delgado, Francisco. III. Título.
    CDD 797.2106

© Juan Antonio Mestre Sancho / Julián Hontangas Carrascosa / Francisco Orts Delgado
© Sb editorial, 2020
Piedras 113, 4º 8 - C1070AAC - Ciudad Autónoma de Buenos Aires
Tel.: (+54) (11) 2153-0851 - www.editorialsb.com • ventas@editorialsb.com.ar

1ª edición, enero de 2020

Director general: Andrés C. Telesca (andres.telesca@editorialsb.com.ar)
Directores de colección: Fernando Navarro (fnavarrovaldivielso@gmail.com) y Antonio Oca (antonioocagaia@gmail.com)
Diseño de cubierta e interior: Cecilia Ricci (riccicecilia2004@gmail.com)

Queda hecho el depósito que marca la Ley 11.723

Distribuidores
España: Logista Libros • Pol. Ind. La Quinta, Av. de Castilla-la Mancha, 2, Cabanillas del Campo, Guadalajara (+34) 902 151 242 • logistalibros@logista.es
Argentina: Waldhuter Libros • Pavón 2636 - Ciudad Autónoma de Buenos Aires (+54) (11) 6091-4786 • www.waldhuter.com.ar • francisco@waldhuter.com.ar
México: RGS Libros • Av. Progreso 202, Col. Escandón, Del. Miguel Hidalgo, México (+52) (55) 55152922 • www.rgslibros.com • fernando@lyesa.com
Colombia: Campus editorial • Carrera 51 # 103 B 93 Int 505 - Bogotá (+57) (1) 6115736 - info@campuseditorial.com
Chile: Catalonia Libros • Santa Isabel 1235, Providencia - Santiago de Chile (+56) (2) 22099407 - www.catalonia.cl - contacto@catalonia.cl
Uruguay: América Latina Libros • Av. Dieciocho de Julio 2089 - Montevideo (+598) 2410 5127 / 2409 5536 / 2409 5568 - libreria@libreriaamericalatina.com
Perú: Heraldos Negros • Jr. Centenario 170. Urb. Confraternidad - Barranco - Lima (+51) (1) 440-0607 - distribuidora@sansaviero.pe
Paraguay: Tiempo de Historia • Rodó 120 c/Mcal. López - Asunción (+595) 21 206 531 - info@tiempodehistoria.org
Brasil: Librería Española • R. Augusta, 1371 - Loja 09 - Consolação, São Paulo (+55) 11 3288-6434 - www.libreriaespanola.com.br - libreriaespanola@gmail.com

No se permite la reproducción parcial o total, el almacenamiento, el alquiler, la transmisión o la transformación de este libro, en cualquier forma o por cualquier medio, sea electrónico o mecánico, mediante fotocopia, digitalización u otros medios, sin el permiso previo y escrito del editor. Su infracción está penada por las leyes 11.723 y 25.446.

PRESENTACIÓN DE LA COLECCIÓN "NATACIÓN: DESDE LA ENSEÑANZA AL ALTO RENDIMIENTO"

Esta colección de libros de natación titulada "Natación: desde la enseñanza al alto rendimiento" es un ilusionante paso al frente de un relevante grupo de personas que se han visto inmersas y atrapadas por el medio acuático y que, de alguna manera, han interactuado en algún ámbito de aplicación de la práctica o de la ciencia de la natación. Muchos de sus autores son profesores preocupados por la enseñanza de la natación, la gestión de las instalaciones acuáticas, la técnica y el entrenamiento para la mejora del rendimiento en las etapas de formación o en el alto rendimiento, además de un amplio abanico de conocimientos sobre las ciencias de apoyo que contribuyen complementariamente y de forma interdisciplinar a la mejora del rendimiento.

Los libros están basados en el conocimiento científico y en la experiencia práctica de los autores y la intención de facilitar una guía completa de las necesidades que se les pueden plantear a cualquier profesional de la natación a través de métodos pedagógicos, psicológicos, fisiológicos, biomecánicos, de entrenamiento físico, nutricionales, médicos y fisioterapéuticos que pueden ser utilizados para optimizar el rendimiento.

Es una colección que surge con el ánimo de continuidad y con la esperanza de que sea larga y fructífera, dada su gran diversidad y el interés que despierta en diversos campos de actuación, estructurados bajo cuatro grandes bloques de contenidos:

    Bloque 1 – ENSEÑANZA

    Bloque 2 – BASES DE LA PRÁCTICA

    Bloque 3 – DESARROLLO DEL ALTO RENDIMIENTO

    Bloque 4 – CONTENIDOS DE APOYO

Es un proyecto atrevido y pionero por el que nos hemos sentido identificados desde el primer momento en que recibimos la invitación de participar por la editorial Sb y, en particular, por su editor Andrés Telesca. Nos cautivó su afán de llegar a países cercanos y lejanos, con un entusiasmo que no tenemos duda expandirá el conocimiento reciente y actualizado de los avances que vertiginosamente se están produciendo.

Podemos asegurarles que por nuestra parte también pondremos máximo empeño para que así sea.

Fernando Navarro – Antonio Oca
Directores de la Colección

ÍNDICE

PRESENTACIÓN 11
INTRODUCCIÓN 13
GLOSARIO DE TÉRMINOS UTILIZADOS 15

Parte I
LA PISCINA COMO ELEMENTO CENTRAL

1. LA PISCINA Y LAS ACTIVIDADES ACUÁTICAS 21
   Funciones sociales de la piscina. Una aproximación 22
   El derecho al deporte y a la natación 25
   La natación como actividad de interés general 44

2. CONCEPTO DE DEPORTE Y DE LA NATACIÓN COMO
   SISTEMA DEPORTIVO EN LA ACTUALIDAD 49
   Subsistemas deportivos y principales valores 53

Parte II
ASPECTOS PREVIOS SOBRE LA GESTIÓN DE LAS PISCINAS

3. ¿QUIÉN GESTIONA LAS PISCINAS? 63
   El gestor público 65
   El gestor privado comercial 66
   La gestión privada y sus clases. La gestión participada 67

4. ¿QUÉ HA DE TENER EN CUENTA EL GESTOR
   ANTES DE EMPEZAR A GESTIONAR UNA PISCINA? 73
   Planificación de la gestión 74
   El diagnóstico: los estudios sobre hábitos deportivos de la población 82
   Criterios básicos que deben condicionar el diseño de una piscina 92

Áreas que integran la piscina 96
Vasos de piscina. Tipos 97
Otras áreas deportivas 109
Áreas de servicios de apoyo a deportistas 111
Áreas de Administración, Dirección y Social 113
Área de espectadores 115
Superficie total del edificio piscina 116

5. ¿QUÉ OFERTA DEPORTIVA PRESENTAN LAS PISCINAS? 117

Ámbitos de atención
(utilitario, recreativo, terapéutico, competitivo, etc.) 118
Programación y organización de las sesiones deportivas
en el vaso. Propuestas y algunos modelos 122
Cuadrantes de usos 126
Promoción de la oferta 130
Cartas de servicios 139
Redes sociales 141
Organización de competiciones de natación 147

Parte III
LA GESTIÓN Y EVALUACIÓN

6. ¿QUÉ PLANES FACILITAN LA GESTIÓN DE LAS PISCINAS? 153

Normas higiénico sanitarias de funcionamiento y uso 154
Mantenimiento del agua 157
Consumo energético 164
Plan de mantenimiento y conservación de las piscinas 177
La gestión del personal
(puestos, funciones, organigramas, cualificación) 196
Gestión económica 200

7. EVALUACIÓN DE LA GESTIÓN DE PISCINAS 221

Calidad en la gestión de una piscina 222
El cuadro de mandos integral 237
Los sistemas de evaluación de la gestión basados en normas 240
Las cartas de servicios y la calidad en las piscinas
y clubes de natación 246
Indicadores de gestión 248

8. RESPONSABILIDAD SOCIAL Y BUENA GOBERNANZA
EN LA GESTIÓN DE PISCINAS 259
   La responsabilidad sobre el medio ambiente 261
   La responsabilidad ética
   (el género, los colectivos más desfavorecidos...) 272
   El derecho educativo del menor
   en las actividades acuáticas de piscina 275
   La buena gobernanza en gestión de natación. Principios 288

Parte IV
ORGANIZACIÓN INTERNA

9. FUNCIONAMIENTO INTERNO 297
   Normas y reglamentos de funcionamiento 298
   Características generales 298
   Ejemplos de normas de uso para la piscina 299
   Derechos y deberes de quienes acuden a la piscina para nadar 303
   Accesibilidad 304
   Recorridos y circulaciones 307
   Supresión de barreras arquitectónicas 310

10. QUÉ DEBE EVITARSE EN LA GESTIÓN DE UNA PISCINA 315
   Inconcreción acerca de la identidad de la piscina,
   su finalidad y sus intenciones 316
   No asumir los principios de la buena gobernanza en la gestión 316
   Falta de planificación 321
   Despilfarros 322
   Impactos medioambientales 326
   Falta, carencia de normativas o reglamentos 328
   Incumplimiento de los derechos del niño 328

REFERENCIAS BIBLIOGRÁFICAS 331

PRESENTACIÓN DE LA OBRA

El libro que tenemos el gusto de presentar ofrece al lector una panorámica general de la gestión de los "centros de agua", tal como los autores denominan a todo ese ingente conjunto de equipamientos, con el agua como medio, que ofrece posibilidades de educar, disfrutar, competir y/o socializar. En definitiva, actividades acuáticas englobadas en el concepto general de modalidades deportivas o actividades deportivas y aquellas otras más centradas en la ocupación de ocio y recreo.

La aceptación creciente de "la natación como actividad deportiva de interés general" en los países de nuestro entorno abre las puertas a la necesidad, ya no solo el deseo, de facilitar y ampliar la función social, y no solo deportiva, de las piscinas. Para ello hay que saber *quién va a gestionar las piscinas* y *qué oferta se pretende desarrollar*, así como conocer los *planes que facilitarían la gestión* y la *evaluación de la eficacia* de esta.

La planificación de la gestión, como revulsivo y lucha contra la improvisación, forja un laberinto de procedimientos y técnicas, que precisan de una conveniente secuenciación anticipada de acciones para su correcto cometido. Este cometido debe ser avalado por la utilización adecuada de los recursos y el logro eficaz de los objetivos pretendidos.

Todo esto merece una atención preferente en toda persona que está relacionada con el de desarrollo de planes de actividades y uso de las piscinas. Y en ello se han centrado tres grandes referentes de este propósito: Juan Antonio Mestre Sancho, Julián Hontangas Carrascosa y Francisco Orts Delgado. Personas bregadas en el campo de la gestión deportiva y con un gran prestigio por su calidad en la práctica profesional y sus publicaciones afines a su labor de gestión especializada. No se puede augurar una mayor garantía ante tan ambicioso proyecto que aquí se presenta.

Fernando Navarro – Antonio Oca
DIRECTORES DE LA COLECCIÓN

INTRODUCCIÓN

Esta no es la primera ocasión en la que los autores que firmamos esta obra compartimos las páginas de un libro. Es exactamente la cuarta. En las tres publicaciones anteriores el nexo de unión entre nuestros distintos puntos de vista fue una preocupación común por explicar «el buen gobierno» en el ámbito del deporte. Se trataba de verificar cuál era el mejor enfoque, la mejor actuación posible de los poderes públicos con la que satisfacer ciertos derechos fundamentales en el deporte, el derecho a la participación ciudadana, el derecho a la igualdad, o el derecho a la educación. En esta ocasión la causa de que se hayan vuelto a aunar nuestra experiencia y criterio han sido los deportes que se desenvuelven en el medio acuático y todas sus vicisitudes. Tal vez porque el medio acuático, complejo y múltiple, nos permite diagnosticar todos los aspectos que debemos considerar para que un modelo deportivo transfiera adecuadamente todos sus potenciales beneficios a las personas. Por tanto este nuevo libro compartido nos ha exigido una visión más ambiciosa, la que permite contemplar todos los puntos de vista que atañen a un medio deportivo y que irremisiblemente acabarán afectando a las personas y por tanto a todas sus esperanzas, expectativas y derechos.

El medio deportivo acuático existe como un universo propio dentro del mundo del deporte. Un universo alimentado por la fascinación que ha causado siempre en el ser humano y que le ha llevado a construir buena parte de su identidad cultural alrededor del agua.

Llama poderosamente la atención que en la mayoría de nuestras modernas ciudades coincida el hecho de que existan unos mismos patrones constructivos. Algo que se corresponde naturalmente por la existencia de unas mismas necesidades o anhelos. Históricamente ha sido siempre así: La plaza, la fuente, un templo o iglesia, un centro de información o conocimientos (en ocasiones un lavadero y en otras una biblioteca) y por supuesto la sede político-administrativa de la ciudad. Pero las ciudades también han recreando el medio acuático artificialmente, como única manera de satisfacer esa inexplicable necesidad de volver al agua y realizarse en ella. Este ítem constructivo aparece en todo tipo de civilizaciones a lo largo de la historia de la humanidad. De manera intermitente y también de forma desigual, pero existen evidencias arqueológicas de que en las diferentes civilizaciones ha existido siempre una cultura del agua. Evidenciada por las construcciones dedicadas a la recreación en este medio que, en algunos casos, también estaba asociada a prácticas higiénicas y a la práctica de algunos deportes. La evolución de estos patrones constructivos dicen mucho a cerca de la evolución de nuestra sociedad y del grado de cultura, de conocimiento, incluso de refinamiento que puede haber alcanzado una determinada civilización. Las construcciones acuáticas siempre fueron prueba de ello. Desde los baños públicos en oriente medio a las termas de la civilización romana, extendidas a todo el orbe como recintos dedicados a la higiene, la recreación y salud pública, aunque tal vez solo al alcance de una clase privilegiada...

En la actualidad los centros de agua, las grandes piscinas cubiertas de nuestras modernas ciudades, constituyen no solo un patrón constructivo sino un auténtico patrón cultural. La cultura del agua no solo se ha extendido a todas las ciudades del planeta, sino que finalmente parece haber llegado también a todas las clases sociales. Nunca hasta ahora tantos ciudadanos del mundo tuvieron al alcance de sus posibilidades educarse en esta cultura, disfrutar de ella y tener próximo a su vida un acceso tan directo a este medio y a las oportunidades deportivas que ofrece. En definitiva, parece haberse casi universalizado la posibilidad de iniciarse en este medio desde la infancia, en el chapoteo, aprendiendo a flotar y luego a desplazarse, aprendiendo a competir y a compartir, intentando ser mejor utilizando para ello al deporte. Sin embargo y por paradójico que parezca esta extensión popular del derecho a disfrutar del medio acuático, como hace solo unos siglos solo podían disfrutar algunos, puede ser causa de peligros o amenazas si no adoptamos las medidas necesarias.

El agua es un bien poderoso pero escaso por lo que desde siempre ha sido causa de disputa y motivo de regulación legal. Aunque es una fuente de poder inagotable también lo es de grandes riesgos. Y cuando el ser humano domestica su poder en los denominados centros de agua, debe ser consciente de todos los problemas que acechan a una apuesta tan arriesgada: elevadas inversiones y mantenimientos, contaminación ambiental, impacto urbanístico, accesibilidad, programación adecuada, elección de la forma de gestión más eficiente, de los recursos materiales y humanos más adecuados, velando por la viabilidad económica y por un largo etcétera de retos que en esta obra pretendemos identificar, proporcionando las claves para conocerlos y para neutralizar o prevenir todos los peligros que amenazan al gestor que los desconozca.

Ese ha sido al menos nuestro propósito. Pues como ya es sabido, al oficio de escribir, incluso a la necesidad de hacerlo escudriñando alguna parte de la realidad que nos ha tocado vivir, se corresponde la afición de leer, de estudiar, de saber en definitiva, o a la necesidad de hacerlo. De manera que ambas aficiones, pasiones o necesidades parecen conjuntarse de manera irremediable a través de un libro. También de este. Es por eso que los autores de este trabajo queremos hacer llegar al lector y lectora, a las personas estudiosas y estudiantes, cualquiera que hayan sido los motivos para hacerlo, nuestro agradecimiento por haberse asomado a este estudio que esperamos le sea útil y provechoso. Así que quedan invitados a participar en estas páginas que les ofrecemos a continuación.

GLOSARIO DE TÉRMINOS UTILIZADOS

Administración local: Administración municipal (ver «Local»).
Aforo: Número de espectadores que pueden acceder simultáneamente a los espacios destinados a tal fin en una instalación deportiva. Su cálculo se establece según la legislación vigente en cada caso, debiendo figurar en lugar visible de la instalación.
Alberca: Ver «piscina».
Ayuntamiento: «Corporación compuesta por un alcalde y varios concejales para la administración de los intereses de un municipio» (Diccionario de la Lengua Española). Municipalidad.
Buen Gobierno: «Se entiende por buen gobierno aquél que busca y promueve el interés general, la participación ciudadana, la equidad, la inclusión social y la lucha contra la pobreza, respetando todos los derechos humanos, los valores y procedimientos de la democracia y el Estado de Derecho». Código Iberoamericano de Buen Gobierno (2006).
Capital social: Conjunto de valores, normas, expectativas comunes de una organización o comunidad, basadas y soportadas por relaciones de confianza y de reciprocidad. El capital social es necesario y condición para la cooperación, el desarrollo, la cohesión y el bienestar de los miembros de la entidad.
Complejo deportivo: Conjunto integrado de instalaciones deportivas de diversos tipos, normalmente agrupadas, que funcionan independientemente entre sí y que se conocen bajo una misma denominación. Suelen albergar espacios complementarios como vestuarios, oficinas, etc.
Compliance: (cumplimiento) La función que tienen las empresas o las organizaciones en general, como las deportivas, para implantar los procedimientos que aseguren el cumplimiento de las normativas internas de la propia entidad, así como la legislación y las normativas externas.
Consistorio: «En algunas ciudades y villas principales de España, ayuntamiento o cabildo secular.// Casa o sitio en donde se juntan los consistoriales o capitulares para celebrar consistorio» (Diccionario de la Lengua Española).
Corporación: «Organización compuesta por personas que, como miembros de ella, la gobiernan» (Diccionario de la Lengua Española).

Demanda deportiva de natación: Proviene del entorno, se puede considerar como el elemento que propicia primeramente la construcción de la piscina (instalación) y, con posterioridad la oferta de los servicios deportivos de actividades acuáticas correspondientes. Se satisface con la oferta.

Desarrollo sostenible: Se entiende y admite internacionalmente como aquella forma de desarrollo que cubre las necesidades de la generación presente sin comprometer la capacidad de que las futuras generaciones puedan cubrir las suyas, (concepto acuñado por la Dra. Gro Harlem Brundtland, ex primera ministra Noruega en 1987).

Dotación: En urbanismo, suelo destinado a usos o instalaciones del conjunto de los ciudadanos (D.R.A.E.).

Espacio Deportivo: La delimitación espacial destinada a la práctica de una actividad o modalidad deportiva. Equivale al escenario deportivo de algunos países.

Gestión: Como concepto supone la coordinación de los desempeños, planificaciones y ejecuciones, de varias personas, buscando rentabilidad y calidad. El Comité de Desarrollo del Deporte (C.D.D.S.) del Consejo de Europa, definió la gestión como (1987): "el proceso mediante el cual se asume la responsabilidad de la planificación y la regulación dentro de una organización de los recursos –personas, manifestaciones o instalaciones– a fin de realizar unos objetivos determinados".

Gestión directa: Cuando esta se realizada por el mismo sujeto de derecho que es titular del inmueble.

Gestión indirecta: Cuando esta se realizada por un sujeto de derecho diferente al titular del inmueble.

Gobernanza deportiva: Conjunto de normas, procesos y comportamientos que influyen en el ejercicio del poder de las organizaciones deportivas bajo los principios de la apertura, la participación, la responsabilidad, la eficacia y la coherencia en su gestión. (Enunciado propio adaptado de la definición de la Comisión de las Comunidades Europeas en *La Gobernanza europea. Un libro blanco*. COM (2001) 428 final. Bruselas, 25.7.2001).

Graderíos: Conjunto de gradas que sirven de asiento en una piscina, polideportivo, etc.

Instalación deportiva: Denominación genérica que designa los espacios destinados a la práctica deportiva. «Es el espacio de uso colectivo, en el que se ha construido o realizado alguna actuación de adaptación para permitir la práctica físico-deportiva de manera permanente o que sea de general reconocimiento para el desarrollo de estas prácticas. Las instalaciones deportivas se componen de espacios donde se desarrolla la actividad físico-deportiva, que se denominan espacios deportivos (Censo Nacional de Instalaciones Deportivas 2005 de España, Consejo Superior de Deportes, 2007)».

Instalaciones técnicas: Hacer referencia a las instalaciones de fontanería, electricidad, dispositivos de ventilación o calefacción, sistemas de tratamientos de aguas, etc.

Lámina de agua: Superficie superior del agua contenida en un vaso. Es un parámetro de referencia para determinar el aforo de los vasos según la normativa correspondiente.
Local (Administración): Municipal o provincial, que se diferencia de lo provincial y nacional. "Perteneciente o relativo al lugar. //2. Perteneciente a relativo a un territorio, a una comarca o a un país.//3. Municipal o provincial, por oposición a general o nacional" (Diccionario de la Lengua Española).
Localidad: Lugar o pueblo (Diccionario de la Lengua Española).
Medio ambiente: Conjunto de factores físicos, ambientales, culturales, económicos y sociales que rodean al ser humano.
Municipio: Conjunto de habitantes de un término jurisdiccional, regido por un ayuntamiento. También es el término municipal.
Municipal: «El término municipal es el territorio en que el ayuntamiento ejerce sus competencias» (Art. 12.1 de la Ley 57/2003, de 16 de diciembre, de medidas para la modernización del gobierno local. España).
Municipalidad: Ayuntamiento.
Natatorio: Conjunto integrado por piscina o pileta de natación, perímetro circundante y servicios específicos anexos para el desempeño de la actividad que se desarrolla en contacto con el agua: vestuario, duchas, servicios sanitarios, guardarropas, servicio médico, de enfermería y de guardavidas o socorristas. En caso de parques acuáticos incluye instalaciones y equipamientos adicionales: toboganes de agua, piscinas con máquinas de olas y similares (*Directrices Sanitarias para Natatorios y Establecimientos Spa*. Departamento de Salud Ambiental. Dirección Nacional de Determinantes de la Salud e Investigación. Ministerio de Salud de la Nación de Argentina. Buenos Aires, 2014).
Necesidad: Carencia, sentimiento de privación respecto a un bien o un servicio, real o artificialmente creado, que se considera útil y beneficioso, y que se desea satisfacer.
Oferta: Debe entenderse como el conjunto de programas y proyectos deportivos creados para atender las necesidades sociales de práctica deportiva. La oferta, pues, responde y atiende a la demanda deportiva; en otras ocasiones la oferta se adelanta a la demanda, creando la necesidad para, a su vez, satisfacerla.
Pileta: Ver «piscina».
Piscina («Alberca» en México; «Pileta» en Argentina: (Concepto específico): se refiere al estanque o receptáculo con agua del natatorio destinado a la práctica de natación y/o inmersión con todo tipo de objetivos [*Directrices Sanitarias para Natatorios y Establecimientos Spa* (op. cit.)]. Piscina (genérico): edificio que alberga una o varias piletas, también denominados vasos. También la organización de la piscina, bien sea propiedad de un club deportivo, de una entidad empresarial, de una administración pública, generalmente local. El Diccionario de la Lengua Española [Real Academia Española (RAE)], presenta tres acepciones del término piscina; literalmente:

1. Construcción que contiene gran cantidad de agua y que se destina al baño, a la natación o a otros ejercicios y deportes acuáticos.
2. Estanque que se suele hacer en los jardines para tener peces.
3. Lugar en que se echan y sumergen algunas materias sacramentales, como el agua del bautismo, las cenizas de los lienzos que han servido para los óleos, etc.

Planes deportivos: Las grandes líneas de actuación de las entidades deportivas. Las aspiraciones y los valores de la asociación deportiva, que se conocen como su política deportiva, quedan reflejados en los planes de carácter estratégico. Estas aspiraciones se exponen a través de sus fines y se concretan en los planes deportivos.

Planificar la natación: Prever con suficiente anticipación los hechos, las acciones –campeonatos, programas acuáticos específicos, cursos, instalaciones– de forma que puedan ser llevados a la práctica de una forma sistemática y racional, atendiendo las necesidades existentes conforme a las posibilidades de la organización deportiva (piscina, club) con aprovechamiento pleno de los recursos disponibles.

Playa de piscina: Superficie pavimentada antideslizante que rodea al vaso de la piscina.

Programas deportivos acuáticos: Conjunto de actividades y servicios deportivos acuáticos, coordinados e integrados que, partiendo de los planes fijados y de los recursos disponibles, pretenden alcanzar los *objetivos* determinados, de una manera simultánea o sucesiva. Sus horizontes son, por tanto, más concretos y próximos.

Recinto deportivo: Espacios delimitados mediante un cerramiento, destinado a la práctica físico-deportiva.

Servicio: Actividad, oferta o disponibilidad de una parte hacia otra en interacción, normalmente de los empleados y los recursos hacia los clientes, para proporcionar soluciones a necesidades o problemas de éstos.

Servicio deportivo de natación: Actividades acuáticas que planifica y oferta una organización deportiva (piscina, club de natación, empresa de natación, administración pública).

Servicios públicos locales: Los que prestan las entidades locales en el ámbito de sus competencias. Se trata por lo tanto, de actividades de titularidad pública, de interés general, de servicios que se prestan de forma regular y continua y que poseen un carácter económico, por lo que deberán disponer de una organización asignada a dicha prestación.

Sostenibilidad: Ver: Desarrollo sostenible.

Término municipal: El territorio en que un ayuntamiento ejerce sus competencias.

Vaso (de piscina): Recinto contenedor del agua donde se practican las actividades acuáticas.

Parte I
LA PISCINA COMO ELEMENTO CENTRAL

Capítulo 1:   **La piscina y las actividades acuáticas.**
Capítulo 2:   **Concepto de deporte y de la natación como sistema deportivo en la actualidad.**

En estos dos primeros capítulos se realiza un acercamiento a las actividades acuáticas que pueden desarrollarse en una piscina, pileta o alberca, y que se engloban en el concepto general de deporte o actividades deportivas. De esta manera se distinguen de otro conjunto de actividades, sin duda también lúdicas, que pueden tener lugar igualmente en espacios acuáticos artificiales, pero que no constituyen propiamente modalidades deportivas, sino más bien de ocupación de ocio y recreo sin otra intención. Esta diferenciación se aprecia en uno de sus apartados en los que se exponen las «funciones sociales de las piscinas».

En la gestión de una piscina puede ocurrir, como se expone en el último de los capítulos de la obra, el décimo, que no se delimiten con claridad sus funciones. No muy frecuentemente pero sí a lo largo de los años, nos hemos encontrado con organizaciones que gestionaban piscinas que han fracasado, precisamente, por no saber diferenciar y otorgar el correspondiente valor, y tiempo, a las actividades deportivas de natación, a las educativas, y a las de simplemente ocio. En otro de los capítulos se habla sobre los intereses y los hábitos deportivos de la población, que deben de servir para planificar las actividades que se lleven a cabo en la piscina. En esta primera parte del libro se habla brevemente sobre el «concepto de deporte» —tal como lo entiende los autores—, concepto que debe presidir toda gestión deportiva; y relacionado íntimamente con él, los dos apartados que le siguen están dedicados a «la concepción legal de deporte» y a «la regulación del deporte como derecho» que, como se dice en el texto «... el tratamiento legal del deporte es tan variado y distinto como lo son todas sus posibles manifestaciones.»

Un apartado concreto se dedica al «derecho constitucional en la República Argentina» y, ante la imposibilidad de acometer la totalidad de las constituciones iberoamericanas (por no ser el tema de la obra), se hace una «breve referencia a las constituciones mexicanas» de modo que permita apreciar dos constituciones que sí tratan el deporte entre sus contenidos.

¿Es el deporte y en concreto la natación una actividad objeto de interés general? Los dos últimos apartados del capítulo primero, tratan de dar respuesta a esta cuestión; llevan por título respectivamente «el interés general como concepto jurídico indeterminado» y «la natación como actividad deportiva de interés general».

Las piscinas, como las asociaciones deportivas, cumplen una importante función social, se ha dicho que de primer orden. El capítulo aborda de manera extensa esta cuestión «cuál es la función social de una piscina». En su desarrollo se incorporan algunos aportes que inciden en el concepto de deporte que pretenden no desvincular las actividades de gestión del resto de cometidos deportivos, como suele venir ocurriendo con frecuencia. La gestión deportiva no es «otra cosa», la gestión de una asociación deportiva, de una instalación deportiva, como las piscinas, es inherente al sistema deportivo, y a través de este capítulo así se puede apreciar.

Capítulo 1
LA PISCINA Y LAS ACTIVIDADES ACUÁTICAS

Las piscinas existen desde tiempos antiguos. Los ingenieros romanos desarrollaron las piscinas, «termas romanas», además de otras formas de agua estancada que servían para utilidades particulares, por lo general relacionadas con el placer, la recreación, la distinción de clase social, etc. Con la construcción de estos contenedores artificiales de agua se pretendía aprovechar los beneficios de este elemento sin recurrir a los espacios naturales como ríos, lagos, mares, etc.

Las piscinas en algunos países se las denomina «alberca» y «pileta», con significados similares: grandes superficies de agua estancada, charcas artificiales para usos diversos y, por supuesto, contenedores para la práctica de actividades acuáticas y el ocio que exigen saber nadar.

> La palabra piscina viene del latín "piscis" «pez» y originalmente se utilizaba para designar un depósito artificial de agua para peces. Los peces se utilizaban para la limpieza del agua, puesto que se comían las larvas de insectos. También se utilizó para denominar los depósitos de agua que abastecían a los acueductos. Los primeros cristianos utilizaron la palabra piscina para designar la pila bautismal.

Y esta facultad de saber nadar se aprende. No es instintiva, sino que se adquiere esencialmente gracias a factores sensorio-motores y perceptivo-motores muy elaborados (Da Fonseca, 1994). Los reflejos natatorios del recién nacido desaparecen a los pocos meses de vida, si no se trabajan las habilidades natatorias. Con esta intención se ha desarrollado toda una metodología de la enseñanza y el perfeccionamiento de los movimientos y las habilidades en el agua (Navarro F., 1978), con la intención primera de que el medio acuático no resulte hostil para el ser humano y, seguidamente, para la ejercitación de las modalidades deportivas que tienen a la natación como medio o como soporte. Las actividades de gestión contribuyen y permiten al logro de estas intenciones.

Hoy en día las piscinas mantienen algunos rasgos en común como el uso de agua potable que debe ser conservada con productos químicos. Pueden construirse de muy diversas formas y tamaños (como se apunta en la segunda parte de esta obra). Pueden, a su vez, servir para diferentes usos o finalidades sociales. Aquellas que se destinan exclusivamente a fines recreativos cuentan con formas más irregulares; las que se emplean para nadar o para realizar algún tipo de deporte son de forma rectangular y deben respetan una serie de medidas deportivas reglamentarias. También pueden variar en función del material con el que se construyen acero inoxidable, poliéster, hormigón armado, recubiertas de mosaico, etc. En cuanto a la ubicación se pueden diferenciar aquellas que se encuentran en recintos abiertos (piscinas al aire libre) o cerrados (piscinas cubiertas). Asimismo, existen piscinas fijas, portátiles y desmontables.

Funciones sociales de la piscina. Una aproximación

Desde los orígenes del ser humano, los primeros pueblos nómadas tuvieron que adaptarse al medio y convivir con el agua, desplazarse y evitar los accidentes geográficos formados por el agua (ríos, pantanos, mares, etc.). Dicha adaptación no solo responde a la necesidad de seguridad, evitar los riesgos que supone la proximidad al agua, para lo cual es suficiente mantenerse y desplazarse por ella, sino que, además, responde a la búsqueda de un cierto rendimiento, una eficacia en el desplazamiento para conseguir ventajas sobre cómo llegar más lejos o más pronto. La propia evolución de las actividades del ser humano en el agua ha generado otra necesidad, la del esparcimiento e incluso, el reconocimiento y respeto a través del dominio de habilidades o la realización de determinadas proezas.

Con la aparición del deporte moderno la natación adquiere el protagonismo y representa la ambición por la consecución de marcas y records en los diferentes estilos (actualmente, crol, espalda, mariposa y braza). Por otro lado y, al tiempo que se extiende la práctica de la natación y demás disciplinas deportivas, aparece un movimiento popular que va cobrando cada vez más protagonismo y que utiliza la natación como medio de recreación y salud. No obstante, la manifestación utilitaria de la natación (mantenerse y desplazarse en el agua) pervive en el tiempo y continúa vigente dada la necesidad de aprender a nadar para evitar los riesgos que supone el medio acuático. Las actividades acuáticas se convierten, de este modo, en un medio más de la educación física que aprovecha la necesidad social de aprender a nadar para buscar otros beneficios y mejorar el desarrollo integral de los más jóvenes, a través de las prácticas acuáticas.

En Grecia la actividad natatoria era tan popular que para indicar que alguien era una persona sin cultura, un analfabeto, se decía despectivamente de él que no solo no sabía leer ni escribir sino que ni siquiera nadar.[1]

---

1 Platón. *Diálogos*. Vol. 8. *Leyes* (Libros I-VI). Traducción Francisco Lisi. Madrid: Biblioteca Clásica Gredos; 1999.

> «...mientras que hay que llamar sabios a los que son lo contrario de éstos, aunque, como suele decirse, no sepan no sólo ni leer ni escribir sino ni siquiera nadar». Hace referencia a un proverbio ateniense citado por la Suda (111 390, 5-7, ADLER), «no saber nadar ni leer», que hacía referencia a quieres eran ignorantes. Ambas actividades formaban parte de la educación de los niños atenienses.

La función social, e incluso higiénica/medicinal, de los *baños* y *termas* se ha mantenido durante toda la historia hasta nuestros días. En las antiguas ciudades romanas los baños públicos, denominados *thermae* o *therma*, eran lugares en los que se practicaban actividades gimnásticas y lúdicas. También eran considerados lugares de reunión de la clase alta que respondían a una función social y política; lugares ideales para la conversación relajada, el recreo y la relación social. Los baños, tanto públicos como privados, han estado presentes en muchas de las civilizaciones a lo largo de la historia. Son numerosas las prácticas, religiosas y sociales, que han asociado el baño a la limpieza, tanto del cuerpo como del alma (hoy en día continúan este tipo de prácticas de purificación en algunas religiones como la musulmana o la hindú).

La aparición de los deportes modernos trajo consigo la construcción de piscinas de competición. Las primeras piscinas usadas para la natación de competición aparecen en Gran Bretaña a finales del siglo XVIII y la primera institución que organizó competiciones en ellas fue la Nacional Swimming Society, fundada en Londres en 1837. Estas piscinas tenían todavía muchos problemas de construcción debido a la dificultad tecnológica de lograr estructuras capaces de soportar dimensiones tan grandes, y con tal volumen de agua. En los primeros años del siglo XX se produce un auge de piscinas reglamentarias en países como Estados Unidos, Australia y Nueva Zelanda. Los avances tecnológicos en los materiales y las técnicas de construcción permitieron la mejora de calidad de las piscinas. Si tenemos que datar el momento en el que las piscinas se convierten en auténticas instalaciones deportivas, sobrepasando la mera función recreativa, nos tenemos que referir a los Juegos Olímpicos de Londres (1908) dónde se compitió por primera vez en una piscina «olímpica». Aunque fue en Estocolmo (1912) dónde se realizaron las primeras pruebas femeninas y la construcción de la instalación empezó a parecerse bastante, por su calidad, a lo que actualmente son las piscinas reglamentarias. En la actualidad la natación se ha convertido en un deporte olímpico practicado por millones de personas.

Las piscinas/piletas/albercas son, hoy en día, además de instalaciones deportivas, uno de los elementos más interesantes, en términos de recreación y diversión, en la sociedad. Cuando se trata de piscinas construidas para realizar deportes, debemos hablar entonces de piscinas cuadrangulares, debidamente señalizadas y divididas en calles separadas por corcheras.

Sin embargo las piscinas pueden también construirse con meros fines recreativos, en cuyo caso debemos hablar de una diversidad de formas y tamaños: cuadrangulares, redondas, ovaladas, con formas irregulares, etc. Estas piscinas no cuentan en la mayoría de los casos con señalización ya que no están diseñadas más que para permitir el ocio y el juego sin límites de espacio; son características de hoteles y grandes complejos turísticos, además de propiedad particular.

Una de las principales funciones sociales de las actividades acuáticas en la piscina es la enseñanza de la natación. Dirigida a los más jóvenes, poco a poco se extiende esta práctica a toda la población. Ha influido en esta expansión, sin duda, la acción de monitores y profesores de natación, y a entrenadores y profesionales que han sabido difundir los beneficios de las actividades acuáticas como medio educativo y generador de valores, como actividad beneficiosa para la salud y de mejora de la calidad de vida de las personas en este medio. Han aflorado las instalaciones deportivas acuáticas y ha mejorado, de forma sustancial, la calidad de los servicios y programas que se ofrecen en estas instalaciones, en buena medida por la implantación de sistemas de gestión. La oferta de actividades ha avanzado en la línea que la sociedad demanda y necesita. Sin menoscabo de las actividades de entrenamiento para la competición, con fines agonísticos, se ha producido un considerable aumento de las actividades dirigidas al mantenimiento de la salud, alcanzar y consolidar un mínimo de condición física, la diversión y la catarsis.

En esta obra, nos referiremos a la piscina (alberca/pileta) como instalación deportiva, destinada fundamentalmente al desarrollo de actividades acuáticas deportivas, de carácter higiénico, terapéutico, utilitario, educativo, recreativo o de competición.

A lo largo de la historia de la humanidad, la actividad física y el deporte, en función de la dinámica social, adquieren, en cada momento de la historia, en cada contexto espacio-formal, etc., una concepción distinta, según el tipo de práctica (el deporte refleja las propias características, la propia realidad, de la sociedad en la que se desarrolla). Las diferentes civilizaciones, a lo largo de la historia han realizado prácticas físico deportivas para atender diversas necesidades o funciones sociales tales como la supervivencia (caza, guerras), ocupar el tiempo libre (alternativa al ocio, relación social), la salud (el ejercicio físico como forma saludable), la religión (ritos funerarios), etc.

Las actividades físico deportivas desarrolladas en el medio acuático se han extendido de igual forma desde los orígenes del hombre, con intenciones utilitarias asociadas a prácticas de pesca, con fines higiénicos (los baños), defensivos o de seguridad (evitar los riesgos por la proximidad al agua de los asentamientos humanos en ríos, pantanos, mares, etc.), terapéuticos o rehabilitadores (balnearios), educativos (enseñar a nadar como forma preventiva pero también como distinción de clase), competitivos o elitistas (reafirmar el poder o la superioridad sobre los demás), religiosos (temor a no ser enterrados, rituales de purificación, funerarios, etc.).

Los movimientos natatorios han sobrevivido hasta nuestros días y se han perfeccionado mediante el aprendizaje y el entrenamiento. Las competiciones de natación, los juegos, los saltos en el agua, o las diferentes modalidades deportivas de la natación presentes en el programa olímpico, etc., son ejemplos de prácticas físico deportivas desarrolladas en el agua que se han deportivizado.

La sociedad contemporánea posee una serie de características como son, la reducción de la jornada laboral, los avances tecnológicos, una forma de vida rutinaria, de tareas repetitivas, fragmentadas, que fomenta el sedentarismo, que limita la capacidad creadora y de intercambio entre las personas, etc. Por otro lado, han aparecido nuevas enfermedades como el estrés, la depresión, la obesidad, los problemas de columna, las enfermedades cardiovasculares, etc. También a nivel psico n-social podemos destacar otras características como, el excesivo individualismo, el aislamiento y la soledad, es decir, la perdida de la dimensión humana, el deterioro de las relaciones sociales que se encuentran dificultadas por el entorno urbano. Estas características que se han transformado en desequilibrios psico-sociales, han ido en aumento en los últimos años. Uno de los desequilibrios sociales que aparece con fuerza en esta nueva sociedad, es el consumismo. El mercado del ocio, ha conseguido convertir el tiempo libre en tiempo de consumo. Un consumo no siempre beneficioso. Por otro lado, otros factores sociales como el descenso de la tasa de natalidad y el envejecimiento de la población, el protagonismo de la mujer y su incorporación al trabajo remunerado, la pérdida del papel estructurador que tenía la familia, etc., son elementos que están operando un cambio radical en la estructura social y cultural. En estas circunstancias, el deporte, adquiere un valor de sostenibilidad social, se constituye en alternativa válida para hacer frente a estas lacras sociales que caracterizan el siglo XXI. Se reconoce en el deporte un inmenso valor social, un poder político y dinamizador de las relaciones humanas, dado su carácter asociativo y su estructura orgánica. Sus principales valores en la actualidad son la salud, la educación y la relación social. Estos valores transforman al deporte en un bien a proteger por los Estados y sus gobiernos.

El deporte desempeña, pues, una función social de primera magnitud, tales son sus áreas de incidencia: desarrollo humano, educación, salud, socialización, integración social, entre otras. Algunas modalidades deportivas, como la natación, presentan algunas funciones más como son el dominio de un medio no natural para los seres humanos, animales terrestres, y que por ello resulta hostil y peligroso, por lo que debe dominarse hasta naturalizarlo, hasta convertirlo en un medio, en un entorno que le resulte «natural».

El derecho al deporte y a la natación

Desde la antigüedad más remota el ser humano ha invertido su tiempo de ocio en actividades físicas de naturaleza lúdica y recreativa. Las actividades que eran imprescindibles para la supervivencia humana como la caza, la pesca y la recolección, se convirtieron inadvertidamente en actividades recreativas una vez que la supervivencia estuvo asegurada. Tal vez en ese tránsito en el que el trabajo dejó lugar al ocio, nació lo que en la actualidad calificamos ampliamente como actividad físico-deportiva o simplemente deporte. Se trata, como se sabe, de un tipo de actividad espontánea y que ha tenido lugar siempre al margen de la existencia de una regulación normativa o de estructuras asociativas.

> **Julián Hontangas, a este respecto, considera que el ocio es el elemento constructor o fundamento conceptual del deporte, señalando que «la actividad físico-deportiva es tan antigua como la aparición del ocio en el ser humano que ha orientado el empleo de su tiempo disponible a la gratificante tarea de ser consciente de su propia percepción psico-física, experimentando libremente con el movimiento, la respiración, el cansancio y el estiramiento de músculos y tendones... bien directamente como un fin per se o bien mediante juegos reglados dirigidos a obtener un resultado; de un modo individual o colectivo, tanto de forma recreativa, como de un modo competitivo».[2]**

La existencia en el mundo de una actividad como la deportiva, incluso tan extendida y popular como esta, no supone, sin embargo, desde el punto de vista jurídico que se reconozca y exista un derecho propiamente dicho a la práctica deportiva. Para llegar a tal evolución ha sido preciso que el ser humano desarrolle primero el concepto de deporte para luego elevar este a la categoría de derecho subjetivo, dándole existencia en las leyes que rigen la convivencia ciudadana.

A) El concepto de deporte

En cuanto al vocablo deporte, parece oportuno efectuar algunas precisiones. Por un lado porque todo vocablo es la expresión de un concepto y más allá de la expresión gráfica debemos adentrarnos en el significado de esta. Por otro lado debemos considerar que es muy común situar el origen del término deporte en el vocablo anglosajón *sport*. Nada más lejos. Como señalamos anteriormente el término deporte expresa la idea de ocio. Y parece estar perfectamente documentado el origen del vocablo en el castellano antiguo *deportarse* o en su forma verbal *depuerto* utilizado para expresar el gozo, recreo y disfrute del ocio y que incluso podía usarse con un matiz de carácter sexual. Así, en el Cantar del Mío Cid, en la escena en que los caballeros en un juego de armas *se deportaban* a orillas del río Jalón...[3] También en la Crónica refundida en 1344 del Fuero de Iznatoraf, códice del

---

2 Hontangas Carrascosa J. *El Derecho a la salud en el deporte*. Madrid: Reus; 2016, p. 11.
3 Piernavieja del Pozo M. *«Depuerto», «Deporte». Protohistoria de una palabra*. Citius Altius Fortius. Tomo VIII, enero-junio 1966. Fasc. 1-2. Madrid: Comité Olímpico Español; 1966.

siglo XIII, referente jurídico durante seis siglos (Jaén, 1240),[4] aparece la palabra *depuerto* en varias ocasiones al describir escenas de natación con estas palabras: «E muchas donzellas, fijas de muy altos omnes, que con la reine estavan, cada que algunas horas avian gana de bañar en aquella alberca, dexaban al rey e a la reina durmiendo e ivanse folgar allí, aquellas a quien plazía de aquel deporte. E fue así...». Podemos encontrar otros ejemplos en el uso de este vocablo en textos como la *Exposición de la República de Platón* de Averroes (1126-1198) cuando en el capítulo 17 se dice: «...los deportes complicados enferman el cuerpo y el espíritu». Y existen otros autores que utilizan el vocablo de manera inequívoca, como el Padre Mariana (1536-1623) cuando afirma: «Gobernó este capitán las cosas de los moros... por su rey, que vivía ocioso, sin cuidar más que de sus deportes»; o el Arzobispo Fonseca (1512), quien en la *Vida de Christo* escribe: «No porque en el Paraiso tuviese necesidad de buscar aire, a donde sobraban tanto deporte y recreación». Aunque lo bien cierto es que pese a los ejemplos citados la palabra deporte seguramente tenía poco uso. Así Covarrubias no la contempla en su diccionario *Tesoro de la Lengua Castellana*, y los más excelsos autores en lengua castellana como Méndez, Caro, Cervantes, tampoco lo citan a pesar la profusión literaria con la que describieron juegos y también competiciones.[5]

Para el profesor Miguel Piernavieja del Pozo, el término deporte proviene del antiguo provenzal «depuerto» o en su forma verbal «deportarse».

Para calificar a una actividad como deporte algunos autores han creído ver la necesidad de que exista un elemento agónico, de competición o lucha de unos contra otros. Así ocurre al menos en el caso de los deportes de competición que nacieron como juegos reglados y que, practicados individualmente o en equipo, forman parte del universo más mediático del deporte. Pues tales manifestaciones deportivas suelen admitir su contemplación por terceros al cursar como un verdadero espectáculo. En estos supuestos en los que el hecho deportivo puede contemplarse, al suscitar expectativas se cosifica y se convierte en un objeto del ocio pasivo. De su tratamiento como objeto surgen intereses vinculados a su realización y a su imagen, como la retransmisión de sus evoluciones o las apuestas, siempre posibles ante un resultado incierto. En el preciso instante en que se produce la cosificación, al surgir el deporte como producto y como espectáculo, también surge el derecho de los espectadores a la contemplación de dicho espectáculo deportivo, ahora convertidos en consumidores que ostentan

---

4 Fuente: https://elpais.com/diario/2007/11/07/andalucia/1194391333_850215.html. Consultada el 18/01/2018). (Cuenta con una edición facsímil transcrita al castellano actual).
5 Extractado del Museo de la Historia del deporte, accesible en http://www.museodeldeporte.net. Consultada el 18/01/2018.

un abanico de derechos asociados, como son los derechos de acceso, goce pacífico y el derecho a la información. Derechos pasivos que resultan muy distintos y distantes del derecho a practicar deporte al que nos referimos en esta sede.

El concepto más popularizado del deporte siempre estuvo regido por la idea de que quien lo practica persigue la consecución de un resultado medible y demostrable, obtenido en una pugna legítima, reglada, contra un adversario. Un concepto que se queda pequeño cuando somos conscientes de que el adversario más grande siempre somos nosotros mismos. Por lo que las actividades que surgen desde el ocio y en las que el sujeto, sin competir contra otros, se reta a sí mismo intentando superar sus propios límites, constituyen a menudo auténticos deportes de alto riesgo, como ocurre en los casos de la espeleología, la escalada o el alpinismo.

En otras ocasiones el reto deportivo es aparentemente invisible y su fin permanece oculto. Así ocurre en aquellas actividades en las que el propósito implícito es el de recuperar o mantener nuestra salud; un fin que se nos muestra aparentemente desprovisto de esfuerzo competitivo, pese a la presencia de una notable dedicación a vencer nuestra natural resistencia al esfuerzo; resistencia que normalmente es vencida por la inercia de la juventud o por la fuerza de la voluntad. Tal es el caso del uso terapéutico y profiláctico de la actividad física, tan común en la antigüedad de las civilizaciones griega, romana o egipcia, pero también de india o china. Y que nos han legado un saber antiguo que relacionaba la actividad física con la salud de las personas, a través de técnicas milenarias como el chi-kung, el tai-chi o el yoga. Y no se trataba tan solo de una imprecisa intuición o de un uso inconsciente de la actividad física, sino de la instrumentalización consciente de la misma para el logro de un objetivo predeterminado: la preservación o el restablecimiento de la salud del ser humano. Es así como entendemos también una dimensión recreativa del deporte, curse este con o sin competición con otros. En definitiva el denominado «deporte para todos» (en este caso «natación para todos») se caracteriza precisamente porque su realización es posible por cualquier persona, sin necesidad de que los sujetos que lo practican pertenezcan a una élite, a un Olimpo de sujetos que sobrevivieron a una rigurosa selección de sus facultades. Pues el mayor reto deportivo siempre ha consistido en el denodado intento, en la perseverancia, de conocer nuestros límites e intentar superarlos con nuestro propio esfuerzo.

Respecto de ese concepto global de deporte, omnicomprensivo de todas las múltiples manifestaciones que la realidad deportiva es capaz de representar, Hontangas J. apunta a una clasificación entre deporte competitivo y no competitivo, estableciendo un repertorio de parámetros diferenciadores entre una y otra manifestación deportiva que parece tener su origen en los diferentes principios en los que se asienta cada una de estas manifestaciones, al señalar: «En el deporte de competición rige un principio selectivo que se construye desde los principios de mérito y capacidad. En su virtud cualquier sujeto por su propio esfuerzo individual o colectivo y sus propios méritos, puede acceder a la élite en atención al resultado obtenido [...]. Se trata de un modelo de selección natural que se manifiesta como un trasunto de la propia selección biológica por la cual solo sobreviven los sujetos mejor adaptados, más aptos y mejor dotados. La selección que propone la competición deportiva se dirige a formar una élite que tiende a la singularidad, por lo que el modelo propicia el profesionalismo y el espectáculo de un modo natural». Y prosigue. «De otro lado, en las manifestaciones no competitivas del deporte no rige el principio de selección ni tampoco el principio de exclusión. Actúa un principio que podríamos denominar democrático, pues supone el libre acceso permanente a la práctica sin restricción por ninguna condición y sin atención al mérito, la capacidad del sujeto o a los resultados obtenidos. Este tipo de actividad es fácil concebirla desde la realización de un derecho ciudadano, pues a través de la misma se puede acceder a satisfacer otros derechos fundamentales de la persona. Y asimismo es fácil comprender que los poderes públicos asuman constitucionalmente la obligación jurídica respecto de su fomento y protección pública a través del conocido como deporte para todos».[6]

B) La concepción legal de deporte

Por lo que se refiere a la existencia de un concepto legal de deporte debemos tomar como referencia la producción normativa que ha intentado regular esta actividad, en cualquiera de las manifestaciones que esta tiene, competitiva o no competitiva. De tal modo que el concepto actividad físico-deportiva debería ser subsumido en un término más global e inclusivo como lo sería el de deporte, en su acepción más amplia. Una concepción que puede ser fácilmente compartida por todos los países por su carácter universal, pues la realidad fáctica a la que se refiere también lo es. Sin embargo el tratamiento legal del deporte es tan variado y distinto como lo son todas sus posibles manifestaciones.

> Tomando como referencia los textos internacionales la Carta Internacional de la Educación Física y el Deporte (UNESCO 1978), y especialmente en Europa la Carta Europea del Deporte para Todos (1975), Carta Europea del Deporte (Rodas 1992) o el Libro Blanco sobre el Deporte (2007), así como las Directrices para la Actividad Física en la UE (2008), y considerando las nuevas competencias que el Tratado de Lisboa (2007) otorga a la Unión Europea en esta materia, resulta un concepto europeo de deporte que es muy amplio y global pues comprende tanto al deporte competitivo como al deporte no competitivo.

En los países de influencia anglosajona predomina un modelo liberal que asimila el deporte a las actividades privadas. No suelen existir leyes del deporte ni

---

6 Véase Hontangas Carrascosa J. *El Deporte no competitivo en España*. Madrid: Editorial Bosch; 2012.

regulación especial puesto que, con carácter general, los poderes públicos se abstienen de regular o intervenir en el mundo del deporte. Y cuando lo hacen no van más allá de lo que lo harían con cualquier otra actividad privada o producto del mercado. Por el contrario existe un marco regulatorio del deporte en Europa e Hispano-América. Es frecuente verificar que los textos constitucionales hagan referencia al deporte como un derecho fundamental, o como un principio de actuación de los poderes públicos. Y en países como España proliferan las leyes del deporte, tanto a nivel del Estado como en cada una de las 17 Comunidades Autónomas que cuentan con su propia Ley del Deporte. En definitiva, en este entorno cultural se ha considerado que el deporte es una actividad ciudadana digna de protección y de regulación. De sus potenciales beneficios para las personas se ha deducido sin duda un justificado interés público en intentar extender estos potenciales beneficios para toda la ciudadanía, regulando lo necesario para impedir los riegos inherentes a una actividad que *per se* introduce elementos objetivos del riego como son el movimiento, velocidad, altura, contacto, etc. Una regulación normativa que ha elevado a la categoría de «competencia pública» esta necesaria intervención, como medio para preservar su contenido educativo e higiénico, así como para regular su mercado y a todos los potenciales consumidores del mismo, velando por la salvaguarda de todos los derechos fundamentales que acompañan inexorablemente al hecho deportivo como son la educación, la integridad física y moral del individuo, la igualdad, etc. Y que ponen a prueba a los poderes públicos en la rectitud de su intervención y en la preservación de otros principios de actuación que resultan necesarios, como el de buen gobierno y sus principios asociados de transparencia, subsidiariedad respecto de la actuación de los particulares, eficiencia y responsabilidad, entre otros.

C) La regulación del deporte como un derecho

Son las Constituciones y las leyes las normas encargadas de reconocer la existencia de derechos. Como señalan Hontangas *et al.*, en la moderna formulación del Estado de Derecho se pretendió un cambio radical de la condición de súbdito a la de ciudadano: «Las personas superaban su condición de súbdito y accedían a la ciudadanía, o lo que es igual, pasaban de ser personas sometidas a personas con derechos inalienables. Mientras que los derechos y libertades del súbdito dependían de los privilegios de nacimiento o adquiridos por la gracia o la fortuna, la ciudadanía aspiraba a ser acreedora *ex lege* de ciertos derechos fundamentales sólo por el hecho de haber nacido y ser persona».[7]

El derecho al deporte, en cuanto que derecho constitucionalmente reconocido, es un derecho de incorporación tardía puesto que las primeras constituciones nacionales bebieron principalmente de la Declaración de los Derechos del Hombre y del Ciudadano que actuó como obligado referente en la definición de

---

7   Véase Hontangas J.; Mestre J. A.; Orts F. *Género y Deporte, el camino hacia la igualdad*. Madrid: Reus; 2018, p.15.

los derechos personales y los de la comunidad, además de los universales como un trasunto de los derechos naturales del ser humano.

La Declaración de los Derechos del Hombre y del Ciudadano fue aprobada por la Asamblea Nacional Constituyente francesa el 26 de agosto de 1789. Es uno de los documentos fundamentales de la Revolución Francesa (1889-1799).

En el presente epígrafe trataremos de sistematizar la regulación constitucional del derecho al deporte, ofreciendo a los lectores una guía esquemática de la regulación de esta materia, aportando una visión de conjunto que se refiere especialmente al universo jurídico Hispano-Americano. No obstante se estudiará particularmente el tratamiento del derecho constitucional del deporte en España, México y la República Argentina, con referencias a otros países de nuestro entorno cultural. Evidentemente los lectores y lectoras de este trabajo podrán suponer lógicamente que todas las regulaciones que se refieran al deporte como derecho, serán naturalmente trasladables a cualquier modalidad o manifestación de este, incluida la natación, las actividades deportivas en el medio acuático, cuyo estudio pormenorizado constituye el objeto preferente de este libro.

En este apartado debemos acudir al resumen histórico que nos ofrece Pachot K. L., quien nos recuerda que «El primer texto constitucional que explicitó el deporte entre sus contenidos fue el de la extinta República Democrática Alemana, de 6 de abril de 1968, cuando en varios de sus artículos hizo mención al mismo. Cabe destacar, entre ellos, el 25.3, encuadrado en el Capítulo 1 «Derechos y Deberes Fundamentales de los Ciudadanos» de la Parte II, que proclamó que «(…) a fin de lograr la plena realización de la personalidad socialista y dar una cada vez más amplia satisfacción a sus necesidades culturales y a sus aspiraciones creadores, el Estado y la sociedad estimulan la participación de los ciudadanos en la vida cultural, la práctica de los deportes y la cultura física». Finalmente, durante la década de los setenta irrumpió definitivamente el deporte en las Constituciones, destacándose, en este sentido, las promulgadas en los entonces países socialistas, como Bulgaria (1971, artículo 47.2 y 52.1), Rumania (1974, artículos 24 y 27), China (1975, art. 12), Albania (1976, artículos 33 y 36), y la extinta Unión Soviética (1977, artículos 24 y 41), así como en Cuba (1976, artículos 9 inciso b, 15 inciso b, 39 inciso c, 43 y 52, 105 y 106). También en las de Grecia (1975, artículo 16.9), Portugal (1976, artículos 64.2 inciso b, y 79), y España (1978, artículos 43.3 y 148.19)».[8] No obstante esta útil relación de normas constitucionales efectuada por Pachot, el autor solo deja constancia de la incorporación del deporte a los textos constitucionales, aun-

---

8 Véase Pachot Zambrana K. L. *El derecho al deporte en la Constitución y las normas de ordenación del deporte en Cuba*. Tesis doctoral de la Universidad de Oriente. Ciudad de La Habana: Editorial Universitaria; 2008, pp. 34-35.

que sin distinguir en esa relación cuándo se regula el deporte como competencia o cuándo como un derecho constitucional, fundamental de la persona en sentido estricto. Así por ejemplo en la Constitución Española el artículo 148.19 establece que el deporte es una competencia de las Comunidades Autónomas y el artículo 43.3 establece la obligación de los poderes públicos de fomentar la educación física y el deporte. Resultando que en ninguno de los casos aludidos el texto español alcanza a establecer el deporte como derecho ciudadano.

A los efectos del presente apartado nos interesa destacar la regulación del derecho al deporte como derecho fundamental (y por lo tanto de la natación), esto es, aquel que proporciona a la ciudadanía el recurso o la instancia ante los poderes públicos, inclusive en vía jurisdiccional, que permita reclamar o fiscalizar a los particulares el cumplimiento de su contenido. De este modo en España, solo alguna de las 17 leyes autonómicas del deporte (pues así se denominan las leyes sectoriales que lo regulan), reconocen el derecho al deporte.

El primer texto constitucional Hispano-Americano que reconoce la existencia de un derecho al deporte podemos encontrarlo en la Constitución cubana 24 de febrero de 1976 y posteriormente en la portuguesa de 2 de abril de ese mismo año. En la Constitución de Cuba el Estado socialista garantiza en el artículo 9.b, «que no haya persona que no tenga acceso al estudio, la cultura y el deporte». Y el actual artículo 52.1, ubicado en el Capítulo VI denominado Derechos, Deberes y Garantías Fundamentales, la solemne proclamación de que «Todos tienen derecho a la educación física, el deporte y la recreación». Estableciendo en el párrafo siguiente una conexión con los currículos educativos y el acceso al deporte para toda la población, al señalar que «El disfrute de este derecho está garantizado por la inclusión de la enseñanza y práctica de la educación física y el deporte en los planes de estudio del sistema nacional de educación; y por la amplitud de la instrucción y los medios puestos a disposición del pueblo, que facilitan la práctica masiva del deporte y la recreación». El deporte está incluido en el artículo 38.2.h) en las políticas educativas y culturales, de modo que el Estado promueve «el deporte en toda sus manifestaciones como medio de educación y contribución a la formación integral de los ciudadanos». Y el artículo 43 incluye al deporte en el derecho a la igualdad estableciendo una protección trasversal que entroniza al deporte como un bien social, cuando señala que los ciudadanos disfrutan de «los mismos balnearios, playas, parques, círculos sociales y demás centros de cultura, deportes, recreación y descanso».

Por su parte la Constitución portuguesa, fruto de la Revolución de los Claveles, en su artículo 79, incluida en el Título III sobre «*Direitos e Deveres Económicos, Sociais e Culturais*», estableció que «*Todos têm direito à cultura física e ao desporto*». En 1968 el derecho al deporte fue reconocido en el artículo 65 de la Constitución de Nicaragua; En 1986 lo hizo la Constitución de Brasil en el artículo 217; en el artículo 52 de la Constitución de Colombia de 1991, el artículo 4 de la Constitución Mexicana y, finalmente, en el artículo 111 de la Constitución de Venezuela de 1999. Pero asimismo, como nos recuerda Pachot: «en algunos ordenamientos jurídicos el derecho al deporte ha sido reconocido en normas infraconstitucionales, específicamente en las normas legales de ordenación del deporte, llegando a disfrutar, en algunos casos inclusive, de igual eficacia jurídica cual si estuviera constitucionalizado, como en los casos de varios países latinoamericanos, entre los que destaca Venezuela y en España».

Pero pese a la inicial decepción de encontrarnos con algunos textos constitucionales que no citan siquiera la realidad deportiva, debemos expresar la vinculación que el Estado y en su caso los gobiernos autónomos tienen respecto de los tratados y convenciones internacionales, una vez ratificados por los respectivos gobiernos nacionales, son aplicables debiendo transponerse en cada territorio, completando así el marco legal de referencia. En este sentido debemos referirnos a la «Convención Iberoamericana de Derecho de los Jóvenes» (CIDJ), único tratado internacional que reconoce a la juventud como un segmento de la población, como sujetos de derecho y actores estratégicos del desarrollo y que ha sido diseñada y promovida por la Organización Iberoamericana de Juventud (OIJ),[9] estableciendo en su artículo 33 el «Derecho al deporte», del siguiente modo:

«1. Los jóvenes tienen derecho a la educación física y a la práctica de los deportes. El fomento del deporte estará presidido por valores de respeto, superación personal y colectiva, trabajo en equipo y solidaridad. En todos los casos los Estados Parte se comprometen a fomentar dichos valores así como la erradicación de la violencia asociada a la práctica del deporte. 2. Los Estados Parte se comprometen a fomentar, en igualdad de oportunidades, actividades que contribuyan al desarrollo de los jóvenes en los planos físicos, intelectual y social, garantizando los recursos humanos y la infraestructura necesaria para el ejercicio de estos derechos».

Sin embargo debemos hacer la precisión de que, a día de hoy, dicha Convención internacional no ha sido ratificada por la gran mayoría de los países de nuestro entorno cultural. Solo goza de reconocimiento en cinco países, el último de los cuales fue Costa Rica, tras su ratificación por Ecuador, República Dominicana, Honduras y España.

Los tratados y convenciones internacionales en relación al deporte no se han prodigado. Más bien al contrario. El deporte no ha sido objeto de tratados especializados ni de cumbres internacionales. Su visibilidad internacional como competencia pública o como derecho ciudadano ha sido muy limitada en la historia y cuando ha sido objeto de atención, lo ha sido gracias a otras acciones trasversales. Resulta, pues, comprobable que en la mayor parte de las ocasiones los Estados nacionales han intervenido y regulado la realidad deportiva apoyándose en su competencia respecto de otros bienes jurídicos como la seguridad pública, la representación internacional, la territorialidad, la educación o, la más clara de todas ellas y menos usada, la salud. Así la conjunción salud y deporte ha beneficiado al

---

9 Celebrado en Badajoz (España) de 11 de octubre de 2005 que conmemoró la XI Conferencia Iberoamericana de Ministros de Juventud.

mundo del deporte y a la construcción de una competencia pública para justiciar la necesaria regulación normativa. Hasta tal punto que consideramos que este importante derecho ciudadano ha concedido al deporte una competencia pública donde esta podría no ser explícita, tal y como a continuación se expone.

En la definición de la Organización Mundial de la Salud (OMS) (1946) se concibe la salud dentro del triángulo del «completo estado de bienestar físico, mental y social y no meramente la ausencia de enfermedad o incapacidad». A estas dimensiones se agregó en 1992 el concepto de salud ambiental. El concepto holístico de salud tiene en cuenta al ser humano en todas estas dimensiones de manera interdependiente e integrada, bajo la consideración de que el ser humano funciona como una entidad completa en relación al mundo que le rodea.

No podemos olvidar que la OMS ha auspiciado hasta esa fecha hasta ocho conferencias internacionales de promoción de la salud mundial, de las que citaremos la tercera conferencia que tuvo lugar en 1991, en Sundswall (Suecia) y organizada junto con los países nórdicos.[10] En ella se identificaron numerosos ejemplos y planteamientos para crear ambientes favorables a la salud que pudieran utilizar los responsables de la política, los encargados de las decisiones y los activistas comunitarios en los sectores de salud y medio ambiente. Y se estableció la responsabilidad en la acción de gobierno de crear espacios o ámbitos de salud y que genéricamente podemos identificar con espacios y ambientes saludables. Tales ámbitos se refieren tanto al ámbito global, relativo a la interacción del sujeto con el medioambiente, como a una adecuada protección de la salud del ser humano; desde un punto de vista concreto y referido a los espacios en los que se desenvuelve la persona a lo largo de su vida. Espacios en los que el ser humano realiza su actividad sea esta social, cultural, laboral, educativa o deportiva. Debiendo todos estos ámbitos de actividad humana convertirse en espacios de salud o protectores del derecho a la salud del ciudadano.

> En el transcurso de la reunión internacional de promoción de la salud mundial, celebrada en 2010 en Adelaida (Australia), se aprobó la llamada «Declaración de Adelaida sobre salud en todas las políticas» de modo que «El sector de la salud debe aprender a colaborar con otros sectores», al considerar que «la promoción de la salud no es responsabilidad únicamente del sector salud, sino que va más allá de los modos de vida sanos haca el bienestar y los entornos propicios». La 1ª Conferencia fue en Otawa (Canadá) en 1986 y concluyó con la denominada Carta de Otawa. La 3ª en Sunsvall (Suecia). La 4ª en Yakarta (Indonesia) en 1997. La 5ª en México en el año 2000. La 6ª en Bangkok (Tailandia) en 2005. La 7ª en Nairobi (Kenia) en 2009. Y la 9ª en Helsinki (Finlandia) en el año 2013.

---

10 Véase en Hontangas Carrascosa. *El derecho a la salud en el deporte*. Madrid: Editorial Reus; 2016, pp. 66-67.

Por su parte, los pactos de Nueva York de 1996, concretamente el Pacto Internacional de Derechos Sociales, Económicos y Culturales (PIDESC), en su Artículo 12, señala que «Los Estados partes en el presente pacto reconocen el derecho de toda persona al disfrute del más alto nivel posible de salud física y mental».

En ese contexto de una preocupación creciente por la relación entre la salud colectiva y la práctica deportiva surgen, entre otras iniciativas promovidas por la Organización Mundial de la Salud (OMS) el desarrollo, a partir del año 1994, de guías relacionadas con el uso recreativo del ambiente de agua. Este tipo de documentos constituyen una referencia del consenso alcanzado entre los expertos en relación los riesgos que para la salud humana pueden derivarse de la recreación deportiva en el medio acuático. De este proceso resultó la edición de «Guías para Ambientes Seguros en Aguas Recreativas», se dieron a conocer como borradores en dos volúmenes. El volumen 1 se emitió como un borrador en el Congreso de la Asociación Interamericana de Ingeniería Sanitaria y Ambiental (AIDIS) sostenido en Lima, Perú en 1998 y aborda las aguas costeras y dulces. El volumen 2, emitido como un borrador en 2000, aborda las piscinas, spas y los ambientes similares de agua recreativa, al que nos referiremos en el capítulo correspondiente a la normativa de salubridad en las piscinas.[11]

Finalmente debemos recordar que a nivel europeo, las competencias sobre deporte ya son una realidad a partir de la aprobación del tratado de Lisboa. Con la firma de este tratado (Diario Oficial de la Unión Europea, C 306, 17) se introdujeron modificaciones en el Tratado de la Unión Europea y en el Tratado constitutivo de la Unión Europa. El artículo 2 inserta un nuevo título referido a las categorías y ámbitos de competencias de la unión, creando los nuevos artículos 2A al 2E; e incluyendo en este último las competencias de la unión en materia de deporte. El tratado de Lisboa supuso la consolidación definitiva de la conexión conceptual entre la salud de la población con la práctica de actividades físicas, cuya práctica regulada y controlada sea capaz de generar «actividades físicas beneficiosas para la salud» (AFBS).

Tras la aprobación del tratado de Lisboa y considerando la necesidad de apoyar y coordinar a los Estados miembros en el desarrollo de los contenidos del Libro Blanco del Deporte, el Consejo mediante Resolución 2011/ C 162/ 01 aprobó el «Plan de Trabajo Europeo para el Deporte, para 2011-2014» (PTED)[12] en el que se establecía: «El desarrollo de la dimensión europea del deporte, mediante el desarrollo de un Plan de Trabajo Europeo». Dicho Plan detallaba las acciones en el periodo comprendido entre 2011-2014 y que debían poner en marcha los Estados miembros «como valor social del deporte». Cabe destacar que el tratamiento de la salud ciudadana se efectúa desde el ámbito de la promoción (apartado 2.1), claramente diferenciado del ámbito de la represión propio de la lucha contra el dopaje y que se corresponde con la protección de la salud del deportista profesio-

---

11 Pueden consultarse las guías de la OMS en la siguiente web oficial de este organismo: http://www.who.int/water_sanitation_health/bathing/bathing2/es/
12 Plan de Trabajo Europeo para el deporte 2011-2014. Fuente: http://eur-lex.europa.eu/legalcontent.

nal, tratado sistemáticamente por el documento en un apartado diferenciado (2.2). Introduciendo por tanto, a la ya citada diferenciación lingüística entre «deporte» y «actividad física», una nueva diferenciación entre «salud del deportista» y «salud pública» relacionado esta última con la actividades físicas beneficiosas para la salud (AFBS) y el deporte para todos. En este sentido, al señalar la Comisión las acciones concretas de los Estados miembros para que se materializase esta prioridad, señalaba que la exploración de las vías para fomentar la salud se realizase «aumentando la actividad física y la participación en el deporte popular».

A la vista de la normativa internacional relacionada existen suficientes evidencias que nos muestran el camino hacia una competencia pública en materia de deporte y a la construcción de un correlativo derecho subjetivo al mismo. De este modo la competencia habitual y recurrente de cualquier Administración pública en materia de salud y todas las actuaciones que su tutela implica (prevención, protección, promoción, planificación, fomento, etc.) habilitarían a una suerte de competencia implícita para el deporte, para la regulación de la actividad deportiva realizada en lugares de pública concurrencia o promovida por los poderes públicos como un servicio. Puesto que tal competencia está íntimamente relacionada con la responsabilidad pública de comprobar que la suma de factores y variables que intervienen en el hecho deportivo (personales, materiales, de planificación y gestión), han sido verificados y que todos contribuyen eficazmente a la promoción de la salud de la población.

D) El derecho constitucional al deporte en la República Argentina. Breve referencia a las constituciones mexicanas

La Constitución Nacional Argentina de 1853 no recoge el derecho al deporte. La reforma de 1994 básicamente modificó parte de la estructura institucional e incorporó nuevos derechos, a partir del reconocimiento de jerarquía constitucional a los tratados internacionales sobre derechos humanos, pero tampoco en la citada reforma se incluyó el deporte como un derecho ciudadano. En la edición del bicentenario[13] el Dr. Zaffaroni E. R. realizó una presentación del texto constitucional en la que se podía leer: «La Constitución no es un código más, un mero texto legislativo técnico, sino un auténtico producto cultural, y así debe entenderlo el derecho constitucional que la interpreta, salvo que pretenda degradarse a una lógica normativa huérfana de humanidad y de historia». No obstante y pese a esta inspirada frase en la que se reconoce el valor cultural y humanista del texto constitucional de la República Argentina, su tenor literal no alcanza a establecer un marco jurídico para la adecuada utilización del ocio, o un ámbito regulador de los derechos que pueden quedar afectados como consecuencia de la realización de las actividades propias del ocio y el tiempo libre de la ciudadanía.

---

13 Véase https://bibliotecadigital.csjn.gov.ar/Constitucion-de-la-Nacion-Argentina-Publicacion-del-Bicent.pdf

En consecuencia la palabra deporte no aparece en el texto constitucional de la república. No obstante, el artículo 5 señala que: «Cada provincia dictará para sí una Constitución bajo el sistema representativo republicano, de acuerdo con los principios, declaraciones y garantías de la Constitución Nacional...». Por lo que el rigor exigirá que efectuemos una revisión de todos los textos constitucionales provinciales para verificar el reconocimiento de este derecho y el modo de su implantación y desarrollo normativo en todo el territorio de la república (Tabla 1.1).

Verificando si los ciudadanos argentinos tienen reconocido un derecho al deporte, no como espectadores deportivos, sino como ciudadanos activos e involucrados en el desempeño del tiempo libre, en el currículo educativo, como actividad promovida y protegida por los poderes públicos, como estrategia educadora y/o sanitaria; así como, en su caso, si este reconocimiento tiene el mismo grado e implantación en cada una de las 23 provincias del Estado.

Del examen de las constituciones de cada gobierno autónomo resulta que existe un grupo de textos constitucionales que, al igual que ocurre en la constitución nacional, no efectúan cita alguna al concepto deporte, ni a su realidad como derecho o competencia pública. Otro grupo de textos constitucionales sí que efectúan un reconocimiento directo del derecho al deporte en cuanto que derecho ciudadano. Un tercer grupo en el que se reconoce en el deporte una competencia pública, aunque sin el correlativo reconocimiento de un derecho subjetivo que permita la acción de reclamar su implantación, existencia o contenido concreto. Y un último grupo de textos constitucionales que califican al deporte como actividad de interés social, o bien que limitan el derecho a la actividad deportiva a determinados colectivos, como la juventud, tal y como vemos a continuación.

D.1) El deporte como mera actividad social o un derecho sectorial

En este grupo incluimos a la Constitución de Catamarca, que reconoce en su artículo 65.IV.3º al deporte como un derecho, aunque limitado o circunscrito a un determinado sector de la población, los jóvenes. El precepto citado reconoce el derecho de la juventud a: «la educación integral, los deportes, el sano esparcimiento, la ocupación constructiva del tiempo libre...». Sin que un derecho reconocido con una limitación así, pueda entenderse extensible a otros sectores de la población.

Por su parte la Constitución de Córdoba reconoce al deporte como una mera actividad otorgándole un distintivo, ser de interés social. De este modo el artículo 56 considera que, junto a la recreación, la utilización del tiempo libre y el turismo, son actividades que «tienden a complementar el bienestar de la persona y de la comunidad». Pero en ninguno de los casos mencionados, ni en Catamarca ni en Córdoba, el deporte aparece configurado como un verdadero derecho constitucional.

D.2) El deporte como atribución competencial

En el grupo que analizamos a continuación, hemos procedido a revisar aquellas Constituciones provinciales que han previsto al deporte como una competencia pública. Aunque entre estas Constituciones podamos advertir un diferente grado de reconocimiento. En algunos casos se establece como competencia provincial, en otros como competencia municipal, y en otros casos como una atribución de ambas esferas competenciales.

Con carácter general podemos afirmar que las competencias públicas siempre existen para prestar un servicio público, efectuando la necesaria intervención pública que requiere la plena realización de cualquier derecho. Y otorgando así al ciudadano la legitimidad para reclamar su ejercicio, así como las mejores condiciones de realización posibles. Bajo esta perspectiva podemos considerar que el reconocimiento de una competencia pública siempre entraña el reconocimiento implícito de un derecho, pues en el desarrollo de la citada competencia nacerán intervenciones públicas que activarán y harán visibles los derechos naturalmente asociados a su ejercicio. Sin embargo y dado que en estos casos no se efectúa explícitamente la consideración del deporte como un derecho fundamental, o al menos subjetivo, procede efectuar una diferenciación entre estas distintas formas de afrontar el hecho deportivo como competencia y que arroja el siguiente resultado comparativo.

La Constitución de Corrientes en el art. 225.n) reconoce que el deporte es una «atribución del municipio», esto es, como una competencia local propia y expresa, aunque no alcanza a asignarle un valor como derecho subjetivo, sin elevarla por tanto a la categoría de derecho ciudadano. De este modo queda rota la construcción natural de los derechos antes citada y cuyo reverso es siempre la existencia de una correlativa competencia pública.

Al igual que en el caso anterior, el artículo 176.10 de la Constitución de Salta regula las competencias municipales, señalando que «Compete a los Municipios sin perjuicio de las facultades provinciales, con arreglo a las Cartas Orgánicas y Leyes de Municipalidades: [...] 10.La recreación, deporte, esparcimiento y espectáculos públicos». En el mismo grupo podemos incluir la Constitución de San Miguel de Tucumán, en cuyo artículo 145 establece que «La provincia fomentará el deporte en todas sus manifestaciones». Previsión competencial que se completa con la prevista en el artículo 184.4.8 que establece que el municipio, sin perjuicio de las competencias que correspondan a la provincia, asume la de «fomentar la recreación, turismo y deportes».

Con el mismo carácter de «atribución municipal», la constitución de San Juan en su art. 252.12 establece la facultad del municipio para «dictar ordenanzas y reglamentos sobre [...] deportes...». Y en similares términos, se califica como «atribución y deber de los concejos deliberantes» en la Constitución de San Luís, mediante el artículo 258.6, en el que se recoge esta competencia municipal a los efectos de dictar reglamentos y ordenanzas relativas al deporte. E igualmente en la Constitución de Buenos Aires en cuyo artículo 33 se establece que «La Ciudad promueve la práctica del deporte y las actividades físicas, procurando la equiparación de oportunidades».

El deporte también es configurado como «atribución y deber» de los Concejos Municipales, en el artículo 205.5i) de la Constitución de Chaco, incluyéndolo en el mismo apartado junto a las competencias de educación, cultura y turismo.

Y también el artículo 38 del texto constitucional de Río Negro señala como competencia al deporte, pero en este caso circunscrita a una manifestación concreta de este, el deporte aficionado: «El Estado fomenta especialmente el deporte aficionado, la recreación, la cultura y el turismo». Una redacción que parece alejar de las competencias públicas otras manifestaciones deportivas, como serían el deporte de élite, el de alto rendimiento o el deporte profesional.

El grupo se cierra con la constitución de Santiago del Estero que dedica su artículo 38 a la «Práctica del deporte» señalando que «El Estado fomenta la práctica del deporte como medio de desarrollo físico, espiritual y comunitario de sus habitantes». Una redacción que alude a la faceta integradora de la actividad deportiva en el desarrollo integral de la persona, que debe ser objeto de fomento por parte del Estado, aunque sin elevarlo a la categoría de derecho. El texto citado también configura al deporte como un área competencial de los municipios en el artículo 219.8.

D.3) El deporte como derecho ciudadano

En este grupo quedan relacionados los textos que de modo explícito efectúan un reconocimiento del deporte como derecho constitucional. En este grupo podemos incluir a las Constituciones de Entre Ríos, Tierra de Fuego y Chubut.

La Provincia de Entre Ríos efectúa este tipo de reconocimiento al establecer en el art. 27 su dimensión social y afirmar que «El Estado reconoce al deporte como derecho social. Promueve la actividad deportiva para la formación integral de la persona facilitando las condiciones materiales, profesionales y técnicas para su organización, desarrollo y el acceso a su práctica en igualdad de oportunidades. Asegura, a través del Consejo Provincial del Deporte, la participación de la comunidad deportiva en la elaboración, definición y coordinación de las políticas para el área. Preserva, en un marco de solidaridad comunitaria y educativa, la existencia de las instituciones deportivas con fines sociales, protegiendo su infraestructura».

En similares términos se pronuncia el artículo 24 de la Constitución de Tierra de Fuego, con una redacción que sorprende por su alto grado de detalle y por el doble reconocimiento al deporte como derecho subjetivo y como competencia pública, que asimila el derecho al deporte con el derecho subjetivo al desarrollo integral del ser humano, al señalar que «Todo habitante tiene derecho a la práctica del deporte como medio del desarrollo físico, espiritual y comunitario, de su cuerpo y su personalidad. El Estado Provincial promueve la actividad deportiva en todas sus manifestaciones y en particular, aquellos deportes estrechamente vinculados con las características geográficas, climáticas y ecológicas de la Provincia». En este sentido advertimos que los textos de Tierra de Fuego y Santiago del Estero coinciden en asignar al deporte una función instrumental, pues con una redacción idéntica indican que el deporte es un «medio de desarrollo físico, espiritual y comunitario». Esta redacción aproxima el concepto de deporte al propio de prácticas psicofísicas de inspiración oriental y las artes marciales tradicionales que siempre han enfocado su realización a conseguir un cierto equilibrio entre el cuerpo la mente y el espíritu. Y que ha sido retomado en el deporte moderno a través de un concepto holístico de salud. Una redacción constitucional que si bien hereda estos valores introspectivos, propios del deporte no competitivo, ha sabido incorporar el interés público del deporte como medio de desarrollo del «cuerpo social», haciendo patente la función integradora y de cohesión social que cumple el deporte.

Por lo que los textos constitucionales de Tierra de Fuego y Santiago del Estero contienen la previsión constitucional más completa posible del derecho al deporte, al contemplar su faceta como derecho subjetivo y, correlativamente, como herramienta de cohesión social. Un binomio de factores que contribuyen a justificar la existencia de una competencia pública, de la que entendemos se derivará la existencia de servicios deportivos municipales para la ciudadanía. Con un nivel menos intenso de detalle el art. 32 de la Constitución de Chubut establece un derecho de acceso al deporte y una correlativa función de promoción pública del mismo: «Todo habitante tiene derecho a acceder libre e igualitariamente a la práctica del deporte de su preferencia. El Estado promueve los deportes cuyas características se vinculen a las particularidades culturales, ecológicas y geográficas de la región». Pero asimismo es el único texto analizado que vincula el derecho al deporte con el derecho a la salud de un modo explícito, al señalar en el art. 72 cuáles son las políticas provinciales en esta materia, entre las que incluye a la medicina del deporte.

D.4) El desconocimiento del derecho al deporte

En este grupo han quedado incluidas todas las constituciones de la República Argentina que no reconocen ni siquiera citan la realidad deportiva; incluidas aquellas otras que efectúan un reconocimiento de los derechos vinculados al ocio y tiempo libre, incluso circunscritos a ciertos colectivos como la tercera edad. Pero que sin embargo no alcanzan a definir claramente un derecho al deporte o una competencia provincial o municipal a este respecto.

A esta categoría de textos pertenece la Constitución de la Provincia de Jujuy, en cuyo artículo 49 se reconoce el derecho de las personas mayores al goce del tiempo libre sin que este derecho parezca extenderse a otros colectivos ciudadanos, ni tampoco se concrete en un derecho general al deporte o al «goce» que nos proporciona la recreación deportiva durante nuestro tiempo de ocio o tiempo libre.

Tampoco la Constitución de la provincia de La Rioja reconoce el derecho al deporte, aunque en este caso ni siquiera se cita al ocio o al tiempo libre como situaciones vitales que el legislador reconozca o reserve para el ejercicio de otros derechos ciudadanos. Sin embargo, e indirectamente, al regular el derecho de reunión en el artículo 42, podemos considerar que, al menos, las realizaciones tanto individuales como colectivas del deporte pueden quedar amparadas por este otro derecho más general, el de reunión en lugares públicos. Y si bien es cierto que este «derecho a reunirse» queda relacionado con el derecho a manifestarse, ese término en modo alguno excluye a ningún tipo de expresión ciudadana, incluida la práctica deportiva. Pero en un sentido estricto, de la redacción de este precepto no podemos extraer el reconocimiento de un derecho al deporte propiamente, pues a través del derecho de reunión no se crea en la ciudadanía la facultad de exigir a la provincia o al municipio ningún tipo de prestaciones o servicios deportivos.

Por último relacionamos los textos constitucionales de Formosa, La Pampa, Neuquén, Mendoza, Misiones, Santa Cruz y Santa Fe, que no contemplan el hecho deportivo, ni el derecho al deporte ni la competencia pública para promoverlo; ni citan siquiera a estas actividades o a las situaciones de ocio y tiempo libre en las que se produce. Si bien debemos precisar que en el caso de Santa Fe, el artículo 42 establece una regulación parcial e indirecta, que no podemos obviar, al señalar que «Los consumidores y usuarios de bienes y servicios tienen derecho, en la relación de consumo, a la protección de su salud, seguridad e intereses económicos; a una información adecuada y veraz». Lo que implica que en aquellas actividades deportivas en las que los usuarios actúan como receptores de servicios deportivos prestados por un tercero, público o privado, asumen un rol como consumidores de servicios. Y ejercerán un derecho en su doble condición de usuarios/deportistas. Lo que afecta especialmente a las garantías públicas relativas a la prevención y protección de su seguridad y salud, en la práctica de los deportes cuando estos se practican como consecuencia de una prestación retribuida de servicios y en locales de pública concurrencia. A modo de resumen ofrecemos un breve cuadro sinóptico (Tabla 1.1) de la regulación constitucional de derecho al deporte en la República Argentina que ha sido examinado.

De este modo podemos llegar a convenir que toda Administración pública tiene competencia en materia de deporte, bien reconocida explícitamente por la legislación vigente, bien de modo implícito a través de las competencias públicas en materia de salud y el correlativo derecho ciudadano a la salvaguarda de su indemnidad que, en su máxima expresión, compendia el derecho que todo ciudadano tiene a la vida y la integridad física y moral. Pues en la medida que estos derechos se configuran como derechos universales, van más allá de las normativas estatales, locales, o de imaginarias líneas fronterizas.

En conclusión con lo expuesto podemos aventurar que siempre existe una competencia pública en materia de deporte. Y por tanto, de algún modo aún impreciso, también existirá siempre un derecho ciudadano al deporte. Al menos en la medida que no es preciso declarar la existencia de un derecho a ser, a recrearnos o a expresar nuestro ocio. Autores como Goddard A., Sabater A., De Castro Cid B. o García Cotarelo incluyen al deporte entre los denominados derechos económicos, sociales y culturales, como deberes de solidaridad. Justificando Pachot K. L. este encuadre: «Por cuanto su propósito fundamental es asegurar el pleno desarrollo de la personalidad, eje central de los mismos».[14]

---

14 Cfr. Pachot, op. cit.

Tabla 1.1. Regulación del Derecho Constitucional del Deporte en la República Argentina

Constitución	Prevé el deporte como derecho ciudadano	Prevé el deporte como competencia provincial	Prevé el deporte como competencia municipal
Constitución Nacional	No	No	No
Buenos Aires	No	No	Sí (art. 33)
Catamarca	Sí (limitado. art.65.IV.3°)	No	No
Chaco	No	No	Sí (art. 205.5.i)
Chubut	Sí (art 32)	Sí (art. 32)	No
Córdoba	No	No	No
Corrientes	No	No	Sí (art. 225.n)
Entre Ríos	Sí (art.27)	Sí(art.27)	No
Formosa	No	No	No
Jujuy	No	No	No
La Pampa	No	No	No
La Rioja	No	No	No
Mendoza	No	No	No
Misiones	No	No	No
Neuquén	No	No	No
Río Negro	No	Sí (art. 38)	No
Salta	No	Sí (art. 176.10)	Sí (art. 176.10)
San Juan	No	No	Sí (art. 252.12)
San Luis	No	No	Sí (art. 258.6)
S. Miguel de Tucumán	No	Sí (art. 145)	Sí (art. 184.4.8)
Santa Cruz	No	No	No
Santa Fe	No	No	No
Santiago del Estero	No	Sí (art.38)	Sí (art. 33)
Tierra de Fuego	Sí (art.24)	Sí (art.24)	No

Fuente: Elaboración propia de Hontangas Carrascosa J.; 2018.

El valor jurídico del reconocimiento de un derecho es elevado y tiene una gran trascendencia práctica. Efectivamente no es necesario que se reconozca el derecho a jugar al fútbol, o a nadar. Pues se presume que el derecho a efectuar prácticas deportivas, es un derecho implícito en otros derechos, en especial el derecho a la libertad. Pese a lo cual, a los juristas nos sigue pareciendo importante, más bien imprescindible, que las leyes reconozcan los derechos, pues en definitiva la mayor parte de estos surgen de la vida y de la libertad de las personas, cuya capacidad de hacer es infinita. Y al reconocimiento del derecho se acompaña el de los mecanismos legales para hacerlos efectivos ante terceros y ante los poderes públicos, incluso en vía jurisdiccional.

D.5) Breve referencia a las Constituciones Mexicanas

En cuanto a la regulación del deporte en los diferentes Estados soberanos de la República de México, ofrecemos en tabla adjunta un resumen de su regulación (Tabla 1.2). A este respecto cabe señalar que resulta cuanto menos curioso, el hecho de que existan constituciones en algunos de los Estados libres y soberanos de México que, aun cuando no reconocen el derecho al deporte, o ni siquiera establezcan una competencia pública en deporte, sí que efectúan una cita constitucional a su misión rehabilitadora dentro del sistema penitenciario. Así, en muchas de las constituciones analizadas aparece este mismo tenor literal: «el deporte como medio rehabilitador o para lograr la reinserción del sentenciado a la sociedad y procurar que no vuelva a delinquir...». Podemos encontrar esta faceta rehabilitadora o penitenciaria del deporte en los textos de Campeche (art. 125); Aguascalientes (art 58); Chihuahua (apartado XXXVIII); en el artículo 45.B.3 de la Constitución de México; Coahuila (art. 111); Colima (art. 1. VII); Durango (art. 70.25); Guanajuato (art. 8); Nuevo León (art. 17); Oaxaca (art. 17); Quintana Roo (art. 26.C.VII); San Luís Potosí (en la versión reformada de 26 de marzo de 2015; XXI); Yucatán (art. 87.VI.Ter) y Zacatecas (art. 32). Finalmente podemos calificar como singular, la redacción del artículo 120 de la Constitución de Coahuila, en el que: «se declara de interés público el fomento del deporte y la cultura física».

En definitiva, será importante que el legislador no acote las libertades, pero sí defina como quedan involucrados los poderes públicos con su ejercicio, y cómo se crean las vías adecuadas para que pueda exigirse cada derecho, su posible realización y también sus límites. Y del mismo modo, resultará necesario que se relacionen e identifiquen a los responsables públicos que están obligados a velar por su cumplimiento y también por su cuidado.

Tabla 1.2. Regulación del deporte en las Constituciones Mexicanas

Constitución	Prevé el deporte como derecho ciudadano	Prevé el deporte como competencia provincial	Prevé el deporte como competencia municipal
Constitución Federal	Sí (art. 4º)	Sí (art. 4º)	No
Aguas calientes	Sí (art. 4)	Sí (art. 4)	No
Baja California	Sí (art. 7)	Sí (art. 7)	Sí (art. 82.2.VII)
Baja California Sur	No	No	No
Campeche	NO	No	No
Chiapas	Sí (art. 9.XIII)	Sí (art. 9.XIII)	No
Chihuahua	Sí (art. 4.I)	NO	NO
Ciudad de México	Sí (art. 8.E)	Sí (art. 8.E)	SI (art. 53.A.12.IX)
Coahuila de Zaragoza	No	Sí (art. 120)	No
Colima	No	Sí (art. 1.I)	Sí (art. 1.I)
Durango	No	No	No
Guanajuato	Sí (art.3)	Sí (art. 3)	No

Constitución	Prevé el deporte como derecho ciudadano	Prevé el deporte como competencia provincial	Prevé el deporte como competencia municipal
Hidalgo	Sí (art. 5.IX.IX)	Sí (art. 5.IX.IX)	Sí (art. 5.IX.IX)
Jalisco	No	Sí (art. 15.1)	Sí (art. 15.1)
México	No	No	No
Michoacán de Ocampo	No	No	No
Morelos	Sí (art. 1.bis)	Sí (art. 1.bis)	Sí (art. 1.bis)
Nayarit	Sí (art. 7.XIII.10)	Sí (art. 7.XIII.10)	Sí (art. 7.XIII.10)
Nuevo León	Sí (art. 3)	Sí (art. 3)	No
Oaxaca	No	Sí (art. 12)	No
Puebla	No	No	No
Queretaro de Arteaga	Sí (art 3)	Sí (art 3)	Sí (art 3)
Quintana Roo	No	Sí (art. 32)	No
San Luís Potosí	No	No	No
Sinaloa	No	No	No
Sonora	Sí (art. 1, I)	Sí (art. 1, I)	No
Tabasco	Sí (art. 2, XXXI)	Sí (art. 2, XXXI)	No
Tamaulipas	No	No	No
Tlaxcala	No	Sí (art. 26.VIII)	Sí (art. 91.IV)
Veracruz	No	Sí (art. 33.IV)	No
Yucatán	No	No	Sí (art. 85 ter.VI)
Zacatecas	No	Sí (art. 25)	Sí (art. 25)

Fuente: Elaboración propia de Hontangas Carrascosa J.; 2018.

La natación como actividad de interés general

A) El interés general como concepto jurídico indeterminado

La doctrina jurídica siempre ha considerado que la expresión «interés general», aun siendo indeterminada, refiere al interés de los administrados, de todos los ciudadanos. Haciendo que éste término se aproxime al concepto de «bien común».

En la actualidad se considera que el concepto de «interés general» pertenece a la familia de los denominados conceptos jurídicos indeterminados. Compartiendo calificación con otras expresiones jurídicas del mismo rango y naturaleza como las de «justiprecio», «utilidad pública», «urgencia interés social» o «interés público»... que se han convertido en auténticos prototipos de esta categoría.

Como señalan Hontangas et al. «Los juristas han intentado dotar de contenido a la expresión «interés general» para apartarla en lo posible del riesgo de una indeterminación de contenido y de sus nefastas consecuencias, especialmente en el caso de una interpretación no sujeta a control y dirigida a la consecución de objetivos predeterminados que podrían no satisfacer al bien común».[15] Indi-

---

15 Cfr. Hontangas J; Mestre J. A.; Orts F. *El interés general como principio rector de la acción pública en el deporte local*. Madrid: Editorial Reus; 2017.

cando los autores citados que existe un triple riesgo al calificar una actividad deportiva como de interés general. Por un lado el hecho de que cualquiera, y de cualquier modo, puede calificar una actividad deportiva de interés general, sin justificar un contenido a esta expresión y considerando que se daría una especie de «auto-justificación» por el solo hecho de invocar su existencia. En segundo lugar, el riesgo de incurrir en una traducción simple del interés y automática por la que se considere que existe interés general en todo aquello que se presume que interesaría a una mayoría, apelando a un criterio estrictamente cuantitativo y sin valorar otros aspectos. Finalmente, el riesgo de una interpretación interesada y que satisfaga la conveniencia de que quien lo interpreta, obviando la tarea de enfrentar el supuesto de hecho planteado a una evaluación jurídica rigurosa respecto de su contenido y límites legales.

En la actualidad la indeterminación jurídica existente en la expresión interés general o interés público hace necesario que la singularicemos a hechos deportivos concretos. Pues, efectivamente, podemos referirnos a un deporte de base, adaptado, profesional, popular, inclusivo, femenino, de rendimiento, escolar... y por tanto para establecer la concurrencia de un interés general «deportivo» será preciso acotar el tipo de deporte a que nos referimos. Incluso si lo que pretendemos es establecer esta calificación para una modalidad deportiva concreta, como en nuestro caso la natación, será conveniente que detallemos el programa deportivo o la actuación concreta de que se trata. Pues la natación puede ejercitarse de muchas maneras, admite diferentes escenarios de realización y no en todos ellos se satisface un interés público, se beneficia a la ciudadanía, o permite alcanzar o satisfacer otros derechos como la educación o la salud.

Como acertadamente comenta Boquera,[16] «La declaración de que un fin es de interés público significa colocarlo sobre los fines de interés privado o, si se prefiere, subordinar estos fines a aquel. Los hombres, preocupados por los intereses propios, no suelen apreciar que existen intereses superiores a los suyos, aún conscientes de su existencia, tratan de sacrificarlos en beneficio particular». Precisamente por esto, prosigue «también resulta necesario que alguien en la comunidad pueda hacer prevalecer los fines de interés público sobre los fines de interés privado. Con este propósito, el legislador crea y dota de poder público a algunos sujetos. Estos harán efectiva la subordinación de los fines privados a los fines públicos». Conforme a la definición propuesta por Boquera, a quien seguimos en este punto, resultará imposible que una actividad deportiva mercantilizada, regida por el ánimo de lucro de sus promotores particulares, alcance una coherente calificación de interés público o interés general. Lo que nos lleva a plantear los requisitos que debería tener una realización deportiva, en concreto en la modalidad de natación, para alcanzar esta calificación. Y qué posibles beneficios se podrían derivar de la misma.

---

16 Boquera Oliver M. *Estudios sobre el acto administrativo*. Madrid: Cívitas; 1982.

B) La natación como actividad deportiva de interés general

El municipio es motor de todo tipo de iniciativas deportivas, susceptibles de ser calificadas como de interés general. Y suelen ser los municipios, en cuanto que unidades administrativas nucleares o básicas, quienes ostentan la titularidad de las piscinas públicas.

> Pero ¿qué requisitos debe reunir una actividad natatoria para su reconocimiento como actividad de interés general? ¿Qué elementos debe incluir un programa de natación que aspire a alcanzar tal reconocimiento o calificación pública?, son algunas de las cuestiones que surgen de inmediato.

En primer lugar y conforme a las orientaciones doctrinales expuestas, el programa o actividad natatoria propuesta debe anteponer el interés de lo público. El interés ciudadano debe primar como objetivo claro y determinante por encima de los intereses particulares, especialmente cuando estos están construidos únicamente desde la concepción del negocio y basados en el ánimo de lucro, o basados exclusivamente en la obtención de una marca o resultado, o en fines meramente estéticos u oportunistas. Las prácticas natatorias en las que se promueve la salud, como actividad terapéutica o profiláctica; aquellas en las que existe una clara orientación educativa, inclusive a través del rendimiento deportivo; o aquellas otras en las que la recreación permite idénticos objetivos higiénicos o educativos; así como la integración o cohesión social de grupos naturalmente excluidos por su pertenencia a un género, movilidad reducida o por sus dificultades económicas, que suelen impedir el acceso de determinados sectores de la población al ocio activo, en todos estos casos parece que los programas de natación podrán alcanzar la calificación de actividades de interés general. Lo que permitirá el acceso a ciertas ventajas y oportunidades.

Nos proponemos fijar una relación de parámetros que permitan al gestor deportivo público verificar la concurrencia de ciertos factores que permitan afirmar que estamos en presencia de una práctica merecedora de la calificación de interés general. Y que exponemos resumidamente:

a. Presencia de personal con titulación oficial y que se encuentre debidamente formado.

b. El personal interviniente no actúa como voluntario sino que está debidamente contratado, con las coberturas que el sistema laboral otorga a cualquier trabajador del sistema.

c. Presentación de un programa educativo-deportivo del que se infiera que la práctica de la natación que se propone tiene por objeto la transferencia

de valores cívico sociales, o de conocimientos que permitan una mayor autonomía del individuo o una mejora de su autoestima.
d. Posible relación del programa con planes o actuaciones estratégicas institucionales o implantadas en los centros docentes.
e. Acreditación de que el programa deportivo está adaptado a las características, edad o circunstancias de la población a la que se dirige. Con especial atención a los colectivos más sensibles de la población como son los menores de edad, personas de la tercera edad, mujeres embarazadas, o personas con enfermedades crónicas.
f. Presentación de una evaluación pormenorizada de riesgos deportivos y la planificación de actividades correctoras que permitan asegurar que la actividad programada prevé los riesgos para la salud que puedan presentar durante la realización de la actividad propuesta.
g. Acreditación de que la responsabilidad civil del organizador y de los deportistas queda asegurada o cubierta.
h. Acreditación de que queda garantizada la cobertura, frente a todo tipo de lesiones o accidentes, de todos los intervinientes.
i. Acreditación de que lo medios materiales y equipamiento deportivo a utilizar en el proyecto están debidamente homologados (conforme a lo dispuesto en la legislación sectorial) y no son susceptibles, por su diseño o material de fabricación, de causar daños o perjuicios a los usuarios.
j. Acreditación (caso de que sea responsabilidad del organizador) de que el medio acuático cumple con las determinaciones de higiene y salubridad establecidas por la normativa vigente; así como el cumplimiento de los protocolos de actuación para mantener la calidad del agua.
k. Acreditación de tener un plan de actuación frente a emergencias, como por accidentes deportivos, o por cualquier otro imprevisto que afecte al normal desarrollo de la actividad.

Aunque esta no es una cuestión reglada, consideramos que la mayor concurrencia de los parámetros relacionados justificará mejor la calificación de una determinada actividad o proyecto de natación como actividad deportiva de interés general. A título de ejemplo parece que esta calificación podrá alcanzarse, mediante una justificación suficiente y adecuada, en algunas prácticas como la matronación, el *acuagym*, la natación competitiva orientada a la educación/salud, iniciación a la natación en niños y adultos, o la natación terapéutica y de rehabilitación. Así, a título de ejemplo, el Instituto Madrileño del Deporte (IMDER), dentro de la oferta deportiva para personas mayores recomienda aquella que favorece a varios factores que podemos identificar con algunos de los parámetros de salud/educación/integración social antes relacionados, señalando que el objetivo de la práctica deportiva [de la natación] en este grupo de edad es conseguir la mayor autonomía posible en las tareas diarias a la vez que evitar enfermedades que vienen asociadas al sedentarismo, como las cardiovasculares y metabólicas, además de los beneficios psicológicos que aporta la sensación de bienestar tras la ejercitación, tras la realización de ejercicio:

- Que sea un ejercicio cíclico y repetitivo.
- Que sea de bajo impacto para que no sufran las articulaciones.
- Que suponga un reto moderado en cuanto a la intensidad de esfuerzo.
- Que contenga aspectos de trabajo tanto cardiovascular como muscular.
- Que suponga un aprendizaje técnico para desarrollar las tareas cognitivas.
- Es conveniente adaptar la intensidad y la cantidad de ejercicio al estado de forma física de cada persona siguiendo el principio de progresión acorde con las sensaciones tras el ejercicio.[17]

El hecho de que una práctica natatoria sea declarada de interés general puede reportar múltiples beneficios para sus participantes, pero también para los agentes gestores de la misma. Dependerá de la normativa aplicable en cada país o región autónoma pero con carácter general podemos avanzar que de este tipo de declaración o reconocimiento público podrían derivarse algunas de las siguientes ventajas:

- Una decidida acción de fomento o de promoción de la práctica por parte de los poderes públicos que ha reconocido o declarado el interés general o público de la actividad.
- Uso gratuito de medios institucionales de difusión pública.
- Uso de logotipos y emblemas institucionales que refrenden el apoyo público al plan, programa o proyecto.
- Acceso preferente a instalaciones de uso público para la realización de tales programas o proyectos.
- Posibilidad de obtener subvenciones o ayudas públicas para financiar la ejecución de las actividades calificadas de interés general.
- Posible exención en el pago de los importes por el acceso o uso de las instalaciones públicas.

---

17 Fuente: https://www.elconfidencialdigital.com/la_buena_vida/cuidate/deporte-saludable-practicar-partir_0_2275572440.html consultada el 23 de enero de 2018.

Capítulo 2
CONCEPTO DE DEPORTE Y DE LA NATACIÓN COMO SISTEMA DEPORTIVO EN LA ACTUALIDAD

En la actualidad, el fenómeno del deporte ha adquirido una enorme complejidad social y cultural. En apariencia se trata de una actividad social simple, de fácil acceso y que se ha universalizado. Sin embargo, no resulta fácil definir el deporte ya que son innumerables las actividades que acoge con fines y desarrollos diversos.

> Se entenderá por «deporte» todo tipo de actividades físicas que, mediante una participación, organizada o de otro tipo, tengan por finalidad la expresión o la mejora de la condición física y psíquica, el desarrollo de las relaciones sociales o el logro de resultados en competiciones de todos los niveles (Artículo 2. Definición y ámbito de aplicación del deporte en la Carta Europea del Deporte, Rodas 1992)

En los países industrializados la unidad básica del deporte es el club. Se pueden establecer diferentes niveles de clubes deportivos que van desde el sencillo club amateur al complejo club profesional que se dedica a promover el espectáculo deportivo. Los clubes se asocian a su vez en federaciones (asociaciones de segundo grado) que se desarrollan a nivel regional, nacional e internacional.

En la sociedad postindustrial, la vida cotidiana se convierte cada vez más en sedentaria, lo que obliga a la construcción de instalaciones deportivas para que la población pueda recrearse, realizar actividad física para recuperar la movilidad articular y muscular. Los criterios para organizar las actividades de una reducida minoría de deportistas con talento natural para la competición y que buscan unos resultados en un contexto dirigido por las federaciones y preocupados por el rendimiento, son diferentes completamente de aquellos criterios de organización del deporte popular, de masas, informal, con objetivos recreativos. El deporte en la sociedad postindustrial se diversifica en cuanto a sus manifestaciones. De este modo, se puede clasificar el deporte distinguiendo:

a. Deporte formal, semiformal e informal: deporte profesional −versus− deportes no profesionales −versus− juego y recreo con actividad física. El deporte practicado de manera informal se acerca cada vez más al juego o a la actividad física recreativa, a medida que sus practicantes prestan menos atención al cumplimiento de las reglas formales y más a la práctica gozosa y recreativa, en cierto modo espontánea, de su actividad.

b. Deporte praxis y deporte espectáculo. Según la intencionalidad del que hace deporte. El deporte praxis es asimilable al deporte informal, el deporte espectáculo al formal (Cagigal, 1980).

c. Deporte competición − deporte recreo: Según el carácter de la práctica.

d. Deporte de resultados (competitivos) − deporte salud: Según el punto de vista de los beneficios de la actividad física para la salud y los excesos físicos que pueden perjudicarla.

e. Deporte profesional − deporte amateur: Según el deportista esté remunerado o no.

El deporte contemporáneo recoge de la sociedad actual una serie de características que reflejan su compleja naturaleza. El carácter cada vez más formal del deporte de competición lo acerca al profesionalismo y al espectáculo. Su práctica entraña riesgos de lesión, patologías físicas y psíquicas. El número de personas que practican alguna modalidad deportiva desligada de la disciplina federativa va, cada día, en aumento. Frente al deporte de competición federado, la práctica informal de actividades físicas y deportivas de carácter «popular» adquiere una finalidad recreativa y saludable. Aparecen nuevas prácticas como los deportes llamados californianos que se acercan al deporte informal pero buscan la aventura, el riesgo. La actividad física se convierte en un elemento terapéutico insustituible, especialmente para las enfermedades degenerativas, mejora la calidad de vida y produce un efecto económico importante. La mujer reclama su derecho a practicar deporte al igual que había reclamado sus otros derechos legítimos en su lucha contra la discriminación sexual. La aparición de la mujer en el deporte es un hecho histórico y contribuye a reconocer el deporte como hecho distintivo de la sociedad moderna. El deporte y la actividad física se diversifican y extienden a todas las capas de la población, personas mayores, con diversidad funcional, menores, etc., todo ello refleja un movimiento de lucha por la igualdad social en el deporte.

La relación entre los medios de comunicación y el deporte ha sido uno de los grandes motores de la difusión del deporte. Dicha relación se ha retroalimentado configurando un lenguaje propio y una expansión conjunta. El deporte se convierte en un vehículo publicitario de primer nivel que sirve a la industria y al consumismo. El producto industrial se asocia a la imagen del deporte con objeto de que sea más conocido y por lo tanto que aumenten las ventas.

Desde un punto de vista más ontológico y citando a otros autores, García Ferrando (1990),[1] destaca las características del deporte contemporáneo y lo califica de: entretenimiento ético, fenómeno estético, modelo para una sociedad competitiva, reacción de compensación y adaptación frente a las condiciones de vida del trabajo industrial, válvula de escape de la agresividad, reacción del instinto de conservación de la especie y descarga de apetitos, medio de aumentar la producción al servicio de la lucha de clases y para acabar con la alienación, representación simbólica del conflicto familiar padre-hijo, etc.

Si se analizan el deporte y la actividad física desde el punto de vista de su naturaleza motriz se concluye que el ser humano se mueve por tres motivos:[2]

- Para satisfacer su potencial humano de desarrollo: Mejorar y mantener sus capacidades funcionales; Conseguir una integración personal.

- Para adaptarse y controlar el ambiente físico que le rodea: Moverse en relación consigo mismo en las tres dimensiones del espacio y desplazarse de muy diversas formas (muy presentes en el medio acuático); impulsar y lanzar objetos.

- Para compartir ideas y sentimientos con los demás: Comunicarse; integrarse socialmente; y sobre en especial para tomar parte en actividades de tipo motor (deporte).

Desde el punto de vista formal e institucional sirve como referencia la definición que ofrece la Carta Europea del deporte (1992) en su artículo 2, «Deporte es todo tipo de actividades físicas que, mediante una participación, organizada o de otro tipo, tengan por finalidad la expresión o la mejora de la condición física y psíquica, el desarrollo de las relaciones sociales o el logro de resultados en competiciones de todos los niveles»; definición que abarca la actividad física y la educación física que forman parte del concepto deporte en su sentido más amplio.

Por otro lado, el deporte se considera un derecho humano (como ya se ha expuesto) y cada persona debe tener la posibilidad de practicarlo. Según cita la Carta olímpica: «Toda persona debe tener la posibilidad de practicar deporte sin discriminación alguna y dentro del espíritu olímpico que exige comprensión mutua, espíritu de amistad, solidaridad y juego limpio».

Sin embargo el deporte no solo otorga un derecho sino que también impone la exigencia, al que lo practica, de respetar sus valores: el juego limpio, la amistad, ser solidario con los demás, comprensivos... Los valores del deporte representan su esencia cultural, educativa, configurada a lo largo de la historia y aprendida.

La Teoría General de los Sistemas nos ayuda a entender mejor el alcance del deporte en la actualidad «La sociedad es una realidad que se desarrolla en

---

1 García Ferrando M. *Aspectos sociales del deporte*. Madrid: Alianza Deporte; 1990.
2 La Alianza Americana para la Educación Física, la Salud y la Recreación (A.A.P.H.E.R.); 1974.

un marco de interrelaciones e interacciones entre sistemas que configuran el llamado «sistema social». El deporte representa uno de esos sistemas que se interrelaciona con otros sistemas sociales»[3] (Figura 2.1).

El deporte es uno de los instrumentos más importantes de prevención y promoción de la salud. Cuando el deporte se interrelaciona con el sistema socio sanitario aparecen los centros de rehabilitación, la prescripción de ejercicio físico para la mejora de determinadas patologías, los programas de salud y deporte, etc. Cuando el deporte (en su sentido amplio) se interrelaciona con el sistema educativo, en la escuela, en la universidad, aparece la asignatura de educación física, las actividades extraescolares o los servicios deportivos universitarios, etc. Cuando se relaciona con el sistema cultural, el deporte recorre el espacio temporal, histórico, al lado de otras actividades sociales que se impregnan mutuamente. Los clubes, las federaciones y demás entidades deportivas forman parte del movimiento asociativo, civil que se ha desarrollado a lo largo de los dos últimos siglos constituyendo unos de los fenómenos culturales de mayor dimensión.

Figura 2.1. Esquema del Sistema deportivo integrado en el Sistema social

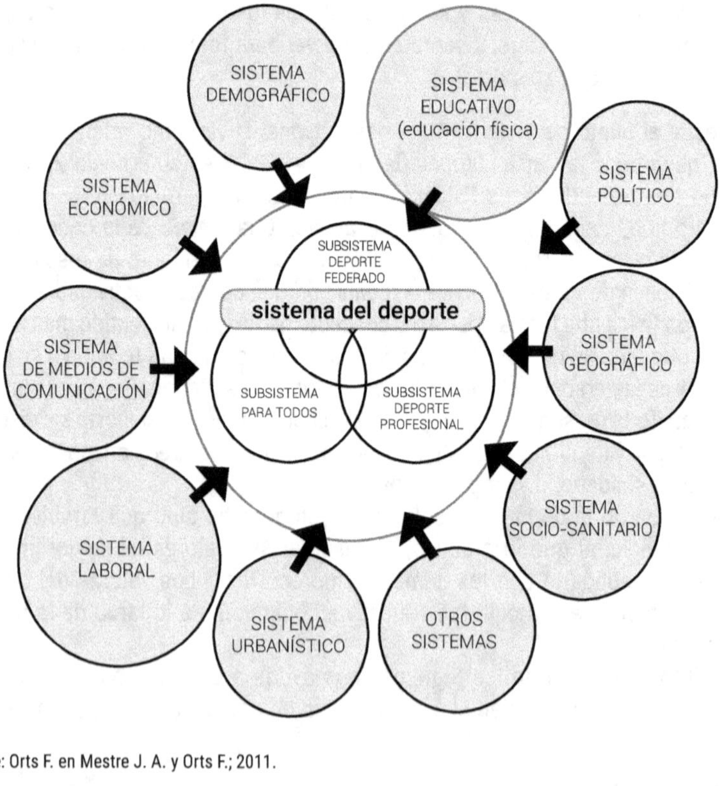

Fuente: Orts F. en Mestre J. A. y Orts F.; 2011.

---

3   Mestre J. A.; Orts F. *Gestión en el deporte*. Sevilla: Wanceulen; 2010.

Las ciudades actuales no pueden ser concebidas sin el deporte y la aparición de centros e instalaciones deportivas. El urbanismo, en su faceta planificadora y de ordenación del espacio urbano, ha de tener en cuenta y reservar suelo para construir instalaciones y espacios deportivos con los que ofrecer unos servicios modernos a sus ciudadanos. En la actualidad, el deporte es un sector económico en expansión y se relaciona con la economía de un país desde varios ámbitos como el empleo y los profesionales del deporte, la comercialización de material y equipamiento deportivo, la prestación de servicios deportivos y la gestión de instalaciones deportivas.

Subsistemas deportivos y principales valores

Profundizando en el análisis sistémico, desde el punto de vista del modelo o manifestación deportiva, el sistema del deporte se divide fundamentalmente en tres subsistemas que, a su vez, se interrelacionan entre sí que, aplicados a la natación, resultaría (Figura 2.2):

- El subsistema del *deporte federado,*
- el subsistema del *deporte para todos,* y
- el subsistema del *deporte profesional*.

Figura 2.2. Subsistemas del Sistema del deporte

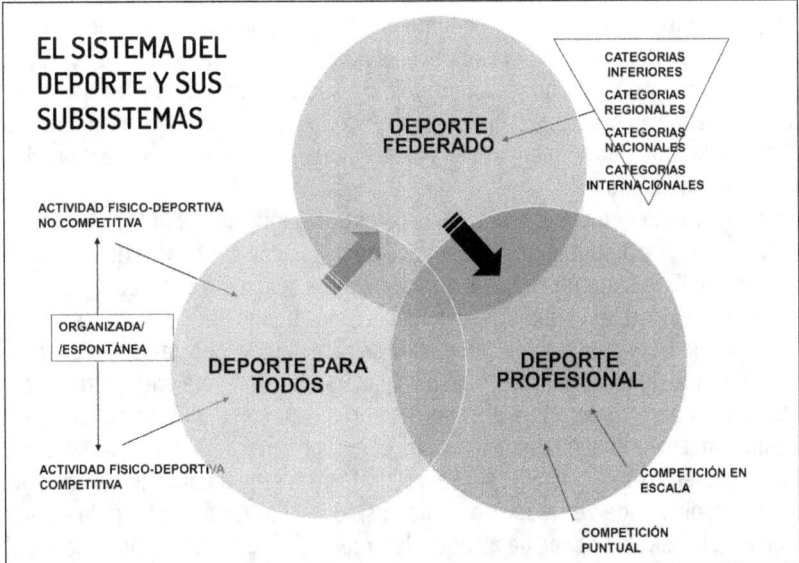

Fuente: Orts F., en Mestre J. A. y Orts F.; 2011.

1. El subsistema del deporte federado o de competición, representa al modelo más universal del deporte en la actualidad. Encontramos sus orígenes en el siglo XIX en Inglaterra con la aparición de los primeros clubs y, más tarde, las federaciones o asociaciones de clubes. Su carácter universal fue adquiriéndose tras la disputa de las primeras Olimpiadas de la Era Moderna y su continuidad es fruto de la dinámica social del momento, representada por una sociedad industrial y comercial a cuyos valores, el deporte responde como anillo al dedo.

Se observa cómo la actividad deportiva sufre un proceso de socialización (civilización), ya que, proviene de formas de juego tradicionales que se regulan y convierten en deportes organizados. Este proceso de socialización implica la transmisión de valores y pautas de comportamiento que son comúnmente aceptados por todos los agentes sociales y que se asocian a valores educativos y culturales. El denominado espíritu deportivo representa la esencia ética del deporte. Los valores que se transmiten en el deporte de competición reflejan una serie de normas sociales, éticas que caracterizan a la sociedad de la época. Valores como la nobleza, el respeto, la tolerancia, la disciplina, el juego en equipo, la colaboración, etc., son valores sociales que se convierten en fines educativos para los más jóvenes. Este acervo cultural es el que ha reclamado la escuela convirtiendo así al deporte en un instrumento educativo de primer orden.

Los valores que mejor representan al deporte federado son la competición y la asociación. Este deporte necesita de la asociación, del club, como estructura o soporte de su principal actividad, la competición. El club se reconoce socialmente como la primera unidad estructural básica del deporte federado. La asociación conlleva relación social, convivencia entre las personas que forman parte de la estructura del club. Y en tanto que organización precisa de una conveniente gestión. Pero el club necesita rivales para competir en la práctica y es por ello que aparecen estructuras superiores, de segundo grado, las federaciones que se constituyen gracias a la asociación de todos los clubes que practican una determinada modalidad deportiva. Y que requieren, así mismo, ser gestionadas de manera adecuada.

En cuanto a la actividad, la competición está organizada por la federación correspondiente. Se disputan campeonatos, ligas, etc., con el objetivo de encontrar al campeón. Este sistema se basa, por tanto, en la selección a través de la competición para alcanzar el puesto de vencedor, en la búsqueda de la excelencia.

Por otro lado, el deporte de competición se caracteriza por el impulso de medir. La alianza entre la técnica y el trabajo disciplinado del entrenamiento (aprendizaje metódico, repetición) permitirá al deportista progresar en su afán de ser el mejor. De esta concepción nace también la lucha contra un adversario invisible, «el tiempo», tan presente en la natación. No solo se trata de ser más rápido que los demás, sino más rápido cada vez respecto a uno mismo. La combinación entre la cuantificación y el deseo de ganar, de alcanzar la excelencia, de ser el mejor, conduce al concepto de *récord*, mejor marca obtenida por ningún humano hasta la fecha. El récord posee una alta carga simbólica, trasciende al tiempo y al espacio concreto.

Otra de las características del deporte federado es su alto grado de burocratización y regulación. La uniformidad normativa es necesaria para poder cumplir con el principal objetivo de la competición: poder contrastar, medir objetivamente el resultado y cumplir con el principio de juego limpio (la igualdad de condiciones de los oponentes, la lucha sana y noble para alcanzar la victoria). «Se distinguen dos tipos de normas en base a su funcionalidad y carácter: las normas de carácter asociativo (estatutos y reglamentos de régimen interno, general) cuya finalidad es regular la vida interna de estas entidades, y por otro lado, las normas técnicas (reglas de juego, de competición, disciplinarias, etc.) cuyo objetivo es regular la competición deportiva». Este sistema deportivo ha generado un ordenamiento propio y se ha diferenciado del resto de manifestaciones deportivas. Existe una cierta uniformidad en el desarrollo normativo del sistema deportivo federado provocado por la intervención pública (nacional, autonómica, internacional) que se sustenta en una estructura jerárquica encabezada por las federaciones deportivas internacionales. Un sistema que se rige por normas propias, específicas, organizadas de forma que las superiores se «superponen» sobre las inferiores. Este principio jerárquico que cumplen las normas federadas confiere al deporte un carácter universal («complejo de isla o corporativismo deportivo»).[4]

Esta característica ha dotado al deporte federado de unos instrumentos reglamentarios que regulan, desde el propio juego y la propia actividad (reglas de juego, reglas deportivas), la competición y sus sistemas organizativos (reglamentos de competición), pasando por las normas que garantizan el correcto desarrollo de cada actividad, de cada juego y el comportamiento deportivo los practicantes y los jugadores (normas de disciplina) y finalizando con todas aquellas normas generales necesarias para el funcionamiento de la organización, como las normas administrativas, de régimen interno, estatutos, etc. que conforman el contenido de la gestión deportiva.

2. El subsistema del deporte para todos. El Consejo de Europa, en 1966, acuña por primera vez el término «deporte para todos», ligado al ámbito de promoción de la educación permanente y el desarrollo cultural. El subsistema del deporte para todos responde al paradigma: cada persona tiene unas necesidades deportivas. Este paradigma permite a las personas elegir su propia forma deportiva (un deporte a la medida de cada persona) y tiende a extender los beneficios del deporte al mayor número posible de personas.

En Europa, la primera Conferencia de Ministros Europeos responsables del deporte (Bruselas, marzo de 1975) aprobó la Carta Europea del Deporte para Todos. En su artículo primero la Carta establece que «Todo individuo tiene derecho a la práctica del deporte». La naturaleza global de este concepto abarca numerosas y diversas formas de deporte. Además, en su artículo segundo establece que «La promoción del deporte, como factor importante del desarrollo humano, debe

---
4 Orts F. *El derecho educativo del menor en el deporte escolar*. Tesis doctoral. Universidad de Lleida; 2013, p. 950.

ser favorecida y sostenida de forma apropiada por los fondos públicos». Otorga, de este modo, carácter de interés general, público, a unas actividades que residían en el ámbito privado, en la sociedad civil, pero que, hasta esos momentos, no formaban parte de las políticas públicas. Con la incorporación del deporte para todos a la escena pública, las actividades físico deportivas se relacionan con los ámbitos de la educación, salud pública, asuntos sociales, fomento de los recursos naturales, protección de la naturaleza, etc.

En una sociedad en la que la industrialización, la urbanización y la automatización pueden desnaturalizar las condiciones de vida y de trabajo de las personas, el objetivo general del deporte para todos «es permitir a todos –personas de los dos sexos y de todas las edades– conservar las capacidades físicas y psíquicas necesarias para la supervivencia y para preservar a la especie humana de cualquier degradación».[5]

El deporte para todos ha cambiado el concepto del deporte tradicional de competición que ha imperado en la última mitad del S. XX, dónde el deportista era considerado una persona bien dotada, habitualmente joven, hábil, talentosa, etc. El elemento clave ha sido la reivindicación de un deporte democrático, la lucha por la igualdad de oportunidades y contra la discriminación social. Aparecen por tanto, en esta época, otras tendencias deportivas más relacionadas con los aspectos sociales, políticos y culturales de la época.

Según Orts y Mestre (2011) el deporte para todos «representa un modelo social, popular y cultural de masas, orientado a los ámbitos recreativos, lúdicos, de la salud y la educación. Se deriva hacia concepciones relacionadas con la calidad de vida, la salud, la estética, el tiempo libre, la recreación, la aventura y la evasión, etc. Los principales valores que lo representan son, entre otros, el bienestar, la salud, la educación y la relación social. Sobre todo, es la población adulta, de edad ya más avanzada, la que se incorpora a este movimiento y lo impulsa, en un contexto social y político que presenta al Estado Bienestar como modelo social y político».

Frente a los valores que habían caracterizado al deporte tradicional, aristocrático, dominado por la competitividad, el elitismo y el culto al ganador, aparece una concepción más humanista del deporte que apuesta por la participación colectiva, la relación armoniosa con la naturaleza, la búsqueda del equilibrio físico y psicológico frente al desequilibrio que produce el trabajo, en definitiva, una concepción que apuesta por el bienestar.

La Carta Internacional de la Educación Física y el Deporte (UNESCO) (1978), cita textualmente: «todo ser humano tiene el derecho fundamental de acceder a la E. F. y el deporte, que son indispensables para el pleno desarrollo de su personalidad. El derecho a desarrollar las facultades físicas, intelectuales y morales, por medio de la E. F. y el deporte, deberá garantizarse tanto dentro del sistema educativo como en el de los demás aspectos de la vida social».

---

5 Consejo de Europa. *Carta Europea del Deporte para todos*; 1975.

El Consejo de Europa destaca el principio de no discriminación (sexo, raza, edad, estrato social). El concepto de deporte para todos, «(...) abarca, no solamente el deporte propiamente dicho sino que también y quizás por encima de todo, varias formas de actividad física, desde los juegos espontáneos y no organizados, hasta un mínimo de ejercicio físico, realizado regularmente». Prácticas que incluyen, en toda lógica, a las actividades acuáticas y entre ellas a la natación.

Este interés público estimula la construcción de instalaciones deportivas, entre ellas las dedicadas a las actividades acuáticas. Instalaciones construidas ahora por las Administraciones públicas, planificadas para cumplir con los objetivos públicos de promover el deporte en relación a la salud, la educación y la relación social fundamentalmente. También se impulsa la formación del personal técnico que, para atender a los objetivos públicos, ha de estar suficientemente cualificado a todos los niveles, tanto de la gestión administrativa cómo técnica, la promoción y el entrenamiento.

El deporte para todos —la natación para todos—, persigue diversas finalidades que van desde el simple placer de participar, sentirse mejor, más competente, mejorar el funcionamiento fisiológico, hasta finalidades como la liberación de emociones, la catarsis o lucha contra el estrés que provoca la sociedad actual. Entre las grandes finalidades del deporte para todos está la de ocupación del tiempo de ocio, establecer relaciones sociales y participar en actividades de grupo. No obstante, la finalidad que despierta mayor interés para los poderes públicos es la prevención de enfermedades y la promoción de la salud pública. La práctica, moderada y regular de una actividad física, juega un papel preventivo y terapéutico importante de las enfermedades cardiovasculares y cerebro vasculares.

La aparición de la mujer en el deporte es un hecho histórico y contribuye a reconocer el deporte como hecho distintivo de la sociedad moderna. La mujer reclama su derecho a practicar deporte al igual que había reclamado sus otros derechos legítimos en su lucha contra la discriminación sexual. En el deporte para todos encuentra la facilidad y las estructuras convenientes para desarrollarse.

El término deporte para todos, aplicado a la natación, comprende actividades muy diversas, que incluyen juegos acuáticos, gimnasias en el agua, natación para todos, natación para la tercera edad, entre otras opciones más. En cuanto a la forma de practicar el deporte y las diferentes actividades que se ofrecen se puede distinguir entre actividades acuáticas competitivas, en su mayoría informales, y no competitivas, posiblemente las de mayor aceptación. En cuanto a su organización se puede distinguir entre actividad organizada o espontánea, la primera dirigida por una entidad, institución, club de natación, empresa, etc. y la segunda, realizada libremente sin estar sujeta a la disciplina o las normas de ninguna entidad, organismo, etc.

3. El subsistema del deporte profesional. En la actualidad, las características más representativas del deporte profesional son «el espectáculo deportivo, el trabajo y el negocio. Para los deportistas, su actividad se convierte en un trabajo. Para las organizaciones que participan en el deporte profesional (empresas, so-

ciedades anónimas deportivas, clubes profesionalizados, etc.), la actividad tiene un claro componente de negocio. El espectáculo es el que marca las reglas del juego y también la organización. El rendimiento económico se convierte en el principio que permite el mantenimiento del deporte profesional. En este contexto ejercen una gran influencia los medios de comunicación que facilitan el negocio y lo proyectan, gracias a la captación de publicidad».[6]

El deporte profesional se mueve por motivaciones económicas y políticas. Este deporte se convierte para el deportista en su modo de vida. Los espectáculos deportivos producen grandes beneficios a los clubes profesionales y entidades mercantiles organizadoras. Desde los estamentos públicos se apoya este deporte como forma de prestigio territorial y político, fomento del turismo y la economía. Por otro lado, en este deporte se idolatra al deportista profesional, sobre todo aquellos más mediáticos. Los deportistas más jóvenes encuentran en esta manifestación del deporte sus ídolos, a los que admiran y con los que se identifican.

La relación entre los medios de comunicación y el deporte profesional ha sido uno de los grandes motores de la difusión de este deporte. El deporte profesional se convierte en un vehículo publicitario de primer nivel. La esponsorización, el patrocinio deportivo, etc., suponen en la actualidad instrumentos de la industria que invierte en las manifestaciones deportivas con objeto de estimular el consumo.

El subsistema del deporte profesional imita y se deriva del modelo del deporte federado, de competición, pero se distingue de este porque el deportista, actor del espectáculo deportivo, pasa de ser amateur a convertirse en profesional remunerado. Otra diferencia entre el deporte profesional y el federado es que la actividad deportiva se convierte en un espectáculo susceptible de generar ganancias económicas para quien lo organiza.

El deporte profesional establece sus propias reglas con objeto de mantener y mejorar el espectáculo y el negocio. Esta es otra de las diferencias respecto al modelo federado del cual toma prestadas, en algunas ocasiones, determinadas reglas de juego o competición, pero del cual se aparta para defender sus objetivos mercantilistas.

Entre los tres subsistemas del deporte se producen constantes interrelaciones (Figura 2.3). Es por ello que podemos identificar el sistema completo del deporte (en sentido amplio) y reconocerlo, en la actualidad, como un fenómeno social complejo. Las diferentes prácticas deportivas se combinan en el espacio público. Así, por ejemplo, se observa como el deporte federado se nutre fundamentalmente del deporte para todos, dónde encuentra su principal cantera, sobre todo en aquellas actividades deportivas de competición escolar. Y también es frecuente encontrar a deportistas que, una vez finalizada su carrera profesional, vuelvan a la práctica del deporte para todos, incorporándose en actividades físico-deportivas con el objetivo de mantener la forma física, la salud y/o la relación social.

---

6 Mestre J. A.; Orts F., Martínez G., op. cit.; 2010, p. 91.

Figura 2.3. Interrelaciones entre los subsistemas deportivos

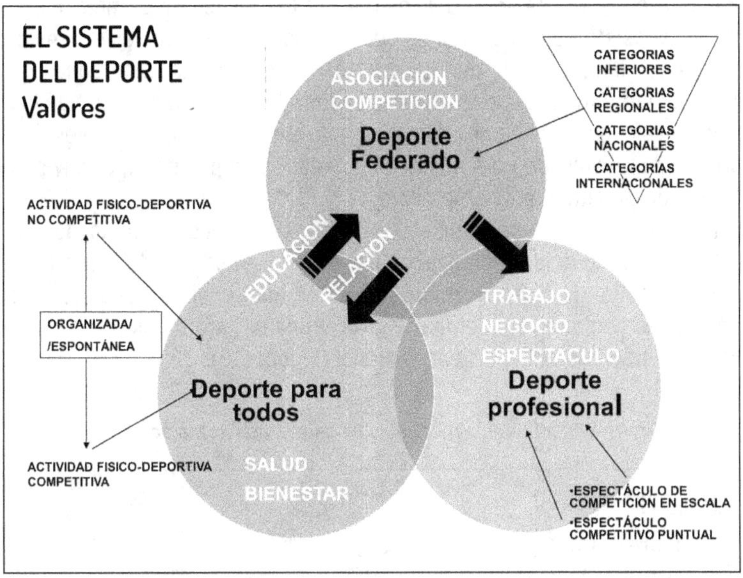

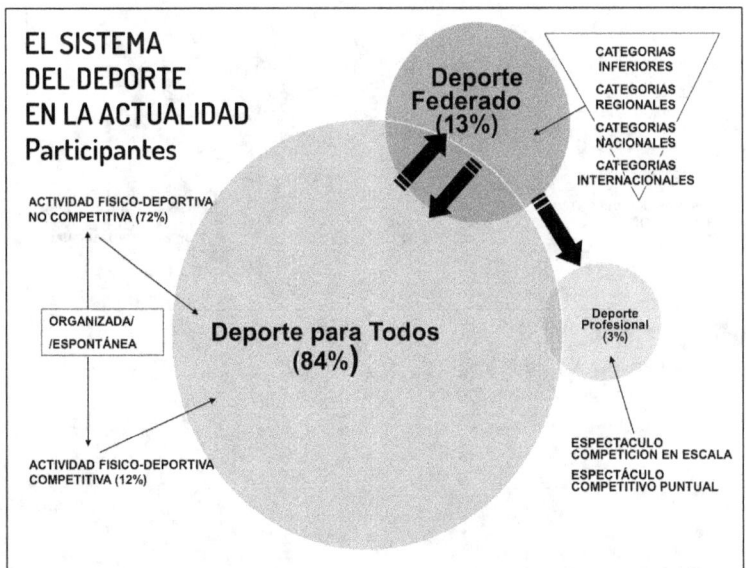

Fuente: Orts F., en Mestre J. A. y Orts F.; 2011.

Figura 2.4. Peso porcentual de los subsistemas deportivos

Fuente: Orts F., en Mestre J. A. y Orts F.; 2011.

Si analizamos el comportamiento del sistema del deporte desde la perspectiva de la participación, es decir, del volumen de personas que participan en cada uno de los subsistemas, observamos que el deporte para todos es el subsistema con más peso porcentual (Figura 2.4). Cada día son más, las personas que se incorporan al fenómeno del deporte para todos y hacen suyo el hábito de la práctica deportiva con motivaciones de salud, relación social, bienestar o estética. El deporte se ha convertido para muchos ciudadanos en pasatiempo muy apreciado incluso dominante en el tiempo libre.

Sin embargo, cuando se analiza el sistema social del deporte desde el punto de vista de la influencia mediática, es decir, de la presencia del deporte en los diferentes medios de comunicación: prensa, y medios audiovisuales, radio, televisión, redes sociales, etc., el mayor porcentaje de informaciones de carácter deportivo se traslada al deporte profesional (Figura 2.5).

Figura 2.5. Influencia mediática de cada subsistema deportivo

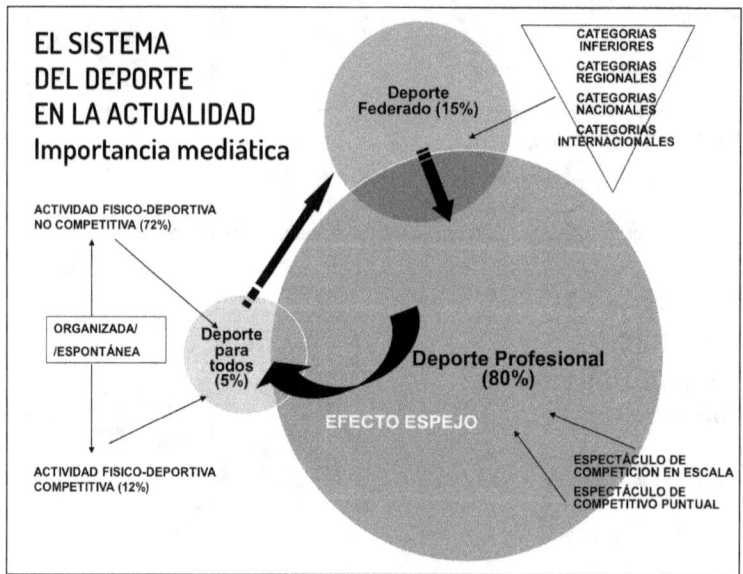

Fuente: Orts F. En Mestre J. A. y Orts F.; 2011.

Parte II
ASPECTOS PREVIOS SOBRE LA GESTIÓN DE LAS PISCINAS

Capítulo 3. ¿Quién gestiona las piscinas?
Capítulo 4. ¿Qué ha de tener en cuenta el gestor antes de empezar a gestionar una piscina?
Capítulo 5. ¿Qué oferta deportiva presentan las piscinas?

El sistema deportivo está conformado por diversas tipologías de organizaciones que básicamente, se pueden concretar en áreas o cuerpos de la administración pública, entidades comerciales o empresas deportivas y asociaciones deportivas sin ánimo de lucro. Como consecuencia podrá hablarse, así mismo en términos generales, de gestores públicos, de gestores privados comerciales y de gestores privados de asociaciones deportivas.

Con independencia del tipo de gestión implantado en una piscina, caben pocas dudas acerca de la necesidad de planificar el conjunto de cada una de las acciones, de los desempeños que tendrán lugar en ella. La planificación de la gestión es uno de los apartados sobre los que recae buena parte de la responsabilidad de quienes gestionan las piscinas.

El diseño de una piscina resulta decisivo para el logro de una conveniente posterior gestión. Una aproximación a los criterios básicos que deben condicionar este diseño se incluye en el cuarto capítulo, como la elección de la parcela o la supresión de barreras arquitectónicas. A continuación se analizan las áreas que integran la piscina, las áreas que se consideran imprescindibles: los vasos y sus tipos, las playas y las cámaras de salidas. Junto a ellos se estudian las otras áreas deportivas necesarias de apoyo al nadador, como los vestuarios y los gimnasios. Las áreas de administración, dirección y social, y el área de espectadores cierran este apartado. Finalmente se aportan unas orientaciones acerca de la superficie total del edifico piscina.

Pero lo verdaderamente importante son los cometidos que desarrolla la piscina, las funciones que realiza, cursos, actividades, programas. Cada uno de ellos dirigido a un sector social y con una intención (al menos una) determinada. Las tipologías de las piscinas ya predisponen hacia unas funciones determinadas; sin embargo, como ya se ha referido, el uso de la superficie de agua puede y suele ser polivalente. Esta polivalencia entra en concordancia con las diferentes demandas sociales que conforman distintos ámbitos de atención, utilitario, recreativo, terapéutico, competitivo, educativo, que es necesario conocer, analizar y dar respuesta con una primera doble intención: ante todo dar respuesta a las variadas necesidades sociales del entorno en el que se sitúa la piscina, a la vez que llevar a cabo la gestión más eficiente de la instalación.

Al objeto de optimizar el uso de la lámina de agua es necesario organizar de manera conveniente las sesiones deportivas que tendrán lugar en el vaso de la piscina. La confección de cuadrantes de usos constituye un elemento de gran ayuda en el diseño y distribución de las actividades y los horarios en el espacio, en la superficie de la lámina agua, disponible.

El éxito en la gestión también depende, en buena medida, en una adecuada promoción de las actividades programadas que se ofertan. Las cartas de servicios y las redes sociales constituyen dos maneras, dos procedimientos que resultan muy favorables para dar a conocer las realizaciones de la piscina; en el caso de las cartas de servicios, además, aportan transparencia a la gestión, lo que contribuye a la buena gobernanza.

En el contexto de la oferta de actividades acuáticas, las competiciones deportivas, dada su eventualidad, su importancia y repercusión, debe ser objeto de un tratamiento particular en el marco de la planificación general de la piscina.

Capítulo 3
¿QUIÉN GESTIONA LAS PISCINAS?

Cuando nos enfrentamos a una infraestructura de gran envergadura de pública concurrencia, como lo es una piscina/alberca, surgen indefectiblemente una serie de interrogantes como estos: ¿Quién ostenta la propiedad? ¿Es la titularidad de naturaleza pública o privada? ¿Y la gestión, es pública o privada? ¿Qué tipo de gestión es la más conveniente entre estas, la pública o la privada?... Y no cabe duda de que todas estas preguntas pretenden obtener respuestas en relación a un único asunto, «el gestor». Y vienen referidas al modo en que este actúa, es decir, su objeto, la actividad de gestión.

El gestor es el sujeto, la persona física o jurídica sobre la que gravitan todas estas cuestiones y que, junto con la infraestructura o elemento material, forman una realidad única. Es el objeto del presente estudio.

En los capítulos siguientes examinaremos todos los aspectos que se refieren y afectan tanto a la infraestructura del inmueble como al medio acuático al que se destina, su planificación adecuada, el impacto, así como a los cuidados, mantenimientos, revisiones y controles que precisan ambas realidades materiales.

Sin embargo, junto a este aspecto material en el presente capítulo estudiaremos los aspectos que atañen al sujeto y a su actividad, al gestor y concretamente a la actividad de gestión. Y por tanto nos referiremos a un aspecto de naturaleza inmaterial al que llamamos el alma de la instalación. Un binomio completado por el aspecto intelectual, formado por el conjunto de normas por las que se rige todo y que configuran los tres aspectos diferenciados de una misma realidad.

El aspecto inmaterial está gobernado por una cuestión clave, el modelo de gestión a elegir que, a su vez, dependerá del tipo de gestor con que nos encontremos. Los partidarios de la gestión privada, proclives a la externalización de los servicios deportivos municipales, consideran más eficiente que las piscinas de pública concurrencia se gestionen por empresas privadas. Argumentan que el gestor privado obtiene mejores resultados en la relación calidad/coste pues está obligado a ser más eficiente al arriesgar su capital y entrar en juego la amortización de la inversión y su expectativa de ganancias, su margen de beneficio. Cuando el gestor privado no hace las cosas bien el resultado inmediato es una merma en la calidad de servicio que llevará a la pérdida de clientes, de la cuota de mercado y por lo tanto a una disminución de las ganancias. En definitiva, en el modelo de gestión privada el proyecto de gestión debe ser económicamente viable y también rentable como un imperativo categórico de la sostenibilidad, para lo cual deben arbitrarse mecanismos continuados de control y de calidad tanto de los procesos como de los servicios.

Por su parte, los partidarios de la gestión pública argumentan que si los gestores públicos son profesionales formados y debidamente motivados no tienen por qué obtener peores resultados. La consecución del beneficio económico no es un imperativo para el gestor público que se atiene a la consecución de un fin público, un beneficio social, aunque esto genere un gasto o un déficit a las arcas públicas. Sin embargo los actuales modelos de gestión pública se miran en el espejo de las empresas privadas y buscan también la eficiencia, la excelencia en la gestión y el equilibrio en el gasto, de modo que las posibles ganancias o beneficios puedan reinvertirse de nuevo en el propio objeto social. En la gestión pública no hacer las cosas de manera conveniente se traduce en una menor calidad de servicio o bien, en mayores costes; y en ambos casos en la pérdida de usuarios o en una pérdida de confianza que se manifestará irremisiblemente en las urnas en las siguientes elecciones democráticas.

Sin embargo, frente a los modelos expuestos representativos de extremos irreconciliables, los autores del presente libro postulamos un *tertium genus* o tercera vía representada por la que denominamos «gestión participada». Se trata de un modelo en el que la titularidad pública de la instalación se combina con la gestión a cargo de una entidad no lucrativa. Dichas entidades, asociaciones, clubes y federaciones deportivas, son de naturaleza privada pero su objeto social las configura como entidades sin ánimo de lucro y son capaces de alcanzar fines u objetivos de interés general como si fueran los fines propios de los poderes públicos.

En los tres modelos de gestión cabría formular una misma pregunta: ¿De qué o de quién depende que las cosas se hagan bien? ¿Cuál es el modelo mejor, el más eficiente? Sin duda no existe un modelo objetivamente mejor. Tal vez dependa de que seamos capaces de realizar un buen diagnóstico de la realidad que nos permita elegir la fórmula más adecuada de gestión. No obstante proponemos la gestión participada como alternativa viable y compatible con otras fórmulas de gestión, incluso dentro de una misma infraestructura. Pues sin duda, el tejido asociativo formado por las entidades cívicas del denominado tercer sector, mantienen un interesante potencial que las Administraciones públicas no pueden desconocer y que conviene activar en beneficio de toda la comunidad.

El gestor público

Las piscinas son instalaciones deportivas con un elevado coste de construcción. El diseño y posterior ejecución de este tipo de proyectos requiere en muchos casos de una visión de conjunto de la gestión deportiva pública que tenga en consideración aspectos múltiples, como la planificación de instalaciones, el entorno urbanismo y la necesaria armonización con el planeamiento de la ciudad, las comunicaciones, la accesibilidad, el impacto visual y la huella medio ambiental, entre otras. Asimismo se trata de instalaciones con un elevado coste de mantenimiento, tanto de la infraestructura como de los recursos materiales y humanos. Y solo un adecuado mantenimiento permitirá dar un buen servicio. Todas estas razones objetivas justifican el hecho de que, en la mayor parte de los casos, se trate de proyectos financiados y ejecutados con cargo a las arcas públicas y que tanto la infraestructura como el servicio al que se destina tengan una titularidad y vocación públicas. Por supuesto es posible que la titularidad pública de la instalación sea compatible con una gestión privada de la misma, pues como veremos en los epígrafes siguientes existen varias modalidades de gestión admisibles para este tipo de instalaciones deportivas.

El hecho de que sea posible disociar la titularidad de la instalación de la titularidad de la gestión y por tanto de las actividades que se realizan, justifica las clasificaciones doctrinales relativas a las diferentes formas de gestión, mayoritariamente situadas en la diferenciación entre un tipo de gestión directa e indirecta. Una clasificación que parte del punto de vista del derecho administrativo y por tanto de la que resulta implícita una relación jurídica en la que siempre existe un sujeto de derecho público.

De un modo más general podemos entender que existe la gestión indirecta cuando esta se realiza por un sujeto de derecho diferente al titular del inmueble. Y cuando este fenómeno disociativo no se da y existe una unidad en la titularidad del inmueble y en la gestión del mismo, nos encontramos con un tipo de gestión directa. En este caso quien asume la titularidad jurídica del bien, se responsabiliza de la totalidad del producto. Lo que podríamos denominar titularidad jurídica global o referida tanto al aspecto material, la infraestructura, como al aspecto inmaterial, o relativa al servicio. A partir de esa diferenciación resultaría admisible trazar un paralelismo, y usarlo como referente intelectual, de manera que sería tal vez adecuado hablar de infraestructura y servicio como del cuerpo y el alma de la gestión deportiva; en tanto que realidades indisociables y complementarias.

Pero ocurre que en el caso de que la titularidad de la actividad sea pública, o con una clara orientación a la satisfacción de fines públicos, este solo hecho ya condiciona de un modo determinante el tipo de servicio que pueda darse y la orientación del mismo. Así, en esos casos la gestión se debe al cumplimiento de fines públicos y la Administración titular (sea esta un municipio, región, provincia o nación), queda sometida a los principios constitucionales, al ordenamiento jurídico en su conjunto y también a la suma de valores, fines y propósitos que constituyen lo que genéricamente se denomina interés general.

Debemos recordar que el deporte es un derecho ciudadano que está atravesado por un cúmulo de derechos fundamentales como el derecho a la libertad de movimientos, a la educación, la salud, la igualdad y la participación, entre otros. Circunstancia que aconseja que tratemos al deporte como un derecho fundamental, matizado por las características de ser un derecho de realización voluntaria y también como un derecho concurrente, pues su realización plena exigirá que se satisfagan correctamente todos los derechos fundamentales que concurren en la realización de este. Y dado que la plena realización del derecho al deporte permite la mejor expresión de todos estos derechos fundamentales, debemos llegar a la inexorable conclusión de que los fines propios de la gestión deportiva pública deben estar guiados, en primer lugar, por la mejor satisfacción de todos los derechos que configuran lo que conocemos como derecho al deporte.

El gestor público de piscinas debe tener como guía y referente de su actuación la satisfacción de todos los derechos ciudadanos que ayudan a conformar el derecho al deporte. Quedando sometido a los principios del denominado buen gobierno que son los de apertura, participación, responsabilidad, eficacia, coherencia, subsidiariedad y proporcionalidad.

Solo desde esta perspectiva es posible comprender que el beneficio económico no sea el fin exclusivo del gestor público o del gestor privado con una vocación social. Y aunque la excelencia en la gestión exige que todos los servicios públicos se autofinancien y no sean deficitarios, no es menos cierto que la salvaguarda de ciertos derechos fundamentales como la educación y la salud de la ciudadanía, siempre tienen un alto precio; y, en muchos casos, este alto precio solo está al alcance de la Administración pública o de una entidad no lucrativa en la medida que estas pueden justificar y asumir la ausencia de rentabilidad económica en base a las aludidas razones sociales.

La planificación deportiva pública surge con el fin de cohonestar los fines públicos, inherentes a la salvaguarda de los derechos ciudadanos, y la necesaria eficiencia y sostenibilidad de las instalaciones y los servicios que desde ahí se prestan. Dicha actividad planificadora evalúa constantemente el balance de ambas necesidades y armoniza eso que hemos dado en denominar el cuerpo y el alma del deporte.

El gestor privado comercial

Como cualquier empresa o cualquier promotor o gestor de actividades, las empresas dedicadas a la gestión de piscinas están sujetas al ordenamiento jurídico que impone el tráfico mercantil, el derecho civil, fiscal y administrativo. Pero asimismo están sometidas a las leyes propias de la oferta y la demanda. Por lo que estas empresas han tenido que aprender a nadar entre dos aguas, de un lado frente a los avatares de las leyes del mercado que imponen su estrategia comercial al proyecto y, de otro, frente a las normas jurídicas que sujetan su actividad como empresa. De la estrategia comercial dependerá la subsistencia de la empresa como proyecto económico. Y la viabilidad económica, a su vez, deberá gestarse en sus inicios y reproducirse anualmente en cada balance y dentro de los márgenes que el estado de derecho crea. Esta circunstancia tan obvia y sencilla nos permite comprender que la gestión privada está obligada a concebir la actividad deportiva como un producto de mercado, con todas las ventajas e inconvenientes que esto supone.

La gestión privada y sus clases. La gestión participada

De acuerdo con la clasificación antes apuntada podemos distinguir dos formas básicas de gestión, la integral y la disociada. La primera supone una titularidad jurídica integral, tanto la material o correspondiente a la infraestructura como la inmaterial o relativa a la actividad gestionada.

La titularidad jurídica disociada supone la existencia de diferentes sujetos en el binomio instalación-servicio. Se produce cuando uno de los sujetos asume la titularidad jurídica del inmueble y otro distinto la titularidad jurídica de la actividad. A su vez, la actividad de gestión puede tener un enfoque o visión mercantil que buscará explotar la actividad o, por el contrario, un enfoque de carácter social y por tanto sin ánimo de lucro, que buscará desplegar la actividad sin someterla a una explotación económica (Tabla 3.1).

En el primer caso el empresario-gestor actuará guiado por el ánimo de lucro. Y esta legítima aspiración condicionará de manera irreversible el enfoque de la actividad, el aspecto inmaterial de la gestión. La planificación gestora del empresario mercantil debe prever de manera responsable la viabilidad económica de la explotación como condición *sine qua non*. La actividad deportiva que desarrolla quedará sometida a las leyes de la oferta y la demanda y se convertirá en un objeto de mercado, sometiéndose a todas sus exigencias e imposiciones, y también a sus expectativas. Todas las actividades de piscina quedarán atravesadas por esta intención/orientación/necesidad del gestor mercantil de hacer rentables las actividades. En el ámbito de la gestión de piscinas/albercas este planteamiento atañe a todas las actividades de libre realización, especialmente el baño libre o recreativo; y a todas las actividades conocidas como pertenecientes al mundo del *fitnnes* y *wellness* que en el ámbito de la gestión de piscinas son múltiples.

Tabla 3.1. Formas de gestión deportiva desde una perspectiva jurídica

Por la titularidad jurídica	· Integral · Disociada
Por la naturaleza del sujeto	· Pública · Privada
Por la orientación de la actividad	· Social · Mercantil

Fuente: Hontangas Carrascosa J.; 2018.

Cualquiera de las formas de gestión examinadas solo es posible en un determinado escenario jurídico; un marco legal condicionante en el que se establecen las reglas del juego y los principios de actuación. Y por tanto este marco jurídico impone una realidad intelectual, conceptual o de pensamiento, a la que se encuentran sometidas tanto la dimensión material o relativa a la infraestructura deportiva (cuerpo), como la inmaterial o referida a la actividad y sus fines de gestión (espíritu). Por lo que utilizando la imagen intelectual antes propuesta, la gestión deportiva se producirá a través de la interacción entre el cuerpo, mente y espíritu y sus respectivos trasuntos: la regulación de la infraestructura, la misión y visión de la actividad desarrollada, y el marco jurídico general de actuación al que ambas se encuentran sometidas. De tal manera que podemos considerar que aplicando al ámbito de la gestión deportiva, o incluso al de la gestión en general, los fundamentos propios de los deportes de contacto y del *budo* en las artes marciales, la gestión de la actividad (empresarial o social) será equilibrada en la medida que se produzca un adecuado balanceo, una relación armónica entre las tres dimensiones jurídicas intervinientes a las que hemos hecho referencia (*Shin gi tae*).

De otro lado, existe la modalidad de gestión privada de actividades deportivas efectuada desde entidades sociales como clubes locales y federaciones deportivas. Se trata de actividades federadas, efectuadas en régimen de monopolio legal, con sujeción a las estructuras piramidales del deporte y por tanto fuera de mercado. La competición amateur de natación autonómica, regional o estatal, no está gestionada por empresarios o empresas mercantiles, sino por clubes y federaciones. Tan solo en el ámbito de ciertos deportes, en concreto el fútbol, existen los denominados clubes mercantiles. El modelo español exportó las Sociedades Anónimas Deportivas (SAD) a Iberoamérica. Una excepción que sólo tiene justificación en el ámbito del deporte profesional, donde existen las ligas profesionales. Puesto que al haberse creado un espectáculo deportivo de masas, este genera un mercado que naturalmente exige la presencia de sociedades mercantiles o, como es el caso, de naturaleza mixta deportivo-mercantil. Pero salvo esta clara excepción, el modelo SAD no es trasladable al ámbito de la competición federada, amateur por definición, gestionada por entidades, clubes y federaciones, sin vocación de mercado ni ánimo de lucro. Esto implica que el gestor social está guiado por la necesidad de efectuar la actividad y abrirla en general, no tanto por la expectativa de recibir mayores ingresos, sino por la de incorporar más deportistas a la entidad y tener las mejores opciones para la captación del talento y con ello obtener mejores resultados deportivos, que no económicos. Las actividades del deporte federado buscarán la autofinanciación que permita la subsistencia, la continuidad en la competición. Pero no necesitan obtener una rentabilidad o margen comercial más allá de sus propias necesidades deportivas. Por otro lado, al ser actividades que quedan fuera del mercado, no existe competencia desleal con otros entes gestores, ni más concurrencia que la que supone la presencia de otras entidades similares en la misma actividad, y en la que no se compite por obtener mejor cuota de mercado o mayores dividendos sino por conseguir los mejores resultados deportivos.

Esta naturaleza especial en este tipo de manifestaciones deportivas, su carácter social, ya es advertida por el Parlamento Europeo Resolución de 12 de febrero de 2012 (2011/2087, INI) sobre la dimensión europea del deporte y que describe la significada importancia de la «dimensión social del deporte». Entre otros aspectos, destaca la importancia de la educación a través del deporte y el potencial del deporte para ayudar a los jóvenes socialmente vulnerables. Por esta razón todos los Estados miembros deben fomentar y respaldar la cooperación con las escuelas y con los clubes deportivos. Asimismo considera que la práctica deportiva entre las personas con discapacidad, de edad avanzada, o con dificultades de integración, permite fomentar la interacción social y facilita un nivel elevado de buena salud.

En la Resolución citada del Parlamento Europeo se identifica la dimensión social del deporte con los objetivos de mejora de la salud de la población y educación. En el apardado «Z», en relación a estos objetivos en algunas actividades deportivas, señala que el deporte, en su dimensión o función social europea de educación/salud, «no funciona como una actividad económica típica, debido a sus propias características y a sus estructuras organizativas, sustentadas en federaciones que no funcionan como empresas comerciales y que debe establecerse una distinción entre los intereses deportivos y los comerciales». Y continúa manifestando que el modelo deportivo europeo «se sustenta en una federación por cada disciplina deportiva y se caracteriza por una organización autónoma, democrática, territorial y piramidal de los mecanismos de solidaridad deportiva y financiera...». Asimismo el Parlamento Europeo se refiere a la función de este tipo de deporte en la promoción de la salud pública (punto 19) recomendando a la Comisión que fomente la práctica deportiva entre personas de edad avanzada, porque permite fomentar la interacción social y facilita un nivel elevado de buena salud (punto 6) destacando el papel integrador social del deporte (punto11) también para personas con discapacidad (punto 10). Así como su función educadora, tanto en la educación formal como no formal, lo que ya fue reconocido en el Libro Blanco sobre el Deporte de la Comisión de las Comunidades Europeas (UE, Bruselas, 2007).

Pero además del mundo del deporte federado existen otros gestores deportivos con una clara orientación social de la actividad, las asociaciones civiles de objeto deportivo, las fundaciones privadas y las secciones o grupos deportivos en colegios o empresas en las que su objeto deportivo tampoco es mercantil. El tipo de actividad deportiva que realizan todas estas entidades también está fuera de mercado, y se dirige a las actividades que cumplen una función social, educadora (en el ámbito escolar o universitario o de educación permanente de adultos), sanitaria (rehabilitación, prevención), o de integración social (discapacitados, sujetos en riesgo de exclusión social, o víctimas de diferentes situaciones discriminatorias). En este caso, el titular jurídico de la actividad tampoco está condicionado por las leyes de la oferta y la demanda y, por tanto, no precisa someterse a los dictados de la moda, la estética o incluso la salud o la juventud, entendidas por el mercado como un mero reclamo *ad hoc* y objeto de consumo. Para el gestor mercantil este tipo de actividades de orientación social solo serán mantenidas mientras sean rentables, prescindiendo de ellas y sustituyéndolas por otras cuando dejen de serlo. Sin embargo para el gestor privado sin ánimo de lucro, el enfoque social en las actividades deportivas constituye su razón de ser, el motivo de su existencia, por lo que las mantendrá mientras pueda garantizar que cumplen este fin y mientras exista como entidad para hacerlo posible.

En la Tabla 3.2. hemos recreado esta variedad en la naturaleza y fines de las actividades deportivas y de las entidades que las gestionan, referidas al ámbito concreto de las piscinas de uso colectivo.

Tabla 3.2. Tipología de las actividades en una piscina/pileta/alberca

Grupo	Tipo de uso / actividad	Tipo de usuario	Naturaleza de la actividad	Finalidad de la actividad	Régimen de la actividad	Itinerario jurídico de gestión
I	Recreativo	Persona física	Mercado	Lúdica	Libre	Contractual
II	Federativo/ competitivo	Persona jurídica	Fuera de mercado	Social	Monopolio	Patrimonial
III	Docencia / Salud	Persona física	Fuera de mercado	Social	Organizado	Patrimonial
III bis	Docencia / Salud	Persona física	Mercantil	Lucrativa	Organizado	Contractual
IV	Fitness & Wellness	Persona física	Mercantil	Lucrativa	Organizado	Contractual

Fuente: Hontangas Carrascosa J.; 2018.

Los usos recreativos o libres del Grupo I se refieren a los usos puntuales del denominado baño o natación libre de carácter recreativo. En el Grupo II se encuentran las actividades de realización federativa relacionadas con la competición oficial en todas las modalidades y especialidades deportivas de la natación, estilos, artística, saltos, waterpolo, etcétera. En el Grupo III encontramos las actividades de iniciación y docencia deportiva (escuelas de deporte base que enlazan con una práctica de club, o bien cursos de aprendizaje en matronación, niños, adultos, etc.) así como las actividades enfocadas a la salud (terapéuticas y de rehabilitación). Este tipo de actividades son ambivalentes, pues pueden ser realizadas tanto por entidades deportivas (Grupo III) como por entidades mercantiles (Grupo III bis). Pero como señalamos anteriormente la propia naturaleza del sujeto y sus fines harán posible que una misma actividad pueda ser gestionada de diferente forma y con objetivos distintos en uno y otro caso. Finalmente las actividades del Grupo IV forman parte del denominado *fitness* que ofrece actividades de iniciación y dinamización en grupo como el *aquagym*, o bien actividades en seco que cursan en paralelo a las actividades del medio acuático y se realizan en sala como el *aerobic*, yoga, pilates, *body-pump, body-combat*, gap, *step*, zumba entre otras. Todas ellas suponen un soporte económico importante para la financiación del proyecto principal de actividades acuáticas. En el mismo grupo encontramos actividades individuales de tipo recreativo que están enfocadas al bienestar (*wellness*) como el hidromasaje, jacuzzi, circuito termal o spa.

A la vista de la clasificación que proponemos resulta lógico deducir que cuando las actividades de mercado se realizan en una instalación pública, están sujetas a itinerarios de realización contractual que exigirá la formalización de un contrato público o administrativo. Pero cuando las actividades deportivas sean de orientación social y la entidad que las promueve sea una entidad no lucrativa sin vocación mercantil y además se trate de actividades fuera de mercado, parece que no se dan las condiciones adecuadas para un itinerario contractual. En estos casos la forma de gestión más adecuada es la gestión patrimonial, que exige una cesión de uso de la instalación pública para realización de fines de interés social o general. Una fórmula que denominamos gestión participada puesto que sería idóneo que en los foros ciudadanos participativos se debatan las características que debe reunir tales actividades deportivas, para gozar de la acción de fomento o apoyo por parte de los poderes públicos.

Conforme a la clasificación propuesta, la gestión participada se enmarca en los supuestos de gestión disociada respecto de un titular público; siendo una gestión privada por la naturaleza que, a excepción de las SAD, tienen los clubes y entidades deportivas.

Hasta que entró en vigor la legislación de patrimonio en España mediante Ley 33/2003, de 22 de noviembre, la cesión de inmuebles de titularidad pública a entidades deportivas se acomodó bajo la ambigua formula de los convenios de colaboración y al amparo de la legislación de subvenciones. Un encaje jurídicamente defectuoso, pero que a día de hoy aún es fácil reconocer en España, donde siguen existiendo numerosos «convenios de colaboración» entre las Administraciones públicas y clubes y federaciones, incluidas las de natación. Dichos convenios tenían como objeto directo documentar una entrega directa o cesión gratuita de instalaciones públicas. Este modelo ha sido usado especialmente para la cesión de hecho de las piscinas de titularidad municipal. Y ha sido copiado hasta la saciedad por toda España, pese a que tal modelo ha quedado superado por una realidad jurídica que identifica otras alternativas para otorgar a clubes y asociaciones el justo título que precisan para ocupar instalaciones deportivas públicas a través de la cesión demanial.

En casi todas las legislaciones Iberoamericanas es conocido dentro del derecho administrativo la figura jurídica de la concesión demanial en diferentes formas, bien como concesiones o bien como meras licencias administrativas de uso o autorizaciones. En el ordenamiento jurídico español es posible la adjudicación directa en la cesión de inmuebles públicos, también deportivos, para la realización de actividades de interés general (artículo 137.4.b de la citada Ley 33/2003 LPAP);

o bien cuando las actividades deportivas son realizadas por entidades declaradas de utilidad pública (artículo 137.4.c) de dicha norma). Características que cumplen las federaciones deportivas con carácter *ex lege, en* España (al amparo de la Ley estatal 10/190 y el Real Decreto 1835/1991), en México (al amparo de normas de carácter civil, reguladas en los artículos 2670 a 2687 del Código Civil para el Distrito Federal), o bien con carácter rogado en Costa Rica, previa declaratoria (artículo 52 de la Ley 7800 de Costa Rica); o que cumplen funciones de interés público (Ley 147 de Nicaragua sobre entidades sin fines de lucro). Y asimismo los clubes deportivos pueden alcanzar el reconocimiento de ser entidades de utilidad pública en España o Paraguay (artículo 1 del Reglamento General de Entidades Deportivas), de lo que se derivan importantes ventajas fiscales así como la posibilidad de que las Administraciones públicas los traten como interlocutores privilegiados en la cesión de instalaciones públicas, en los medios de difusión institucional, o en el ámbito de las ayudas y subvenciones públicas al deporte.

A la vista de las argumentaciones expuestas resulta sorprendente el debate abierto en Argentina a causa de los planes del Gobierno de la Nación para alcanzar una profesionalización de los clubes deportivos (inicialmente de fútbol) mediante su conversión en Sociedades Anónimas Deportivas, conforme al modelo español. [El Gobierno Argentino ha estado trabajando con varios clubes para presentar este modelo, en donde quien no sea económicamente sostenible terminará en manos de capitales privados. Como se cita en la notica de referencia «Tristemente, el fútbol argentino parece que ya no será de los socios, será de los empresarios»].[1]

Si bien es cierto que en España el modelo se aplica en exclusiva para la competición de fútbol profesional, manteniendo el imprescindible carácter no lucrativo del resto de clubes y entidades reconociendo su carácter y función social, (el artículo 2 del Real Decreto 1251/1999, de 16 de julio, sobre sociedades anónimas deportivas, dispone que «Las sociedades anónimas deportivas tendrán como objeto social la participación en competiciones deportivas de carácter profesional y, en su caso, la promoción y el desarrollo de actividades deportivas, así como otras actividades relacionadas o derivadas de dicha práctica»).

---

1   Véase la propuesta del Gobierno de Mauricio Macri en este sentido (Fuente: http://www.politicargentina.com/notas/201603/12479-sociedades-anonimas-deportivas-el-plan-de-macri-para-el-futbol-argentino.html).

Capítulo 4
¿QUÉ HA DE TENER EN CUENTA EL GESTOR ANTES DE EMPEZAR A GESTIONAR UNA PISCINA?

Prever con antelación las acciones que van a desarrollarse aporta una cierta garantía del logro final de las intenciones que, en definitiva, no debe ser otro que unos buenos resultados globales de la gestión. Pero la acción de planificación debe desarrollarse siguiendo los protocolos que vienen utilizándose y que han demostrado su eficacia. En realidad puede decirse que planificar no es más que aplicar criterios lógicos a la ordenación de las acciones. Ante todo debe realizarse un completo y adecuado diagnóstico de la situación sobre la que se va a intervenir. Si planificar es actuar sobre un estado para mejorarlo, debe conocerse cuál es este, cuál es la situación de la que se parte para poder inferir acciones para su mejora.

A partir de los resultados del diagnóstico, y a la vista de los recursos disponibles, es posible tomar las decisiones objetivas sobre las acciones a emprender, su ordenación secuencial y su duración, su temporalidad. La planificación es el soporte de una correcta gestión de una piscina.

Se han mencionado los recursos disponibles en la planificación y gestión como uno de los factores inherentes a un adecuado proceso de planificación. Sin duda los vasos de la piscina constituyen el principal e imprescindible recurso en la gestión de la misma o de una instalación deportiva con piscina.

La práctica de la natación, desde una consideración físico educativa, es una actividad de una gran riqueza y aporte motriz. Cualquiera de las perspectivas desde la que se incida, como actividad de enseñanza, actividad deportivas de competición, mantenimiento acuático, etc., precisa de unas instalaciones adaptadas a cada exigencia, que conformará vasos de características diferenciadas en función de la finalidad para la que se diseñan.

El diseño y la realización del proyecto de ejecución para la construcción de una piscina es competencia de los profesionales de las ramas de la arquitectura y la ingeniaría, fundamentalmente. El gestor deportivo, no obstante, debe tener los conocimientos suficientes que le permitan redactar, de manera conveniente, el pliego de necesidades que dé lugar al contrato del encargo de dicho proyecto, de manera que se asegure una instalación deportiva, una piscina, con garantías de su adecuada posterior gestión. Deben conocerse en primer lugar los criterios básicos, elementales, que condicionan e influyen en su posterior diseño; seguidamente las áreas que conforman el espacio de la instalación, las propiamente deportivas, las de apoyo a los nadadores y deportistas, el área administrativa, el área de espectadores y el área social, suponen una ordenación de los diferentes espacios que componen una piscina. Y dentro del área deportiva, deben tenerse claros los tipos de vasos y sus características en función de su finalidad.

Planificación de la gestión

La planificación es uno de los elementos fundamentales de la gestión, en el presente caso de la gestión de una piscina. Ambos, planificación y gestión son conceptos complejos y por lo tanto de no fácil definición o, mejor, que soportan multitud de definiciones. Por gestión de una piscina vamos a entender el proceso de planificar y llevar a la práctica la amplitud de acciones, la variedad de competencias y desempeños de cada nivel del organigrama de la organización deportiva y sus miembros, de forma coordinada y racional, con la pretensión, ante todo, de alcanzar sus fines como asociación de natación, la eficacia del quehacer colectivo, la calidad de los resultados, la rentabilidad de los recursos invertidos y el respeto al medioambiente.[1] Así pues, los fines de la gestión se pueden concretar en

- Conformar una gestión integral de la piscina en tanto que club de natación, empresa deportiva, servicio público dependiente de la administración pública, y otros posibles más.
- Racionalizar las acciones y actuaciones a emprender (en especial programas deportivos acuáticos), en constante aumento frente a una sociedad cada vez más compleja y demandante de respuestas particulares.
- Ordenar, preparar e implementar los desempeños de cada uno de los estamentos de la entidad deportiva y de cada uno de sus miembros, con el enfoque hacia los fines que se pretenden conseguir.
- Reducir la incertidumbre de las decisiones a tomar.
- Coordinar esfuerzos (lo que genera ahorro de tiempo, medios y recursos, entre otros).
- Definir conductas esperadas a partir de la elaboración de estándares de eficacia.
- Diseñar nuevas estrategias y nuevos planes y programas capaces de hacer frente a la demanda social, a la competencia, así como a otras posibles amenazas.

---

1 Mestre J. A. *Planificación estratégica de la gestión de piscinas*. Madrid: Gymnos; 2002, p. 154.

La acción de planificar está ligada a los conceptos de ordenación, de intención y de tiempo. Sin que suponga una definición, planificar consistirá en ordenar las actuaciones a llevar a cabo con una intención. Más en concreto se puede decir que será la acción de actuar de manera ordenada, con una intencionalidad de futuro, aunque prevista de manera anticipada.

El proceso de planificar sigue un protocolo, común para todos los ámbitos en los que se aplica, si bien en su desarrollo se adapta a las circunstancias del sujeto planificador y su entorno. En el caso del deporte y su gestión, este protocolo básico se puede concretar en

- Necesidades deportivas a atender.
- Diagnóstico del entorno generador de esas necesidades (diagnóstico externo).
- Diagnóstico de la entidad que atiende esas necesidades (diagnóstico interno).
- Evaluación de los recursos disponibles por la entidad.
- Decisión de las acciones a emprender, basada en los anteriores puntos.
- Ejecución.
- Evaluación de resultados.

Protocolo que aplicado a las piscinas y su gestión se concretaría en los pasos seguidamente recogidos, esquematizados a su vez en la Figura 4.1.

- Conocimiento de las necesidades sociales de consumo de actividades acuáticas.
- Diagnóstico de la realidad social del entorno de influencia sobre la piscina. Amenazas y oportunidades del entorno en el que desarrolla sus funciones la organización piscina.
- Diagnóstico interno de la entidad generadora de actividades acuáticas (club de natación, empresa deportiva, administración pública, centro escolar). Fortalezas y debilidades de la propia organización de natación.
- Decisión de las acciones a emprender para atender las necesidades sociales, de acuerdo con las posibilidades de la entidad deportiva: planes, programas y proyectos de la natación y de las demás actividades acuáticas y deportivas en general.
- Implementación de las acciones diseñadas (proyectos) (Figura 4.2).
- Evaluación del proceso y de sus resultados, y comparación con las aspiraciones iniciales.

Figura 4.1. Esquema del protocolo de una planificación aplicado a las actividades acuáticas

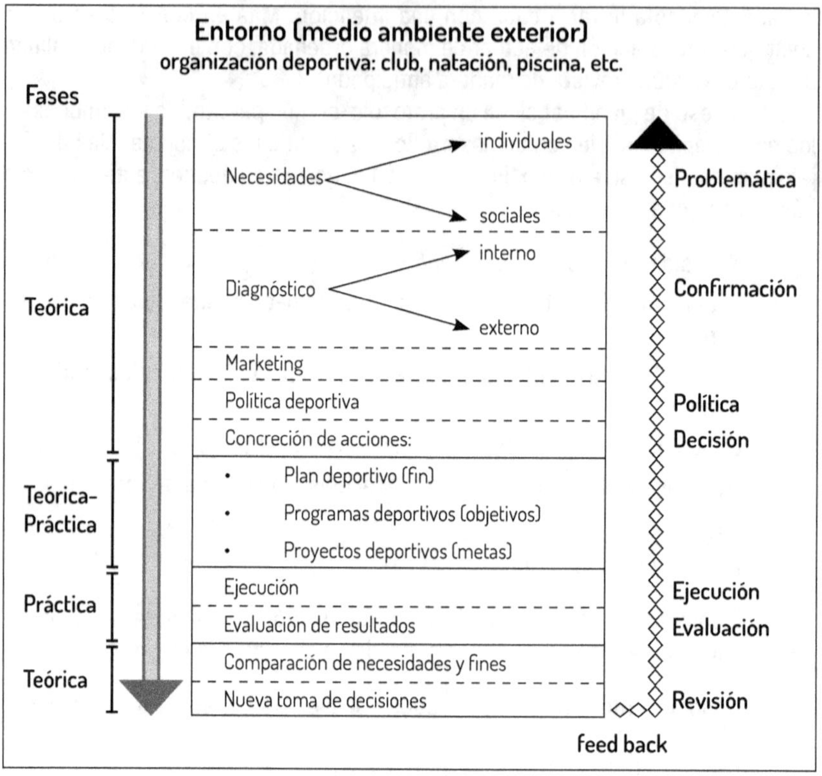

Entorno (medio ambiente exterior)
organización deportiva: club, natación, piscina, etc.
Fases
Teórica
Teórica-Práctica
Práctica
Teórica
Necesidades
individuales
sociales
Diagnóstico
interno
externo
Marketing
Política deportiva
Concreción de acciones:
Plan deportivo (fin)
Programas deportivos (objetivos)
Proyectos deportivos (metas)
Ejecución
Evaluación de resultados
Comparación de necesidades y fines
Nueva toma de decisiones
Problemática
Confirmación
Política
Decisión
Ejecución
Evaluación
Revisión
feed back

Fuente: Mestre J. Diseño Mestre N.; 2018.

Figura 4.2. Esquema de los planes, programas y proyectos

Nivel de concreción
Proyecto 1.1
Proyecto 1.2
...
ejecución
(implementación)
Programa 1
Programa 2
Programa 3
...
Plan A
Pan B
....
Avance del proceso planificador

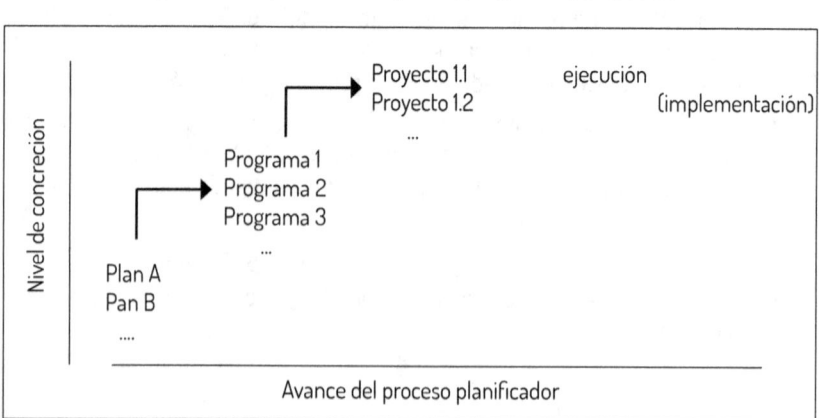

Fuente: Mestre J. Diseño Mestre N.; 2018.

A) Necesidades de actividades acuáticas de la sociedad

El estudio de las necesidades humanas se aborda desde diferentes áreas del conocimiento, la sociología y psicología, las ciencias de la salud, marketing, ciencias del trabajo, entre otras. También desde el área de las ciencias de la actividad física. En este caso se focaliza hacia las necesidades o las aspiraciones que tiene la población de ejercitarse a través de la práctica física y las modalidades deportivas. Y en especial, en el presente contexto, la necesidad individual de saber nadar y aguantar nadando unas ciertas distancias, para lo que se necesita disponer de unos elementos que permitan su desarrollo, como piscinas cubiertas o descubiertas con vasos apropiados, organizaciones de natación, técnicos cualificados, gestores de natación, programas deportivos de actividades acuáticas, metodología apropiada sobre enseñanza, entrenamiento, etc., sistemas de información, legislación y normativas sobre la natación y las actividades acuáticas, y algunos otros.

De entre todos ellos, casi sin dudar, lo primero que debe conocerse son las necesidades que tiene la sociedad en general, y cada entorno en concreto (municipio, barrio) respecto a las modalidades que conforman el subgrupo de actividades acuáticas. Chapoteo acuático para los más pequeños; enseñanza de la natación; perfeccionamiento de los estilos; iniciación al entrenamiento; natación de competición; entrenamientos de las otras modalidades deportivas; waterpolo, natación sincronizada, saltos; natación másters; natación de largas distancias; *aquagym*; natación para todos; *aquaeróbic*; rehabilitación acuática; natación salud, etc., son programas que atienden a las demandas ciudadanas, que se corresponden con los sistemas deportivos actualmente vigentes dirigidos hacia la enseñanza, el entrenamiento, la rehabilitación, la salud y el ocio.

Cada uno de estos programas necesita una tipología de vaso que se ajuste a sus características, por lo mismo que necesita de unos programas provistos de una metodología de aplicación apropiada. Puede afirmarse que las necesidades de actividades en el agua condicionan la planificación para atenderlas.

B) Diagnóstico del entorno en la gestión

Resulta fundamental para conocer el escenario en el que se encuentra inmersa la piscina, y debiera hacerse con una cierta periodicidad ante una sociedad tan cambiante y tan sujeta a tendencias y modas. Estos estudios serán diferentes dependiendo del carácter de la propiedad de la piscina y su finalidad principal, como ya se ha expuesto —pública, privada, asociativa, escolar—, pero especialmente del área sobre la que se va a aplicar, gestión, didáctica de la natación, entrenamiento deportivo, mantenimiento y limpieza, o cualquier otra.[2]

El diagnóstico tiene dos fases sucesivas, una primera, exploratoria del entorno circundante, tanto próximo como lejano, que permite obtener un conocimiento de la realidad sobre la que se va a incidir; y una segunda, prospectiva, en la que se prevé cómo evolucionará y cómo afectará a la organización de la piscina.

---

2 Mestre J. A. *Planificación estratégica del deporte*. Madrid: Síntesis; 2008.

B.1) Diagnóstico del entorno

Trata de conocer las «oportunidades» que pueden aprovecharse para mejorar la gestión, y también las posibles «amenazas» frente a las que deberán buscarse estrategias para evitarlas o compensarlas. Se diferencian dos tipos de factores, los más inminentes o próximos a la organización deportiva, y los que influyen, o pueden llegar a hacerlo, de una manera secundaria o más distantes.

Entre los factores más alejados que deben formar parte del diagnóstico —afectan de una manera indirecta— se encuentran, a modo de ejemplo:

- La política que impera en el municipio o en la nación, política en general y deportiva en concreto;
- la legislación vigente y la que pueda preverse que vaya a modificarse (p.e. ley del deporte, ley de contratos del sector público, etc.);
- las nuevas tecnologías que surgen en el mercado;
- las modas deportivas, que conllevan la presencia de nuevas actividades físicas y modalidades deportivas;
- interés social por el deporte en el país o el estado.
- el nivel deportivo del país, comunidad, y en concreto el de la natación;
- la oferta deportiva de la localidad, los clubes deportivos existentes, las instalaciones deportivas, los deportes más practicados, etc.

Entre los factores del entorno próximo, los que influyen o pueden influir más directamente en la gestión de la piscina, interesa conocer, además de otros:

- Censo de población de la localidad y del barrio en el que se asienta la piscina;
- situación y los programas de otras piscinas de la localidad, si las hubiera;
- en caso de existir, la propiedad o la titularidad de otras piscinas de la localidad;
- programas deportivos que oferta la Administración pública local (ayuntamiento, municipalidad), en especial los de actividades acuáticas;
- demanda ciudadana de programas de actividades acuáticas, así como de otras disciplinas deportivas (entran en competencia con aquellas);
- programas de ayudas a la natación (o en general al deporte) por los estamentos públicos;
- planes y programas desarrollados por la federación de natación correspondiente.

A través de estos datos y de cuantos otros se considere por el gestor o equipo directivo de la piscina, se podrán diseñar estrategias encaminadas a afrontar la amenazas del escenario en el que se sitúa la organización, a la vez que explotar las oportunidades que se presenten con la intención de mejorar su gestión.

B.2) Diagnóstico interno de la piscina

Este tipo de estudios pretenden conocer de manera sistemática, cuáles son las «fortalezas» de la organización y sus posibles «debilidades», de manera que permita mantener aquellas y corregir estas. Del análisis DAFO (debilidades, amenazas, fortalezas, oportunidades), como se aprecia, surge su complementario, el CAME, que tiende a mantener y aprovechar los aspectos positivos y a corregir y afrontar los que no lo son tanto (corregir debilidades, afrontar amenazas, mantener las fortalezas y explotar las oportunidades).

Entre los factores internos que conviene analizar, seguidamente se mencionan algunos:

- Estructura organizativa;
- presupuesto de la organización y, en su caso, el destinado a la piscina; por partidas de ingresos y de gastos;
- programas que desarrolla, deportivos acuáticos y de otro tipo;
- número de socios, usuarios, clientes. Su evolución en el tiempo;
- número de asistentes a cada programa deportivo, por edades;
- aforo de los vasos por horas, a lo largo del día y semana;
- personal que trabaja en la piscina y sus funciones;
- nivel de tecnificación, deportiva, administrativa, de servicios;
- y cuantos otros pueda interesar al gestor.

C) Acciones a emprender: planes, programas y proyectos acuáticos

El análisis diagnóstico permite conocer la situación en la que se encuentra la piscina y su entorno para tomar decisiones acerca de qué acciones emprender para mejorar y progresar deportiva y socialmente, así como en las demás áreas que permiten y favorecen los desempeños propiamente deportivos.

Las actuaciones en la gestión de una piscina se estructurarán primeramente en grandes bloques que atenderán a los fines que se pretenden, deportivos, sociales, económicos, políticos y medio ambientales. Recibirán el calificativo de «planes». Si los fines de la piscina marcan el «para qué» se construyó y qué aspiraciones tiene, los planes concretan «donde» se va a actuar en el proceso de su gestión, de forma que permita alcanzar esos fines de modo eficiente, responsable y comprometida con el medio ambiente. De lo que se trata, pues, es de simplificar y facilitar la gestión de la instalación fraccionando las actuaciones y agrupándolas por similitudes. La ordenación de los planes debe corresponderse con las áreas reflejadas en el organigrama funcional de la piscina.

Se muestran a continuación, entre los muchos ejemplos posibles, una estructura modelo de gestión de una piscina, conformada a través de unos planes, programas y proyectos que consideramos pueden resultar principales en la gestión:

- Planes deportivos.
- Planes de gestión económica.
- Planes funcionales administrativos.
- Planes de fomento de la ética deportiva y los valores en el deporte y la natación.
- Planes de mantenimiento y limpieza.
- Planes de difusión y de imagen de la piscina (marketing).
- Planes de mejora de la calidad y del desarrollo sostenible.
- Planes de formación y actualización del personal.

Cada plan, cuyo contenido no deja de ser teórico y una declaración inicial de intenciones, se concreta y empieza a desarrollarse mediante un conjunto de «programas», a través de los cuales se determina «cuanto» se va a hacer. Los programas compendian el alcance de los planes de los que proceden y forman parte, les dan contenido y forma. Cada programa debe ser capaz de llevarse a término, de ejecutarse, manera independiente o casi.

Los programas se definen a partir de cuatro aspectos generales. El primero de ellos es el plan al que pertenecen. El segundo son las necesidades o los intereses que tratan de satisfacer. El tercero, en correspondencia con este anterior refiere al sector de población a la que va destinado. Por último intervienen los medios y los recursos disponibles y con los que se cuenta. A su vez cada programa debe especificar cuál es su objetivo, qué aspiraciones tiene (población diana, duración) y de qué recursos dispone (presupuesto, horarios, profesorado). Estos datos deberán incluirse y quedar reflejados en la «carta de servicios» de la piscina de modo que dé respuesta al principio de transparencia en la gestión (uno de los principios de la buena gobernanza).

Estos programas diseñados se llevan a cabo a través de los «proyectos» acuáticos deportivos. Tienen por lo tanto un contenido eminentemente técnico y de aplicación inmediata, por lo que se han denominado como objetivos específicos de la planificación. Si el diseño de los planes corresponde al equipo directivo del club o de la entidad de natación, los proyectos son materia del equipo técnico deportivo de la piscina en sus funciones de enseñanza, perfeccionamiento, entrenamiento, mantenimiento físico y cualquier otra de las que se prestan.

En tanto que actuaciones técnicas, los proyectos deben especificar su denominación, su alcance y metas operativas deseadas, la metodología a utilizar, así como los criterios que permitan evaluar el alcance, o no, de las metas previstas y su grado de satisfacción. En el caso de los proyectos deportivos, toda esta información es preceptiva que se les entregue a quienes participan en cada uno de ellos, en el caso de los más pequeños a sus padres o responsables. Sin embargo, conviene aclarar que a nivel coloquial a los «proyectos deportivos» se les denomina «programas» (programa de aprendizaje, programa de entrenamiento, etc.), lo que no es óbice para que a nivel técnico, y sobre todo planificador, se mantenga esta estructura referida.

La adaptación del modelo de planificación —protocolo— y su puesta en práctica es facultad de cada entidad deportiva y su equipo directivo, de cada equipo técnico y de cada profesional de la natación, en sus diversas áreas de actuación. No es posible por lo tanto establecer unos esquemas universales a seguir, más allá de mostrar algunos posibles ejemplos que permitan comprender mejor el proceso metodológico de la planificación. Con esta intención se incluyen seguidamente, a modo de posibles ejemplos, un par de planes, anteriormente ya referidos, el plan deportivo y el plan de mantenimiento.

El primero de ellos, el plan deportivo, puede ordenarse a través de varios programas, por ejemplo de enseñanza, de entrenamiento, de natación salud y de natación para todos. De cada uno de ellos surgirán proyectos que se llevarán a la práctica al borde de la piscina por los monitores, entrenadores, profesores. El programa de enseñanza, igualmente por ejemplo, se podrá desarrollar a través de dos proyectos, matro/patronatación y la escuela de natación. El programa de entrenamiento constará de cuatro proyectos, iniciación al entrenamiento de los equipos más pequeños, entrenamiento del equipo juvenil, del primer equipo y de los másters. El programa de natación salud comprenderá los proyectos de natación pre y post parto y de natación terapéutica. El programa natación para todos lo formarán los proyectos de natación tercera edad, natación en familia y de natación libre.

El plan que recoge las labores de limpiar y de mantener la piscina y sus enseres, por su parte se implementará a través de dos programas, el de mantenimiento y el de limpieza. Los proyectos en los que se divide el programa de mantenimiento podrían ser, a modo de ejemplo: proyecto de mantenimiento y tratamiento de agua; proyecto de mantenimiento de pinturas; proyecto de mantenimiento materiales (maderas, aluminio...); proyecto de desinfección y desinsección generales; proyecto de mantenimiento de la jardinería. Por su parte el programa de limpieza podrá constar de los proyectos: de limpieza diaria de zonas húmedas; de limpieza diaria de zonas secas; y de limpieza de cierre y comienzo de temporada acuática.

Se trata, como se ha dicho, de unos ejemplos que no tienen otro interés que mostrar la secuencia del proceso planificador, desde lo más general a lo más particular y de aplicación inmediata. En la Tabla 4.1 se muestran estas acciones esquematizadas, con la incorporación de una nueva variable, los recursos y el presupuesto.

Tabla 4.1. Ejemplo de desarrollo de dos planes de la piscina, deportivo y mantenimiento y limpieza

Planes	Programas	Proyectos	Presupuesto y recursos disponibles
Deportivo	Enseñanza	· Matro/patro natación · Escuela de natación	Especificar
	Entrenamiento	· Equipos más pequeños · Equipo juvenil · Primer equipo · Másters	Especificar
	Natación salud	· Natación pre y post parto · Natación terapéutica	Especificar
	Natación para todos	· Natación tercera edad · Natación en familia · Natación libre	Especificar
Mantenimiento y limpieza	Mantenimiento	· Tratamiento de agua · Mantenimiento pinturas · Mtto. otros materiales · Desinfección-desinsección · Jardinería	Especificar
	Limpieza	· Limpieza zonas húmeda · Limpieza zonas secas · Limpieza cierre temporada · Limpieza comienzo temp.	Especificar

Fuente: Mestre J.; 2018.

El diagnóstico: los estudios sobre hábitos deportivos de la población

Los estudios de hábitos y preferencias deportivas de la población proporcionan al gestor de servicios deportivos (en este caso acuáticos) una información que resulta de gran utilidad a la hora de planificar. La información que ofrecen estos estudios permite priorizar recursos y aumentar la eficiencia de la posterior gestión del servicio. Para la Administración ofrecen información que permite atender las necesidades e invertir de manera efectiva y eficiente los recursos públicos.

A la hora de analizar la realidad de los hábitos deportivos de la población en diferentes países de la geografía del centro y sur de América, se han encontrado diferentes estudios y trabajos que han ofrecido un diagnóstico particular y que han concluido con propuestas de orientación a la promoción del deporte. Sin embargo, la falta de una metodología armonizada para la obtención de dicha información, dificulta la elaboración de análisis comparativos, evolutivos y de conclusiones fiables. Por ello el siguiente análisis se limita a la exposición sintética y genérica de las principales características que definen, en general, el desarrollo del deporte en el área de influencia de este trabajo. La mayoría de estudios encontrados son de corte transversal, y deberían acompañarse de series de tiempo que analicen las variables a lo largo de los años para que las conclusiones se ajustaran a la realidad de cada ámbito de estudio.

Se han recopilado las principales conclusiones de cinco estudios, referidos a diferentes ámbitos: país, región y ciudad, que pueden servir de referencias a la hora de conocer los hábitos de práctica físico-deportiva en general, en el entorno geográfico al que se dirige este trabajo. No obstante son necesarios más estudios y dirigidos a entornos más concretos. La vasta extensión geográfica a la que se dirige este trabajo, así como a las diferencias entre regiones, zonas rurales y urbanas, y demás variables socioeconómicas y culturales, aconsejan la elaboración de investigaciones *ad-hoc*, es decir, dirigidas a obtener información más concreta y específica, tanto para hábitos deportivos y recreativos en general, cómo para la gestión de entidades que prestan servicios acuáticos, con piscinas. Los estudios consultados son los siguientes:

- Hábitos y preferencias por recreación y deporte en Medellín: Una aplicación de modelos logísticos.[3]
- Factores sociodemográficos y ambientales asociados con la actividad física deportiva en la población urbana del Perú.[4]
- Encuesta nacional de hábitos de actividad física y deportes 2015, en la Población Chilena de 18 años y más.[5]
- Hábitos deportivos de los Cordobeses (Argentina).[6]
- Encuesta sobre hábitos deportivos y frecuencia de actividad física en México.[7]

A) Hábitos y preferencias por recreación y deporte en Medellín: una aplicación de modelos logísticos

Este estudio publicado en la Revista «Lecturas de economía» de la Universidad de Antioquia, en 2011, por los profesores Valencia, Tobón, y Bedoya, refleja un estudio de hábitos y preferencias por la recreación y el deporte en la ciudad colombiana de Medellín, realizado a través de una encuesta a 1.234 personas mayores de 15 años.

---

3   Valencia G.; Tobón D.; Bedoya J. (2011), Universidad de Antioquia, *Revista Lecturas de economía*. Consultado en http://aprendeenlinea.udea.edu.co/revistas/index.php/lecturasdeeconomia/article/view/9992/17758
4   Consulta en ftp://ftp2.minsa.gob.pe/donwload/esn/dnt/Act_Fisica/ActFisicaPeru.pdf
5   Consulta en http://www.mindep.cl/wp-content/uploads/2016/07/Informe-Final-Encuesta-Deportes-Completo_.pdf
6   Lic. Daniel Di Donato. *Diplomatura en Gestión Deportiva*. Secretaría de Posgrado y Educación Continua. UBP (Universidad Blas Pascal), Córdoba Management School; 2013.
7   https://www.mercawise.com/estudios-de-mercado-en-mexico/encuesta-sobre-habitos-deportivos-y-frecuencia-de-actividad-fisica

Se concluye que en Medellín hay una alta demanda de prácticas deportivas y recreativas. Las variables que determinan la práctica de deporte y recreación coinciden con otras experiencias internacionales, en cuanto a «estar trabajando, estado civil, estudios alcanzados y edad» (para la mayoría de los rangos). Además, variables como la «disponibilidad de tiempo y el interés» (factor que puede estar influenciado por el entorno familiar) son las más relevantes para la práctica deportiva.

Los responsables de ofrecer servicios deportivos deberían tener en cuenta que uno de los principales estímulos para la práctica deportiva temprana proviene de la familia. También resulta relevante conocer las preferencias de la población por ciertos tipos de instalaciones y actividades como piscinas, gimnasios y parques recreativos, además del desarrollo de actividades al aire libre y culturales.

Sería recomendable dirigir la mayor parte de la oferta de recreación y deporte a los sectores más jóvenes de la ciudad. Sin embargo, como estas actividades son un derecho para todos los ciudadanos, es necesario incluir a los sectores que menos práctica realizan para conseguir que se incorporen a estas prácticas sociales. Los resultados de la encuesta muestran que el 63,7 % de los encuestados practican recreación y deporte. En principio, la práctica se relaciona positivamente con los ingresos de los individuos y la familia. El índice de práctica disminuye a medida que se reduce el nivel socioeconómico de la población. Los hombres (72,26 %) tienen mucha más tendencia a realizar recreación y deporte que las mujeres (65,33 %). También es importante mostrar que si bien el género femenino practica menos, cuando lo hace es más constante y dedicada que el género masculino.

También hay una estrecha relación entre la práctica deportiva y la edad del encuestado. Los más jóvenes practican más. Se observa que las personas con menos edad disponen de más tiempo libre que aquellas que se encuentran cursando estudios superiores o trabajando, con excepción de los rangos de edad entre 36 y 45 y más de 56 años. Se debe tener en cuenta que en el caso de los adolescentes la práctica de deporte y recreación es obligatoria en el currículo del colegio.

Respecto al uso del tiempo libre destacan hábitos como «ver televisión, estar con amigos y en familia y oír la radio». Contrario a lo esperado, la «navegación en la Internet o la visita a centros comerciales», no son representativos.

Las principales motivaciones para la práctica deportiva son «mantener o mejorar la salud» (36 %), «combatir el sedentarismo» (26,8 %) y «por diversión o por pasar el tiempo» (15,1 %). Mientras que razones de socialización o de cultura ciudadana pesan muy poco.

En cuanto al valor que más promueve el deporte, «la convivencia» ocupa el primer puesto con el 82 %, le siguen «el respeto, la tolerancia, la participación, la solidaridad, la aceptación» (reconocimiento del diferente), «la legalidad, el diálogo, la autonomía y la autoestima», que se encuentran en un rango entre 50 % y 55 %.

En relación a los beneficios o bondades del deporte, la respuesta más generalizada es que «mejora la calidad de vida» (65,2 %), le sigue que «es un derecho» que el Estado debe garantizar (31,8 %) y finaliza, como un «medio para democratizar la ciudad» (3 %).

Frente al uso de las instalaciones deportivas y recreativas se encontró que las más usadas son «las públicas», con un 42 % de respuestas, y le sigue «la calle», con un 35 %. Mientras que el uso de «otros espacios» es marginal, variando entre 5,3 y 0,7 (la casa, las instalaciones privadas, los centros de enseñanza y en el trabajo).

Respecto a las principales actividades recreativas y deportivas que practica la población destacan: en primer lugar el fútbol, las caminatas, las actividades aeróbicas y también la gimnasia rítmica y expresión cultural. La natación se sitúa en un noveno lugar.

En cuanto a los obstáculos para poder practicar deporte y recreación, se observa como principal dificultad, la «falta de tiempo» (23,2 %), seguida de la «carencia de instalaciones y programas de recreación y deporte» (15,4 %) y la creciente «violencia que restringe el acceso de las personas a los escenarios» (12,6 %). Sin embargo, la mayor proporción de encuestados manifiestan que no existen obstáculos para estas prácticas (34,4 %).

B) **Factores sociodemográficos y ambientales asociados con la actividad física deportiva en la población urbana del Perú**

La Encuesta Nacional de Hogares, del segundo trimestre del año 1997, Perú (ENAHO 97-II), realizada por el Instituto Nacional de Estadística e Informática del Perú, se basó en un muestreo estratificado de todo el territorio nacional urbano, dividido en ocho regiones geográficas: Lima Metropolitana, Costa norte, Costa centro, Costa sur, Sierra norte, Sierra centro, Sierra sur y Selva. En total se visitaron 14.913 hogares y fueron entrevistadas 45.319 personas de 15 años o mayores.

Los dos principales objetivos de este estudio fueron determinar la frecuencia de la actividad deportiva en la población urbana del Perú, e identificar los factores sociodemográficos, económicos y ambientales asociados con ella.

La información sobre la frecuencia de la práctica deportiva fue clasificada en diaria, inter-diaria (en días alternos), semanal u ocasional. La actividad deportiva regular (ADR) se definió como la práctica de cualquier deporte con una frecuencia diaria o inter-diaria. Además se examinaron las preferencias y obstáculos para la práctica deportiva. En cuanto a los resultados destacan los siguientes:

La práctica de deportes «al menos una vez a la semana» y de ADR fue mayor entre los hombres (44,5 %) que ente las mujeres (32,4 %). El grupo de edad en que hubo una mayor práctica de ADR fue el de 50 a 55 años en los hombres (20 %) y el de 40 a 45 años en las mujeres (18 %).

El «nivel de ingresos» no mostró asociación con la práctica de ADR, aunque otras variables asociadas indirectamente con el nivel socioeconómico, como el «mayor nivel educativo, tener empleo» y tener «acceso a Internet o a televisión por cable y el consumo de información deportiva», estuvieron significativa y directamente asociados con la práctica de ADR.

Las barreras más frecuentes para la práctica del deporte fueron la «falta de tiempo, de infraestructura y el desinterés de la población». La práctica de ADR por parte de los miembros de un hogar estuvo significativamente asociada con la presencia de un jefe de hogar (cabeza de familia) que practicaba deportes activamente.

En cuanto a las conclusiones cabe destacar que la práctica de ADR en las zonas urbanas del Perú es escasa. Los más afectados son los menores de 30 años, las mujeres y los residentes del área metropolitana de la capital. Esta insuficiente práctica de ADR constituye un reto para la salud pública y reafirma la necesidad de promover estilos de vida activos. La influencia positiva observada cuando el jefe del hogar (cabeza de familia) es un deportista activo.

La práctica de deportes más frecuente entre los hombres podría deberse a determinadas normas sociales y culturales. Las mujeres triplicaron aproximadamente la práctica semanal del deporte entre los 15 y los 60 años de edad, mientras que los hombres solo la duplicaron. La afición más temprana de las mujeres adultas jóvenes a la práctica de ADR podría explicarse por razones de imagen corporal o salud y un mayor nivel de información.

En el presente estudio solo la educación se mostró significativamente asociada con la práctica de ADR y esta asociación estuvo restringida a los hombres.

Una posible interpretación de la falta de asociación entre el nivel socioeconómico y la actividad física podría ser que la variable «ingresos» no es suficientemente sensible para medir los componentes que podrían estar asociados con la práctica de ADR. En efecto, existen variables que reflejan mejor el nivel económico, como es el caso de estar empleado, tener acceso a cable o Internet y, que aparecen asociadas en sentido directo con la práctica de ADR, tanto en hombres como en mujeres.

Las barreras más importantes para la práctica de deportes percibidas por los jefes de hogar fueron, independientemente del sexo, «la falta de tiempo, el desinterés y la falta de infraestructura deportiva». La percepción de falta de tiempo podría revelar un fenómeno real, como lo indica un estudio sobre factores determinantes de la obesidad realizado en Perú, en el que se encontró que quienes trabajan más de 40 horas por semana tienen un 50 % más probabilidades de ser obesos y de realizar menos deportes recreativos que quienes trabajan 20 horas a la semana o menos. De manera similar, la percepción de la falta de infraestructura deportiva podría reflejar una realidad. No obstante, las barreras referidas a la falta de tiempo y necesidad de espacios de recreación, pueden ser modificadas mediante intervenciones efectivas en función del coste. En todo caso para el diseño de intervenciones específicas sería necesario profundizar en los resultados a través de nuevos estudios, ya que este estudio no permite dilucidar algunas de las hipótesis presentadas, por lo que tendrán que ser tema de trabajos futuros antes de aplicarlas en el diseño de intervenciones.

El deporte más practicado resulta ser el fútbol/fulbito (25,0 % mujeres y 63,0 hombres), seguido del voleibol, baloncesto, atletismo, deporte aeróbicos, la natación (con unos porcentajes muy limitados: 0,4 % mujeres y 0,8 % hombres), y otros deportes en porcentajes menores.

C) Encuesta nacional de hábitos de actividad física y deportes (AFD) 2015, en la población chilena de 18 años y más

El objetivo de esta encuesta es identificar los hábitos de ejercicio físico y deportes de la población chilena mayor de 18 años en las distintas dimensiones de la vida cotidiana. La encuesta, realizada por el Instituto Nacional de Deportes del Gobierno de Chile, se reproduce cada 3 años, lo que ha permitido comparar la evolución de las diferentes variables estudiadas. La encuesta adquiere una gran relevancia al establecer indicadores que permitan medir, en el tiempo, el impacto de la política pública en materia de actividad física y/o deportiva (AFD). En cuanto a los principales resultados destacan los siguientes:

El sedentarismo continúa mostrando índices muy elevados, sin embargo, desde 2006 ha ido descendiendo del 87,1 % al 80,1 % en 2015 (7 puntos porcentuales). En cuanto a la evolución de la práctica de AFD el aumento en estos 10 años (desde 2006 a 2015) es de un 5,4 % (2006: un 26,4 % y 2015: un 31,8 % de media). En cuanto a la diferencia de hombres y mujeres, en 2006, los hombres que practican eran un 35,5 % de la población y las mujeres un 17,5 %, mientras que en 2015, los hombres que practican eran un 41,4 % y las mujeres un 23,6 %. Así pues, se mantiene la tendencia de mayor práctica de hombres que de mujeres, con una diferencia significativa del 17,8 %.

Según esta encuesta el 62 % de quienes practican AFD cumplen con las recomendaciones del «Consejo Vida Chile del año 2003», practican al menos 3 veces por semana. El porcentaje de personas que practican 3 o más veces a la semana aumentó en un 3,5 % entre 2012 y 2015.

En términos generales la práctica disminuye a medida que desciende el nivel socioeconómico. Según los datos de la encuesta existe una diferencia significativa (29,9 %) en la práctica de AFD de los niveles socioeconómicos altos (46,7 %) y más bajos (16,8 %). No obstante, todos los niveles socioeconómicos aumentaron su nivel de práctica entre 2012 y 2015.

En cuanto a la demanda de la ciudadanía por prácticas específicas, en general, se sitúa en primer lugar la gimnasia, 42,5 %, seguido del fútbol y el futbolito, 14,5 % y de la natación, deportes acuáticos y submarinos, 7,4 %. En los niveles socioeconómicos más altos las actividades preferidas son «correr y el acondicionamiento físico». El fútbol y sus derivados (futbolito, baby fútbol) aparece como la actividad más practicada por los chilenos (26,1 %), seguido del «acondicionamiento físico» (13,5 %), «correr y derivados» (11,9 %), «ciclismo, bicicleta, etc.» (11,2 %). También es importante el «baile» (10,4 %). Estos datos segmentados por sexo indican que los hombres practican mayoritariamente fútbol y sus derivados (41,6 %) seguido de correr y ciclismo (13,3 % y 10,3 %). Las mujeres muestran una mayor diversidad en la práctica de AFD. Destaca el baile (22,9 %), acondicionamiento físico (19,8 %) y ciclismo y correr (12,3 % y 10,0 %).

La razón más repetida por los hombres para practicar AFD es la «diversión o entretenimiento», con un 44 %, seguido por «razones para mejorar la salud» (27,1 %). Las principales razones de las mujeres para practicar deporte y actividad son «para mejorar mi salud», con un 35,2 %, seguido de «por diversión o entretenimiento» (35,2 %).

Un 53,6 % de quienes practican AFD lo hace en «recintos públicos o espacios abiertos a la comunidad» (28,6 % en instalaciones municipales o públicas y 25 % en espacios públicos, plazas, calles, parques, etc.). Sólo un 22,9 % lo realiza en «recintos privados», y el 11,1 en la «propia casa».

La población menciona que la principal causa para no practicar AFD es la «falta de tiempo» (50,7 %). Otras razones son «por enfermedad» (13,7 %), «por la edad» (12,7 %). La «falta de dinero» aparece como una razón muy poco mencionada entre los encuestados (0,9 %).

Existen diferencias entre los hombres y las mujeres para dejar de realizar AFD. Entre las mujeres, la razón que más se repite para dejar de practicar es el «nacimiento de un hijo» (24,5 %), seguido de «integrarse a un trabajo» (23,2 %). En los hombres, en tanto, destacan el ingreso a un «nuevo puesto laboral» (37,2 %) y «problemas de salud» (28,8 %).

D) Hábitos deportivos de los cordobeses (Argentina)

Desde la Diplomatura en Gestión y Administración Deportiva que ofrece la Universidad Blas Pascal, se realizó un estudio sobre la Actividad Física y/o deportiva (AFD) de los cordobeses, a cargo del profesor Di Donato. Se trata de una investigación cuantitativa y cualitativa-descriptiva, dirigida a la población de la ciudad de Córdoba (Argentina), hombres y mujeres entre 15 y 75 años. El tamaño de la muestra fue de 323 encuestados.

Como resultados más destacables en esta encuesta de hábitos de deportivos de los cordobeses, destacan los siguientes:

Los cordobeses en su tiempo libre prefieren «estar con la familia, con los amigos, hacer deporte, pasear y viajar, salir al campo, ir de excursión». Las relaciones familiares, la amistad y las actividades al aire libre son las preferidas.

Hay un alto grado de interés por el deporte en Córdoba. Dicho interés no está supeditado al azar sino que se encuentra asociado a las características socio-económicas de la población. El perfil de interesado por el deporte sería un varón, con edad entre los 15 y los 34 años y con nivel socio económico alto, mientras que el perfil para el no interesado sería una mujer, con edad entre 55-74 años y de nivel socio económico medio.

El 46,7 % de la población practica deporte, y es mayor en los varones. Según la edad, entre los 15 y 34 años el 60,5 practica deporte y, por nivel social, el 65,7 % de la clase alta lo practica. En cuanto a la frecuencia de práctica, el 52,3 % tiene una frecuencia de tres veces por semana y, el 40 % de una a dos veces por semana. Con respecto a la edad, el intervalo de edades que va desde los 15 a los 34 años, es el que con más frecuencia practica deporte (56,1 %). Este índice baja a medida que aumenta de edad.

El 72 % de los practicantes hace deporte sin necesidad de competir. El 2,6 % de la población que practica deporte de competición lo hace en ligas provinciales o nacionales. El mayor interés por la competición se observa en la franja de edad entre 15 y 34 años.

El deporte más practicado es el fútbol (el 70 % por hombres y el 4.0 % por mujeres), le sigue las gimnasias suaves (aeróbic, gimnasia, gym-jazz) (40,0 % mujeres y 9,8 % hombres), el tenis (14,7 % hombres y 12,0 % mujeres) y la natación (14,0 % mujeres y 10,8 % hombres). Con respecto a la edad, el fútbol disminuye a medida que aumenta la edad, en tanto que el tenis y la natación son prácticas que aumentan con le edad alcanzando un porcentaje del 16,7 % en los mayores de 55 años (12,2 % entre la población 15 a 34 años; 9,0 % entre la población de 35 a 54 años; y el 16,7 % entre la población de 55 a 84 años). En el nivel socio económico alto aparece como destacable la práctica del tenis.

Se identifica el concepto de deporte con el de mantener una buena forma física, lo que supone establecer la relación del deporte con la salud. Los cordobeses entrevistados y que hacen deporte consideran positiva su forma física, con valores entre excelente, muy buena o buena.

Lo que más gusta del deporte, lo más valorado por los cordobeses es «adquirir una buena forma física» que se complementa y destaca con el aspecto saludable del deporte. En un segundo plano aparece el valor de «estar con amigos». El «fanatismo deportivo» es el aspecto que menos gusta, quizás se pueda relacionar con los distintos hechos de violencia deportiva que se ven, más que nada en el fútbol.

La «falta de tiempo y el cansancio» son las causas más mencionadas por los qué no hacen deporte o han abandonado la práctica. El precio o coste de la actividad no es una variable que influya a la hora de elegir el lugar o practica a realizar.

La práctica del deporte la prefieren realizar en las «instalaciones de un Club». En segundo lugar la práctica deportiva la realizan en «lugares abiertos» (parques, calle, campo, etc.). Un gran porcentaje de los encuestados considera que la cantidad de instalaciones deportivas puestas a disposición de los ciudadanos, son insuficientes.

En lo referente a la preferencia de espacios deportivos, si bien se opta por los campos o espacios deportivos adecuados, también se indican una serie de servicios que tienen que ver con áreas médicas, vestuarios, bar, estacionamiento, personal etc.

Con respecto a los servicios deportivos municipales son poco utilizados o conocidos por la población cordobesa. Sobre las actividades o servicios deportivos que debería promocionar el municipio, destacan como más importante, el programa de «gimnasia para adultos y el de escuelas deportivas municipales».

E) Encuesta sobre hábitos deportivos y frecuencia de actividad física en México

El Centro de Estudios Sociales y de Opinión Pública (CESOP) de la Cámara de Diputados realizó, en 2014, una encuesta telefónica para analizar los hábitos deportivos de la población en México.

En México los hábitos deportivos varían en gran medida dependiendo de factores sociodemográficos; además, influyen otras causas como son la «baja escolaridad y el nivel de ingresos». Por ejemplo, entre quienes tienen estudios universitarios, el 62 % practica algún deporte. Sin embargo, éste porcentaje disminuye entre los que registran un menor nivel de escolaridad. Sólo 1 de cada 10 de los que dijeron no tener estudios, practica deporte.

Los resultados de la encuesta señalan que aproximadamente 4 de cada 10 encuestados practica algún deporte. Los hombres hacen más deporte que las mujeres (49 % de los hombres entrevistados se ejercita, contra un 37 % de las mujeres). Por lo que se refiere al «nivel de ingresos», la mayoría de los que indicaron percibir un salario de nivel alto, respondió que sí practica algún deporte (70 %). Por el contrario, sólo 3 de cada 10 encuestados con un sueldo de nivel bajo se ejercita con alguna actividad deportiva.

Dentro de los resultados obtenidos en esta encuesta se puede observar que el hábito de practicar algún deporte tiende a ser hereditario, ya que entre los encuestados que hacen deporte la mitad mencionó que su padre se ejercitaba, y poco más de la mitad manifestó que su madre tenía esa costumbre. En contraste, el porcentaje de personas que practica algún deporte disminuye si sus padres no tenían este hábito.

Los resultados más destacables de la encuesta sobre los hábitos deportivos y frecuencia de actividad física en México, son los siguientes:

Sólo un 8 % de los encuestados dijo no hacer ejercicio, el resto hace varios días a la semana; un 51 % hacen ejercicio más de 3 veces por semana.

Hay tres razones principales por las cuales hacen ejercicio los mexicanos: la primera de ellas y la más importante es la «salud»; la segunda es el «disfrute por hacer ejercicio» y; la tercera por «vanidad».

Los deportes o actividades más concurridas por lo mexicanos son: en primer lugar pesas (37 %), deportes en equipo (fútbol, basquetbol béisbol, etc.) (33 %), actividades individuales pero en grupo (yoga, zumba, pilates, etc., 33 %), artes marciales (30 %), caminatas (29 %), y seguidamente se sitúa la natación (28 %).

Los lugares más comunes para hacer ejercicio son «en casa» (57 %), en «espacios públicos» (46 %) y finalmente en el «*gym*» (40 %). El 36 % de los mexicanos hace ejercicio por su cuenta propia, esto implica que no lleva rutinas ni dietas específicas y tampoco suele ir al «*gym*».

Las principales razones por las cuales no se hace ejercicio, según la opinión de los encuestados son, en primer lugar por «flojera» y en segundo lugar por «falta de tiempo». Esto, a pesar de que más del 50 % manifestó tener un espacio para ejercitarse cerca de casa, sea un espacio público o un club deportivo.

F) A modo de conclusión general

Recapitulando, se puede concluir que los resultados más comunes encontrados en los estudios de hábitos deportivos de la población, en los países desarrollados son, entre otros, los siguientes:

- Los hombres participan más que las mujeres (exceptuando algunos deportes en los que pasa lo contrario, gimnasia, patinaje y esquí).
- Respecto a las principales actividades recreativas y deportivas que practica la población destacan: en primer lugar el «fútbol y sus derivados (mini fútbol, etc.)», «las caminatas (correr, pasear...)», «las actividades aeróbicos» (ciclismo, acondicionamiento físico...) y también la «gimnasia rítmica» y «expresión cultural (el baile)». La natación se sitúa en lugares intermedios en cuanto a preferencias de la población. En lo que se refiere a la natación y las actividades acuáticas en piscinas, su práctica ocupa lugares intermedios en cuanto a preferencias de la población en el entorno de países y ciudades estudiadas. Tampoco las instalaciones con piscina son las más demandadas. No obstante, empieza a vislumbrarse la aparición de una clase media-alta, urbana con estilos de vida cada vez más asociados al culto del cuerpo, a la estética y a la salud, lo que puede suponer una oportunidad para aquellos promotores que apuesten por las actividades acuáticas.
- El nivel socioeducativo también influye. Cuanto mayor sea este nivel mayor será el índice de práctica deportiva de la población. La participación aumenta con los ingresos (estatus socioeconómico). Los ambientes más degradados obtienen los índices más bajos de práctica deportiva.
- Otras variables asociadas indirectamente con el nivel socioeconómico, como el «mayor nivel educativo, tener empleo» y tener «acceso a Internet o a televisión por cable y el consumo de información deportiva», están asociados significativa y directamente con la práctica deportiva.
- Hay evidencia sobre diferencias en la participación, el estatus en la familia y la existencia de hijos (afectándola negativamente). La participación en una actividad de recreación y deporte y tener miembros en la familia que hagan deporte, aumentan la probabilidad de practicar otra actividad.
- Respecto a la edad, la población joven es la que más práctica deportiva realiza. A medida que aumenta la edad se reduce el índice de practicantes. Además, se ha encontrado que afecta la concurrencia de las siguientes variables: la disminución de la capacidad física, el aumento de la presión laboral y que las preferencias por actividades se orienta hacia las de menor esfuerzo físico.
- «Estar trabajando, estado civil, estudios alcanzados y edad» (para la mayoría de los rangos), así mismo, variables como la «disponibilidad de tiempo y el interés» (factor que puede estar influenciado por el entorno familiar) son las más relevantes para la práctica deportiva.

- Las principales motivaciones para la práctica deportiva son: «mantener o mejorar la salud, la diversión o entretenimiento» y «pasar el tiempo». Mientras que razones de socialización o de cultura ciudadana pesan muy poco.
- La razón más repetida por los hombres para practicar deporte es la «diversión o entretenimiento», seguido por «razones para mejorar la salud». Las principales razones de las mujeres para practicar deporte y son: «Para mejorar mi salud», seguido de «por diversión o entretenimiento».
- En cuanto a los obstáculos para poder practicar deporte y recreación, se observa como principal dificultad, la «falta de tiempo», seguida de la «carencia de instalaciones y programas de recreación y deporte» y la creciente «violencia en el deporte». También destacan, aunque en menor medida, razones como «por enfermedad», o «por la edad».

Criterios básicos que deben condicionar el diseño de una piscina

La decisión de construir una piscina es un proceso complejo que brevemente expuesto, puede decirse que consta de tres momentos. El primero consistirá en el estudio diagnóstico acerca de las posibilidades de su realización. El segundo, a partir de los resultados del anterior —de ahí su importancia—, conlleva una gran carga de responsabilidad pues consiste en la toma de la decisión de su acometida. En el tercer momento deben determinarse las pautas para que el equipo redactor del proyecto de construcción pueda desarrollar su trabajo de manera que el resultado se ajuste a las necesidades y los recursos disponibles, así como a las condiciones del contrato.

En la redacción del proyecto objeto del encargo, el propietario —administración pública, asociación deportiva de natación, empresario particular, etc.— determinará de manera pormenorizada las características que debe disponer la piscina, número y tipología de los vasos, profundidades, vestuarios, salas complementarias, presupuesto, etc. Quien encarga el proyecto de construcción debe definir claramente qué es lo que quiere. Se trata, pues, de un conjunto tan amplio de variables a definir que no resulta posible incidir más allá de cuanto se dice en algunos de los apartados del presente texto. Por el contrario sí pueden introducirse algunos criterios básicos y muy generales, a tener presentes por su repercusión en la gestión posterior de la instalación, tanto en lo que se refiere a la elección de la parcela —si eso fuera posible—, como en la redacción el pliego de encargo del proyecto en concreto.[8]

---

8 Basado en Mestre J. y Rodríguez G. *El gestor deportivo y las instalaciones deportivas*. Barcelona: INDE; 2007, cap. 4.

A) Criterios sobre la elección de la parcela

La definición del uso de las parcelas de las ciudades viene recogida en sus planes de ordenación urbana, que constituyen materia legislativa, por lo que no siempre es posible decidir en este aspecto. No obstante, para el caso en que sí sea posible esa elección, debieran prevalecer los criterios de racionalidad y de optimización de la posterior gestión del inmueble, centrados ante todo en dos aspectos, la localización del terreno y su orientación.

- En la localización de la parcela se aconseja:
  - Integración en el barrio y próxima a zonas urbanas.
  - Fácil acceso caminando.
  - Preferentemente próxima a centros escolares: distancia caminando en torno a 10 minutos, libres de obstáculos de tráfico, vías de tren, etc.
  - Aunque las distancias a recorrer hasta llegar a los centros deportivos varía mucho de unas ciudades a otras y, sobremanera, de unas sociedades y culturas a otras, se puede considerar, a modo orientativo, las siguientes: acceso caminando, 2 km.; acceso de ciclistas, 4 km.; acceso mediante transporte público, 8 km.; acceso en autobús escolar en zonas urbanas, 4 km. y 8 km. en zonas rurales. Con todo, conviene hacer estudios particulares en cada población antes de proceder a la elección de la parcela.

- Orientación de la instalación en la parcela. Contrariamente al anterior punto, en este caso sí resulta una cuestión fácilmente controlable. El acceso principal a la piscina es aconsejable que esté lo más próximo al mayor flujo de asistentes. En cuanto a la orientación de los vasos descubiertos en las piscinas deportivas conviene que sea en dirección norte-sur, con la zona de salidas y llegadas recayendo al sur; en las descubiertas no deportivas la orientación resulta menos condicionante y dependerá de otros factores, no del recorrido del sol. En las piscinas cubiertas, en todo caso dependerá del tipo de cerramiento a diseñar, opaco o transparente, de la situación de los ventanales al exterior (en caso de existir), del recorrido del sol, así como de las condiciones de la parcela y del entorno. Como norma deben evitarse los reflejos de los rayos solares en la superficie del agua para evitar los problemas de la fotosíntesis en las zonas húmedas, y también las molestias a quien está nadando.

B) Criterios a considerar en la redacción del proyecto

- Uno de los principios de la «buena gobernanza» (recogidos en otro capítulo) es la coherencia. El diseño de una piscina debe resultar coherente en todos los frentes. Coherente con las posibilidades de la entidad que encarga el proyecto constructivo (club o asociación deportiva, empresa de servicios deportivos, administración pública), posibilidades de gestión, económicas, sociales y deportivas; coherente con las necesidades y esperanzas del entorno en donde se va a edificar, de los socios del club, de los vecinos del barrio; coherente con los fines principales para los que va a utilizarse; coherente con la protección del medio ambiente; coherente, en fin, con el tipo de materiales utilizados, recordando que se trata de zonas húmedas y de una gran humedad ambiental. La coherencia constituye una de las bases de una buena gestión.

- Maximizar la seguridad. Es cierto que en cada país y estado rigen unas normas de obligado cumplimiento sobre seguridad en las instalaciones y recintos de uso público, como los polideportivos y en concreto sobre las piscinas. Medidas sobre seguridad tanto de los edificios y los equipamientos existentes en ellos, como de los usuarios y personas que acudan a la instalación, sin cuyo cumplimiento no pueden aprobarse los proyectos de construcción ni, consiguientemente comenzar las obras de edificación. No obstante resulta muy aconsejable hacer hincapié en la necesidad de eliminar todos los posibles obstáculos y elementos que puedan llegar a ser causa de lesiones o resultar peligrosos para los deportistas, sus acompañantes, personal de la piscina, etc. Algunos ejemplos permiten apreciar cómo además del estricto cumplimiento de las normativas oficiales se puede incrementar la seguridad en el recinto; y en concreto: Evitar los pasillos excesivamente largos o sinuosos para el acceso a los vestuarios y alejados de la visión, contrario a la conveniencia de que sus entradas estén a la vista del puesto de control general de acceso a la instalación; evitar los bordes en ángulo recto en todo el recinto (escaleras, revestimientos, graderíos, etc.); evitar los bordillos innecesarios, de mala visibilidad o camuflados en el interior y el entorno del recito, que sin tener la consideración de barreras arquitectónicas sí llegan a resultar como tales; considerar siempre los equipamientos anti-vandálicos para luminarias, grifería, pomos y pasadores, pasamanos, espejos de vestuarios, etc.

- En paralelo a la seguridad debe buscarse la supresión de barreras arquitectónicas, más allá incluso de los requerimientos de las legislaciones vigentes en cada país. Se hace referencia en especial a las poblaciones más pequeñas. Duchas y sus pulsadores situados a su alcance, lo mismo que los lavabos; facilidad de acceso por sus propios medios a las piscinas de chapoteo y de enseñanza; bañeras para bebés, son ejemplos que justifican esta necesidad.

- Polivalencia de cada espacio deportivo. Los usos deportivos que se pueden dar en las piscinas son muy variados. Resulta prácticamente imposible crear un vaso para cada una de las necesidades. Conviene pensar que una piscina es un espacio deportivo al que se acude sin límite de edad para atender las necesidades y aspiraciones de ejercicio físico y que acoge, por lo tanto, desde la matro y patronatación a la gerontonatación, con mayor énfasis en la natación deportiva y natación para todos, y las otras modalidades acuáticas educadoras y deportivas en este medio; sin desdeñar la natación rehabilitadora y la terapéutica.

Tal volumen de actividades posibles a atender requiere de una polivalencia de la lámina de agua y de los demás espacios deportivos, siempre que sea posible. En un siguiente apartado sobre los tipos de vasos se incide en el tema y se muestran algunos ejemplos. La polivalencia de los vasos y, en general, de la totalidad de las zonas de la piscina (que así lo permitan) multiplica las posibilidades de respuesta ante las necesidades deportivas de la población que hace o quiere hacer uso de la instalación, aumenta la eficacia y hace más eficiente la gestión.

- Funcionalidad y adaptabilidad. En esta sociedad actual, de gran evolución, el deporte no se queda al margen de las modas y de los vertiginosos cambios que tienen lugar constantemente. El diseño polivalente aumenta las posibilidades de uso deportivo de la lámina de agua y de cada espacio para los que inicialmente no se pensó que podían solicitarse, pero la transición de unos programas a otros, de unas sesiones a otras con finalidades, asistentes y necesidades diferentes, deberá hacerse de manera rápida, que permita un uso ininterrumpido de cada escenario, por lo que polivalencia y adaptabilidad deben ir parejas. La funcionalidad se regirá por los criterios específicos de las actividades acuáticas para las que se diseñe la piscina.
- Fácil limpieza y mantenimiento. No resulta infrecuente que las salas de máquinas, los almacenes, inclusive los vestuarios de los operarios, se encuentren en los lugares más recónditos de la instalación. También suele ser frecuente la dificultad para maniobrar en las maquinarias para su mantenimiento o reparación. Sin un adecuado mantenimiento y una buena limpieza total, en poco tiempo la piscina se verá sometida a problema y costos innecesarios. Un buen mantenimiento exige facilidad de acceso a equipos técnicos (calderas, equipos electrónicos, equipos de deshumectación, filtros, etc.) y al resto de dependencias del recinto. Y algo similar ocurre con la limpieza, cuantas más barreras, cuantos más obstáculos existan más difícil será la limpieza de suelos, cristaleras, graderíos, vestuarios... y de las propias playas alrededor de los vasos. La facilidad en el mantenimiento condiciona un desempeño más eficiente.
- Estética y confort. A veces se escucha que las instalaciones deportivas cubiertas son «cajas cuadradas». Un diseño poco estético y poco confortable no es la mejor manera de invitar a practicar deporte. La estética no debe dominar a la funcionalidad, pero es importante que el entorno resulte agradable y motivante. Deficiente iluminación, mala acústica (exceso de ruido), temperatura inadecuada (en exceso o en defecto), exceso de

humedad, hacen que la práctica de la natación resulte desagradable, lo mismo que la estancia en el recinto mientras practican otros miembros de la familia o se asiste como espectador. La confortabilidad facilita una estancia agradable en la piscina y un uso cómodo.
- Sostenibilidad, que conlleva la tendencia hacia los mínimos impactos medioambientales.
- Equipamientos antivandálicos. En los locales de uso público un capítulo del presupuesto de mantenimiento corresponde a los gastos por los desperfectos ocasionados por actos vandálicos, robos, roturas y desperfectos por mal uso y malintencionados. Parte de ellos podrían evitarse si ya desde el proyecto constructivo se aboga por instalar sistemas antivandálicos, muy comunes en el mercado, que engloban duchas, pulsadores, dispensadores de papel, dispensadores de jabón, secadores de pelo, secadores de manos, etc.

Así mismo, el uso de células fotoeléctricas y automatismos, al reducir el uso de interruptores pueden contribuir a evitar problemas, además de controlar duraciones de encendidos y aperturas con el consiguiente ahorro energético y de consumos por lo tanto.

Otro apartado importante de gastos en las instalaciones deportivas, a veces desmesurados, corresponde a los consumos de agua, y más en concreto de agua caliente. Los mezcladores de agua de ducha permiten ahorrar agua y energía, y evitan a su vez problemas con las llaves de paso, pero no siempre son bien recibidos por los usuarios; quizás resulte más apropiado los dispensadores de agua de duración controlada, que también suponen de por sí un ahorro.

Cerraduras de taquillas para la ropa, con moneda retornable o con candados individuales, forman parte, igualmente de este conjunto de medidas.

Áreas que integran la piscina

Las instalaciones deportivas son espacios de uso público que conllevan cierta complejidad como se sabe, motivada por la gran variedad de modalidades que pueden albergar, cada una de ellas con unas características propias, difícilmente compatibles con las demás, exceptuando algunas concretas. Entre ellas, posiblemente las piscinas sean las que denotan una complejidad mayor por la diversidad de elementos que la conforman y sus peculiaridades. Estos elementos se pueden agrupar, para su estudio, en fundamentales (los vasos, las playas, los vestuarios, el cuarto de máquinas, los almacenes, etc.); complementarios de primer orden (gimnasios y salas de musculación, graderíos, sala de reuniones técnicas, etc.); complementarios de segundo orden (bar/cafetería, guardería/ludoteca, biblioteca/sala de lectura, local social, etc.). Pero sobretodo se da una doble distinción fundamental como es la de zonas húmedas y zonas secas, comúnmente referidas como «pies descalzos» y «pies calzados», en vestuarios y en especial en las zonas de playas de piscina.

Una posible estructura de estos espacios que conforman el recinto de una piscina, ordenados por zonas o áreas afines y específicas, tratado de manera un tanto exhaustiva, podría ser la siguiente:

- **ÁREAS DEPORTIVAS**
  Vasos (deportivo, de chapoteo, de enseñanza...).
  Playas.
  Cámara de salidas.
  Gimnasio/Sala de musculación.
  Sauna/jacuzzi.
  Despacho de profesores.

- **ÁREAS DE SERVICIOS DE APOYO A DEPORTISTAS**
  Vestuarios, masculinos y femeninos.
  Vestuarios infantiles (en su caso).
  Vestuarios para jueces y árbitros, de ambos sexos.
  Duchas, situadas en vestuarios.
  Aseos (en vestuarios).
  Botiquín y controles médicos y antidoping.

- **ÁREAS DE ADMINISTRACIÓN Y DIRECCIÓN**
  Vestíbulo y Recepción. Conlleva el control de acceso y las circulaciones.
  Despacho de dirección. Oficinas.
  Vestuarios de personal. Duchas y Aseos.
  Salas de máquinas (tratamiento de aguas, filtrado, calefactado, etc.).
  Almacenes: Deportivo; mantenimiento; limpieza; productos químicos de piscina.

- **ÁREAS DE ESPECTADORES**
  Accesos y controles (común para todo el recinto).
  Vestíbulo (común para todo el recinto).
  Circulaciones.
  Graderíos.
  Bar/cafetería.
  Aseos públicos.

- **ÁREAS SOCIALES**
  Sala de reuniones, prensa y medios de comunicación.
  Sala club social, biblioteca/hemeroteca.
  Ludoteca / guardería.

Vasos de piscina. Tipos

Las piscinas, como la totalidad de las instalaciones deportivas, se sistematizan siguiendo ciertos criterios, diferentes según casos y circunstancias, al objeto de facilitar su estudio, su comprensión, la delimitación de sus peculiaridades y su construcción.

Las piscinas son contenedores de agua, de gran volumen, cuyas dimensiones están supeditadas a la finalidad para la que van a ser construidas siguiendo criterios deportivos preferentemente, o bien criterios de recreo y ocio.

Por su parte, el carácter de la titularidad de la instalación, como el modo en que va a ser gestionada, constituyen criterios de diseño que deben tener presente los arquitectos e ingenieros en los proyectos de construcción, si bien no condicionan la tipología de los vasos.

Cuatro son los criterios básicos que pueden considerarse como principales en el diseño de una piscina, atendiendo a la demanda y a las necesidades sociales: criterios pedagógicos, deportivos, higiénico rehabilitadores, y de ocio y recreo. Y a su vez, y en respuesta a las condiciones climáticas del entorno en el que se asentará la instalación, debe contemplarse un criterio más que conformará piscinas cubiertas y piscinas al aire libre, que da lugar a otra posible semi tipología, las piscinas con una cubierta retráctil, descubiertas en la temporada de buen tiempo y cubiertas en los meses de más frío.

Una ordenación genérica de las posibles tipologías de piscinas puede ser la siguiente:

- Piscinas:
  - Cubiertas
  - Descubiertas (y en ambos casos):
    - de chapoteo
    - de enseñanza
    - de ocio
    - de competición: Cortas (25 m.) / Largas (50 m.)
- Piscinas singulares (parques acuáticos)

En su publicación «*Directrices Sanitarias para Natatorios y Establecimientos Spa*» (2014) el Departamento de Salud Ambiental perteneciente a la Dirección Nacional de Determinantes de la Salud e Investigación del Ministerio de Salud de la Nación Argentina, establece las siguientes clasificaciones para las piscinas o piletas destinadas a la práctica de natación y/o inmersión, según el tipo de uso y según el tipo de administración (Tabla 4.2):

Tabla 4.2. Tipos de piscina según el Ministerio de Salud de la Nación Argentina (2014)

Clasificación según tipo de uso
a. Piscinas deportivas de alta competencia.
b. Piscinas deportivas amateur.
c. Piscinas recreativas de uso libre.
d. Piscinas de rehabilitación y/o reeducación (especial).
e. Piscinas infantiles o pateras.
f. Otras.

Clasificación según tipo de administración
a. Piscina de uso público. Piscina cuya administración es estatal, en la cual hay acceso irrestricto de usuarios. b. Piscina privada de uso semi-público. Piscina cuya administración es realizada por persona natural o jurídica, privada o de beneficencia (hoteles, escuelas, clubes, clubes de salud, complejos habitacionales, asociaciones, cruceros, y otros grupos de pertenencia), en la cual se restringe el acceso de los usuarios. c. Piscina privada de uso particular. Piscina de uso exclusivo en viviendas unifamiliares y de responsabilidad del propietario.

Fuente: *Directrices Sanitarias para Natatorios y Establecimientos Spa.* Departamento de Salud Ambiental. Dirección Nacional de Determinantes de la Salud e Investigación. Ministerio de Salud de la Nación (Argentina). Buenos Aires.

Y en tanto que los vasos, se entiende que tendrán un diseño y un dimensionado acorde a la finalidad para la que estará construido, de manera que podrá hablarse de:

- Vasos pedagógicos (se les va denominar PE = Piscina de Enseñanza):
    - de chapoteo para familiarizar en el medio acuático
    - para la enseñanza
- Vasos deportivos:
    - para natación (cubiertas, descubiertas) (PD = Piscinas Deportivas)
    - para waterpolo
    - para natación sincronizada
    - para saltos
    - polivalentes (sin constituir en sí mismos una tipología)
- Vasos higiénico-rehabilitadores (PT = Piscinas Terapéuticas).
- Vasos de ocio y de recreo (PO y PR = Piscinas de Ocio y Piscinas de Recreo).

(Nota: A los vasos se los denomina comúnmente piscina, alberca o pileta (según países y culturas), como se bien viendo, por lo que se utilizan indistintamente cualquiera de ellos, aunque en el texto predomina el de piscinas).

A) Vasos pedagógicos (pe = piscinas de enseñanza

a) Piscinas de Chapoteo (PEch)

Su finalidad principal es familiarizar con el medio acuático a las poblaciones más jóvenes, hasta los seis años más o menos, a través del baño y el juego. Por lo tanto su diseño debe resultar agradable y atractivo para los más pequeños, además y sobre todo, de fácil acceso a la lámina de agua. Sus características vienen reguladas, generalmente, por los reglamentos y normativas higiénico-sanitarias de piscinas de uso colectivo de cada país o estado, con un enfoque específico hacia profundidades y pendientes, la calidad del agua, temperatura y renovación y los mecanismos de seguridad. En cuanto a la forma de los vasos se dan las dos tendencias, vasos con formas irregulares y vasos cuadrados o rectangulares. Sobre éstos últimos en la Tabla 4.3 se incluyen algunos tipos, entendiendo que cuanto se dice respecto a profundidades y pendientes es de aplicación, a su vez, a los vasos circulares o de formas diversas.

Tabla 4.3. Algunos tipos de piscinas de chapoteo (PEch)

Tipología	Medidas	Superficie lámina agua	Profundidad		Pendientes
			Mínima	Máxima	
PEch (1)	5 x 5 m.	25 m2	-	0,30 m.	No superiores al 5-10 %
PEch (2)	10 x 10 m.	100 m2	-	0,40 m.	
PEch (3)	15 x 10 m.	150 m2	-	0,40 m.	
PEch (4)	15 x 15 m.	250 m2	-	0,5-0,6 m.	

Fuente: Adaptado de la normativa N.I.D.E. (Consejo Superior de Deportes. España).

En el caso frecuente de que se produzca una agrupación de piscinas, la distancia de separación de este tipo de piscinas con cualquier otra no debe de ser inferior a los 10 metros en el caso de piscinas al aire libre, y de 5 en las piscinas cubiertas.

b) Piscinas de enseñanza (PEe)

Por lo general no suele darse una reglamentación o normativa de obligado cumplimiento para esta tipología de vasos, como resulta fácilmente comprensible, al no tener que estandarizar medidas universales que permitan la comparación de resultados y la homologación de registros de los tiempos empleados en su recorrido, tal como ocurre con las piscinas destinadas a la competición y al entrenamiento. En su diseño se tendrán en cuenta dimensionada y característica que obedecerán a criterios de prevención y de salud. De esta manera corresponderá a cada organismo responsable la redacción de las normas y criterios constructivos para las piscinas de uso público, tanto si la titularidad es de la administración pública como si es de organizaciones deportivas.

No cabe dudad de que sería ideal poder disponer de vasos específicamente diseñados con fines pedagógicos, inclusive, por edades y etapas de aprendizaje. Sin embargo, los elevados costos de su construcción como, sobremanera, de su posterior mantenimiento, propician el que se supediten los parabienes de estas opciones en favor, o bien de vasos polivalentes, o bien de complejos de dos piscinas, una de ellas de medidas reglamentarias para la competición y su entrenamiento y la otra de enseñanza, también utilizada con fines rehabilitadores.

En la Tabla 4.4 se recogen unas medidas estandarizadas, ordenadas en tres bloques, que pueden servir de orientación en el caso de la construcción de una instalación deportiva con piscinas.

Tabla 4.4. Algunas tipologías de vasos pedagógicos (PEe)

Tipología	Medidas	Profundidad		Superficie lámina agua
		Mínima	Máxima	
PE (1)	8,00 x 4,00 m.	0,50 - 0,70 m.	0,90 m.	32 m2
PE (2)	8,00 x 6,00 m.	0.50 - 0,70 m.	0.90 m.	48 m2
PE (3)	10,00 x 6,00 m.	0.50 - 0,70 m.	1,06 m.	60 m2
PE (4)	12,50 x 6,00 m.	0,70 m.	1,06 m.	75 m2
PE (5)	12,50 x 8,00 m.	0,70 m.	1,06 m.	100 m2
PE (6)	16,67 x 8,00 m.	0,70 m.	1,06 m.	133,36 m2
PE (7)	16,67 x 10,00 m.	0,70 m.	1,18 m.	166,67 m2
PE (8)	20,00 x 10,00 m	0,70 m.	1,30 m.	200 m2

Fuente: Adaptado de la normativa N.I.D.E. (Consejo Superior de Deportes. España).

Habitualmente estos vasos están construidos en el mismo espacio de playa a continuación de los vasos deportivos (PD), conformando un complejo de dos piscinas (a veces tres si se incluye un vaso de chapoteo), por lo que adoptan medidas igualmente rectangulares. No suelen tener unas dimensiones superiores a los de 20 x10 metros, como se recoge en el caso de los vasos del bloque 3 de la Tabla 4.4 [PE[(8)]], adoptando como longitud la anchura del vaso deportivo, variando su propia anchura en función del espacio disponible. Otras veces disponen de dimensiones inferiores, como las que se muestran en los bloques 1 y 2 [PE[(1)] a PE[(7)]]; en ellos suelen primar en su diseño criterios económicos, de construcción y mantenimiento. Las profundidades pueden, así mismo, adaptarse a cada caso y necesidad.

En algunas ocasiones presentan ciertas peculiaridades como disponer de fosos para el profesorado, o estar construidas en elevación sobresaliendo del entorno, lo que permite en ambos casos estar más cerca de los alumnos.

La separación de estos vasos PE con los deportivos PD vendrá marcada por las dimensiones del espacio y las playas, por lo que será relativamente pequeña aunque debe quedar limitada para evitar peligros. El sistema de llenado, vaciado y reciclaje, al ser sus usuarios los más pequeños, debe ser independiente de las demás piscinas, por motivos de higiene.

B) Vasos Deportivos Para Natación (Piscinas Deportivas = Pd)

El deporte de competición, caso de la natación, se fundamenta en medir resultados de quienes toman parte en una competición, ordenarlos y a su vez compararlos con quienes recorren la misma distancia en otras competiciones. Este requisito exige la necesidad de reglamentar su práctica, en su ejecución, en las dimensiones de los espacios, como en las características de los equipamientos, útiles y materiales necesarios y específicos de cada modalidad deportiva. De lo que se trata es de buscar la máxima objetividad en la medida y en la comparación.

Las tipologías de las piscinas están sujetas a la reglamentación sobre la natación deportiva aprobada por las respectivas federaciones de natación de cada país, y en especial de la federación internacional de natación (FINA). Las medidas oficiales de los vasos para la práctica de competiciones son de 25 y de 50 metros que respectivamente suelen ser piscinas cubiertas y al aire libre (a cielo descubierto). Los vasos de 33,33 metros, muy habituales en otros tiempos, dejaron de construirse a favor de estos otros, aunque tienen un nuevo interés enfocados hacia el waterpolo.

a1) Piscinas deportivas para natación al aire libre o descubiertas (PDal)

La tendencia general al mencionar las piscinas deportivas al aire libre (PDal), es entender vasos destinados a la natación con medidas de 50 metros, y con una anchura, de 25, 21, 16,67 ó 12,50 metros. También los vasos al aire libre de 25 metros de largo son reglamentarios, y posiblemente resulten más frecuentes, aunque el hecho de que los campeonatos de verano de natación se celebren en «piscinas largas» (50 m.) (Figura 4.3), condiciona la construcción de estas piscinas descubiertas. En todos los casos, para la celebración de pruebas oficiales, las piscinas deben estar homologadas y deben cumplir las Normas de Instalaciones de la F.I.N.A.

Las medidas estándar oficiales vienen incluidas en la Tabla 4.5, sobreentendiendo que rigen para las piscinas descubiertas como, en su caso, para las cubiertas. Tanto en las piscinas largas (50 m.) como en las cortas (25 m.) se permite una tolerancia entre 0 a + 0.030 metros entre las dos paredes frontales en todos los puntos, desde 0.300 metros por encima hasta 0.800 metros por debajo de la superficie del agua.

Tabla 4.5. Características y dimensiones oficiales (en m.) de las piscinas de 25 y de 50 metros (PDal.)

Características y dimensiones	Vasos de 25 metros (PDal)				Vasos de 50 metros (PDal)		
	Modelo 1	Modelo 2	Modelo 3	Modelo 4	Modelo 5	Modelo 6	Modelo 7
Anchura	12,50	16,50	21,00	25,00	16,50	21,00	25,00
Profundad Mín.	1,80	1,80	1,80	2,00	1,80	1,80	2,00
Profundidad Máx.	2,25	2,25	2,25	2,25	2,50	2,50	2,50
Num. de calles	6	8	8	8-10	6	8	8-10
Ancho de calle	2,00	2,00	2,50	2,50	2,50	2,50	2,50
Bandas exteriores	2 x 0,25	2 x 0,25	2 x 0,50	2 x 0,50	2 x 0,75	2 x 0,50	2 x 0,50
Superficie Lámina de agua	312,5 m^2	412,4 m^2	525 m^2	625 m^2	825 m^2	1.050 m^2	1.250 m^2

Basado en Real Federación Española de Natación (RFEN). Reglamento General. Libro XII de las Instalaciones.

Alrededor del vaso debe existir una zona de «playas» o andenes pavimentados que separen la lámina de agua (bandas exteriores del vaso) de las otras zonas, como graderíos, zonas ajardinadas, zonas de calentamiento en seco, etc. La zona de playa, los laterales y el fondo del vaso no deberán tener una anchura inferior a 2 metros, y de 3 metros en el caso de la zona de las plataformas de salida; se recomienda no obstante que la anchura en todo el recinto sea de 3,50 metros.

Figura 4.3. Piscina de 50 x 21 metros

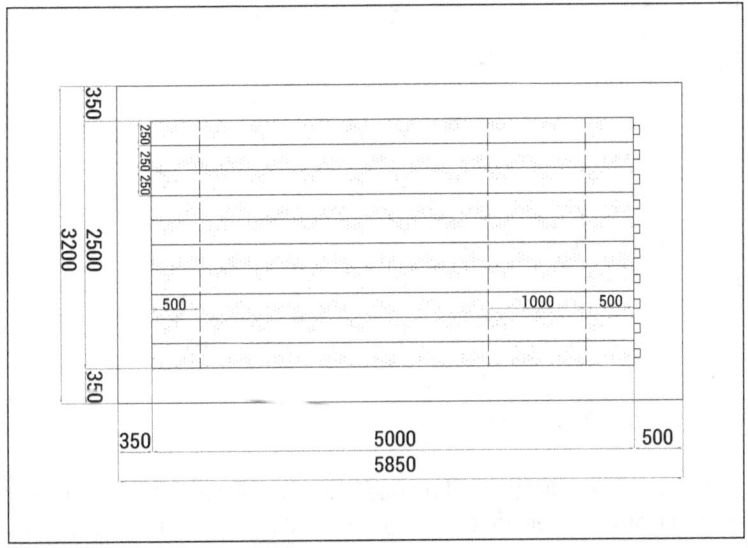

Fuente: RFEN. Adaptado por Mestre N.; 2018.

a2) Piscinas deportivas para natación cubiertas (PDc)

La mayor parte de las piscinas cubiertas actuales son de medidas cortas (25 m.) debido a tres razones principales: el elevado costo de una piscina cubierta con respecto a las descubiertas; los mayores incrementos económicos por el mantenimiento, en especial energéticos; a lo que hay que agregar los precios del suelo, entendiendo las medidas de la parcela que, cuanto menos, duplican la superficie necesaria de lámina de agua, y debe pensarse que estas piscinas tienen tendencia a estar construidas en el interior de las ciudades, distribuidas por los barrios, lo que todavía encarece más el precio del suelo. Pero debe tenerse en cuenta que las medidas de los vasos para los grandes campeonatos son de 50 m. tanto cubiertos como descubiertos.

Las normativas y reglamentos, bajo el enfoque de la natación de competición, permiten algunas opciones en cuanto a la medida de la anchura de los vasos (Tabla 5.4), que regirán igualmente para el caso de vasos de 25 metros descubiertos (Figura 4.4).

Figura 4.4. Piscina de 25 x 21 metros

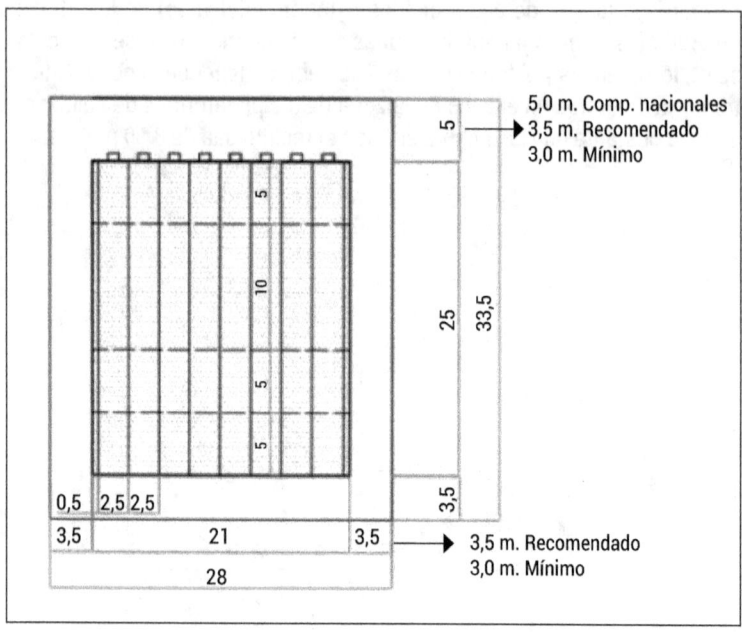

Fuente: Basado en RFEN. Adaptado Mestre N.; 2018.

A estas medidas oficiales habría que incluir, como ya se ha mencionado, la opción de vasos de dimensiones de 25 m. x 33,33 m. (833,25 m² de superficie de lámina de agua). Un dimensionado que permite el diseño de 10 calles en sentido longitudinal, y de 16 en sentido transversal. Si bien no tienen la consideración de reglamentaria para la competición de natación, su mayor prestancia deportiva, además de resultar aptas para la práctica del waterpolo, los aconseja al posibilitar simultanear una amplia gama de actividades, como se expone a continuación. Esta mayor gama de posibilidades hace muy atractivos estos vasos desde el punto de vista de la gestión, al permitir optimizar su uso en el resto del tiempo en que no se utiliza para WP, bien transformando la lámina de agua mediante una conveniente separación, en dos espacios simultáneos, uno de 25 metros de largo destinado al entrenamiento y otro menor, de 7,5 metros, con otra finalidad acuática diferente; o bien utilizarla sin adaptarla.

Las actividades que pueden desarrollarse a un mismo tiempo en este modelo de vaso son diversas, entre ellas, solo a modo de algunos ejemplos:

- Enseñanza (2 calles); entrenamiento natación (8 calles) y natación libre (6 calles).
- Entrenamientos nivel 1 (5 calles), nivel 2 (5 calles) y nivel 3 (6 calles).
- Entrenamientos de natación (4 calles) y de waterpolo (resto de calles).

- Entrenamiento de natación (10 calles).
- Entrenamiento waterpolo (toda la piscina).
- Natación libre (8 calles) y campeonatos sociales del club (7 calles), dejando una calle libre de separación entre ambas actividades.
- Entrenamiento de natación sincronizada (8 calles), enseñanza de la natación (8 calles).
- Natación en las calles de 25 metros y enseñanza en la zona adaptada.

b) Vasos Deportivos para Waterpolo (Piscinas Deportivas = PDw)

El reglamento de waterpolo establece que la dimensión del campo de juego —longitud entre líneas de portería— debe ser de 30,00 metros como máximo en la categoría masculina y de 25,00 metros en la femenina. En ambos casos la anchura máxima debe de ser 20 metros y la mínima de 12,50 metros. La profundidad mínima del vaso debe ser de 1,80 metros, si bien se recomiendan los 2 metros. Se admiten como aptos para la celebración de competiciones los vasos con medidas recogidas en la Tabla 4.6.

Tabla 4.6. Dimensiones y características oficiales (en m.) de los vasos aptos para waterpolo

Características y dimensiones	Vasos de Waterpolo (PDw)								
	Modelo 1	Modelo 2	Modelo 3	Modelo 4	Modelo 5	Modelo 6	Modelo 7	Modelo 8	Modelo 9
Longitud	25,00	25,00	25,00	25,00	33,33	34,50	50,00	50,00	50,00
Anchura	12,50	16,50	21,00	25,00	25,00	25,00	16,50	21,00	25,00
Profundidad mín.	1,80	1,80	1,80	2,00	1,80	1,80	2,00	2,00	2,00

Fuente: Basado en Real Federación Española de Natación. Reglamento General. Libro XII de las Instalaciones.

c) Vasos Deportivos para Saltos (Piscinas Deportivas = PDs).

Establece el reglamento que los fosos de saltos no pueden simultanear su uso con el entrenamiento o la práctica de las demás modalidades acuáticas, el baño libre o la competición, por lo que resulta aconsejable que se construyan de manera independiente. En los lugares en que las condiciones climáticas en invierno resulten adversas, el reglamento dicta que para la alta competición estarán incluidos, preferentemente, en el recinto de piscinas cubiertas. En este caso debe tenerse presente la altura de las plataformas que oscila entre los 0,6-1,0 metro a los 10 metros; este último caso el vuelo mínimo se considera de 1,5 metros.

Aunque pueden estar agrupados con los vasos de natación, siempre respetando las distancias de las zonas exteriores (playas), deberán estar aislados de los vasos de chapoteo y de enseñanza en el caso de existir. Las dimensiones de las playas serán similares a las indicadas para el caso de las piscinas para natación.

Los fosos tendrán forma rectangular y no deberán existir sombras que recaigan sobre el vaso, y en las piscinas cubiertas, recomienda el reglamento que plataformas y trampolines estén orientados hacia el norte. Las medidas de los fosos pueden oscilar entre unos mínimos y máximos, como se recoge en la Tabla 4.7.

Tabla 4.7. Dimensiones del foso de saltos

Características y dimensiones	Fosos de saltos (PDs)		
	Modelo 1	Modelo 2	Modelo 3
Longitud	21,00	25,00	25,00
Anchura	15,00	15,00	21,00
Profundidad	5,00	5,00	5,00
Nivel	Local, nacional, internacional	Nacional, internacional	Nacional, campeonato del Mundo, JJ.OO

Fuente: Basado en las Normas N.I.D.E. (Consejo Superior de Deportes. España).

d) Vasos Deportivos para Natación Sincronizada (Piscinas Deportivas = PDns)

La natación sincronizada consta de dos modalidades, figuras y rutinas. Para la celebración de una competición de «figuras» es necesario que el vaso pueda disponer de dos zonas de 10,00 metros de largo por 3,00 de ancho cada una, de manera que la zona de 10 metros resulte paralela a la pared del vaso, y separada de esta una distancia no superior a 1,50 metros. La profundidad mínima de ambas zonas no será inferior a 1,80 metro, aunque es preferible que una de ellas tenga una profundidad de 3 metros y la otra de 2,50 metros.

La competición de «rutinas», siguiendo el reglamento, precisa de una lámina de agua de 25 metros, como mínimo, y de 30 metros como máximo de largo, por una anchura de 12 metros mínimo y máximo de 20. La profundidad mínima deberá ser de 1,80 metros aunque es preferible que en su interior, una zona de 12 x 12 metros tenga una profundidad mínima de 3 metros y el resto no inferior a 2,50 metros.

Las zonas para la competición de figuras puede ser la misma zona destinada a la competición de rutinas.

e) Vasos Polivalentes (Ppv)

La práctica de la natación ha experimentado un auge en los últimos tiempos, en especial la natación como práctica libre, inmersa en el concepto de deporte para todos, en el presente caso «natación para todos». Esta realidad condiciona la construcción de piscinas no solamente diseñadas para el entrenamiento y consiguiente competición. No resulta extraño, pues, que florezcan instalaciones con vasos que no cumplen con las medidas estándar recogidas en los reglamentos oficiales de las federaciones de natación. Y constituye una buena idea desde unas consideraciones primeras. Por un lado muchos de quienes acuden a nadar por su cuenta, se fijan más en el tiempo de nado que en los metros recorridos, lo que induce a evitar la exactitud en las medidas del vaso, con el consiguiente ahorro económico en su construcción. Por otros lado, estas instalaciones-piscina populares es aconsejable que estén ubicadas en zonas próximas a los hogares o lugares de trabajo, lo que no siempre permite disponer de solares de medidas capaces de albergar piscinas reglamentarias. Y en tercer lugar, el volumen de agua de los vasos y como consecuencia el volumen total de aire del recinto, es un factor condicionante de primer orden en los resultados de la gestión, por lo que la persona, física o jurídica que emprende la construcción de la piscina deberá supeditar las medidas de esta a sus propias posibilidades para que su posterior gestión resulte eficiente.

Por otro lado, bien se trate de la administración pública, bien se trate de la iniciativa privada asociativa quienes resulten ser los responsables de la construcción de una piscina o complejo deportivo con piscina, deben procurar dar la mejor respuesta a dos condicionantes que se presentan. Ante todo atender y dar satisfacción a las necesidades deportivas sociales referidas a la natación; necesidades que van en aumento al ir incrementándose la población que practica deporte. Y a su vez deben hacerlo con la mayor eficacia y los menores costos posibles. Ambas realidades aconsejan disponer de superficies de lámina de agua que puedan resultar polivalentes.

Los programas de enseñanza y perfeccionamiento de la natación dirigidos a la infancia son el primero de los condicionantes a tenerse en cuenta en el diseño de las piscinas con un enfoque polivalente. Se entiende que vasos de profundidad de 1,80 metros no constituyan el soporte pedagógico más adecuado. A su vez el auge de los programas de gimnasias suaves en el agua —bajo el enfoque de actividades acuáticas para todos, mantenimiento acuático y otros similares—, aportan nuevos argumentos en favor de la necesidad de modificar el prototipo de los vasos tradicionales casi en exclusiva con el enfoque de la natación de competición, hacia modelos que amplíen sus posibilidades de utilización más pedagógicos, rentables y confortables.

No se tratará, pues, de construir vasos específicos de carácter polivalente, sino de adaptar los vasos que se diseñen para que puedan acoger el mayor número de modalidades y actividades acuáticas, teniendo presentes la edad de los usuarios y sus condiciones físicas. La gran diferencia estará, como parece lógico, en la profundidad de los vasos. En esta línea, Rodríguez (2001),[9] tras analizar los requerimientos de profundidad de los distintos programas acuáticos, consultar la opinión y percepciones de los usuarios de piscinas y de los profesores y educadores que desempeñan su labor en ellas, propone un modelo de vaso de seis calles, con medidas de 25 x 12,5, y una profundidad de 1,1 metros en la zona menos profunda y de 1,6 metros en la de mayor profundidad.

---

9 Rodríguez G. *La profundidad de los vasos polivalentes cubiertos: una respuesta a las diferentes demandas y un factor de ahorro en la gestión*. Tesis Doctoral. Madrid: Universidad Politécnica de Madrid, Instituto Nacional de educación Física; 2001.

Este diseño de vaso, que no se ajusta a los estándares federativos —recordar que estos van dirigidos hacia la competición deportiva— permite la implementación de prácticamente todos los programas acuáticos «no reglados», pero además permite perfectamente el entrenamiento deportivo e, incluso, la competición básica de natación. Una opción muy interesante a considerar por los clubes de barrio de natación, más modestos, y para el caso de las piscinas públicas de los ayuntamientos y municipalidades en su oferta social deportiva. Cuenta además, obvio es decirlo, con una sustancial reducción de costos energéticos, de agua, de productos para el tratamiento del agua, etc. que debe tenerse en consideración.

f) Vasos Deportivos de Calentamiento (Pc)

Sin constituir una tipología como las vistas, sí conviene hacer referencia a ellos. En las piscinas en las que se celebren competiciones oficiales, tanto de natación como de las otras modalidades acuáticas, son necesarios los vasos de calentamiento. Pueden estar situados próximos a los de competición y utilizarse para otras actividades (enseñanza, «natación libre», etc.) excepto en los días de competición, o en los aledaños del recinto pero conectados directamente en los días de competición. Sus dimensiones conviene que cuanto menos, sean de 25 metros para poder tomar referencia de los tiempos. En cuanto a la profundidad, a no ser que los reglamentos federativos impongan unos mínimos, podrán ser menos profundos que los de competición al objeto de que puedan ser utilizados, como se ha dicho, para otras prácticas acuáticas cotidianas.

En el caso de no existir estos vasos y querer celebrar alguna competición oficial se puede recurrir a instalar temporalmente vasos prefabricados desmontables, en el propio edificio o fuera del mismo en algún espacio de fácil acceso al recinto de competición.

C) **Vasos Higiénico-Rehabilitadores (PT = Piscinas Terapéuticas)**

No resulta frecuente esta tipología de vasos diseñados y adaptados para facilitar una práctica de la natación con fines terapéuticos, con la excepción en centros especializados, como centros de rehabilitación deportiva, balnearios de salud y locales de fines similares. La situación social generalizada a escala mundial con una inversión en la pirámide de edad en la que cada vez son más las personas mayores, con todo lo que la vejez conlleva de deterioro físico, pone su acento en la necesidad de plantearse este tipo de vasos en el diseño de las piscinas con fines más sociales y de natación para todos, un tanto alejadas de las dirigidas hacia la competición deportiva o la alta competición de natación. A su vez, el aumento de las terapias que desde el sistema sanitario recomiendan la práctica de la natación y la rehabilitación acuática frente a deficiencias funcionales, inciden en el enfoque hacia esta tipología de vasos.

No sujetos a medidas estándar reglamentarias deberán diseñarse acorde a las patologías que puedan atender. Como características mínimas dispondrán de escaleras de entrada al agua con escalones facilitadores y barandillas, a la vez que de ascensores hidráulicos; contemplarán varias profundidades que permitan el nado, la ejercitación estando de pie, de rodillas o sentado; deberán disponer de asideros para facilitar el desplazamiento por ellas, la realización de ejercicios estáticos, la incorporación, etc.; y asimismo dispondrán de surtidores de agua para dar masajes hidráulicos en distintas zonas del cuerpo.

D) **Vasos de Ocio y Recreo (PO Y PR = Piscinas de Ocio y Piscinas de Recreo)**

Las piscinas o complejos de piscinas diseñados con la finalidad exclusiva para el recreo y el ocio, con frecuencia asociadas al turismo, se alejan notoriamente de los fines que se pretenden en la presente obra a través de las tipologías de vasos vistas, conformando un bloque independiente de instalaciones y vasos que tienen como características sus formas irregulares, sus grandes volúmenes de agua, y la presencia de elementos como toboganes, oleaje, recorridos laberínticos, etc. Únicamente comparten con la natación, en sentido estricto, el requerimiento de saber nadar para poder disfrutar de las actividades y sensaciones que en cada caso se ofertan. No obstante, se ha creído conveniente hacer mención a este tipo de piscinas y complejos acuáticos, por un lado para evitar el que se echen de menos en un texto sobre piscinas y, por otro, para hacer referencia a que, generalmente, están regidas por una reglamentación específica sobre parques acuáticos propia de cada país, que debe consultarse en cada caso.

Otras Áreas Deportivas

A) Playas

Las normativas que rigen en cada sociedad acerca de la construcción de piscinas regularán las medidas y características de las playas que circundan los vasos, las pendientes exigibles para evitar la acumulación de agua, el uso de materiales antideslizantes, etc. Por su parte los reglamentos federativos para la celebración de campeonatos internacionales, en especial del Mundo y las Olimpiadas, definen a su vez este tipo de variables. Reglamentos que habrá que consultar en cada país.

En las piscinas cubiertas, una norma que puede admitirse para dimensionar el tamaño de las playas en lo que a espacio útil se refiere, es asimilar la superficie de playa a la de la lámina de agua. Por ejemplo, en una piscina con un vaso de 25 x 12,5 m. la superficie de la lámina de agua es de 312,5 m^2. Si se toma en consideración esta mencionada recomendación de que las playas tengan una anchura de 3,5 m. resultará una superficie de playas de 311,5 m^2. Y se entiende que conforme aumenta la superficie de lámina de agua (25x16,5 m.; 25x21 m., etc.) permite la asistencia de más nadadores por lo que debería incrementarse proporcionalmente la superficie de las playas. Tiene el inconveniente de que mediante esta propuesta se encarece el precio de la obra, como también los costos de calefacción, pues aumenta el volumen de la masa de aire ambiental. Aquí entrarán en juego otros parámetros a considerar por la propiedad de la piscina, como por ejemplo destinar un espacio de las playas como zona de ejercitación en seco, supliendo posibles gimnasios o salas de musculación.

En el supuesto de que exista más de un vaso, la playa de separación entre ambos no debiera ser inferior a los 5 metros, como dato de referencia a expensas de lo que dicte cada normativa concreta.

En las piscinas al aire libre esta superficie de playas será mayor, en especial si se conciben como piscinas de recreo fuera de los horarios de entrenamiento (p.e. las piscinas de club, con horarios de baño para los socios). En este caso lo que se incrementará serán los costos del terreno. Otro aspecto a considerar es la existencia, o no, de «espacios o zonas de estar» destinados al ocio.

Así, pues, considerando la superficie de lámina de agua como «S», pueden adoptarse las siguientes superficies de playas para ambos tipos de piscinas, siempre contando con las salvedades referidas:

Piscinas cubiertas	Zona de playas	Mínimo 1 S
Piscinas al aire libre	Zona de playas	1,4 S (oscilando entre 1,2 S y 2,3 S)
	Zona de estancia	4,6 S (oscilando entre 4 S y 7)

B) Gimnasio y Zonas de musculación

Los deportes acuáticos, como todas las modalidades deportivas, necesitan del apoyo de otros sistemas de entrenamiento que complementen la preparación física de quienes los practican. A su vez, los socios y usuarios de las piscinas con otras finalidades ajenas a la competición deportiva precisan y reclaman, la posibilidad de ejercitarse en «seco». Los gimnasios y salas de musculación (mantenimiento, puesta a punto, *fitness*, «cardio», etc.), son un complemento necesario en las piscinas.

El dimensionado de estos espacios, como su composición, dependerá de las necesidades de cada entidad deportiva y sus posibilidades. La presencia de máquinas de *fitness* reduce considerablemente el espacio libre para otro tipo de ejercitaciones, lo que debe tenerse en consideración al diseñar el espacio. Si en la instalación van a planificarse sesiones de aerobic, mantenimiento, yoga y otras modalidades similares, resultará necesario separar en espacios diferentes ambos tipos de actividades, con aparatos y sin ellos.

C) Cámara de Salidas

Imprescindible en las piscinas en las que se vayan a disputar competiciones oficiales. Como criterio se pueden tomar que debe disponer de 1,20 m², al menos, por participante. El número de calles condicionará, pues, su espacio total. Debe estar situada cerca de la zona de calentamiento.

Áreas de servicios de apoyo a deportistas

A) Vestuarios

El número vestuarios y su dimensionado tienen una gran influencia en el resultado final de la gestión de una instalación deportiva. En el caso de las piscinas no ocurre como en los deportes de equipo que en todo momento se precisan cuatro vestuarios, dos para los equipos que están jugando y otros tantos paro equipos que jugarán a continuación, y en sus dos modalidades, masculina y femenina, lo que puede llegar a acarrear la disposición de ocho vestuarios en total. Es la manera de que pueda rentabilizar tanto deportiva como económicamente la instalación. Sin embargo en natación sí conviene separar los vestuarios destinados a los más pequeños que asisten a las clases de enseñanza, perfeccionamiento, etc. de los vestuarios para los más mayores. Y duplicados así mismo, en masculinos y femeninos.

Su dimensionado dependerá del número de usuarios que deban albergar, que a su vez estará en función del aforo de los vasos. Dicho aforo dependerá de la superficie de lámina de agua existente y estará regulado por las normativas respectivas. Por ejemplo la normativa NIDE[10] establece que los vestuarios se dimensionarán para un número de usuarios, condicionado por el aforo permitido, que será proporcional a los m^2 de lámina de agua; y prosigue manifestando que el aforo se fijará en 1 usuario/3m^2 lámina de agua (aforo: m^2 lámina agua/3). Y tras considerar que todos los usuarios no utilizan a la vez los vestuarios, establece una corrección de 1/2 del total del aforo (número de usuarios de vestuarios simultáneos: m^2 lámina agua/6). Así, pues, el número de usuarios simultáneos obtenido se repartirá al 50 % en vestuarios masculinos y femeninos y se dispondrá de una superficie por cada vestuario de 1 m^2/usuario.

Resulta aconsejable que los vestuarios, así como los aseos, estén al mismo nivel que el recinto de las piscinas, entre otras razones de comodidad y funcionalidad, predomina la de seguridad. Debe pensarse que se trata de zonas de «pies descalzos» que suelen estar húmedas, por lo que conviene evitar escaleras para el acceso a las playas así como largos pasillos.

Cada vestuario dispondrá de zona de aseos, cabinas de inodoros y lavabos, cuyo número, dimensionado y características vendrán recogidos en cada normativa. Dispondrá a su vez de algunas cabinas individuales conforme a las directrices normativas.

La superficie total destinada a vestuarios se puede dividir en espacios no inferiores a 20 m^2, bien con separadores fijos o móviles y destinadas, cada subdivisión, a diferentes usos, como zona para infantiles, zona para socios, etc.

Los entrenadores, jueces, árbitros, técnicos, dispondrán de vestuarios propios, con sus correspondientes aseos, cuanto menos en número de dos, masculino y femenino.

---

10 Normativa NIDE. Piscinas cubiertas. Condiciones de Diseño. Características y Funcionalidad de Piscinas Cubiertas / 11. Vestuarios – Aseos (CSD. España).

Unos ejemplos que muestran cómo se incrementa el número y la superficie de los vestuarios destinados a deportistas, se incluyen en la Tabla 4.8. El cálculo de la superficie destinada a los vestuarios, como del resto de las dependencias de la piscina, es un tema de gran importancia. El exceso de superficie encarece el costo de la obra, como también de su posterior mantenimiento; una superficie insuficiente causará molestias, un bajo confort permanente que puede llegar a repercutir negativamente en la asistencia a la piscina.

Tabla 4.8. Ejemplos de algunas posibilidades de vestuarios deportivos

Tipos de vasos en la playa	Dimensiones de los vasos (m2)	Superficie total lámina de agua (m2)	Vestuarios colectivos (n°)	Vestuarios del equipo natación (n°)	Cabinas individuales (n°)
Enseñanza (PE)	(20,0 x 10,0)	200	2 x 16	-	2 x 4
Enseñanza (PE) y Chapoteo ( )	(20,0 x 10,0) + (10,0 x 10,0)	300	2 x 20	-	2 x 4
Deportiva (PD) y Enseñanza (PE)	(25,0 x 16,50) + (12,50 x 8,0)	512,5	2 x 45	-	2 x 4
Deportivas (PD) y Enseñanza (PE)	(25,0 x 21,0) + (20,0 x 10,0)	725	2 x 55	2 x 20	4 x 4
Deportivas, natación (PDn) y saltos PDs	(25,0 x 21,0) + (21,0 x 15,0)	840	2 x 45	4 x 25	4 x 4
Deportivas, natación (PDn) y saltos PDs	(50,0 x 25,0) + (25,0 x 21,0)	1.875	4 x 55	4 x 35	8 x 4

Fuente: Realización basada en normas NIDE (Consejo Superior de Deportes. España).

B) Botiquín. Zona de Control Antidopaje

Deberá situarse de manera que sea viable y rápida la salida hacia el exterior para facilitar la evacuación de posibles accidentados, a la vez que estar bien comunicado con el recinto de las piscinas y las zonas deportivas. En su diseño y contenidos deberá seguirse la normativa vigente en cada país, estado o comunidad.

Su dimensionado dependerá de la superficie de la lámina de agua existente, pudiendo oscilar de manera significativa entre un mínimo de 4 m^2, para una lámina de agua en la piscina no superior a 200 m^2 (p.e. un vaso de 20 x 10 m .), e ir aumentado conforme se incrementa la lámina de agua hasta unos máximos que podrían ser de 16 m^2 para superficies en torno a los 1.800 m^2 (p.e. un vaso de 50 x 25 m. y otro de 25 x 21 m.).

Cabe la posibilidad de que lleve anexa la zona de control antidoping o una zona de control médico, lo que conllevará replantear su situación y dimensionado. El control de detección de posibles dopajes es necesario cuando se celebren competiciones oficiales, por lo que no es necesario este espacio en las piscinas que no tengan aspiración a celebrar este tipo de acontecimientos. En caso de existir deberá tener el dimensionado suficiente para albergar dos salas para la toma de muestras, femenina y masculina, con lavabo e inodoro, y una sala de espera.

Áreas de Administración, Dirección y Social

A) Recepción. Control de accesos. Vestíbulo

A partir del criterio de ahorro en los gastos de funcionamiento, el acceso a la piscina o recepción será único, y constará de un vestíbulo y de una zona de control de entradas. Resulta muy conveniente que desde esta zona se pueda controlar a su vez acceso a los vestuarios (pies calzados), cuanto menos en los accesos separados a vestuarios de mujeres y hombres.

El vestíbulo deberá ser suficiente para poder albergar una zona de espera y un espacio destinado al tablón de anuncios. Deberá ser accesible para personas con movilidad reducida y conviene que durante el día disponga de luz natural para evitar consumos innecesarios.

Si no existe ninguna otra zona de espera, cafetería o zonas similares, el vestíbulo estará dotado de servicios (inodoros) para espectadores o personas que acudan a llevar, recoger o acompañar a deportistas, en especial a los más jóvenes. Será una zona de pies calzados.

Los accesos a los graderíos y zonas de cafetería también conviene que sean controlados desde esta zona, si bien, para los casos de competiciones podrían disponer de otros accesos independientes de este vestíbulo. Estas entradas estarán lo suficientemente señaladas y diferenciadas impidiendo que pueda accederse de una a otra, en especial de espectadores a la zona de vestuarios.

En el caso de piscinas cubiertas con graderíos el vestíbulo deberá tener una dimensión para los espectadores que dependerá de su número, tomando como parámetro la dimensión de 1m^2 por cada 6 espectadores.

En muchas normativas constituye un requerimiento, y aunque en otras no lo sea, siempre resulta conveniente que desde el puesto de control de la entrada se puedan visualizar los vasos y las playas. A su vez, en este recinto de control estarán instalados los cuadros generales de control y mando de la iluminación, seguridad, etc.

B) Dirección. Oficinas. Sala de Reuniones/Prensa

Constituyen la parte administrativa de la piscina. Aunque siempre resulta conveniente que exista una entrada única a la instalación, por motivos de control, seguridad y ahorros, el acceso a estas dependencias debe ser independiente desde la recepción, y separado del resto de accesos debido a que, por lo general tanto la vestimenta como el calzado serán siempre «de calle».

Los espacios para oficinas y dirección estarán dimensionados en función de las personas que van a trabajar en ellas. Si existe una sala de reuniones independiente, el despacho de dirección podrá ser de medidas más reducidas que si este debe disponer de una mesa para reuniones. Entre 12 y 24 m^2 se pueden considerar adecuados para el espacio destinado a oficinas.

Las piscinas que no suelan albergar campeonatos oficiales, la sala de reuniones en el supuesto de que exista, podrá desempeñar la función de sala de prensa, lo que supone un considerable ahorro de costos.

Sí resulta interesante disponer de una sala de lectura o biblioteca, con destino múltiple, propiamente biblioteca/hemeroteca, zona de descanso y lectura y, muy especialmente, sala en la que puedan realizar sus tareas los escolares, antes y después de sus sesiones de enseñanza o entrenamiento.

C) Almacenes

Con demasiada frecuencia a estos espacios no se les da la importancia que tienen, y no solamente en las instalaciones deportivas sino en general en otros ámbitos sociales. Conviene diferenciar, en las instalaciones con piscina, tres tipos de ellos:

- *Deportivo*. Deberá estar cerca de los vasos. Es conveniente que tenga dos accesos, uno recayendo en la zona de playa y el otro hacia exterior del recinto, y estar diseñados para evitar el cruce entre pies calzados y pies descalzos. A modo estimativo, su dimensión no debiera ser inferior al 5 % de la lámina total de agua.

- *Mantenimiento de aguas*. Dado que en él se almacenarán productos que pueden resultar tóxicos, deberá disponer de ventilación propia hacia el exterior y estar alejado de las salas de máquinas y de otros almacenes o salas en las que se concentre personal. Sus medidas dependerán de las características de la instalación, sin bien no deberían ser inferiores a 4 m^2 para el caso de las piscinas con vasos pequeños.

- *De limpieza*. Albergará los elementos para la limpieza diario de todo el recinto y los exteriores. Unas medidas aceptables como mínimas estarán en torno a los 4 m^2 de superficie; sin embargo la dotación de maquinaria de limpieza exigirá una superficie mayor, en torno a los 12 m^2.

En todos los casos, los almacenes deben disponer de una altura suficiente para albergar los elementos utilizados para la práctica deportiva, y unas puertas sobredimensionadas en anchura y altura.

D) Sala de máquinas

Resulta difícil determinar su dimensionado que estará en función de las tipologías de cada uno de sus elementos, filtros, renovación de agua y su tratamiento, calentamiento del agua, deshumectación del recinto, etc. Como norma, ya se ha indicado, debe ser lo suficientemente amplia para permitir el acceso y la manipulación de cada uno de estos elementos.

Área de espectadores

A) Graderíos

El aforo de los graderíos es con frecuencia motivo de controversias. Por un lado se da la tendencia a querer maximizar el número de plazas para poder albergar campeonatos de las máximas categorías y, por otro lado, reducirlo para evitar incrementar los gastos. Ciertamente los graderíos se utilizan relativamente poco, a excepción de las fechas de campeonatos. Los demás días acogen a algunos padres y acompañantes de los nadadores —en el supuesto de no existir una zona de estar o cafetería—. Ante esta realidad conviene plantearse de antemano la dotación de graderíos que encarecerán sustancialmente la construcción, pero sobre todo, incrementarán, y mucho los costos de mantenimiento al tener que climatizar un volumen de aire cada vez mayor conforme aumentan las filas de asientos.

A partir del censo de población de la ciudad es posible establecer un estándar tipo, orientativo, sobre el número de plazas que deben disponer los graderíos (Tabla 4.9).

Tabla 4.9. Número orientativo de plazas en graderíos para espectadores, según número de habitantes

Habitantes ciudad	N° orientativo de plazas	Comentario
50.000	300	
100.000	300 - 500	Según superficie lámina de agua
250.000	300 - 500	(")
500.000	400 - 750	(")
1.000.000	500 - 1.000	(")

Fuente: Normativa NIDE (Consejo Superior de Deportes. España). Adaptado.

Las normas para la construcción de edificios que albergarán masas de espectadores establecen, para cada caso, las características que deben cumplirse en todo momento. Siguiendo estas directrices de obligado cumplimiento, y según el diseño de la piscina, puede estudiarse el montaje de graderíos móviles para la celebración de algún gran campeonato lo que quizás, pueda ser una buena opción.

B) Cafetería, Zona de restauración

En los grandes complejos con piscina, en los que socios y familias acuden a pasar largas horas practicando deporte o sencillamente descansando, la existencia de una cafetería o restaurante parece ser una exigencia. En las piscinas más modestas, tipo piscinas de barrio o piscinas de un pequeño club de natación, consideramos más necesario una sala de lectura o una sala social, con los fines que ya se han descrito, y como alternativa a la cafetería, instalar en ellas máquinas expendedoras de refrescos, café, *snacks*, y similares si fuera necesario.

Superficie total del edificio piscina

Una pregunta que suele formularse con anterioridad al diseño y construcción de una piscina es la referente a qué superficie se necesitará. Y no resulta fácil dar una respuesta puesto que, como se está viendo, las variables son tantas que permiten, o exigen, solares de muy variadas superficies.

A modo orientativo puede estimarse que la superficie total que ocuparía todo el edificio de la piscina, albergando los vasos, playas, vestuarios, gimnasio y zonas de musculación, almacenes, cuartos de maquinaria, zona de estar, despachos y oficinas, biblioteca, etc. vendría a ser unas diez veces superior a la superficie de los vasos o lámina total de agua.

Superficie Total Edificación (STE) = 10 veces la Superficie Lámina de Agua (SLA)

STE = SLA x 10

Pero se insiste en que no deja de ser un dato meramente orientativo que puede servir para iniciar la búsqueda de un terreno en el que edificar, o para empezar a bosquejar proyectos y presupuestos previos a la construcción de la instalación piscina.

Capítulo 5
¿QUÉ OFERTA DEPORTIVA PRESENTAN LAS PISCINAS?

La oferta deportiva que presentan piscinas, a partir de los planes que elabora el equipo directivo, se concreta en los programas deportivos y se aplica a través de los proyectos, de contenido eminentemente técnico. El plan deportivo constituye la razón de ser de la piscina y el fundamento de su gestión. Resulta imprescindible por lo tanto definir previamente a su construcción, qué tipo de piscina se desea y cuál será su finalidad. Y una vez puesta en funcionamiento, cada piscina puede cumplir diferentes funciones y atender demandas diferentes. El cometido de la gerencia será dar la mejor respuesta posible a estas demandas bajo dos objetivos primordiales, satisfacer las necesidades y aspiraciones sociales acerca de las actividades acuáticas, y obtener los mejores resultados globales de la gestión de la piscina. Para ello precisa organizar del modo más conveniente los usos de las láminas de agua de que consta, y programar las sesiones para atender la mayor demanda posible y de la forma más idónea; entre ellas y con una cierta excepcionalidad, la organización de los campeonatos deportivos que puedan tener lugar en una piscina.

Las piscinas, como cualquier otra instalación deportiva, cualquier empresa o cualquier negocio, precisan difundir las actividades que desarrolla, sus ofertas, sus desempeños, en definitiva sus fines, al objeto de lograr un balance positivo de resultados, ante todo deportivos, sin menoscabo de los sociales y los económicos. Previamente deben definir y exponer su identidad corporativa, la identidad de la piscina o del club de natación con piscina. Los elementos que conforman esta identidad se analizan en este capítulo, como también los elementos de la comunicación que dispone la entidad de natación para difundir y promocionar los programas y las actividades que en ella se desarrollan. Por la importancia que en la actualidad poseen, se estima que deben abordarse con mayor amplitud dos de estos medios de comunicación y difusión, las cartas de servicios y las redes sociales que pueda crear la organización de natación.

Ámbitos de atención (utilitario, recreativo, terapéutico, competitivo, etc.)

Los baños públicos siempre han tenido una función social de tipo lúdico-cultural en otros tiempos, unid, a la necesaria función higiénica. En la actualidad las piscinas han sustituido en su función social a los baños públicos, prácticamente innecesarios ya desde el punto de vista de la higiene personal, y ampliado su finalidad y su oferta.

Podemos definir una piscina como un lugar de reunión y esparcimiento, entre cuyas instalaciones destaca como elemento central el vaso, permanentemente lleno de agua y destinado al baño. Pero hoy en día, la piscina es mucho más. Normalmente se encuentra integrada en un complejo deportivo que reúne otros espacios auxiliares y complementarios, como se ha expuesto, relacionados unas veces con el deporte, finalidad principal de este texto, y otras con la educación o el ocio.

Los diferentes usuarios de la piscina solicitan una oferta variada de actividades que responda a motivaciones o funciones sociales diferentes. Los más deportistas orientaran su actividad hacia la natación o hacia otras disciplinas deportivas tradicionales de piscina como el waterpolo, la natación sincronizada, los saltos, etc. Por otro lado, hay quien prefiere una actividad más recreativa y elige un espacio con olas. Los niños suelen divertirse mucho en ella, también nadando de forma más tranquila o jugando. También podemos encontrar adeptos a las piscinas terapéuticas o de relax (también denominadas Spas o balnearios urbanos). La función higiénica y la salud son motivaciones que impulsan a estos usuarios a elegir las piscinas para realizarse.

Son innumerables las actividades que se pueden realizar en una piscina. Cada día aparecen nuevas formas de realización que son integradas en las ofertas de actividades acuáticas de las piscinas. Intentando simplificar y racionalizar dicha oferta, identificamos en la actualidad las siguientes funciones sociales asociadas a las actividades acuáticas en piscina:

- Deportiva: entrenamiento y competición.
- Educativa.
- Recreativa (parques acuáticos, piscinas de ocio al aire libre).
- Higiénica y terapéutica (balnearios, spa, rehabilitación).
- Utilitaria (aprendizajes útiles).

A) Función deportiva o competitiva

La práctica de la natación de competición ha sido monopolizada por el sistema federado asociativo. Los clubes de natación se extienden por todo el mundo asociándose en federaciones regionales, nacionales e internacionales con objeto de competir, entrenar para lograr las mejores marcas, clasificarse para los campeonatos. Los estilos que se han impuesto son los cuatro clásicos de la natación (crol, espalda, braza y mariposa). Pero además de estos estilos de la natación se han deportivizado actividades como el waterpolo, los saltos, la natación sincronizada, etc. La función competitiva requiere de un proceso de aprendizaje progresivo que se construye en fases o etapas, desde la iniciación al desarrollo para llegar a la fase de perfeccionamiento o tecnificación que, llegando a esta última, será cuando el deportista está preparado para asumir la exigencia y necesidades de competición y los logros o marcas.

- Programas de entrenamiento de la natación y demás disciplinas asociadas (waterpolo, natación sincronizada, saltos...).
- Programas de competición (oficial y no oficial) de todas las disciplinas deportivas que se desarrollan en piscina.
- Programas de formación para la competición (iniciación, desarrollo y perfeccionamiento).

Estos programas deberán coordinarse con la función educativa quedando protegida de este modo la población infantil y juvenil ante cualquier riesgo de abuso por parte del organizador.

B) Función educativa

La función educativa de las actividades acuáticas tiene como protagonista al sujeto, un/a menor de edad que a través de estas actividades completa su formación integral. Esta función educativa sobrepasa a la escuela como institución y alcanza las actividades extraescolares cuyos objetivos pueden ser utilitarios (aprender a nadar), recreativos (aprender a través de una metodología lúdica) o de carácter deportivo (aprender la ética del deporte).

En la escuela la asignatura de la educación física incorpora al currículum estas actividades como forma de completar los aprendizajes psico-físicos, educar en hábitos saludables, y contribuir a la educación integral de los escolares. Los objetivos de estas actividades se corresponden con los objetivos de la asignatura de la educación física y concretamente permiten a los escolares conocer mejor su cuerpo, también el de los otros, aprender a respetar las diferencias, adquirir autonomía en el medio acuático, relacionarse y expresarse dentro del medio acuático, etc. Se utiliza la educación física y como parte de esta las actividades acuáticas como medios para favorecer el desarrollo personal y social. En concreto mejoran las habilidades y destrezas básicas en el medio acuático (desplazamientos, saltos, equilibrios, giros, lanzamientos, ritmos, etc.) y también las cualidades físicas (fuerza, resistencia, flexibilidad, velocidad). La educación en valores también es objeto de esta asignatura y de su desarrollo a través de las actividades acuáticas. El deporte como fenómeno cultural desarrolla y transmite una serie de valores que forman parte de los contenidos educativos de esta materia. Por otro lado, el derecho educativo del menor (derecho universal) obliga a extender la protección educativa a todas las actividades que la población escolar desarrolle tanto en la escuela como fuera de ella. Este derecho supone extender la función educativa a las actividades acuáticas, se realicen en el colegio, como en el club o cualquier otro lugar.

- Programas de enseñanza de la natación a la población infantil y juvenil en piscinas municipales.
- Escuelas deportivas de natación y demás disciplinas deportivas que se desarrollan en piscina, bien municipales o de centros escolares.
- Programas escolares dentro de la asignatura de educación física.
- Programas de participación en actividades deportivas extraescolares, cursos y actividades acuáticas.

C) Función recreativa

La función recreativa, independientemente de la edad de los nadadores, atiende a la necesidad de las personas de ocupar el tiempo libre y el tiempo de ocio en actividades que se consideran saludables para la vida. Esta función recreativa de las actividades acuáticas no solo tiene objeto en sí mismas sino que resulta muy conveniente su utilización como método didáctico en otras actividades con funciones diversas (educación, utilitaria, terapéutica, etc.).

- Programas acuáticos con utilización de material recreativo.
- Programas en parques acuáticos.
- Fiestas acuáticas.
- Programas de baño libre con función recreativa (ejemplo, vacaciones).

D) Función higiénica

La función higiénica en estos momentos se refiere al ámbito de la salud de las personas. La prevención, pero no solo, sino la natación terapéutica, rehabilitadora, etc., forman parte de lo que hoy en día se entiende por función higiénica. Estas actividades suelen estar dirigidas por equipos multidisciplinares en los que interviene el personal sanitario y los técnicos deportivos. Las finalidades de las actividades acuáticas de carácter higiénico buscan recuperar la normalidad de un cuerpo sometido al estrés, los traumatismos, las enfermedades, etc. Distinguimos dos finalidades distintas en esta clasificación: por un lado la función estrictamente higiénica o preventiva destinada a cubrir las necesidades de la población sana que pretende mejorar su condición física y, por otro lado, la función terapéutica o rehabilitadora que responde a las necesidades de la población con determinado grado de patología y que utiliza las actividades acuáticas como medio para restablecer su salud o mejorar su calidad de vida. Estas funciones deben ir acompañadas de una programación, altamente especializada, basada en las ciencias biomédicas y de la actividad física y el deporte que de forma coordinada, proporcionaran el contenido de las sesiones acuáticas para cada tipo de población y función a desarrollar. Por todo ello lo programas que se desarrollen deberá estar coordinados por personal sanitario.

- Programas de natación para las personas mayores (de 65 años y más).
- Programas de actividades acuáticas para embarazadas o post parto.
- Programas de mantenimiento físico acuático o gimnasia acuática, preventivo y potenciador de las condiciones físicas.
- Programas de deporte y salud (a través de las actividades acuáticas), destinados a combatir los problemas de obesidad, diabetes, problemas de corazón, rehabilitación del aparato esquelético, osteoporosis y otras incidencias reumatológicas, hipertensión, cáncer, alteraciones del bienestar psicológico y lesionados en general, etc.
- Programas de rehabilitación de determinadas lesiones deportivas: esguinces, fracturas.
- Programas de baño libre con función higiénica, preventiva.

E) Función utilitaria

La función utilitaria no solo se refiere a saber nadar como aprendizaje necesario para evitar el riesgo en los desplazamientos por el medio acuático, sino que también se refiere a la utilidad de la acción de nado en determinados trabajos o actividades relacionadas con el medio acuático o dónde las personas se encuentran con el agua y necesitan desplazarse y mantenerse en ella.

- Programas de enseñanza de la natación a personas adultas (aprender a nadar, perfeccionar los estilos…).
- Programas de actividad acuática para bebés o bebés y padres (matro/patro-natación).
- Función integradora, natación adaptada.
- Programas para parados, inmigrantes, grupos marginados…
- Programas de baño libre con función utilitaria (mantener un hábito saludable).
- Programas de salvamento y socorrismo con función utilitaria (también educativa), para desempeños que así lo demandan, como los cuerpos de seguridad (policía, bomberos, etc.), protección civil, y otros muchos.
- Programas de actividades acuáticas compensatorias de trabajos especiales (conductores, administración, profesiones estresantes…), (estos programas pueden catalogarse también como de función higiénica).

Todas estas funciones descritas con anterioridad que cumplen las actividades acuáticas en una sociedad como la actual, tan compleja como cambiante, condicionan no solo la tipología de la instalación, la forma de construcción de la piscina o complejo de piscinas, sino también al organizador (público, privado de carácter asociativo o privado comercial), al tipo de población y al entorno en el que se encuentra la instalación.

A través de la planificación el gestor deberá dar respuesta a las diferentes demandas del entorno, organizando el espacio y programando el tiempo de las actividades para que resulten más adecuadas. Son muy importantes los recursos humanos en el desempeño de estas actividades. El personal técnico requerirá de una formación cualificada que en algunos de los programas trascenderá el área de las ciencias de la actividad física, el deporte, la animación deportiva acuática, la natación o demás disciplinas deportivas que se desarrollan en piscinas, llegando incluso a alcanzar las áreas sanitarias y sociológicas.

La función pretendida a la hora de organizar una actividad acuática no solo determinará la tipología de la instalación, el tipo de vaso a construir, sino que condicionará también la elección del material auxiliar necesario (las barandillas y escaleras adaptadas, los chorros de agua, tubos y mantas acuáticas, toboganes, etc.). También deberá plantearse el gestor de una instalación con piscinas qué espacios complementarios pueden contribuir mejor a satisfacer las necesidades o funciones sociales que se pretenden abordar. Gimnasios, salas de *fitness*, graderíos, bares o cafeterías, locales sociales, despachos, biblioteca, ludoteca, expuestos en otro de los capítulos.

Programación y organización de las sesiones deportivas en el vaso. Propuestas y algunos modelos

La mayor parte de las piscinas de uso público, si no la totalidad de ellas, y de las piscinas privadas que ofrecen servicios públicos, caso de las piscinas de clubes de natación o piscinas de empresas deportivas, deben aspirar a obtener los mejores resultados en su gestión, tanto deportiva, como social, económica y hasta política en según qué tipo de piscina. El éxito de la gestión estará supeditado, entre otras variables, al mejor aprovechamiento de la lámina de agua que disponga.

En otro capítulo se analizan las diferentes tipologías de vasos a construir en el interior del recinto de la piscina, que dependerán, ante todo, del fin al que van a estar destinados. Sin embargo lo habitual es que los vasos se destinen a más de una actividad con la pretensión de la eficiencia en su gestión, como ya se ha expuesto. Lograr la mayor y más eficaz polivalencia de los vasos es, pues, uno de los retos en la gestión de las piscinas. Y en este reto intervienen cuatro factores que deben conjugarse de manera conveniente, a la vez que cambiante a lo largo de la jornada:

- La finalidad principal de la piscina.
- Las características constructivas de los vasos.
- Las aspiraciones, los deseos de actividades acuáticas del entorno.
- Los tiempos disponibles de quienes desean hacer uso de las piscinas.

Cada piscina surge para atender una finalidad principal. Las piscinas escolares, en centros escolares, surgen para educar y formar a los jóvenes a través del medio acuático. Las piscinas de las asociaciones deportivas de natación, aspiran a crear un tejido asociativo en torno a la natación, su enseñanza y sobremanera su entrenamiento y el alto rendimiento, y la consiguiente participación en competiciones oficiales de natación y demás modalidades deportivas acuáticas. Las piscinas sufragadas por las administraciones públicas, generalmente locales, tienen como fin prestar el servicio público deportivo de enseñar a nadar, permitir la práctica de la natación entre la población sin aspiraciones de competir, a través de programas de natación popular, el ocio acuático, la natación familiar y otros más. Las empresas deportivas atenderán las demandas sociales de práctica deportiva que mejores resultados económicos y beneficios les resulten.

Se puede apreciar la necesidad de segmentar el mercado ante las grandes posibilidades que ofrece una piscina de actividades y prácticas deportivas. En efecto la práctica físico deportiva es una actividad de acoge –debe acoger– a los diversos grupos sociales al completo, puesto que se trata de una práctica aconsejada y recomendable a todas las edades. No obstante precisa con frecuencia diferenciar, tratar de manera independiente, los mercados en función de las edades, la condición física, los intereses personales, además de los horarios y quizás de los días. Los grupos de entrenamiento de los primeros equipos de competición por ejemplo, no parece muy aconsejable hacerlos coincidir con grupos de mantenimientos de la tercera o la cuarta edad, por lo que deberán tratarse en momentos diferentes.

Es posible asimismo segmentar los grupos de usuarios en función de las características de la instalación, su ubicación, las necesidades y los deseos de los clientes, socios y usuarios. En marketing se habla de segmentar el mercado a partir de cuatro premisas: el perfil social, la motivación, la utilidad de la actividad (con qué fin se practica), y los beneficios que se desean obtener. Pero sobre todo la división de la oferta estará en función del sistema deportivo en el que se inserte la piscina y su finalidad. Inicialmente se pueden tomar en consideración tres dimensiones que tiende a garantizar la calidad de los programas que se ofrecen (Tabla 5.1).

Tabla 5.1. Tres dimensiones de la segmentación de usuarios en una piscina

A) Los posibles grupos de practicantes deportivos, reales y potenciales. La oferta puede ser muy variada y dispar		
Colegios Universidad Asociaciones vecinales Colectivos Parejas, etc.	Niños y Jóvenes "Los + de 40"... Jubilados Familias Matro/patro natación, etc.	"Antes de la oficina" Grupos especiales Parados Inmigrantes "Natación salud", etc.
B) Las necesidades deportivas o los intereses personales deportivos, cada uno en su nivel		
Enseñanza (por niveles) Deportivas de competición Rehabilitación Calidad de vida, salud... "deporte para todos" Ocio y tiempo libre Etc.		
C) Técnicas pedagógicas acuáticas (como consecuencia de todo lo anterior)		
Pedagógico / Didácticas Entrenamientos (por niveles) Terapéuticas Didácticas Lúdicas Técnicas de la salud Gimnasias suaves acuáticas Etc.		

Fuente: Mestre J. En Mestre; Orts; Martínez; 2011, pp. 287-288. Adaptado.

Mediante esta segmentación de mercados, siempre que se realicen de forma conveniente, pueden obtenerse situaciones positivas y ventajosas para la piscina, el club deportivo, la empresa deportiva, o la instalación municipal, tales como:

- Conocer las necesidades, aficiones... de cada segmento social, que permitirá atenderles de manera más conveniente, ofrecerles nuevos programas y fidelizarlos como usuarios.
- Mejorar la organización deportiva de la piscina y la planificación de sus ofertas.
- Detectar segmentos sin atender.
- Estructurar los objetivos del club, de la piscina en base a criterios de necesidades reales.
- Optimizar los recursos de la entidad.
- Ampliar la oferta de actividades en la entidad deportiva.

Las características de los vasos, su número, su tipología y medidas –longitud y anchura o número de calles– y sus profundidades condicionarán las actividades deportivas que puedan desarrollarse en ellos. Los vasos con poca profundidad, por ejemplo, no permitirán la práctica del waterpolo, por lo mismo que los vasos de profundidad homogénea de 2 metros no resultan los más apropiados para la enseñanza de la natación entre las poblaciones más pequeñas. Los vasos de enseñanza permitirán, a su vez, otro tipo de programas como rehabilitación acuática o algunos tipos de gimnasias suaves, como *acuagym*, natación preparto, entre otras. Conviene no obstante advertir de que en el uso deportivo polivalente de unos y otros vasos por adultos y jóvenes, simultánea o alternativamente, deben tenerse en cuenta las condiciones del agua y su depuración, por razones obvias de higiene. La distribución horaria de un vaso de enseñanza en el que se den clases de mantenimiento acuático para adultos, por citar un ejemplo, debe permitir la depuración completa del agua con anterioridad a que sea utilizada por los nadadores más pequeños en fase de aprendizaje.

En la actual sociedad tan cambiante y tan propensa a las modas, de las que el deporte no es ajeno, el acervo de intereses sociales acerca del deporte y de la natación en concreto, resulta ser muy variopinto y en aumento, tanto en número de practicantes como en modalidades de actividad acuática. La variedad de estos intereses marcará el diseño de los programas a desarrollar e impartir en cada piscina. La exigencia de una gestión eficaz, pero sobre todo eficiente, obliga a sus responsables a estructurar de la manera más conveniente el uso deportivo de la piscina, debiendo adaptarse para ofertar la mejor y más amplia respuesta a las necesidades y exigencias del entorno.

El tiempo disponible para acudir a practicar deporte es el cuarto factor a considerar. La sociedad está estructurada de manera temporal. Ante todo existen un tiempo de vigilia y un tiempo de descanso. Los tiempos de vigilia se distribuyen en períodos laborales, que en el caso de los estudiantes son tiempos escolares, y unos tiempos libres o no laborales y no escolares en los que se desarrollan múltiples actividades, entre las que sobresalen la alimentación, la higiene personal y el ocio. La natación, en tanto que deporte forma parte de estas dos últimas. Los tiempos de apertura de las piscinas (como de las demás instalaciones deportivas) queda sujeto a esta distribución temporal social.

El éxito de la gestión de la piscina radicará, entre otros condicionantes, en la conveniente aplicación de los cuatro factores referidos, a lo largo del día y de las semanas, su finalidad principal, las características de sus vasos, y las solicitudes de programas que le demanden los posibles usuarios que variarán según las horas del día. Así pues, el gestor de una piscina, p.e. con un vaso de 25 m. de seis calles, y una jornada de quince horas que comience a funcionar a las 7.00 horas y finalice a las 22.00 horas, deberá aplicar las estrategias que mejor considere para combinar estas variables y poder lograr sacar el máximo rendimiento deportivo a la lámina de agua disponible. Ofertar la más amplia gama de programas deportivos y los más reclamados; atender la mayor diversidad de edades desde bebés a la tercera y cuarta edad; limitar, por el contrario, los programas dirigidos a sectores determinados de la población; poner mayor énfasis en unos determinados programas frente a otros; etc., son una muestra de las numerosas estrategias que cada gestor, cada responsable de una piscina deberá plantearse para lograr los más óptimos resultados de gestión, deportivos y sociales, pero sin descuidar en ningún caso los económicos.

Cuadrantes de usos

Los cuadrantes de usos de cada una de las láminas de agua disponibles en la instalación reflejarán el resultado de las estrategias adoptadas y las actividades que se desarrollan. Dada la gran diversidad de variables, municipios y localidades, entornos, gerentes, modas, etc. resulta claro que cada piscina dispondrá de su propia y diferenciada planificación de los programas de actividades, de los usuarios a quienes van dirigidos, de la distribución de los espacios y de los tiempos de duración de cada actividad.

A modo de ejemplos se incluyen algunos cuadrantes de uso y distribución de las láminas de agua, actualmente en funcionamiento en otras tantas piscinas consultadas en su momento, que permiten apreciar visualmente y de manera cómoda los programas que en ellas se desarrollan, por horas y por calles, y en algunos casos por días de la semana (Figuras 5.1, 5.2 y 5.3).

Ejemplo a). Las piscinas varían sus usos, sus ofertas, a lo largo de la jornada, en atención a los horarios escolares y laborales, y a dar respuesta a las demandas de quienes desean usarlas. En la Figura 5.1 (a, b, c, d) se muestra el cuadrante de una piscina cubierta de una pequeña localidad de alrededor de 15.000 habitantes, que dispone de dos vasos, uno de 25 metros, seis calles (12,50 de ancho) y 2 metros de profundidad mínima en los extremos, y otro de enseñanza de 25 x 6 metros, y profundidad entre 0,50 y 0,60 m. El horario de apertura son las 7,00 h. y el de cierre las 23,00 h.

En la figura se refleja el aspecto del vaso del 25 metros en cuatro momentos del día: a primera hora (7,00 h.); a media mañana (a partir de las 10,00 y hasta las 13,00 h.); a las 17,30 horas; y a partir de las 20,00 horas.

En la Figura 5.1(a) se aprecia como a primera hora de la mañana el uso prioritario es el «nado libre» (personas que entrenan por su cuenta) y la «natación adultos» (personas que acuden a nadar bajo las directrices de un entrenador de la instalación responsable del programa). Se trata, mayormente, de adultos que acuden a nadar antes de comenzar su jornada laboral. Esta distribución se repetirá (no aparece en la figura) desde las 13,00 a las 17,30 horas.

A las 10,00 h. de la mañana, Figura 5.1(b), y hasta el mediodía, aunque se mantiene una calle para nado libre, tres calles se destinan a gimnasias suaves en el agua (*aquagym* y otros), y las dos restantes a clases de natación dirigidas para mujeres. En la piscina de enseñanza en este horario se imparten clases de matro/patro natación. A las 17,30 horas (c), horario extraescolar, todo el recinto se dedica en exclusiva a la infancia y la juventud, con diversos programas de enseñanza, iniciación, perfeccionamiento.

A partir de las 20,00 h. y hasta el cierre de la instalación mayormente, (d), el uso de la piscina está destinado para los entrenamientos de los equipos de competición de la localidad (natación y triatlón), con dos calles para nado libre hasta las 21,30 horas, en que se dedican a igualmente a entrenamiento de los equipos.

Figuras 5.1 (a), (b), (c), (d). Esquema de los cambios en la distribución del uso de las calles a lo largo del día

a) Lunes a viernes de 7.00 h a 10.00 h	b) Lunes a viernes de 10.00 h a 13.00 h
natación adultos dirigida	AquaGym
natación adultos dirigida	AquaGym
nado libre	AquaGym
nado libre	nado libre
nado libre	clases dirigidas a mujeres
nado libre	clases dirigidas a mujeres
c) Lunes a viernes de 17.00 h a 20.00 h	**d) Lunes a viernes de 20.00 h a 22.30 h**
natación escolares, por niveles	nado libre
natación escolares, por niveles	nado libre
natación escolares, por niveles	entrenamiento equipos de competición
natación escolares, por niveles	entrenamiento equipos de competición
natación escolares, por niveles	entrenamiento equipos de competición
natación escolares, por niveles	entrenamiento equipos de competición

Fuente: Mestre J. Adaptado de Mestre N.; 2018.

Ejemplo b). Con frecuencia las piscinas ofrecen programas diferentes según los días de la semana. Las posibilidades pueden ser varias, pero siempre intentando que quienes se inscriban en cada una de ellas puedan practicar al menos dos días a la semana; así habrá programas de lunes, miércoles y viernes, y otros de martes y jueves. Otra opción será ofrecer dos sesiones de dos días (lunes y miércoles; martes y jueves) y otra de un solo día, los viernes. Sábados y domingos tendrán una organización distinta.

En la Figura 5.2 se presenta la organización de una piscina pública, recién construida por el ayuntamiento del municipio en una localidad con una población de unos 30.000 habitantes. Sus características son un vaso de 25 metros y 6 calles, con una profundidad entre 1,80 y 2,00 metros, y otro de enseñanza de 16 x 8 metros y unos 0,60 metros de profundidad, ambos cubiertos. Esta organización de los espacios y tiempos de práctica presenta una característica significativa. Por tratarse de la primera y única piscina de la localidad la estrategia de la dirección se centró en lograr que el mayor número de la población aprendiese a nadar, pudiéndose observar cómo buena parte de los horarios y de las calles de la piscina grande están destinados a la enseñanza en todas las edades y a la natación libre. Así mismo la escuela deportiva de natación tiene un mayor protagonismo que la sección de la natación de competición.

Figura 5.2. Esquema de distribución del uso de las calles a lo largo de una semana, por grupos

Lunes y Miércoles	horas	07:00	07:45	08:30	09:15	10:00	10:45	11:30	12:15	13:00	13:45	14:30	15:15	16:00	16:45	17:30	18:15	19:00	19:45	20:30	21:15	22:00
	1						TE	TE														
	2						TE															
	3																	NC	NC	NC	NC	NC
	4																	NC	NC	NC		
	5																					
	6																					

Martes y Jueves	horas	07:00	07:45	08:30	09:15	10:00	10:45	11:30	12:15	13:00	13:45	14:30	15:15	16:00	16:45	17:30	18:15	19:00	19:45	20:30	21:15	22:00
	1						TE	TE														Hora de cierre
	2																					
	3																	NC				
	4																	NC	NC	NC		
	5																		NC	NC	NC	
	6																					

Viernes	horas	07:00	07:45	08:30	09:15	10:00	10:45	11:30	12:15	13:00	13:45	14:30	15:15	16:00	16:45	17:30	18:15	19:00	19:45	20:30	21:15	22:00
	1																					Hora de cierre
	2																					
	3																	NC	NC	NC	NC	
	4																		NC	NC	NC	NC
	5																					
	6																					

Sábado y Domingo	horas	07:00	07:45	08:30	09:15	10:00	10:45	11:30	12:15	13:00	13:45	14:30
	1											Hora de cierre
	2											
	3									TE		
	4									TE		
	5									TE		
	6											

Leyenda:
- ☐ Natación "por libre"
- Enseñanza: Todas las edades
- ■ Escuela Deportiva de Natación
- TE Tercera Edad
- NC Natación de Competición

Fuente: Mestre J. Adaptado Mestre N.; 2018.

Ejemplo c). Se trata de una piscina cubierta de 25 metros con 6 calles, construida en uno de los barrios de una gran ciudad, a la que se encuentra unida otra piscina de enseñanza similar a las descritas anteriormente. Por su trayectoria de gestión (lleva varios años en funcionamiento), como por el hábito deportivo consolidado en el entorno, la piscina tiene una gran demanda de practicantes adultos, pero también escolares que desarrollan parte de sus clases escolares lectivas de educación física y las actividades acuáticas extraescolares en ella. La natación en edad escolar ocupa un lugar importante en la programación general de la instalación, pues llega a ocupar la piscina al completo toda la mañana de los sábados. La natación (baño) libre queda relegada a los sábados por la tarde y a la mañana de los domingos (Figura 5.3). Como se aprecia, se trata de una organización un tanto compleja de distribución de la lámina de agua para las distintas actividades programadas y de los tiempos de cada práctica.

Figura 5.3. Esquema de organización del uso de las calles una piscina, con predominio de la natación en edad escolar

Días	Calles	\multicolumn{14}{c}{Horario piscinas cubiertas vaso 25 x 12,5 metros}
		08-09	09-10	10-11	11-12	12-13	13-14	14-15	15-16	16-17	17-18	18-19	19-20	20-21	21-22
L.	1-2			Baño libre										Baño libre	
	3-4		Cursos adultos			Natación escolar			Cursos adultos		Cursos niños 6-14			Cursos adultos	
	5-6		Tercera edad												
M.	1-2			Baño libre										Baño libre	
	3-4		Cursos adultos			Natación escolar			Cursos adultos		Cursos niños 6-14			Cursos adultos	
	5-6		Tercera edad												
M.	1-2			Baño libre										Baño libre	
	3-4		Cursos adultos			Natación escolar			Cursos adultos		Cursos niños 6-14			Cursos adultos	
	5-6		Tercera edad												
J.	1-2			Baño libre										Baño libre	
	3-4		Cursos adultos			Natación escolar			Cursos adultos		Cursos niños 6-14			Cursos adultos	
	5-6		Tercera edad												
V.	1-2			Baño libre										Baño libre	
	3-4		Cursos adultos			Natación escolar			Cursos adultos		Cursos niños 6-14			Cursos adultos	
	5-6		Tercera edad												
S.	1-2			Cursos niños 6-14					Baño libre						
	3-4														
	5-6														
D.	1-2			Baño libre											

Fuente: Mestre J. Adaptado Mestre N.; 2018.

Promoción de la oferta

Como se ha expuesto al principio del capítulo, las piscinas para el logro de sus propósitos precisan difundir las actividades que desarrollan. A su vez la buena gobernanza presenta como primero de sus principios en el ejercicio de los poderes de la dirección o de la gerencia, la «apertura», una de cuyas funciones es la transparencia en la gestión, en el presente caso de la gestión de la organización de natación. Sobre los contenidos de la promoción se trata seguidamente.

A) Identidad corporativa de la piscina o club de natación

Con anterioridad se ha hecho mención a la imagen corporativa, que refiere a la identidad visual del club o de la piscina en tanto que organizaciones deportivas. Y se trata de una cuestión que reviste su importancia puesto que a través de ella se manifiesta públicamente de qué tipo de organización se trata, cuál es su finalidad, qué servicios ofrece y, por lo tanto, qué bienes para la persona se pueden adquirir a través de ella. La identidad corporativa se manifiesta a través de una imagen corporativa que resultará ser propia e inherente a cada organización, y como consecuencia irrepetible.

Como símbolo de identidad del club o piscina, figurará en lugar visible desde el exterior del edificio, y también en su interior en los lugares estratégicos (p.e. para retransmisiones televisadas). Pero a su vez estará presente en toda la documentación que se emita, en toda su difusión, y debe procurarse que siempre ocupe el mismo lugar en el contexto del documento, cartel, folleto (ángulo superior derecho, centrado en el reverso, etc.). Es este un tema muy trabajado como estrategia de diseño por los profesionales del sector a quienes conviene siempre recurrir.

Una adecuada identidad de un club o asociación de natación estará conformada por los siguientes elementos:

- Denominación: Nombre del club de natación, de la piscina o de la entidad de cuya titularidad dependa esta. A través del nombre se autodenomina la propia organización y el resto de la sociedad lo utiliza para designarla y distinguirla.

- Logotipo: Constituido por el nombre o las siglas de la entidad con su tipología de caracteres específicos. En la actualidad, por deformación, ya se admite como el conjunto constituido por una imagen (símbolo gráfico) y un texto que representan a la organización deportiva.

- Símbolo gráfico: un dibujo, una fotografía, un carácter... que representa a la piscina o al club, y que va unido al logotipo.

- Identidad cromática (un color): Contribuyen a identificar a la entidad deportiva. Los «colores» constituyen una de las principales señas de identidad en deporte, hasta el extremo de que ya se utilizan para definir a los equipos (los rojiblancos, los amarillos, la roja, y tantos otros). Aun cuando se utilizan en el logotipo, luego se trasladan a los bañadores, remeras, albornoces, chándal, sudaderas...

- Valor añadido: Con el tiempo, ciertas marcas y logotipos, por su bien hacer, por su calidad, por su reputación y fama como clubes de natación, por ejemplo, adquieren prestigio por ellas mismas, adquieren una simbología de «valor añadido».

B) **Difusión, comunicación, promoción**

El primero de los principios de la «buena gobernanza» (descrito en el capítulo 8) está íntimamente relacionado con la información que se emite desde las organizaciones, que debe ser completa, fiable y transparente. La información ocupa un lugar muy destacado en la actual sociedad, se suele decir que no podríamos vivir sin ella. La finalidad del plan de difusión y comunicación es, precisamente, transmitir información, completa, veraz y fácilmente entendible, de cuantas acciones se desarrollen en la piscina.

Desde nuestra consideración se trata de un plan transversal a los demás planes de la piscina y de apoyo muy directo a la organización de sus cometidos deportivos.

Forma parte de sus fines difundir el quehacer de la piscina entre quienes acuden a ella, su presupuesto, problemáticas, aspiraciones e intenciones, sus actividades acuáticas con su bagaje de fines, deportivos, educativos, saludables y de ocupación del tiempo de ocio; también actuar como vehículo transmisor de las «oportunidades» que la piscina ofrece a quienes todavía no consumen los servicios de natación y las actividades acuáticas, que les predisponga, acerque y motive hacia ellas (en clara vinculación con el marketing). Una adecuada divulgación de la natación y de las demás prácticas en el agua, puede predisponer y motivar hacia su práctica, su consumo como hábito.

Entre los enfoques de la comunicación dos resultan más generalizadas: en primer lugar la comunicación unidireccional, entendida, técnicamente, como lanzamiento o producción de un mensaje (transferencia) desde el emisor hasta el receptor o sujeto pasivo del proceso. La intención de este tipo de comunicación es persuasiva dirigida a los futuros clientes, usuarios potenciales de la piscina, en este caso. Suele basarse y desarrollarse a través de un canal de comunicación que busca un volumen de audiencia. Presenta algunas problemáticas, la primera la limitación del espacio —duración—, que obliga a su adaptación al tiempo disponible para este tipo de comunicados (comúnmente conocidos como publicidad o como anuncios publicitarios), y con frecuencia a una reducción del texto o contenido a proyectar; también las interferencias en el mensaje, inmerso en un contexto en el que se emiten otros muchos mensajes y sobre temas diversos.

Junto a este enfoque se presenta el de la comunicación de intercambio. En ella, al receptor, como sujeto activo, se le facilita tomar parte con un cierto protagonismo, de manera que la comunicación se convierte un proceso de intercambio entre ambos, emisor y receptor. Requiere ante todo conocer al usuario destinatario al objeto de diseñar el mensaje de forma que pueda decodificarlo sin dificultad, y a su vez precisa analizar y considerar sus reacciones para alcanzar la efectividad que se pretende. Al ser una actuación que tiene lugar en los propios escenarios, las piscinas, cobra influencia el medio ambiente en el que tiene lugar, el entorno más próximo, el interno de la organización. Las redes sociales formarán parte de este enfoque.

Resulta de interés para el gestor de una piscina, de un club de natación, conocer el proceso que sigue una persona, un futuro usuario o socio, al que le llega información sobre las actividades que se desarrollan en ella, antes de decirse a acudir y practicar alguna de las actividades acuáticas ofertadas —o más genéricamente antes de adquirir un producto o un servicio— que se conoce como proceso AIDA (atención, interés, deseo y acción): Comienza el proceso captándole la atención del futuro usuario, por ejemplo sobre los programas que ofrece una piscina; a continuación de despertarle y mantenerle el interés en la práctica de alguno de los programas; seguidamente debe despertarle el deseo de practicar deporte en la piscina; y finalmente lograr la acción, lograr que quien recibe el mensaje promocional acuda a la piscina, (este modelo fue creado en 1898, por Elmo Lewis E. St (1872-1948), como las principales funciones de la publicidad. Sigue teniendo vigencia).

Estas etapas se han ampliado con posterioridad, de manera que aplicadas al caso de una piscina serían:[1]

- Obtener información, tener conocimiento, estar informado acerca de las actividades, cursos, programas deportivos acuáticos llevados a cabo o programados en la piscina. Es una labor que le corresponde desarrollar a las entidades de natación a través de los diversos canales mencionados, entre ellos el de las redes parece ser de una mayor incidencia.
- Una vez informado debe mostrar interés hacia su contenido, que dependerá del grado de motivación que le pueda infundir esta información recibida. Sobre este punto descansa buena parte del contenido de los programas de marketing.
- Manifestado el interés deberá evaluar positivamente la opción de acudir a una piscina. Si por el contrario la evaluación es negativa rechazará la idea. En este momento del proceso se suele generar una visualización mental anticipada de la situación en la que la propia persona se ve inmersa. Si le llega información de un curso de gimnasia acuática, el sujeto se ve a sí mismo integrado en el grupo y dentro del agua. Y aquí intervienen tres tipos de variables: variables internas del sujeto, tales como motiva-

---

[1] Adaptado de McCarthy, E. J. y Perreault, W. D.: *Marketing* (11ª edición). Madrid: McGraw-Hill; 1997, pp. 233-234.

ción, actitudes, percepción, experiencias pasadas...; variables externas del entorno, como factores económicos, culturales, situaciones familiares, grupos de influencia...; y variables del marketing, como el precio, producto o servicio, la promoción realizada y su difusión...).

- Si la evaluación ha sido positiva, el paso siguiente será tomar la decisión de acercarse a la piscina, probar la actividad, el programa deportivo acuático de interés, para experimentar realmente sus bondades y comprobar que efectivamente coincide con la imagen mental generada. Sobre este punto es frecuente que las entidades que prestan servicios inviten a una primera experiencia «sin compromiso», con la intención de ayudar a tomar la decisión de inscribirse. Tendencia que también se da en el sector deportivo. En este punto el contacto directo con el personal de la piscina desempeña un importante papel.

- Tras esta experiencia primera se evalúa el grado de satisfacción obtenido, en consonancia con las expectativas creadas y las propias aspiraciones. Si la satisfacción es plena habrá máximas garantías de que repita la experiencia; si es media la tendencia será a probar de nuevo; y si resulta negativa lo más probable es que no repita o cambie de actividad.

- Suele darse con una cierta frecuencia, posiblemente entre la personas indecisas, una última fase en la que antes de tomar la decisión concluyente de aceptar inscribirse en un programa o un curso deportivo que ya se ha considerado positivamente, se busquen refuerzos que ayuden a tomar la decisión definitiva. Se consulta a otras personas ya inscritas, se recurre a las opiniones de otros asistentes a través de la red deportiva, se manifiesta la intención a algún familiar para conocer su opinión, alguna amistad, etc. que con su aprobación eliminan cualquier indecisión o duda.

Las modernas tecnologías han contribuido poderosamente a un nuevo paradigma en los procesos de transmisión de difusión y comunicación de todo tipo de informaciones, y a una velocidad impensable hace apenas un par de décadas. Sin embargo la información y el contacto directo y personalizado mantienen un lugar preferente a la hora de informarse en el sector de los servicios y en concreto en los deportivos y de la salud. Y mayor si cabe entre las organizaciones más modestas que suponen la gran mayoría de ellas.

C) Elementos de la comunicación de una piscina

La difusión y comunicación −muy estudiadas y desde hace mucho− se componen de un conjunto de elementos, que los gestores de las piscinas deben conocer, después definir y finalmente acometer −presumiblemente− a través de expertos y profesionales del tema, para lograr su intencionalidad en el proceso de gestión. Básicamente son: el agente emisor y sus características; la intencionalidad de la comunicación; la intencionalidad del mensaje; el objeto, el elemento a transmitir; el mensaje, el comunicado o el anuncio; el medio y el momento de emisión; los receptores del mensaje; la interiorización del mensaje por los receptores (su lectura, escucha, descodificación, interpretación...); su efecto en el receptor y su consiguiente respuesta. En el proceso de gestión de una piscina algunos de ellos son susceptibles de una mayor participación por la dirección de la entidad en la elaboración de sus estrategias, en concreto:

a. El emisor del mensaje (agente emisor) y sus características. Un club de natación, una piscina, una empresa de servicios deportivos, deben tener claras sus características, sus fortalezas y sus debilidades. El plan de comunicación y difusión deberá basarse en las primeras, sus fortalezas, pero siempre debe ser realista para que resulte eficaz. No será igual la difusión de una piscina pública municipal, que la de una entidad federada, de un club de natación, de una empresa de servicio, o de un club deportivo escolar, por citar algunos. En cada caso los parámetros a considerar serán diferentes.

b. Intencionalidad del plan de comunicación y difusión de la entidad. Puede entenderse a partir de un doble propósito, informar o persuadir. La intencionalidad de informar será el deseo de transmitir cuanta información se disponga acerca de las actuaciones del club o de la piscina. La de persuadir será tratar de influir en los receptores en general, sobre el contenido del mensaje, este suele ser el principal objetivo de la publicidad que invade la vida actual, informar de forma persuasora.

En la difusión informativa importa sobremanera el contenido y su veracidad, en tanto que en la difusión de persuasión importa más la imagen y el impacto del mensaje.

c. El elemento, el objeto, la idea a difundir. Tiene un claro condicionante de búsqueda de la «oportunidad» y aprovechamiento de las «fortalezas» de la piscina. Se propaga lo que se posee (implícita o explícitamente), lo que se oferta y va a desarrollarse, o se crea para su disfrute, y en el momento en que interesa su difusión. Sus posibilidades son variadas, como por ejemplo, difundir e informar sobre:

- Imagen de la piscina, asociación de natación, etc.
- Inauguración de la piscina, o de algún nuevo elemento construido o adquirido.
- Inicio de las temporadas (verano, invierno), campañas acuáticas, de algún campeonato.
- Ampliación de plazas (inscripciones) en los cursos, ampliación socios, etc.
- Difusión de los horarios, los precios.
- Balances de la gestión anual.
- Etc.

Para que sea eficaz (eficiente), resulta imprescindible concretar el objeto del mensaje a difundir —¿qué se quiere decir?— y definirlo con claridad conceptual.

d. La intención de cada mensaje, el efecto que se pretende producir en quien lo recibe (distinto del efecto que se produce, que será su consecuencia). Cada uno de los mensajes o anuncios que se lanzan poseen una intención propia. A través de ellos se busca un resultado, un efecto en quien lo recibe. Se emite para informar de algo y también para persuadir, como ya se ha expuesto. La intención en la difusión de cada uno de los mensajes en el deporte podrá ser varia, como se puede apreciar aplicada a la natación:

- Introducir un nuevo servicio deportivo en el agua (difusión de introducción).
- Contribuir a crear prestigio del club o de alguno de sus programas (difusión de prestigio).
- Promocionar, la entidad o los servicios acuáticos llevados a cabo (difusión de promoción).
- Reforzar la imagen de la piscina en el barrio, o de los programas (difusión de refuerzo).
- Difundir los resultados del balance económico anual (difusión de la gestión).
- Dar a conocer los deportes acuáticos y sus parabienes para la salud, la socialización, etc. (difusión cultural).
- Promover los valores en el deporte y en la natación (difusión educativa).
- Resaltar su valores medioambientales (difusión medioambiental).
- Etc. Son algunos ejemplos de intenciones.

e. El medio de emisión y su momento. Definidos el «qué» decir y el «para qué» decirlo, se decidirá el medio de difusión a utilizar.

Aunque los sistemas de comunicación están evolucionando con rapidez, las fuentes de información y de difusión más comunes de utilización por los clubes y entidades deportivas más modestos —que son la gran mayoría de ellos— se pueden ordenar, en una primera aproximación, en tres tipologías de modos de proceder:

- Las fuentes o los modos dirigidos desde y por la entidad que genera el servicio deportivo, entre las que se encuentran primeramente la publicidad directa, como folletos, anuncios en prensa, buzoneo, *mailling*, etc. La difusión estática, mediante carteles, en vallas, establecimientos... También la información personal ofrecida en la propia piscina, por ejemplo, o a través del teléfono, a requerimiento de las personas interesadas; y por último la información indirecta generada por el personal de la entidad. La aparición y el auge de nuevos mecanismos no relega la importancia de estos modos de transmisión de información, en especial en el sector de los servicios y en concreto en los deportivos y de la salud; los interesados prefieren el contacto y el trato personal, las explicaciones en directo. Por ese motivo estas fuentes deben cuidarse con esmero, planificarse y programarse de manera conveniente. El proceso que se sigue en su aplicación, recogido en multitud de publicaciones existentes en el mercado, comprende un emisor, una codificación, el mensaje, los medios, una descodificación, un receptor, una respuesta y por último, una fase de retroalimentación. Elementos muy estudiados a través de los medios de comunicación y del marketing.

- La información, las indicaciones, los comentarios generados por los propios usuarios de la piscina o sus familiares a través de la transmisión oral. También la información transmitida por asociaciones vecinales, asociaciones de consumidores, etc. Como así mismo la información que puede obtenerse a través de las redes sociales deportivas.

- En un tercer grupo se alinearían otros tipos de información, como artículos periodísticos, programas de radio o televisión, bien se trate de carácter genérico sobre el deporte, sus acciones positivas para la salud, para el cuidado de determinadas enfermedades, como medio de prevención, etc., o bien se trate sobre una piscina en concreto, que desde un medio de comunicación desean resaltar, a veces por algún periodista usuario de la misma.

En resumen, las fuentes de información referidas se pueden concretar en dos grandes bloques, fuentes de comunicación personal y fuentes de comunicación de masas, que presentamos en la Tabla 5.2.

El momento de emisión está en relación directa con las oportunidades que presenta el entorno, obtenidas a través del diagrama DAFO. La efectividad de un mensaje estriba en la oportunidad de su lanzamiento, en el momento más apropiado. Lo más habitual es su divulgación durante los días previos al inicio de una actividad, pero siempre deben estudiarse las fechas más acordes, en especial teniendo en cuenta el tipo de difusión (introducción, promoción, refuerzo, etc.) y los medios a utilizar.

- f) El mensaje, el comunicado, el anuncio. Es el resultado de la idea, su intencionalidad y su realización. Consta de un texto y un diseño. Todavía, los tres medios de difusión más frecuentes en el deporte, los más comunes utilizados por clubes y asociaciones deportivas, siguen siendo los anuncios en prensa y revistas, la edición de folletos y los carteles, junto al tablón de anuncios de la piscina. En su confección deben tenerse en cuenta los elementos que se presentan en la Tabla 5.3.

Tabla 5.2. Fuentes de comunicación personal y de masas

En la comunicación de tipo personal pueden darse diferentes formas, todas ellas comportan un contacto directo, interpersonal; entre ellas se pueden citar
Atención al cliente, socio, usuario, en el club, la piscina por el personal de la piscina.
Atención a través del responsable de relaciones públicas de la entidad.
Contacto deportivo. La propia acción de impartir los cursos, las clases, los entrenamiento, etc. ya es de por sí un medio de comunicación.
El boca-oído (boca-boca) de los socios del club, o de quienes acuden a la piscina.
Llamadas telefónicas personalizadas.
La difusión a través de los medios de comunicación de masas, desde la perspectiva de la piscina o del club de natación, también admite diferentes soportes, entre ellos
Mediante folletos, adhesivos...: En buzones, mensajes email... En puntos de encuentro (piscina, sedes vecinales...).
Difusión estática, mediante carteles, en vallas, cabinas...
En prensa, revistas especializadas o de contenido general.
A través de la radio.
Vía Internet, redes sociales y los diversos sistemas más actuales de comunicación de masas a través de este sistema.
Difusión en TV locales o en circuitos de TV cerrados (p.e. en hoteles).
Teléfonos móviles (WhatsApp, etc.) y medios similares.

Fuente: Mestre J.

Tabla 5.3. Elementos de la difusión de las actividades de la piscina mediante folletos o carteles

a.	Su título. Indica la característica principal a difundir, por ejemplo: "Clases de enseñanza de la natación". "Apertura de la piscina". "Natación para adultos". "Nuevos programas acuáticos".
b.	Un eslogan. Consiste en un mensaje que refuerza al título a través de un texto, escrito en forma breve, que resalte del entorno por su color, tipo de letra distinto, colocación desordenada con respecto al resto, etc. Ejemplos de eslóganes que acompañan, respectivamente, a los títulos citados: "Ningún niño sin saber nadar". "La natación te acompaña". "Salud y ocio en el agua". "Últimas tendencias en deporte".
c.	Un subtítulo. El título o el subtítulo deben indicar el nombre de la piscina o del club, a no ser que exista un sobretítulo que ya lleve el nombre, o que se incluya una fotografía de la entidad. En caso contrario, título y subtítulo reforzarán el mensaje, por ejemplo: (1) «Piscina municipal de Tierrafría. Clases de enseñanza de la natación. Abierta la inscripción. Ningún niño sin saber nadar». (2) Apertura de la piscina. La natación te acompaña. Os esperamos a toda la familia en la Piscina SolyAgua. (3) (Fotografía del Club de Natación Agua). Natación para adultos. Salud y ocio en el agua. Sesiones diarias en todas las franjas horarias. (4) (Fotografía de la piscina municipal de Tierrafría). Nuevos programas acuáticos. Últimas tendencias en deporte. Haz ejercicio en el agua.
d.	Cuerpo del texto. Su lectura debe atraer y captar el interés. Se desarrollará mediante frases breves, procurando aumentar en cada una el nivel de información. Estilo sencillo, claro y convincente.

e.	Soporte visual. Además del diseño y los colores utilizados podrá emplearse un soporte que refuerce el texto, como p.e. una fotografía de la piscina, unos niños aprendiendo a nadar (sin que se les vea claramente la cara), unos adultos en una clase de aeróbic acuático, etc. dependiendo de la actividad a difundir.
f.	Imagen corporativa que constituya la identificación del club o de la piscina. Logotipo de la entidad del club, el escudo y logotipo municipales, etc. Podrán incluirse los logotipos de otras entidades colaboradoras con la organización, como la federación, casas comerciales, y otras. La imagen corporativa de una piscina debe cumplir, cuanto menos, cuatro condiciones: Resultar positiva y atraer hacia el deporte. Transmitir credibilidad. Destacar sobre el resto de piscinas, programas acuáticos, etc. Y tener perdurabilidad.
g.	En el caso de que se trate de folletos, como dípticos, trípticos, grandes anuncios en prensa, etc. se incluirán otros textos complementarios que abunden en información para el usuario; sobre todo edades, fechas, lugares, horarios, precios, seguros contratados, normas mínimas de uso y funcionamiento, necesidades de cada usuario, formas de proceder, inscripciones.
h.	Reflexión final o eslogan de cierre. Colocado en la parte final del anuncio o cartel y en la última página del folleto. Resume o refuerza todo el mensaje emitido.

Fuente: Mestre J.; 2010. Adaptado.

- g) **El receptor del mensaje.** El éxito de la difusión también descansa en el enfoque del sector al que se dirige la difusión; forma parte de la estrategia de la gestión. Puede ir dirigido al vecindario de la piscina, a toda la localidad en general, a la población de adultos, los jóvenes, a padres-madres, a la tercera y cuarta edades, etc. según la intención de la dirección del club o de la piscina. Mensajes dirigidos a personas adultas pueden –suelen– no tener interés para los más jóvenes, aunque sí suele ocurrir al contrario, lo que habrá que tenerse en cuenta; campañas para padres-madres no tendrán demasiado efecto en quienes no lo sean; campañas para la tercera y cuarta edades pasarán desapercibidas para la juventud, pero no para adultos que tengan padres de esas edades, etc. Así pues, se hablará de dos tipos de componentes en cuanto al personal receptor de la difusión, los externos y los internos:

  - Componentes externos al receptor: Como más representativos están la familia, las asociaciones vecinales... las clases sociales, etc.
  - Componentes internos del receptor: Aquí conviene diferenciar entre:
    - Las características personales, tales como la edad, género, situación familiar, lugar de vivienda, profesión y ocupación.
    - Las características psicológicas, entre ellas la percepción del mensaje, la motivación hacia el deporte y la natación, su actitud, las experiencias personales, el estilo de vida, etc.

Cartas de servicios

Las cartas de servicios son documentos que elabora y difunde una entidad, una organización, en los que se muestran las actividades, «los servicios», que ofrece y se compromete a prestar, los compromisos que adquiere acerca del nivel de calidad de cada uno de ellos, y los derechos de los usuarios, clientes o socios, que los utilizan y disfrutan (consumen). Como característica más notoria destaca su carácter abierto, reflejo de su interés por la transparencia en la gestión.

Surgen de la aplicación de, al menos, dos de los principios que definen la buena gobernanza deportiva, el principio de apertura y el de responsabilidad.

Las cartas de servicios no son simples declaraciones de intenciones, constituyen el compromiso social de la organización, deportiva de la natación en este caso, por mejorar la gestión, progresar deportivamente y actuar de manera responsable y transparente. Tienen, pues, una doble intención principal en el proceso de gestión de una piscina, la de servir de desiderata de las intenciones y los servicios de natación que la entidad se compromete a realizar y el modo en que los acometerá, a la vez que exponerlos públicamente para el general conocimiento. Cumplen, así pues, las siguientes funciones:

- Informar a los usuarios, socios y en general a la población interesada, de manera clara y completa, sobre las actividades que se ofrecen en la piscina, que les permita, en su caso, concretar su nivel de expectativas.
- Atender, por lo tanto, el derecho a ser informados a quienes se interesan, inscriben, asocian a la organización de natación, acerca de las actividades, programas, cursos que se desarrollan por la organización de natación y a los que pueden acceder.
- Indicar los grados de responsabilidad del personal de la piscina respecto de la satisfacción de quienes acuden a ella.
- Exponer a los socios y usuarios en qué se invierten los recursos que se generan con sus cuotas o con los precios que abonan por las actividades en las que se inscriben. Si se trata de piscinas públicas las cartas de servicio permiten, a su vez, mostrar a los ciudadanos en qué se invierten los recursos que se obtienen a través de los impuestos.
- Comprobar el grado de cumplimiento de los compromisos adquiridos inicialmente, su desarrollo y los resultados finales.
- Comparar la calidad, el alcance y el contenido del programa o servicio de natación recibido, con la esperanza, la aspiración, las expectativas generadas inicialmente.
- Promover la participación en los resultados de la gestión de quienes disfrutan de las actividades acuáticas a través de sus comentarios, de manera que permita una mejora continua de la calidad de los servicios que se ofrecen.

Para facilitar su lectura y que resulten verdaderamente útiles, las cartas de servicios se organizan en secciones que pueden ser similares a los siguientes:

a. Primeramente debe existir una información de carácter general y contenido legal, descriptiva de la organización, empresa, club…, que publica la carta, así como de los servicios de natación que presta, entre ellos:

- Denominación del organismo de natación, su misión y fines que persigue de acuerdo a sus estatutos o reglamento de constitución. Sus logotipos. Y también la denominación por la que es comúnmente conocida.
- Relación y descripción de la totalidad de las actividades que desarrolla y de los servicios que presta, de natación y otros.
- Modelo de gestión que desarrolla, en especial si se mantienen relaciones entre la administración pública, con otros clubes de natación o con empresas de servicios de actividades acuáticas.
- Derechos de los usuarios en relación con los servicios que se ofrecen.
- Formas en que los socios, los usuarios, la población en general pueden colaborar y participar en la gestión de la piscina, que incluirá los canales de opinión, los sistemas de quejas y sugerencias y sus formas de tramitación.
- Relación actualizada de la normativa reguladora de cada una de las prestaciones, servicios y actividades que se desarrollan (p.e. normas de cada uno de los programas deportivos que se desarrollan, normas de usos de las diferentes dependencias de la piscina, etc.).

b) Los compromisos de calidad que se ofrecen y sus indicadores. Recogen los niveles de calidad adquiridos y que se ofrecen así como los indicadores que permiten la evaluación de su grado de cumplimiento. Al menos constará de dos apartados:

- Niveles de calidad, descritos a través de estándares numéricos, tales como plazos, períodos, horarios, etc.
- Indicadores a través de los que se podrán evaluar estas las actuaciones descritas, por lo que deberá darse una concordancia entre cada actuación y su correspondiente indicador.

c) Sistemas de aseguramiento y otras medidas. La carta debe recoger, entre otras posibles, las medidas que garanticen la igualdad de género (de conformidad con la legislación vigente en cada país o estado y las directrices internacionales). Las medidas que atiendan a colectivos desfavorecidos y con necesidades especiales. Las medidas que garanticen el control de la calidad medioambiental (reciclaje de residuos, disminución de emisiones…) y la salud laboral.

d) Medidas de subsanación, compensación o reparación, que se aplicarán en el caso de que no se cumplan, total o parcialmente, los compromisos asumidos por la organización de natación (ya se han indicado anteriormente los modos y procedimientos para presentar reclamaciones por los incumplimientos).

e) Cuanta información complementaria se considere en cada caso concreto (como por ejemplo planos de situación de la instalación, medios de transporte para acceder a la piscina, parques y jardines, del entorno, etc.).

Redes sociales

Al mencionar las redes sociales se sobreentienden las de carácter digital. Las redes sociales a través de Internet constituyen un fenómeno global que facilita la comunicación y la interacción entre personas y organizaciones de modo que comparten información y conocimiento e intercambian datos respectivos. En el sistema de las organizaciones deportivas —como en el empresarial y en de las organizaciones general—, las redes sociales se utilizan para comunicarse e interactuar con los socios y clientes, deportistas actuales o potenciales. Así mismo se utilizan para promocionar nuevos programas de actividades, conocer las necesidades de los consumidores de deporte y obtener información de la situación del mercado deportivo (investigación).

Este bagaje de posibilidades ha propiciado su interés tanto por parte de las empresas, de las organizaciones de todo tipo, los medios de comunicación, y en general de todo el mercado, como muy especialmente de los consumidores de productos y servicios, como los deportivos. A través de las redes los consumidores han trascendido de sujetos pasivos del proceso a participantes activos, generadores de opinión y de influencia. Una influencia que, más allá de las empresas y organizaciones, actúa a su vez sobre otros consumidores. Las redes sociales (RS) se enmarcan en el primero de los principios de la buena gobernanza que aborda el tema de la «apertura».

Las redes sociales digitales (RSD), actúan generando una plataforma web a la que tienen acceso quienes están autorizados de manera que se genera una lista acotada, por lo general no cerrada, de los usuarios o miembros de la misma, con quienes buscan y comparten información, crean opinión y transmiten conocimientos. De esta manera en cada red se generan nuevos conocimientos que están al alcance de todos los miembros que la componen. A la vez, dentro de este sistema, puede interesar el cruzado de listas de contactos de manera que la red aumente constantemente.

En el sistema empresarial las redes sociales comienzan a utilizarse con diversos fines vinculados al marketing, tales como creación y reputación de una marca, relaciones con los clientes y comunicarse con ellos, medir su satisfacción por el consumo de productos o servicios, también para el comercio de productos reales a través del mundo virtual, inclusive para el estudio de los mercados. Todas ellas, convenientemente adaptadas, son de aplicación en una red deportiva de la natación que se cree en torno a la piscina como creación de la «marca piscina», generar valor en torno a la piscina y la natación, relacionarse con los socios, clientes y seguidores, transmitir información y generar opinión sobre temas de interés, vender productos deportivos, facilitar la comunicación entre los miembros de la red, socios y deportistas, y cuantas otras acciones se consideren.

No están las redes sociales deportivas suficientemente extendidas todavía, ni tampoco estudiado el alcance de sus resultados, por lo que las acciones de marketing en torno a ellas deben estar combinadas con los otros medios y soportes más tradicionales, así como otros más como páginas web, emails, mensajes de teléfono, entre otros.

A) ¿Quién forma parte de la red social deportiva que se cree?

Es el tipo de pregunta que se formula al proponer la creación de una red social en una organización, como las deportivas, sobre todo entre quienes no tienen asimilado el concepto de la buena gobernanza y sus principios. Las redes sociales forman parte de los planes de marketing digital, pero sobre todo contribuyen a dar transparencia y facilitar la participación social en la gestión de las organizaciones deportivas. Con esta intención se incluye el concepto de redes sociales deportivas en la presente obra. Y atendiendo a la pregunta, formaran parte de la red deportiva del club de natación o de la piscina:

- Ante todo los practicantes de la natación, los usuarios deportivos, los socios del club, los clientes de la piscina, los abonados. Conviene exponer de entrada que los practicantes nadadores, inicialmente pueden tener una doble consideración, la de practicantes en activo, que conformarán el entorno próximo de la piscina, y la de practicantes potenciales que formarán parte del entorno más remoto.

  Al hablar de las funciones que desempeña el marketing se hace hincapié en que actúa sobre ambos segmentos: en el caso del nadador practicante para analizar y conocer su nivel de satisfacción y su problemática en tanto que consumidor de deporte; y en el caso del no practicante para conocer los motivos por los que no práctica la natación, o las actividades acuáticas, con la intención de poder intervenir hacia su consumo.

  Con respecto al nadador practicante deportivo en activo ya son frecuentes los estudios que inciden en su comportamiento, en la búsqueda de la mejora de la calidad de la oferta deportiva llevada a cabo, como también del nivel de satisfacción tendente a su fidelización, entre otros intereses. La creación de una red deportiva en torno a la natación le permitirá al gestor conocer de primera mano y en el momento, en «tiempo sin tiempo», las opiniones, las necesidades, las expectativas y aspiraciones de quienes forman parte de la organización como usuarios en su varia consideración de cliente, socio, accionista, afiliado, por libre, a la vez que responder, así mismo en el momento. Prestarle la mejor de las atenciones a quienes acuden a las piscinas a nadar o practicar cualquier otra actividad acuática, es una constante entre los desempeños de la gestión, lo que requiere conocer de primera mano cuáles son sus necesidades y sus aspiraciones. Sólo de esta manera será posible aplicar criterios de calidad basados en la realidad demandada y buscar la satisfacción del usuario deportivo. A través de la red deportiva se podrá: conocer la demanda de quienes la integran; informar de los programas deportivos diseñados; marcar estándares de calidad con especial atención al trato personalizado a los clientes; atender con eficiencia las posibles reclamaciones.

Entre las funciones que vienen desempeñando las entidades deportivas, todas en general pero sobremanera las administraciones públicas (ayuntamientos, municipalidades…), está la de atraer y tratar de fidelizar a quienes no practican deporte en la localidad, y a quienes no consumen los servicios de actividades acuáticas. Y no es tarea fácil, máxime en la sociedad actual tan generosa en la oferta de actividades de ocio, buena parte de las cuales, y posiblemente las más atrayentes, se incluyen entre las actividades de ocio estático, pues precisan de un menor esfuerzo para su disfrute. Acometer esta tarea es un empeño de las diferentes organizaciones deportivas de natación, toda vez que para el desempeño de sus fines y subsistencia precisan de una masa de practicantes en permanente crecimiento y renovación. La creación de una red deportiva local abierta, o más en concreto una red social local del deporte de la natación en la que tengan cabida la totalidad de la población si así lo desea, como el conjunto de los clubes y piscinas locales o de la comarca, resultará una oportunidad más para motivar hacia la práctica de este deporte.

- En segundo lugar los miembros directivos de la organización de la piscina. La estructura de la entidad deportiva, su política deportiva, su organización interna, el clima social que se dé en ella y las comunicaciones entre sus miembros resultan muy importantes para su buen desarrollo. Pero con frecuencia, el día a día impide o dificulta esa relación o el conocimiento de los quehaceres del resto de miembros. La creación de una red social propia de la entidad facilita el intercambio de experiencias y un mayor conocimiento interno del quehacer de la piscina, desde las dos perspectivas, interna y externa.
- Finalmente el personal que dirige y ejecuta cada programa deportivo. La plantillas de personal se ha considerado como el talento de las organizaciones, más si cabe en las que se dedican a la prestación de servicios, como las deportivas. La eficiencia en las organizaciones se logra a través de una adecuada gestión del conocimiento, de las habilidades, las competencias y los desempeños. Todo ello, no obstante, debe de conocerse

por la totalidad de los miembros de la entidad, como también por quienes las disfrutan, socios, clientes, usuarios. La red social deportiva desempeña un cometido crucial. El personal contratado en una piscina debe, ante todo poseer la formación y los conocimientos que la profesión requiere; ser capaz de poner en práctica esos conocimientos en su desempeño profesional con habilidad en su ejecución; y requiere de la especificación de las competencias de cada puesto profesional y laboral, y también de una interrelación con los receptores de los servicios de natación prestados, tanto para exponerles las particularidades de las acciones llevadas a cabo o a desarrollar, como para conocer la opinión de quienes las reciben (Tabla 5.4). Un porcentaje significativo de la satisfacción y la fidelización de los practicantes deportivos recae, precisamente, en la atención que le presta el personal en todos los niveles de gestión y desempeño de la organización, en especial de quienes están en contacto más directo y permanente con los usuarios.

Tabla 5.4. El talento en la entidad deportiva

Programas acuáticos	→	(requieren)	→	Profesionales	=	Talento del club o piscina	→	• Conocimientos • Competencias del puesto • Habilidades de ejecución • Prestación o desempeño • Interrelación con socios, etc.

Fuente: Mestre J.; 2010. Adaptado.

En las instalaciones deportivas, en los clubes y asociaciones deportivas, en tanto que entidades prestadoras de servicios, se dan unas condiciones facilitadoras de las relaciones con los usuarios, clientes o socios. Una adecuada atención a los clientes se ha concretado y estandarizado en las siguientes acciones sucesivas, aplicadas a la piscina: contratar al personal preciso y convenientemente titulado; formarlos de acuerdo a las necesidades, la política y las prestaciones de la piscina; conocerlos; motivarlos en orden a lograr una buena interacción con la organización, con los programas, los nadadores, usuarios y clientes; darles la responsabilidad que requiera el puesto; invitarles, estimularles para que mantengan contacto con los socios a través de la red, retenerlos como miembros de la piscina o del club y formados en ella.

B) Funciones de las redes sociales deportivas

Las redes sociales desempeñan funciones diversas. Constituyen vehículos de intercomunicación, que pueden ser a escala global o, como en caso que nos ocupa, a menor escala circunscrita al entorno de una piscina, un club o asociación de natación, una empresa de servicios acuáticos o, a un nivel algo superior, al servicio de deportes de la administración pública local. Y como tal, comunicación recíproca entre los componentes de la red. La información que se transmite podrá ser tan diversa como ellos mismos dispongan. A través de una red deportiva generada en torno a una piscina se puede:

- Informar sobre los programas deportivos que se desarrollan en la piscina. Los practicantes deportivos, usuarios, socios, clientes, son el fin primero del sistema deportivo, en tanto que los programas deportivos, constituyen el medio inmediato para atender las necesidades, las expectativas y las esperanzas de los deportistas, habituales o potenciales.
  En los programas físico deportivos que prestan las piscinas, como en general las diferentes organizaciones deportivas, debe tenerse en consideración la duración en el tiempo de la actividad deportiva que se presta. En el caso de los programas de entrenamiento de natación se suelen perpetuar a lo largo de los años; otros programas por el contrario, están sujetos a las modas y tienen una esperanza de duración más limitada, como las actividades de mantenimiento físico acuático que resultan tan cambiantes (*aquaeróbic*, *step* acuático, *acuagym*, etc.). Las modas, concepto ampliamente aceptado también en el deporte, tienen una duración limitada en el tiempo, duran hasta que surja otra nueva. Los clientes deben estar informados de cada programa.

- Informar sobre las infraestructuras deportivas que conforman el complejo de la piscina. Las piscinas, como las demás instalaciones deportivas, no siempre están construidas en los núcleos urbanos centrales de los municipios; a veces se sitúan en las zonas periféricas, alejadas de los recorridos habituales de los vecinos. A veces inclusive, las más céntricas no se conocen suficientemente por los habitantes del barrio. En la gestión de un complejo deportivo interviene y debe considerarse siempre el concepto de área de influencia, que designa el sector de la población que se ve afectado más directamente por las actividades desarrolladas en él. Hacer visible y accesible y aproximar a los vecinos las piscinas y las infraestructuras deportivas, suprimir barreras psicológicas, como una medida estratégica, serán condicionantes para una buena gestión. La actuación de las redes sociales abiertas puede contribuir a integrar la instalación piscina en el entramado social de la zona de influencia, difundirla y hacerla accesible «psicológicamente» de manera que facilite e incremente el flujo de nadadores usuarios.

- Mantener relaciones entre los usuarios, socios, clientes que utilizan la piscina. Entre los valores que se pueden adquirir a través del deporte, la socialización es uno de los inmediatamente mencionados, el carácter social que la práctica deportiva conlleva. Esta socialización está presente a través de las posibles relaciones que pueden darse, profesor-alumno, entrenador-entrenando, alumnos-alumnos, componentes del equipo de natación entre sí, usuarios de la piscina entre usuarios, padres y acompañantes, etc. Un hecho que no debe quedar al margen de los clubes ni de las entidades deportivas, ni tampoco de la propia oferta deportiva de la piscina en cada caso. Por el contrario las entidades deportivas, los clubes de natación deben poner empeño en lograr, de manera permanente, un clima que favorezca estas relaciones, entre los usuarios, en la entidad y en cada una de sus actuaciones. Y esta relación tan necesaria en directo tiene su continuación a través de la red deportiva creada. Inclusive suele discurrir en sentido contrario, se inician relaciones a través de las redes y se personalizan posteriormente en el marco físico de la piscina.

Las redes sociales pueden, así mismo, desempeñar otras funciones dentro de la organización de natación. En concreto permiten

- Conocer la demanda de actividades acuáticas (se habla de mercado deportivo de la natación) resulta imprescindible para poder elaborar una conveniente planificación. Según los datos oficiales, entre la población argentina los porcentajes de práctica deportiva se sitúan en el 40 % en los varones y el 25 % de las mujeres. Datos generales que deben corroborarse en cada estado y en cada municipio en el que actúan las piscinas. Por deportes más practicados a través de organizaciones formales, como clubes y asociaciones deportivas, en primer lugar se sitúa el fútbol (43,1 %), seguido de la natación (10,6 %), la gimnasia (9 %) y el tenis (6,2 %). A su vez interesa conocer qué porcentaje de la población del área de influencia no ha practicado nunca deporte y en concreto la natación, y qué porcentaje de población los ha practicado en su momento y ahora no lo hace. Completará esta información los motivos por los que práctica, por los que nunca ha practicado y por los que con anterioridad sí practicaba pero ahora no.

- Coadyuvar en la realización del diagnóstico por la entidad. El diagnóstico de la situación sobre la que se va a actuar es un tema importante en el proceso de la planificación. Pero también lo es el tener un retorno inmediato y constante de las realizaciones que se llevan a cabo. Las redes deportivas representan un elemento de primera mano para disponer de esta información. La necesidad de realizar un análisis de los éxitos de los programas acuáticos que desarrolla la piscina o el club de natación, cuáles son, qué actuaciones y desempeños tienen más aceptación, cómo se desarrolla la relación con los usuarios y clientes, su grado de satisfacción deportiva y social, conocer las quejas, etc., justifican la incorporación de las redes sociales deportivas en el proceso de gestión. Y a su vez inciden muy directamente en la cuestión de la calidad y su certificación, muy presente ya en la gestión de las piscinas.

- Promocionar la piscina y sus programas. Su intención es difundir la organización y sus desempeños deportivos entre los usuarios potenciales en la decisión de abonarse a una piscina o a inscribirse en un club de natación como socio. Las tasas de no practicantes y las de abandono del deporte, y de la natación, como hábito cotidiano resultan todavía elevadas y por diferentes motivos, como la edad, la salud, la falta de tiempo, etc. Conviene por ello ser conscientes y conocer el proceso de adopción de un deporte, la natación, al que se puede optar o decidir no hacerlo. Supone decidir practicar deporte como rutina habitual o decidir llevar una vida sedentaria, de acercarse a una piscina con la intención de inscribirse y acudir a nadar dos veces por semana, o no acudir. Y esta decisión sigue un proceso —anteriormente referido— muy estudiado en psicología y muy aplicado por los especialistas de marketing, que parte de una necesidad, un interés propio, y finaliza con la compra o la adquisición del producto o servicio. Entre ambas transcurren unas fases que consisten en descubrir, luego considerar y finalmente decidir (AIDA), como ya se ha mencionado. Desde el enfoque del potencial nadador puede entenderse esta acción como una ayuda en la toma de la decisión de practicar deporte, y como tal debe considerarse por la organización de natación que distribuye el mensaje promocional.

Organización de competiciones de natación

Buena parte de las piscinas que se construyen están diseñadas para poder albergar competiciones oficiales, en especial las gestionadas por asociaciones deportivas y clubes de natación. Así que estas organizaciones deportivas, además de planificar sus temporadas deportivas, sus horarios de uso de la lámina de agua y en general sus desempeños cotidianos, deberán organizar de manera puntual o con una cierta periodicidad anual, acontecimientos deportivos extraordinarios. Esta situación exigirá una planificación del proceso y el diseño de un protocolo de actuaciones que la facilite.

Cada modalidad de campeonato deportivo posee unas características propias y unas exigencias de organización diferentes. A partir de esta premisa la gestión del acontecimiento consistirá en ordenar la estructura necesaria que dé respuesta a las exigencias oficiales de la federación de natación correspondiente, de los organismos oficiales, siempre de acuerdo a las posibilidades —fortalezas— de la entidad organizadora para, seguidamente planificar las actuaciones y diseñar los cometidos.

La estructura de la planificación, su protocolo, no diferirá de la ya expuesta anteriormente, si bien deberá adaptarse a cada realidad en concreto. El diagnóstico, por lo tanto, estará en concordancia con las normas que exigen el campeonato y la entidad que lo representa, generalmente la federación de natación correspondiente; y deberá enfocarse, como mínimo en

- Requisitos oficiales exigidos por la federación de natación.
- Informe de la instalación y su estado.
- Y como consecuencia, constatación de la adecuación de las infraestructuras disponibles a las exigencias del campeonato y, en caso contrario, relación de las deficiencias que habrá que subsanar.

- Estudio acerca de las fechas previstas de celebración y su relación con los calendarios de otros acontecimientos, deportivos o no, en la misma localidad como entorno próximo, y del entorno lejano que puedan afectar (p.e. un partido de fútbol televisado).
- Recursos propios que se disponen y de los ajenos que pueden disponerse.
- Presupuesto del campeonato o trofeo de natación.
- Relación del número de nadadores asistentes previsto.
- Estimación del número de espectadores, autoridades y medios de comunicación que previsiblemente acudirán a presenciarlo.

Las estructuras de la planificación de las organizaciones de grandes acontecimientos deportivos o de acontecimientos extraordinarios de menor relieve, suelen mantener ciertas similitudes. Su principal diferencia radica en el número de subáreas necesarias para su acometida y desarrollo, y por lo tanto de los miembros y demás personal de la organización necesario, que constituyen el medio humano en cada una de las áreas o departamentos. En la Tabla 5.5 se incluye un esquema, un tanto exhaustivo, de las áreas más comunes que conforman la estructura de la organización funcional de uno de estos eventos, con la intención de que pueda servir de guía para comenzar a trabajar en su adaptación y adecuación a cada caso concreto.

Tabla 5.5. Estructura de la organización de un gran acontecimiento de natación

Áreas (rango de planes)	Subáreas (rango de programas)	Acciones (rango de proyectos)
Técnica	· Equipamientos y materiales deportivos. · Zonas calentamiento. · Equipamientos y materiales no deportivos. · Horarios del campeonato. · Necesidades de infraestructuras. · Horarios premiaciones. · Resultados.	
Infraestructuras	· Obras de remodelación instalaciones (en su caso). · Mantenimientos durante la competición. · Permisos (aparcamiento, descargas de materiales, etc.).	
Administración económica	· Presupuesto general. · Gestión de ingresos y pagos. · Gestión de las entradas. · Gestión alojamientos. · Normativa de tramitación de facturas. · Normativa de contratación. · Auditoria final.	

Áreas (rango de planes)	Subáreas (rango de programas)	Acciones (rango de proyectos)
Alojamiento	· Equipos. · Medios de comunicación. · VIP y patrocinadores. · Organización y jueces.	· Horarios de salida, de comida, de regreso... de cada colectivo.
Transportes	· Llegadas y salidas aeropuerto-hoteles. · Salidas y llegadas hotel-instalación deportiva. · Recepciones y varios.	
Logística y servicios	· Acreditaciones.	· Equipos y participantes. · Organización. · Medios de comunicación. · VIP.
	· Publicaciones.	· Oficiales del campeonato. · Difusión campeonato.
	· Logística.	· Proveedores (materiales). · Almacén.
	· Material.	· Deportivo necesario. · Equipaciones (nadadores, organización, etc.). · Limpieza. · Papelería.
	· Voluntarios.	· Plan de captación. · Plan de formación. · Distribución por áreas.
Oficina administrativa	· Manual de voluntarios. · Correspondencia.	
Marketing	· Captación de patrocinadores. · Aportaciones patrocinadores. · Supervisión de los retornos a patrocinadores. · Imagen del campeonato.	
Prensa y TV		
Protocolo	· Personal auxiliar. · Ceremonias (inaugural, etc.). · Premiaciones. · Recepciones y despedidas. · Atención e información en los hoteles. · Flota de coches/conductores. · Atención VIP. · Banderas e himnos. · Actos sociales. · Obsequios.	
Seguridad	· Servicio médico. · Interna de la piscina. · Externa a la piscina.	· Nadadores, espectadores. · Control antidoping.

Fuente: Mestre J.; 2010. Adaptado.

Parte III
LA GESTIÓN Y EVALUACIÓN

Capítulo 6. ¿Qué planes facilitan la gestión de las piscinas?
Capítulo 7. **Evaluación de la gestión de la piscina.**
Capítulo 8. **Responsabilidad social y buena gobernanza en la gestión de las piscinas.**

La finalidad de las piscinas no es otra que facilitar la práctica físico deportiva en el medio acuático a la población interesada, a través de la amplia gama de actividades acuáticas que pueden desarrollarse en ellas, bien sobre su superficie, bien por debajo, o bien lanzándose desde diferentes alturas de trampolines o plataformas. Para el logro de estos fines, que conforman el plan deportivo de la entidad –a su vez organizado en diferentes programas (lúdicos, de mantenimiento, rehabilitadores, etc.)– se precisan de otras actuaciones, de otros planes que coadyuvan en este logro y que forman parte constitutiva de lo que se conoce como gestión global de la piscina.

En un primer capítulo de esta tercera parte de la obra, se acomete, por un lado el plan de mantenimiento y conservación del agua y del medio interno de la instalación, sus diferentes espacios, en las mejores condiciones higiénicas y saludables posibles. Se incide en la normativa sobre tratamiento del agua, en el estudio de los parámetros de análisis del agua, así como en los controles a efectuar para garantizar su buen estado. Se analizan los objetivos del plan general de mantenimiento de la instalación y sus contenidos por secciones.

Seguidamente se plantea el plan dirigido al ahorro en el consumo energético de la instalación, que a la vez contribuye a la conservación del medio ambiente externo, al medio natural. Normativas relativas al consumo general energético, parámetros de temperatura del agua y de los diferentes espacios y estancias de la instalación, controles, son aspectos que se estudian en este punto.

Un tercer plan se centra en la gestión del personal que con su quehacer diverso posibilita el funcionamiento de la instalación y sus piscinas, a través de la descripción de los puestos laborales, las funciones a desempeñar, organigramas y cualificaciones necesarias.

Por último, el plan económico, aporta los mecanismos para la disponibilidad de los recursos necesarios para hacer frente a la totalidad de los gastos que una instalación de estas características genera. Se abordan temas acerca de la viabilidad del servicio, el proceso contable, el balance; las cuentas de resultados, el presupuesto de la gestión y su elaboración.

En el siguiente capítulo, el séptimo, se acomete la evaluación de la gestión de la piscina, desde el enfoque de la búsqueda de la calidad en la gestión. Planificar las actuaciones de una piscina resulta fundamental para el logro de resultados óptimos. Resultados que deben evaluarse para poder emitir juicios acerca de la idoneidad, o no, de las actuaciones llevadas a cabo, de las estrategias utilizadas, de los desempeños realizados. La evaluación forma parte del proceso de gestión. Los indicadores de gestión suponen el primer elemento para el logro de la evaluación.

La responsabilidad social y la buena gobernanza en la gestión conforman el contenido del capítulo octavo de esta tercera parte. Ambas, responsabilidad social y buena gobernanza, como se dice en el texto, son el paradigma de una gestión ética en cualquier organización, mayor si cabe en las que prestan servicios deportivos dirigidos a toda la población, con intenciones educativas, formativas, saludables, respetuosas con el medio ambiente, sin desdeñar para nada los demás valores que se buscan a través de la práctica deportiva en el medio acuático. El desarrollo sostenible y el deporte, la responsabilidad sobre el medio ambiente, la responsabilidad ética con respecto al género y a los colectivos más desfavorecidos, el derecho educativo del menor en la piscina, y los principios de la buena gobernanza aplicados a la gestión de instalaciones con piscina, son temas que se analizan en este capítulo.

CAPÍTULO 6
¿QUÉ PLANES FACILITAN LA GESTIÓN DE LAS PISCINAS?

Como buena aparte de los contenidos de la presente obra, cada uno de los apartados es susceptible de un desarrollo muy superior, que excede la pretensión del libro (conviene reflexionar acerca de algunos de los capítulos o de los apartados que puede conformar –conforma– el contenido de una carrera universitaria, de un máster o de un postgrado). Desde esta consideración el contenido que sigue pretende orientar al gestor deportivo de piscinas sobre los conocimientos mínimos que debe poseer para el feliz desempeño de su función; a la vez que le permita conocer las necesidades y las aptitudes de los técnicos y especialistas necesarios para el buen funcionamiento de la instalación.

A partir de las normas higiénico sanitarias de las piscinas, que tienen como pretensión asegurar el uso lúdico deportivo de los vasos en condiciones estándar que no supongan un perjuicio para la salud, este capítulo se centra en los cometidos, que sin tener el enfoque deportivo posibilitan el que los planes deportivos puedan tener lugar, y discurran en la mejores condiciones.

La diversidad de posibles agentes contaminantes, físicos, químicos y bioquímicos, y microbiológicos, requiere un análisis constante de las condiciones del agua y la aplicación de medidas preventivas y en su caso correctoras que mantengan su estado dentro de unos parámetros estándar con carácter de mínimos y máximos.

El control y análisis del agua se enmarca en el plan general de mantenimiento de la instalación, aunque con rango propio por su relevancia. Los contenidos, y cometidos, del plan de mantenimiento de las piscinas tienen como intención evitar el deterioro y envejecimiento prematuro de la instalación en sí misma y de todos y cada uno de los elementos que la componen, así como de sus equipamientos, de manera que no se perjudique, ni se impida, la práctica deportiva de quienes acuden a la piscina; a su vez pretende prolongar la vida útil del complejo, de sus materiales, de sus sistemas, en definitiva de las inversiones realizadas; por último pretende evitar las malas sensaciones que una instalación, un equipamiento sucio o en mal estado, puedan producir en quienes los utilizan.

El control de los consumos energéticos tan presentes entre los parámetros de la gestión, desde hace unas décadas, viene siendo objeto de una atención mayor si cabe, por su repercusión en el medio ambiente. Una mala gestión de los recursos energéticos sin duda desestabiliza los resultados económicos de la organización de natación, de la piscina, además de contribuir poderosamente al deterioro medioambiental. Normativas sobre consumos energéticos, estudio de los consumos, parámetros de temperatura de los vasos y parámetros luminosos de la instalación, son aspectos contenidos en este apartado.

La gestión del personal sin duda es la base de la gestión en las piscinas, en tanto que organizaciones que tienen como fin la atención al público, la prestación de servicios directos a la sociedad, el trato personal con quienes acuden a la entidad a practicar deporte bajo la dirección de personal especializado. Un repaso a los puestos, las funciones, los organigramas y las cualificaciones, permite vislumbrar, como se ha dicho, las necesidades que tiene la instalación a gestionar y las aptitudes necesarias.

Por último se hace un repaso a los temas económicos, sobre los que descansa buena parte de la gestión. Es difícil adentrarse en estas cuestiones, ante la diversidad de sociedades, pluralidad de organizaciones, de modos posibles de gestión, y de legislaciones. La viabilidad de los servicios, la elaboración de los presupuestos, el plan contable, los balances, las cuentas de resultados, son desmenuzados de forma clara, lo que permite su comprensión ante una carencia, bastante generalizada, de su tratamiento en los diferentes contenidos académicos que están presentes en los estudios oficiales referidos al sistema deportivo.

Normas higiénico sanitarias de funcionamiento y uso

En todos los países existen este tipo de normas. Tienen por finalidad garantizar que tanto la infraestructura como la actividad a realizar en ella son inocuas para el usuario, protegiendo su salud frente a posibles contingencias previsibles y evitables. Se trata de aspectos tan importantes como la calidad del agua embalsada en establecimientos abiertos al público, de pública concurrencia o uso público. Y cualquiera que sea la forma de gestión de la actividad, la naturaleza de la entidad gestora y los fines a los que se orienta. Por tanto el bien jurídico protegido con este tipo de normas y reglamentos o regulaciones internas de uso higiénico-sanitario es la protección de la salud de las personas.

> Al igual que en el resto de deportes, nuevamente se observa que también en los deportes de agua, el marco jurídico general está presidido por la defensa de un derecho constitucional de primer orden, el derecho a la salud, vinculado con el derecho a la indemnidad o a la integridad psico-física y moral del individuo.

En España el artículo 149.1.16ª de la Constitución reserva al Estado la competencia exclusiva en materia de bases y coordinación general de la sanidad. En su virtud la Ley 14/1986, de 25 de abril, General de Sanidad, dispone en su artículo 24 que las actividades públicas y privadas que, directa o indirectamente, puedan tener consecuencias negativas para la salud, serán sometidas por los órganos competentes a limitaciones preventivas de carácter administrativo, de acuerdo con la normativa básica del Estado.

La Ley 33/2011, de 4 de octubre, General de Salud Pública, establece la protección de la salud de la población como una de las obligaciones de las Administraciones públicas, con la identificación, la evaluación, la gestión y la comunicación de los riesgos para la salud que puedan derivarse de los condicionantes ambientales; la vigilancia de los factores ambientales de carácter físico, químico o biológico y de las situaciones ambientales que afectan o pueden afectar a la salud; así como la identificación de las políticas de cualquier sector que reducen los riesgos ambientales para la salud.

En atención a estas premisas el Real Decreto 742/2013, de 27 de septiembre, por el que se establecen los criterios técnico-sanitarios de las piscinas, se constituye en una norma por la que se establecen los criterios sobre la calidad del agua, del aire, evitando los posibles riesgos físicos, químicos o microbiológicos derivados del uso de las mismas. Y su contenido actúa como un marco jurídico para todas aquellas piscinas que se encuentren en territorio español o bajo bandera española (artículo 3.1). En su virtud las diferentes comunidades autonómicas que configuran el Estado han regulado en sus respectivos Estatutos de autonomía, que de hecho son el trasunto de las constituciones que integran un Estado de configuración federal, las competencias de desarrollo legislativo y de ejecución en materia de sanidad e higiene, promoción, prevención y restauración de la salud. Asimismo corresponde a las Comunidades Autónomas la competencia inspectora y sancionadora.

Todas las normas citadas, tanto estatales como de producción autonómica, regulan no solo la calidad del agua sino también la calidad del aire en piscinas cubiertas, incluidos centros de hidromasaje y piscinas terapéuticas, fijando una serie de parámetros básicos para obtener una correcta calidad del medio. Asimismo se considera que el público debe recibir información suficiente y veraz sobre la calidad del agua de la piscina, las medidas correctoras y preventivas, así como todos aquellos aspectos que afecten a situaciones e incidencias que puedan implicar un riesgo para su salud o que sean de su interés.

Con carácter general la normativa estatal establece una serie de parámetros para medir la calidad del agua y del aire; estableciendo unas frecuencias mínimas de muestreo, la información del centro y un procedimiento de información en caso de incidencias.

La normativa higiénico sanitaria se complementa con las normas de funcionamiento y uso la instalación cuya finalidad es impedir conductas de los usuarios que pongan en peligro los parámetros de salubridad o la pacífica convivencia en el recinto. A los efectos del presente apartado nos interesa referirnos al primer aspecto, por cuanto viene a reforzar la consecución de los objetivos de las normas higiénico sanitarias.

Las normas de uso de las piscinas de uso público que están relacionadas con la salvaguarda de la salud de los usuarios, pueden ser de prohibición y que imponen un «no hacer», o bien obligatorias y que imponen una determinada conducta a los usuarios.

Entre las conductas prohibidas podemos encontrar alguna de las siguientes:

1. El baño de personas con enfermedades de la piel o infecto-contagiosas.
2. El acceso de animales salvo perros guía debidamente acreditados como tales.
3. El acceso de personas que no sean usuarios de la instalación o de quienes no usen ropa de baño o calzado adecuado para la zona acuática. Así como de menores de edad no acompañados por un responsable de su cuidado durante el uso de la instalación o la realización de una actividad.
4. El acceso a las zonas de uso o actividad, de material, equipamiento u objetos ajenos a la actividad, o que sean potencialmente peligrosos como el vidrio, material cortante, punzante, herramientas, productos inflamables, pirotécnicos o armas.
5. La realización de otras actividades diferentes de las programadas o autorizadas, sean deportivas como juegos o prácticas peligrosas, o no deportivas como fumar, beber, comer, ocupar espacios no autorizados o manipular material, productos de tratamiento, equipamiento, etcétera.
6. El uso de hinchables, botes, tumbonas o colchonetas, así como de accesorios de natación o de desplazamiento acuático no autorizados.

Entre las conductas de obligatoria observancia podemos relacionar:

1. Ducharse antes de bañarse.
2. Según las actividades o usos puede establecerse la obligatoriedad del gorro de baño de baño, zapatillas de baño, recomendándose la utilización de gafas y protecciones auditivas.

Asimismo este tipo de normas pueden incluir otros contenidos como el horario de apertura al público, el calendario de días festivos, el aforo máximo del recinto y el que corresponde a cada actividad. Igualmente, la normativa puede atender la satisfacción del derecho a la información y la transparencia de la gestión efectuada imponiendo la información al público respecto de todas las cuestiones relevantes que afecten a su seguridad y salud, como controles periódicos efectuados y resultados de los mismos que, además de registrarse en un libro de control interno, pueden ser objeto de información general. Y, del mismo modo, en la medida que afecta a la seguridad de los usuarios, tal normativa debería contemplar la información pública respecto de la titulación y cualificación del personal que trabaja en el centro.

Con esta misma finalidad las normas de contenido prevencionista deberían contemplar la necesidad de que los centros tengan previstos protocolos de actuación frente a emergencias, lesiones y accidentes; y en especial en los supuestos más frecuentes como ahogamientos, traumatismos, paros cardíaco-respiratorios, intoxicación por productos químicos, u otras lesiones menores como cortes, rozaduras o contusiones leves.

Junto a las normas higiénico-sanitarias pueden establecerse otras de carácter cívico social y que están más relacionadas con la convivencia entre usuarios y respeto entre estos y con el personal, que incluya incluso un aparado de infracciones y sanciones. Aspectos todos ellos conectados con otros bienes jurídicos distintos de la salud del usuario.

Y finalmente todos los controles anteriores deben ser objeto, a su vez, de un control documental de todos los registros, inspecciones, muestreos y protocolos establecidos.

Mantenimiento del agua

La calidad de agua en los vasos de la piscina es el principal factor a considerar en la gestión para asegurar sus buenos resultados, deportivos, de salud, y económicos. En el caso de las piscinas de uso público, cualquiera que sea su titularidad, la calidad del agua de los vasos debe mantenerse dentro de los parámetros que vendrán regulados por cada estado o país, mediante las respectivas normativas vigentes sobre esta materia, en cada momento. No es posible por lo tanto establecer unos parámetros estándar de aplicación universal, aunque sí referenciar unos valores medios entendidos como límites que, en buena medida, aproximan las condiciones aceptables de salubridad, seguidamente incluidas, y que suelen ser bastante similares entre las normativas existentes. Existe, así mismo, un consenso entre las normativas vigentes, en la obligación de efectuar periódicos análisis del agua (estas tomas se efectuarán no menos de dos veces al día, en el momento de apertura y en el de máxima concurrencia de nadadores o bañistas), y de cumplimentar con carácter igualmente obligatorio, el correspondiente libro de registro de control del agua en cada una de las tomas de muestras.

A) Normativa de tratamiento del agua

La normativa de tratamiento del agua es muy dispar entre los diferentes países de Iberoamérica. No obstante existen unos parámetros genéricos que se cumplen en casi todos ellos y que buscan el control de los elementos objetivamente más peligrosos en el control de las aguas de recreo público.

El control en la calidad de agua debe incluir controles sobre su temperatura, el cloro residual, el pH, la presencia de coliformes termotolerantes y la turbidez del agua (Tablas 6.1 y 6.2). El control de equipamiento incluye todos los controles sobre la limpieza y salubridad en todos los servicios de la instalación como duchas, vestuarios, sanitarios, playas, zonas de spa, conducciones de agua, y también a los protocolos de desinfección, desinsectación y lucha contra la legionelosis. El adecuado control del agua previene las afecciones pulmonares, irritaciones e infecciones oculares y enfermedades diarreicas, causadas por gérmenes como el «*cripto*» (forma abreviada de Criptosporidium), la Giardia la Shigella, el Norovirus y E. Coli O157:E7; siendo también frecuentes las infecciones del oído o las de la piel por causa de hongos como el «pie de atleta».

En la República Argentina este ámbito queda regulado en la Resolución 1702/2007 por la que se aprueban las *Directrices Sanitarias para Natatorios y Establecimientos Spa*.[1] En Perú la Directiva Sanitaria para la Determinación del Índice de Calificación Sanitaria de las Piscinas, Públicas y Privadas de Uso Colectivo de 2011.[2] La Norma Oficial Mexicana NOM.245.SSA1.2010 de la Comisión Federal de Protección de los Riesgos Sanitarios (COFEPRIS, depende de la Secretaria de Salud) establece los requisitos sanitarios y calidad del agua que deben cumplir las albercas/piscinas. En El Salvador mediante Acuerdo Núm. 118/2012 que aprueba la Norma Técnica para la Vigilancia Sanitaria de Piscinas y Balnearios. Por su parte en Colombia mediante Resolución Núm. 1618 de 7 de mayo de 2010 del Ministerio de la Protección Social. Finalmente citaremos la norma española por la que se establece el marco legal aplicable a todas las comunidades autónomas, mediante el Real Decreto 742/2013 de 27 de septiembre, por el que se establecen los criterios técnico-sanitarios de las piscinas. Por ser esta norma una de las más recientes y coincidir con los mismos parámetros de control higiénico sanitario vigentes en otros países Iberoamericanos, reproducimos el cuadro que se aprueba en su Anexo (Tabla 6.3) y donde podemos comprobar las coincidencias citadas, no solo en la relación a los ítems a examinar sino también en los índices o niveles máximo y mínimos que se consideran admisibles.

La frecuencia mínima de muestreo en los controles rutinarios respecto de los parámetros arriba relacionados es de al menos una vez al día, por las mañanas antes de abrir la piscina al público. El control debe realizarse *in situ* y en los contadores de la piscina. Además de los controles rutinarios diarios debe efectuarse un control mensual tanto en laboratorio como en los contadores de piscina. No obstante, el titular puede solicitar de la autoridad competente una reducción de la frecuencia de muestreo del control periódico cuando tras dos años de autocontrol, todos los valores de control de rutina y control periódico hayan cumplido siempre con los valores paramétricos arriba indicados. Estos mismos controles y periodicidad están previstos también respecto de la calidad en el aire.

---

1 Departamento de Salud Ambiental. Dirección Nacional de Determinantes de la Salud e Investigación. Ministerio de Salud de la Nación; 2014.
2 Directiva Sanitaria N° 033 - MINSA/DIGESA - V.01.

Tabla 6.1. Parámetros indicadores de la calidad del agua

Parámetro	Valor paramétrico	Unidades	Notas	Condiciones para el cierre del vaso
pH	7'2 – 8'0	–	Cuando los valores estén fuera de rango de determinará el índice de Langelier que deberá estar entre -0'5 y + 0'5.	Cuando los valores estén por debajo de 6'0, o por encima de 9'0 se cerrará el vaso hasta normalizar valores.
Temperatura	24-30 ºC >36 en hidromasaje	ºC	Solo en el caso de vasos climatizados.	Cuando en vasos climatizados los valores superen 4'0 ºC se cerrará el vaso hasta normalizar el valor.
Transparencia	Que sea bien visible el desagüe de fondo.			Cuando no se pueda distinguir el desagüe de fondo o el disco de Secchi.
Potencial REDOX	Entre 250 y 900 mV		Se medirá cuando los desinfectantes sean distintos del cloro o el bromo y sus derivados.	
Tiempo de recirculación	Tiempos según especificaciones y necesidades de la piscina para cumplir con los parámetros de calidad.	(horas)		
Turbidez	<_5	UNF		Cuando los valores superen 20 UNF se cerrará el vaso hasta normalizar el valor.

Tabla 6.2. Desinfectante residual

Parámetro	Valor paramétrico	Unidades	Notas	Condiciones para el cierre del vaso
Cloro libre residual	0'5 – 2'0 Cl2	mg/L	Se controlará cuando se utilice cloro o derivados del cloro como desinfectante.	En caso de ausencia o superación de 5 mg/L se cerrará el vaso hasta normalizar el valor; en caso de piscinas cubiertas además se intensificará la renovación del aire.

Parámetro	Valor paramétrico	Unidades	Notas	Condiciones para el cierre del vaso
Cloro combinado residual	<_0'6 Cl2	mg/L	Se controlará cuando se utilice cloro o derivados del cloro como desinfectante.	En caso de superación de 3 mg/L se cerrará el vaso hasta normalización del valor; en caso de piscinas cubiertas además se intensificará la renovación del aire
Bromo total	2 – 5 mg/L Br2	mg/L	Se controlará cuando se utilice bromo como desinfectante.	En caso de superación de 10 mg/L se cerrará el vaso hasta normalización del valor; en caso de piscinas cubiertas además se intensificará la renovación del aire.
Ácido Isocianúrico	<_75	mg/L	Se controlará cuando se utilicen derivados del ácido tricloroisocianúrico.	En caso de superación de 150 mg/L se cerrará el vaso hasta normalización del valor.
Otros desinfectantes			Según lo dispuesto por la autoridad competente.	Según lo dispuesto por la autoridad competente.

Tabla 6.3. Indicadores microbiológicos

Escherichia coli	0	UCF o NMP en 100 ml		En caso de sospecha o constatación de incumplimiento del valor paramétrico, se cerrará el vaso y se pondrán las medidas correctoras oportunas para que no exista un riesgo para la salud de los bañistas.
Pseudomonas aeruginosa	0	UCF o NMP en 100 ml		
Legionella spp	<100	UCF/ L	Solo en caso de vasos con aerosolización y climatizados.	

Fuente: Anexo I del Real Decreto 742/2013, de 27 de septiembre, (España) por el que se establecen los criterios técnico-sanitarios de las piscinas. Boletín oficial del Estado núm. 244 de 11/10/2013.

B) Otros parámetros de análisis del agua a tener en consideración

Como en los demás desempeños relativos al mantenimiento de la piscina, las condiciones exigidas y exigibles del estado del agua de los vasos, constituyen materia de uso y control por los responsables técnicos. Sí conviene, no obstante, conocer y tener al alcance de todo el personal, los parámetros oficiales y los recomendados, para su mantenimiento.

a) Factores o parámetros físicos del agua.

- No deben existir sólidos no dispersos, espumas, aceites, grasas.
- Color: ≤ 5 ppm. de Pt - Co.
- Olor: debe ser inodora, excepto ligero olor al sistema de tratamiento desinfectante utilizado.
- Sabor: insípida, excepto ligero del sistema de tratamiento.
- Temperatura del agua: en función de las características y del uso de la misma, tanto para las cubiertas como para las descubiertas. En las piscinas cubiertas se controlará, además, la temperatura ambiental y la humedad relativa. Como orientación se pueden considerar los siguientes parámetros: vasos polivalentes cubiertos destinados a diferentes usos, temperatura del agua entre 24-28 °C. Vasos destinados en exclusiva al baño y enseñanza de la población infantil, personas de la tercera edad y personas con minusvalía, temperatura del agua entre 24-30 °C. Temperatura ambiente de la piscina entre 2° y 4 °C por encima de la temperatura del agua del vaso. Humedad relativa del ambiente en una piscina cubierta, entre 60 y 70 %.
- Espumas permanentes: Ausencia de grasas y materias extrañas

b) Factores o parámetros físico-químicos del agua.

- Es uno de los factores más comúnmente mencionados por quienes utilizan las piscinas. El pH es el logaritmo con signo negativo de la concentración de protones (iones H^+). El pOH es el logaritmo con signo negativo de la concentración de hidróxilos (OH^-). Las dos escalas adoptan valores de 0 a 14, estando la neutricidad en pH 7 ó pOH 7. Si la cantidad de hidróxilos es superior a la de protones, el medio será alcalino o básico, aumentando el pH por encima de 7. Si por el contrario aumentan los protones con respecto a los hidróxilos, disminuye el pH por debajo de 7 y se dice que el agua está ácida. En ambos casos afectan a la salud: Un pH bajo o ácido, produce irritación de mucosas y ojos, aumenta la turbidez del agua, disminuye la acción del cloro. Un pH alto (básico o alcalino), favorece la aparición de algas y bacterias, produce ligero olor a cloro, irrita mucosas, precipita las sales cálcicas que se adhieren a las paredes.

- Oxidabilidad al permanganato: Se permite un incremento de 4 mg/l de O2/l.
- Alcalinidad: Contenido de sustancias alcalinas disueltas, como carbonatos y bicarbonatos; ayudan a resistir cambios del pH. Estará entre 75 y 250 ppm. expresada en CaCO3.
- Nitratos (mg/l NO3-): Se permite un incremento de 10 mg/l sobre la del agua de llenado.
- Conductividad (µS/cm2): Incremento menos de 1.000 µS/cm2 de la del gua de llenado.
- Ion amonio (mg/l NH4+): 0,5 mg/l.
- Aluminio: 0,3 mg/l.
- Algicidas bactericidas basados en metales pesados: ≤ 3 ppm.
- Algicidas bactericidas derivados del amonio: ≤ 5 ppm.
- Otros algicidas: regulado por el servicio sanitario de cada país/estado.
- Cobre: Podrá contener como máximo 1,5 mg/l.
- Derivados polímeros de la biguanida (PHMB): 25-50 mg/l (en caso de su utilización).
- Hierro: 0,3 mg/l.
- Ozono: 0 mg/l. El agua ozonizada contendrá un mínimo de 0,4 mg/l debiendo estar como mínimo 4 minutos en contacto antes de entrar en el dispositivo de desozonización (valores expresados para O3).
- Plata: 10 ug/l (en caso de su utilización).
- Sustancias tóxicas y/o irritantes: Concentraciones que no resulten nocivas para la salud.

c) Parámetros microbiológicos

En las piscinas de agua dulce deberá existir una total ausencia de microorganismos (algas, bacterias, virus...) o de cualquier otro organismo vivo (larvas, insectos...). Estos microorganismos pueden ser varios tipos, cada uno necesita unas condiciones para poder vivir, protozoos, hongos, bacterias, virus, algas:

- Los protozoos pueden ser saprófitos (como el paramecio) que se nutren de materia orgánica libre en el agua, y parásitos (como las amebas) que viven en organismos vivos.
- Los hongos se suelen encontrar en zonas húmedas, como paredes, suelos de las playas y vestuarios. Causan enfermedades que suelen ser de carácter dermatológico, las micosis.
- La aparición de bacterias, organismos uni o pluricelulares, es debido a la existencia de materia orgánica. Las más comunes son las enterobacterias, los clóstridos y los cocos (estreptococos, estafilococos,

neumococos). La cantidad de bacterias por cm^3 en muestras tomadas en cualquier zona de la pileta, cultivada durante 24 horas en agar a 37 ºC, en ningún caso podrá sobrepasar de las 100 colonias. No debe existir en absoluto, como ya se ha indicado, *Coliformes* fecales (*Escherichia coli* como representante), *Estreptococos* fecales, *Pseudomonas aeruginosa*, *Sthapilococcus aureus*, en muestras de 100 ml, ni en dos de cada cinco muestras de agua tomada directamente de la piscina en horas de mayor afluencia de bañistas.

- Los virus se desarrollan en células vivas pero pueden transmitirse por el agua y también a través del contacto con el suelo de vestuarios, etc. La hepatitis A, la poliomelitis... pueden transmitirse a través de aguas insuficientemente tratadas.
- Así mismo debe haber una ausencia total de parásitos patógenos, algas o larvas, y de otros gérmenes patógenos.

C) Otros controles a efectuar

a. Recirculación del agua de los vasos.

El volumen total del agua de los vasos se recirculará en base a los parámetros marcados por cada normativa que resultarán, en buena medida, semejantes a los seguidamente expuestos, siempre con la piscina en funcionamiento y con una afluencia de usuarios superior a un tercio del aforo según lámina de agua:

- Piscinas de chapoteo: cada 30-60 minutos.
- Piscinas recreativas: entre 2-3 h. por vaso hasta 1,30 m. de profundidad (o la parte equivalente en vasos superiores) y 4 h. por vasos o parte de los mismos en profundidad superior.
- Piscinas de entrenamiento: entre 3 y 4 horas en función de la profundidad (menos de 1,3 metros o más de 1,3 m.).
- Piscinas de competición: hasta 1,40 m. de profundidad, 4 horas y en profundidades superiores, 8 h.
- Piscinas de saltos, cada 8 horas.

b. Renovación del agua.

Se estará igualmente a las disposiciones y normas de cada país. No obstante se puede establecer:

- Cada 24 horas deberá renovarse (agregarse) una cantidad mínima de agua equivalente al 5 % del volumen total del vaso.
- Una vez al año se procederá al vaciado del vaso para su limpieza, desinfección, etc.

D) Registro de los controles

Como ya se ha indicado, cada instalación, de acuerdo a la legislación, debe disponer por cada vaso un libro de registro, en el que se anotará:

a. Como mínimo dos veces al día:

- Nombre del responsable del control y su registro.
- Hora del día en que efectúan éstos.
- Número de bañistas habidos hasta el momento.
- Temperatura del agua en el momento de la toma.
- El nivel de pH.
- Turbidez.
- Los niveles de productos desinfectantes en todas sus modalidades (libre, combinado, etc.).

b. Al cerrar la piscina:

- Nombre de los responsables de día.
- Frecuencia de bañistas.
- Horas en que se han efectuado los controles.
- Datos obtenidos en los controles efectuados.
- Datos del contador del caudal (agua renovada, recirculada... en m^3).
- Tipo y cantidad de los productos utilizados y horas de aplicación al agua.
- Las presiones después del lavado de los filtros.
- Observaciones e incidencias.

Consumo energético

Una de las grandes diferencias entre la práctica deportiva realizada en la naturaleza o en el entorno de una ciudad —por citar dos opciones— y la práctica deportiva realizada en una piscina (o en un polideportivo), es el consumo energético necesario en estas últimas instalaciones. Y es que la energía externa está presente en la mayor parte de las acciones humanas.

Y como bien escaso que es debe consumirse con moderación. La adecuada gestión de una piscina, como de las demás instalaciones deportivas —y por extensión de los edificios públicos— condiciona entre otros resultados menos tangibles, el balance económico final, por no mencionar la degradación del medio ambiente, el consumo de reservas finitas y otros aspectos más, tan denunciados socialmente pero también tan ciegamente denostados.

A) Normativa relativa al consumo energético

Las piscinas/piletas/albercas cubiertas son grandes infraestructuras que precisan recurrir a la climatización del espacio y por tanto son grandes consumidoras de energía térmica a lo largo de todo el año (Figura 6.1). La eficiencia del edificio y del servicio que se presta a la ciudadanía dependerá del diseño, construcción, mantenimiento y gestión global de la instalación. La eficiencia dependerá de la existencia de un concepto unitario, una unidad de criterio medioambiental que permita garantizar que el edificio y la actividad son inocuos medioambientalmente y eficientes en el gasto energético. Con este fin deben ponerse en juego estrategias pasivas o afectas a la infraestructura y otras activas relativas a la elección de materiales, equipamientos y mecanismos de automatización, reciclaje y disminución de la huella o rastro medioambiental que genera la piscina en su entorno. La estrategia pasiva más interesante para minimizar el uso de energía se encuentra en el diseño de la instalación: grandes ventanales con luz natural, adecuada orientación de la instalación que favorezca la luz en la zona de usos; y adecuado aislamiento térmico en paredes, ventanas y puertas pueden ser decisiones que afecten a la eficiencia del gasto energético de la instalación. La misma ubicación de la infraestructura, su comunicación y accesibilidad afectarán al consumo particular de los usuarios para acceder hasta ella (transporte público y vías de acceso y evacuación) y un adecuado encaje en su entorno.

Figura 6.1. Porcentaje de consumos energéticos medios

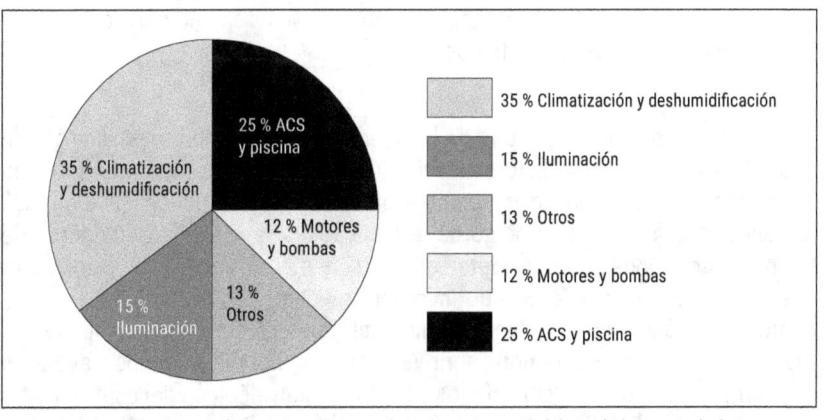

Fuente: Guía la eficiencia energética en instalaciones deportivas. Comunidad de Madrid. Consejería de Deportes.

Entre las denominadas estrategias activas se encuentran la elección de energías limpias o renovables, la unificación de los contratos de suministro, o la elección de sistemas, equipamientos y maquinarias que sean eficientes y garanticen un ahorro de energía.

Las exigencias básicas de ahorro de energía (HE) han sido clasificadas en España en cinco documentos básicos de ahorro energético, en el artículo 15 del

Real Decreto 314/2006, de 17 de marzo, por el que ese aprueba el Código Técnico de la Edificación (CTE) que utilizaremos como norma de referencia. El objetivo de esta norma es «conseguir un uso racional de la energía necesaria para la utilización de edificios, reduciendo a límites sostenibles su consumo y conseguir asimismo que parte de ese consumo proceda de fuentes de energía renovable, como consecuencia de las características de su proyecto, construcción, uso y mantenimiento». De este modo se clasifican las exigencias básicas de ahorro energético (HE) en

- Exigencia básica HE-1. Bienestar térmico. Procurando el aislamiento e inercia y limitando pérdidas o ganancias de calor, así como evitando problemas higrotérmicos.
- Exigencia Básica HE-2. Rendimiento eficiente de instalaciones y equipos.
- Exigencia Básica HE-3. Eficiencia energética en instalaciones de iluminación. Aprovechando la luz natural e instalando automatismos y reguladores energéticos.
- Exigencia Básica HE-4. Sistemas de energía solar. En la climatización de piscinas cubiertas una parte de las necesidades energéticas se cubrirá mediante la incorporación de sistemas de captación, almacenamiento y utilización de energía solar.
- Exigencia Básica HE-5. Contribución fotovoltaica mínima de energía eléctrica. Cuando así lo establezca la normativa se incorporarán sistemas de captación y transformación de energía solar en energía eléctrica por procedimientos fotovoltaicos.

Debemos considerar que uno de los elementos para valorar la eficiencia de una infraestructura es la automatización de sus sistemas, puesto que dichos automatismos permiten un mejor control del gasto energético general. Así, tomando la definición del Código de la Edificación de la Ciudad Autónoma de Buenos Aires, podemos considerar que el sistema es inteligente y por tanto energéticamente eficiente cuando incorpore mecanismos de automatización y control electrónico con el objetivo funcional de «lograr encender y apagar de manera centralizada y/o remota, abrir y cerrar y regular mecanismos y aparatos que forman parte o están conectados a la instalación eléctrica del edificio como la iluminación, climatización, persianas, toldos, mobiliario, puertas, ventanas, artículos electrodomésticos, suministro de agua, suministro de gas, suministro de electricidad, tabiques etc. Se denomina "domótica" para hogares e "imnótica" para edificios terciarios. Estos sistemas contribuyen al ahorro energético». Asimismo el inmueble será eficiente cuando «su infraestructura, sistemas eléctricos y sanitarios instalados alcanzan todos los estándares de ahorro energético y sanitarios» establecidos reglamentariamente (1.1.8. definiciones de términos técnicos).

Figura 6.2. Esquema de la instalación en una piscina energéticamente eficiente

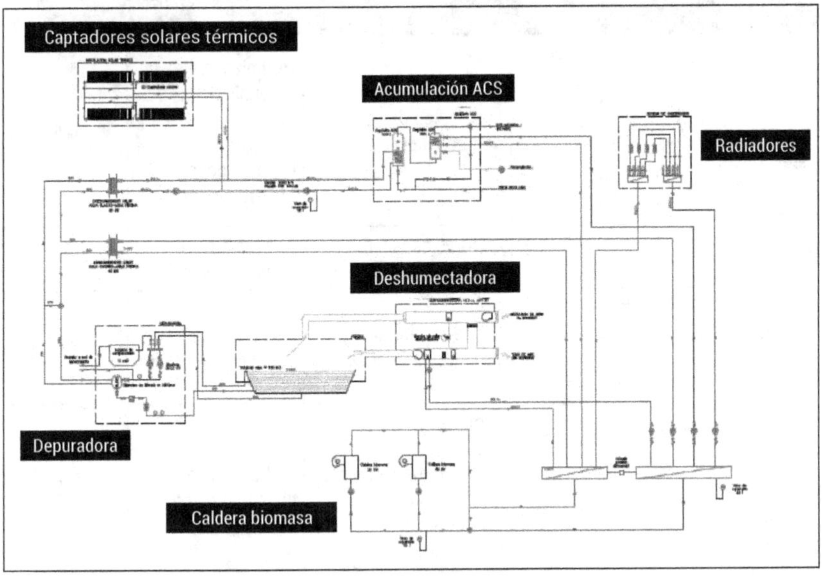

Fuente: López F., Segador C., Encinas D.; Cuadros L.; 2012.

En la Tabla 6.4 se representan las medidas posibles para efectuar mejoras en la eficiencia de la instalación, cómo hacerlo y la consecuencia de aplicar las mismas con un detalle del ahorro previsible derivado de su aplicación.

Tabla 6.4. Mejoras potenciales y estimación del ahorro en sistemas de equipamiento

Sistema equipo	Mejoras posibles	¿Cómo?	Consecuencia	Ahorro
Calderas	Optimización de la combustión	Mediante análisis de la composición de los humos de escape	Ahorro de combustible. Reducción de la factura	15
	Aprovechamiento de calores residuales	Recuperación de calor de humos según combustible	Utilización del calor sobrante para ACS/calefacción	25
	Automatización de purgas	Sistema automático de purgado	Mejora del rendimiento de la instalación	10
	Reinyección de condensados	Equipamiento especial	Ahorro de agua y combustible	15
Climatización (bombas de calor)	Aumento del rendimiento de la máquina y recuperación del calor para ACS	Limpieza, instalación de variadores de frecuencia, recuperadores de calor	Reducción en el consumo eléctrico. Producción de ACS para consumo	40

Sistema equipo	Mejoras posibles	¿Cómo?	Consecuencia	Ahorro
Motores eléctricos en general	Disminución de la potencia de arranque (Mediante curva de arranque controlado por rampa)	Instalación de variador de frecuencia	Optimización de la potencia de contrato, reduciendo el coste de la factura	15
	Aumento del rendimiento	Motores especiales de alto rendimiento	Reducción del consumo eléctrico	
Bombas de circulación fluidas (general)*	Regulación de la potencia en función de la presión	Sondas de presión y variador de frecuencia	Reducción del consumo eléctrico	15
Bombas circulación agua piscinas*	Reducción del consumo	Eliminación de suciedad y obturación de los filtros de arena. Utilización de variadores de frecuencia	Reducción del consumo eléctrico	15
	Reducción del importe	Utilizar sólo en horas valle (discriminación horaria adecuada en contrato eléctrico)	Consumo sólo con energía eléctrica más barata	43
Bombas agua climatización*	Optimización del consumo eléctrico, según la diferencia de temperatura ida y retorno	Sondas de temperatura y variación de frecuencia	Reducción del consumo eléctrico	15
Compresores de aire	Utilización del calor sobrante de la refrigeración de los compresores	Reutilización del aire caliente. Intercambiadores de calor	Reducción del consumo eléctrico/ gas para la climatización	30
Maquinas de frío industrial*	Reaprovechamiento del calor que se lanza a la atmósfera, para ACS, climatización, etc.	Reutilización del aire caliente	Reducción del consumo eléctrico	15
		Colocación de intercambiadores de calor	Reducción del consumo eléctrico	25
Evaporadores de cámaras frigoríficas y de congelación	Automatizar el desescarche	Medición automática del hielo en las aletas de los evaporadores. Puesta en marcha de las resistencias	Reducción del consumo eléctrico	3

Sistema equipo	Mejoras posibles	¿Cómo?	Consecuencia	Ahorro
Iluminación: zonas auxiliares	Reducción del tiempo de uso.	Incorporando temporizadores/detectores de presencias.	Reducción del consumo eléctrico	60
Lámparas dicroicas	Reducción del consumo eléctrico (reducción de la potencia)	Cambio por lámparas dicroicas IRC de menor potencia	Reducción del consumo eléctrico	80
Iluminación exterior	Reducción del consumo y mejora del rendimiento	Cambio de las luminarias y de las lámparas por otras más eficientes en función de la distancia, uso del espacio, etc.	Reducción del consumo eléctrico	40
Iluminación interior (fluorescente)	Reducción del consumo y de la potencia de encendido	Cambio de las reactancias convencionales por balastos electrónicos de alta frecuencia	Disminución del consumo eléctrico y de la potencia	20
Iluminación interior (incandescente)	Reducción del consumo y mejora del rendimiento	Cambio de lámparas de bajo consumo	Disminución del consumo eléctrico y de la potencia	85
Agua fría	Reducción consumo general	Instalación de limitador de caudal	Reducción del consumo de agua	20
Piscinas	Reaprovechamiento del agua para riego	Tratamiento con filtros de arena o de carbón activo	Ahorro en el consumo de agua. Reducción del coste en la factura de agua	10
Agua caliente	Reducción del consumo de ACS	Sustitución de los grifos convencionales por grifos monomando especiales o con regulación de temperatura	Reducción del consumo de agua, energía eléctrica y/o gas para calentarla	15
Piscinas climatizadas exterior	Evitar pérdidas térmicas	Cubrir la piscina con lona por la noche	Ahorro en consumo de gas / gas-Oil. Reducción en el coste de la factura energética	5
Lavaplatos y lavavajillas industrial	Evitar gasto en calentar el agua	Utilización de agua precalentada por la recuperación de las máquinas frigoríficas y calderas	Reducción del consumo eléctrico o gas	25
* También se les puede aplicar las medidas enfocadas a motores eléctrico en general				

Fuente: Guía eficiencia energética en instalaciones deportivas; 2008.

B) Consumos energéticos

En términos de gestión deben conocerse los consumos específicos por instalaciones o espacios, por sistemas, por horas o por días, y por usuarios, como más frecuentes. Es decir el gasto (consumo) total de la instalación al mes dividido por el número de usuarios que la han frecuentado, por ejemplo; o el gasto (consumo) de la piscina desde su apertura por la mañana hasta el mediodía, dividido por el número de bañistas que han acudido a nadar. El tipo de consumo específico que se utilice estará en función de cada gestor y sus métodos de análisis.

Debe entenderse que cuanto mayor sea la instalación deportiva mayores consumos generará. Pero a su vez debe tenerse presente otro factor, a mayor superficie y volumen de instalación deportiva mayores deben de ser los controles ante el aumento del riesgo a generar despilfarros de todo tipo, de manera especial los de energía.

Las piscinas son unas de las instalaciones deportivas que conllevan superiores consumos de energía, como se puede apreciar en el ejemplo de la Tabla 6.5, en la que se muestran los consumos medios de dos tipos de instalaciones deportivas, con piscina incorporada al complejo y sin ella.

Tabla 6.5. Consumos específicos de instalaciones deportivas con y sin piscina cubierta

	Media instalación deportiva cubierta con piscina	Media I.D. sin piscina cubierta
kWh/m2 instalación	303	30,6
kWh/usuario	2,76	1,84

Fuente: *Manual de eficiencia energética para pymes. Centros deportivos* (CNAE 93.1). EOI Escuela de Negocios y Centro de Eficiencia Energética de Gas Natural Fenosa. Ed. Gas Natural Fenosa.

El gran problema que acarrea hoy en día la construcción y consiguiente utilización de las piscinas es que siguen diseñándose, en su mayoría, con los sistemas energéticos basados en las energías no renovables, provenientes por lo general de combustibles fósiles, con los consiguientes problemas medioambientales que acarrean. Entre ellas las consideradas como convencionales son el petróleo, el gas natural y el gas licuado del petróleo, además del carbón, si bien este último no es utilizado en instalaciones deportivas. Las no convencionales son las biocombustibles, la nuclear y, en algunos casos la geotérmica. Las energías renovables, en especial la solar y la eólica, todavía distan de su implantación generalizada y usual.

El uso más común de la energía en las piscinas es para consumo eléctrico (iluminación, sistemas y equipos eléctricos, climatización a través de bombas de calor, radiadores de los vestuarios, seca manos, secadores de pelo), y como generadora de calor (calefactar agua de los vasos, el agua caliente sanitaria –ACS–, climatización ambiental de calor y frío).

Al gestor de la piscina le interesa mucho conocer cuál es el consumo energético de los diferentes sistemas del complejo que dirige. Al efecto es necesario realizar estudios convenientes por empresas especializadas, sin que se puedan aportar datos estandarizados más allá de cifras aproximadas. En esta línea se pueden considerar, a título orientativo, las siguientes medias de distribuciones de consumos de energía eléctrica de una piscina; datos que deben tomarse con cautela dadas las diferencias de unas piscinas a otras.[3] La diversidad de tipologías de piscinas, el número de vasos que contenga y sus dimensionado, su integración en un gran complejo deportivo, su diseño, antigüedad, además de otros, son factores que influyen de manera significativa en los consumos. Como datos medios de consumos energéticos, en porcentaje, se pueden estimar los ya expuestos:

- Climatización y deshumectación: 35 %
- Agua caliente sanitaria (ACS): 25 %
- Motores y bombas: 12 %
- Iluminación: 15 %
- Otros: 13 %

Otros estudios arrojan unas cifras de consumos sensiblemente diferentes, como se puede apreciar seguidamente,[4] correspondientes —en este caso sí se menciona— a una piscina cubierta de 25 x 12,5 m:

- Deshumectación: 45 %
- Agua de los vasos: 16 %
- Iluminación: 10 %
- Calefacción: 8 %
- ACS: 4 %
- Otros: 13 %

Desde el punto de vista de la gestión lo que realmente importa es conocer los consumos de la instalación desglosados por áreas, según los criterios de cada gestor. El ICAEN (Instituto Catalán de Energía) propone una metodología para conocer cuánta energía se está consumiendo en según qué tipo de instalación deportiva, y en qué áreas o sistemas, de manera que permita aplicar correctores para su reducción en el caso de que resulte excesiva. Con esta intención proponen como primera medida instalar, en el caso de que no existan, contadores parciales además de los generales, tanto para la electricidad como para las demás fuentes de energía, gas natural, propano, etc.

---

3   Fuente: *Guía de eficiencia energética en instalaciones deportivas*. Consejería de Economía y Consumo, organización Dirección General de Industria, Energía y Minas, Comunidad de Madrid; 2008.
4   *L'energia a les instal·lacions esportives* (2012). Generalitat de Catalunya, Departament d'Empresa i Ocupació Institut Català d'Energia. Col·lecció Quadern pràctic 6 1. Contenido técnico: Salas A., Sant M. y Valero N.

En la realización del cálculo se debe partir del conocimiento de la superficie (en m^2), de la lámina de agua en el caso de las piscinas, y de las facturas de los consumos de todo un año (electricidad expresada en kWh; gas natural en kWh o en m^3; propano en m^3 o en kg; y gasóleo en litros), advirtiendo que el dato es el consumo, no el coste o importe. Por lo general no se utiliza un solo tipo de energía en las instalaciones deportivas. Las fuentes de energía más frecuentemente utilizadas en los segmentos de la piscina se muestran en la Tabla 6.6.

Tabla 6.6. Fuentes de energía más comúnmente utilizadas por una piscina

Tipo de piscina	Consumos	Fuente energética	
		Electricidad	Térmica (combustible
Climatizada	Deshumectación	x	
	Calentamiento agua vasos	(*)	x
	Alumbrado	x	
	ACS	(*)	x
	Calefacción	x	x
Aire libre	Alumbrado	x	
	ACS	(*)	x
	Acondicionador de aire	(*)	x

* Suele ser mediante combustible, pero también puede ser mediante bomba de calor que utiliza electricidad.

La energía final que consume una piscina será la suma de ambos tipos de energía, la eléctrica y la térmica. Sin embargo debe tenerse presente que ambos tipos no pueden sumarse directamente, por lo que será necesario aplicar a los productos finales unos factores oficiales de conversión en medidas eléctricas (Tabla 6.7) de manera que se transformen en energía primaria.

Tabla 6.7. Factores de conversión en energía primaria

Fuente energética	Factor de energía primaria
Electricidad	2,28
Gas natural	1,07
Propano y butano	1,05
Gas-Oil	1,12

Fuente: IDAE (2010). Factores de conversión de consumo o producción a energía primaria (EP) y factor de emisión del año 2009.

Con estos datos ya puede procederse al cálculo de los consumos. En primer lugar se obtendrá el consumo total eléctrico del año, Tabla 6.8.

Tabla 6.8. Consumo total de energía eléctrica de la piscina

Fuente calorífica	Tipo de medida	Final kWh
Electricidad	Total kWh	= X1

Fuente: Realizada a partir de la publicación *L'energia a les instal·lacions esportives*.

Seguidamente se trabajarán los consumos de las otras fuentes que se utilice. Si se trata de gas natural, la factura podrá venir expresada bien en kWh (PCS- poder calórico superior), o bien en m³. Si se trata de gasoil se expresará generalmente dm³ o litros; y el propano en kg o en m³. En cada caso las cantidades deberán multiplicarse por un correspondiente factor, expresado en la Tabla 6.9, para obtener el kWh PCI. [El Poder Calorífico Superior (PCS), es el calor que realmente se produce en la reacción de combustión; en tanto que (PCI) Poder Calorífico Inferior (PCI) es el calor realmente aprovechable, el producido sin tener en cuenta la energía que se pierde por la condensación del agua y otros procesos menores. El PCS es por lo tanto mayor al PCI].

Tabla 6.9. Consumo total de otras fuentes de energía

Fuente calorífica	Tipo de medida	Factor multiplicador	Final (kWh PCI)
Gas natural	Total kWh PCS	0,920	= X2
	Total m³	11	
Gasoil	Total dm³	10	= X3
Propano	Total kg	13	= X4
	Total m³	30	

Fuente: Realizado a partir de los datos de *L'energia a les instal·lacions esportives*.

A partir de estos datos obtenidos de la EP de electricidad y de la EP térmica, se calcula la energía primaria total, aplicando los factores de conversión anteriormente indicados (Tabla 6.10).

Tabla 6.10. Conversión de energía final en energía primaria para energía eléctrica

Fuente energética	Energía final (kWh)	Factor multiplicador	Energía primaria (kWh)
Electricidad total (EF1)	X1	2,28	= m X1
Gas natural total (EF2)	X2	1,07	= m X2
Gasoil total (EF3)	X3	1,12	= m X3
Propano total (EF4)	X4	1,05	= m X4
Total (sumatorio ambas energías)	Σ		

Fuente: Realizado a partir de los datos de *L'energia a les instal·lacions esportives*.

Con los datos de la superficie de la lámina de agua y del total de la energía primaria ($\sum$ del total de la energía primaria eléctrica y del total de la energía térmica), y para poder realizar una autoevaluación del consumo de la piscina, se debe recurrir a unos gráficos de autoevaluación energética (Figura 6.3) que permiten comparar los ratios de la instalación evaluada, obtenidos en el proceso efectuado (anteriormente expuesto), con los resultados obtenidos por centros similares y el consumo típico de una instalación tipo, y comprobar de esta manera si los consumos de la piscina autoevaluada se sitúan en la media, por debajo o por encima de los parámetros estándar, según la siguiente clasificación:

- **Zona 1.** La piscina necesita con urgencia la aplicación de medidas de eficiencia energética.
- **Zona 2.** La piscina es susceptible de una potencial mejora energética.
- **Zona 3.** La piscina es energéticamente eficiente, con bajos potenciales de mejora.
- **Zona 4.** Si los resultados se sitúan en esta zona deben existir errores de cálculo, bien en la superficie total de lámina de agua, o bien en los de energía primaria.
- **Zona 5.** No es posible concluir si la instalación es o no eficiente energéticamente.

Figura 6.3. Zonas de autoevaluación de instalaciones deportivas con piscina cubierta (climatizada), según energía y lámina de agua

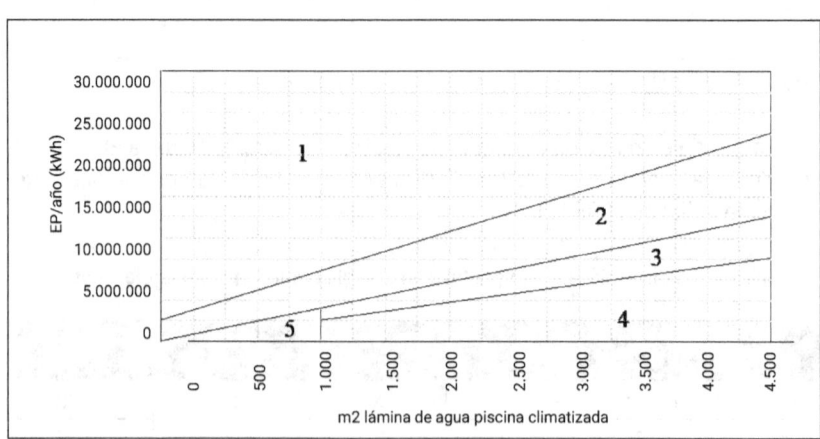

Fuente: Adaptado a partir de la *Guía de eficiencia energética en instalaciones deportivas* (CAEN), 2012, por Mestre N.; 2018.

Figura 6.4. Gráfico de las zonas de autoevaluación de instalaciones deportivas con piscina climatizada según energía eléctrica y térmica

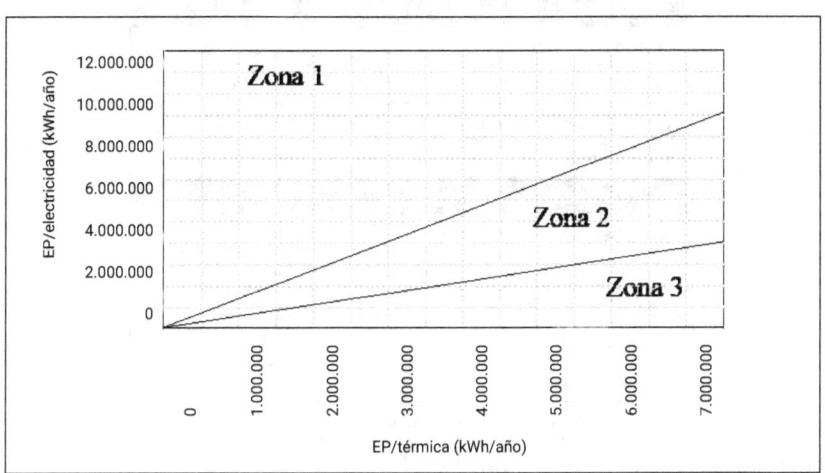

Fuente: Adaptado a partir de la *Guía de eficiencia energética en instalaciones deportivas* (CAEN), 2012, por Mestre N.; 2018.

C) Parámetros de temperatura del agua de los vasos

La temperatura del agua y su mantenimiento constante en torno a unos parámetros, por lo general oficiales, constituye uno de los factores de mayor consumo energético. Supone, además, un factor de riesgo para la salud puesto que a mayor temperatura mayores riesgos de proliferación de elementos patógenos, lo que exige, a su vez, controles más frecuentes y un incremento en los productos para el tratamiento del agua, cuando no su más frecuente renovación parcial, como ya se ha indicado. Resulta difícil equilibrar la temperatura del agua a las necesidades de cada tipo de actividad, sobre todo en las piscinas de uso polivalente, que suelen ser la mayor parte de ellas. Las sesiones de actividades para adultos se siguen de clases de enseñanza para jóvenes, de entrenamientos para el equipo de juveniles, sesiones de natación para adultos y sesiones de entrenamiento de los equipos mayores, por citar un ejemplo, todo ello en un lapso de tiempo de cinco o seis horas. Resulta evidente en tan poco tiempo que no puede modificarse y adaptarse la temperatura para cada actividad. En la Tabla 6.11 se muestran los valores recomendados acerca las condiciones térmicas del agua de los vasos y las temperaturas del agua recomendadas según cada tipo de actividad a desarrollar en ellos.

Tabla 6.11. Valores de temperatura del agua de la piscina

Valores recomendados de temperatura en una piscina	
Temperatura del agua	Entre 25 y 26 °C
Temperatura del aire	Entre 26 y 28 °C
Temperatura en vestuarios	Entre 21 y 23 °C
Humedad relativa	< 65 %
Valores recomendados por tipo de actividad	
En competición	Entre 24 y 26 °C
En entretenimiento	Entre 26 y 28 °C
En enseñanza	29 °C
Piscina infantil	30 °C
Piscinas de chapoteo	32 °C
Mujeres embarazadas y tercera edad	30 °C

Fuente. Elaborado a partir de las normativas oficiales.

Así mismo, la temperatura ambiental del resto de las dependencias de la piscina resulta un factor a tener siempre presente, debiendo considerarse la estación del año. En la Tabla 6.12 se incluyen valores medios por zonas de las piscinas.

Tabla 6.12. Temperaturas recomendadas por zonas

Dependencia	Temperatura
Administración	21 °C
Secretaría	21 °C
Vestuarios	21-23 °C
Vestíbulo de entrada	18 °C

D) Parámetros lumínicos de las estancias de la piscina

La iluminación de la zona de playas y vasos, como del resto de las dependencias de la piscina, es otro de los factores importantes a tener presente, para facilitar los desempeños deportivos y los laborales, evitar problemas ópticos y evitar despilfarros energéticos por exceso de luminosidad y por lo tanto de consumos. En la Tabla 6.13 se presentan unos parámetros mínimos recomendables para las distintas áreas.

Tabla 6.13. Parámetros lumínicos medios para las áreas de la piscina, según normativa vigente

Área	Luxes
En entrenamiento	300
En competiciones	500
Piscinas exteriores (aire libre)	
En entrenamiento	200
En competición	500
Piscinas cubiertas	
En Entrenamiento	300
En competición	500
Salas gimnasios	
Entrenamiento	300
Instalaciones exteriores para entrenamiento, recreo	200-300
Otras dependencias	
Oficinas administrativas	500
Botiquín	500
Almacenes	100
Vestuarios/aseos	150
Pasillos/vestíbulos	100

Fuente: Adaptado del *Manual de eficiencia energética para pymes. Centros deportivos.*

Plan de mantenimiento y conservación de las piscinas

Por mantenimiento de una instalación deportiva se entiende el conjunto de operaciones necesarias para asegurar y garantizar su buen funcionamiento y durabilidad así como el de cada uno de los elementos que la constituyen, el mayor rendimiento energético, los mínimos despilfarros y deterioros, y siempre un desarrollo medioambiental y sostenible. Como en todas las acciones que conforman la gestión de una piscina —y por extensión de cualquier instalación deportiva— nada debe dejarse a la improvisación, muy al contrario requiere de una conveniente planificación. Una adecuada gestión parte sobre todo y entre otras acciones, de la elaboración de un plan general de actuaciones (gestión) y de los correspondientes proyectos emanados; proyectos que al desarrollarse cada uno de manera autónoma constituyen el horizonte al que sus responsables dedican su actividad laboral, el fin de sus desempeños profesionales, por lo que adquieren, para ellos, el carácter de «planes»; entre los que se encuentra el plan de mantenimiento.

Por su importancia constituye uno de los planes fundamentales de la gestión, sobremanera en las piscinas por ser unas de las instalaciones deportivas que por sus características, tienen mayores riesgos de deterioros prematuros, a la vez que de riesgos para la salud de los usuarios. La elaboración de un plan de mantenimiento permite asimismo determinar el número de horas totales de trabajo, mensuales y anuales, para cada una de las operaciones a realizar, lo que contribuye a racionalizar la gestión.

Debe tenerse presente que un deficiente mantenimiento deteriora y envejece prematuramente los equipamientos, produce malas sensaciones en los usuarios, perjudica e incluso llega a impedir la práctica físico deportiva, y constituye un grave despilfarro de las inversiones realizadas, y la exigencia de nuevas inversiones económicas con el consiguiente riesgo de desequilibrar los presupuestos de la organización deportiva.

El mantenimiento de una piscina debe estar realizado por profesionales de la materia y operarios especialistas, cuya función consistirá en diseñar e implementar los métodos, los procesos y las operaciones necesarias tendentes a mantener en óptimo estado la totalidad de las instalaciones técnicas y los equipos existentes en el edificio o del complejo durante los periodos que se determinen. A su vez, cuando se produzca alguna anomalía repararán y repondrán los elementos deteriorados o dañados, lo que exige un permanente sistema de vigilancia y control de todos y cada uno de los elementos que conforman la piscina. Así mismo, forman parte de las funciones de este personal, los encendidos y apagados de las instalaciones, maquinarias y sistemas, sobremanera de las más delicadas y complejas.

Aun cuando las actuaciones en este campo corresponden al personal técnico especializado y responsable de las mismas, el gestor deportivo debe poseer conocimientos básicos sobre el contenido del área, o departamento, de mantenimiento, sus necesidades, contenidos y desempeños, en tanto que integrantes del plan global de gestión de la piscina.

El plan de mantenimiento define, pues, las líneas generales de actuación de la piscina necesarias para el logro de un estado óptimo de los edificios, los materiales, las maquinarias y, en general, cualquier elemento de ella. Para que resulte eficaz —eficiente— no basta con la elaboración del documento del plan, o una aplicación parcial del mismo, debe implantarse al completo y realizarse un seguimiento que permita verificar que realmente resulta útil y acorde a los criterios por los que se elaboró el documento. Su desarrollo, siguiendo un esquema clásico, protocolo, de planificación del deporte, se estructurará en las siguientes actuaciones:

- Constatar las necesidades de atención de cada espacio, cada sistema y cada uno de los elementos a mantener (lo que precisa de la realización de un inventario previo).

- Diagnosticar el estado en que se encuentra cada uno de ellos, su antigüedad y su esperanza de vida útil.

- Elaborar los cometidos del plan agrupados por afinidades (programas de mantenimiento).
- Fraccionar estos programas en cometidos de mayor concreción y determinar el momento de su intervención (proyectos).
- Elaborar el presupuesto del plan y de cada una de las intervenciones, determinando costes.
- Designar las funciones y responsabilidades de cada operario.
- Prever posibles emergencias y averías.
- Determinar los sistemas de control y evaluación de resultados.
- Elaborar la memoria final del plan incorporando posibles acciones a mejorar.

A) Objetivos y funciones del plan de mantenimiento

a) Objetivos. El plan de mantenimiento en una piscina —y como consecuencia de su conservación— tiene como finalidad última permitir la práctica de las actividades acuáticas en condiciones adecuadas y convenientes, lo que conlleva su distribución en diversos objetivos (propósitos), entre ellos:

- La seguridad de quienes acuden a la piscina, en calidad de usuarios o de espectadores, así como del personal laboral de la piscina, es especial del encargado de su mantenimiento.
- Cumplir siempre con la legislación vigente y la normativa exigida por las administraciones públicas competentes en materia de piscinas, salud y seguridad, y medioambiente, en aquellos aspectos que así lo requieran, sobre mantenimiento de aguas, controles periódicos, etc. y de los otros sistemas afectados, como electricidad, protección contra incendios, instalaciones térmicas en edificaciones, etc.
- Ofrecer un nivel óptimo de calidad del servicio de actividades acuáticas, acorde a la oferta emitida y las expectativas de uso creadas.
- Evitar el deterioro de los elementos constructivos, tanto de los externos como muy especialmente de los internos sometidos a grados de humedad superiores, de sus sistemas, equipos e instalaciones técnicas, de sus instalaciones eléctricas (calefacción, deshumectación, circulación y depuración de aguas, etc.), de los equipamientos y materiales para la práctica del deporte, de manera que se prolongue al máximo su ciclo de vida útil y en condiciones no degradantes para el medioambiente.
- Procurar la eficiencia en la aplicación de los recursos disponibles, y en el uso de la totalidad de los elementos, sistemas, materiales de las piscinas, asegurando la vida útil de cada uno de ellos, inclusive prolongándola, pero sin que por ello lleguen a resultar nocivos para el medioambiente.

- Y en esta misma línea, evitar despilfarros o incrementos en los consumos, energéticos e hídricos, en el uso de productos químicos y, en general, en el conjunto de bienes que forman parte de la instalación piscina, como consecuencia de malos funcionamientos; siempre con la orientación del desarrollo sostenible en la gestión.
- Mantener los estándares establecidos de confort de la instalación (temperatura, iluminación, humedad...), también los de limpieza.
- Informar al usuario, de forma sistemática, acerca de las condiciones de utilización de manera conveniente de cada dependencia y material de la piscina, para evitar su prematuro deterioro por un mal uso.
- Informarles así mismo de los procesos de mantenimiento que se llevan a cabo en la instalación y, en su caso, de las reparaciones a efectuar, su duración y sus causas.

b) Funciones. A partir de estos objetivos, las funciones que desempeñarán los responsables y los encargados del mantenimiento de la piscina, resultan diversas:

- En primer lugar identificar e inventariar las dependencias y los espacios (vasos, zonas deportivas, salas, despachos, almacenes, pasillos) y sus características, los sistemas, los equipos, equipamientos y materiales de todo tipo necesarios para la práctica deportiva y el correcto funcionamiento de la piscina. El inventario de bienes inmuebles y bienes muebles, actualizado, no suele ser un documento frecuente en las instalaciones deportivas, a pesar de su importancia. Debe estar organizado por secciones diferenciadas según tipologías, que permitan en todo momento tener información sobre qué es lo que se debe mantener, tal como se recoge a modo de ejemplo en la Tabla 6.14.

Tabla 6.14. Ejemplo de inventario de una piscina

Inventario de las dependencias que son objeto de mantenimiento, sus características constructivas, tipología de materiales (suelos, paredes, techos, pinturas, ventanas, etc.). Para facilitar su elaboración y posteriores labores se les asignará un código que estará relacionado con su finalidad, pudiendo ser el nombre (piscina, gimnasio, almacén, despacho de dirección, etc.), o algunas iniciales o abreviaturas, piscina (Ps), gimnasio (Gim), almacenes (Alm), despacho dirección (despD), etc.).
Inventario de las instalaciones y equipos de cada dependencia. Se les pondrá un código cuya primera parte corresponderá a la dependencia seguido de una letra que indicará el tipo de equipo de que se trate y de un número (por ejemplo: Ps.M.4).
Inventario de los equipos de medición. Igualmente se les asignará un código que estará en relación con el tipo de elemento que controlan.
Inventario de equipamientos referidos a las actividades físico deportivas.
Inventario de los recursos que se disponen en el complejo deportivo.
Inventario de herramientas que se utilizarán en las labores de mantenimiento, etc.

Fuente: Mestre J.; 2018

Tratar de evitar averías que pueden llegar a la interrupción de funcionamientos, con la consiguiente paralización, en su caso, de la actividad deportiva.
- Consecuencia de este anterior, mantener constantes los parámetros idóneos de utilización de la instalación y sus dependencias.
- Conocer las operaciones que precisa cada uno de los equipos de la instalación, conforme a sus características (electricidad, fontanería, etc.), y cada una de las tipologías de los elementos de la piscina (aguas, paredes, pavimentos, maderas, etc.).
- Determinar primero, planificar después y finalmente normalizar los procesos y operaciones de conservación (mantenimiento) de cada uno de los elementos de la instalación deportiva, sus instalaciones técnicas, sistemas y equipos. Qué hacer en cada caso, cuándo hacerlo y cómo. Para la conveniente planificación de los desempeños, se establecerán ante todo por tipos de instalaciones deportivas (aire libre, cubiertas, piscinas...); a continuación por tipologías de instalaciones técnicas y equipos, (motores, filtros, sistemas de deshumectación, de calefacción, etc.); seguidamente por materiales (madera, hierro, etc.); y finalmente por periodos (diarios, semanales, mensuales, etc.). Así mismo se determinarán y concretarán las instrucciones de funcionamiento.
- Establecer protocolos de vigilancia y control de la totalidad los elementos de la piscina por estos mismos parámetros referidos, instalaciones deportivas, tipologías y materiales, y períodos de actuación sobre ellos.
- Caso muy particular de este último, los periodos de actuación, son los controles periódicos diarios del agua de los vasos.
- Prevenir anticipadamente y establecer protocolos de actuación para los casos de posibles deterioros, por usos o agresiones, consistentes en reparar, reemplazar o reponer elementos. De esta manera se minimizarán las labores y los tiempos de inactividad.
- Revisar con la periodicidad establecida de antemano los sistemas de seguridad, tales como extintores, generadores auxiliares de corriente, etc.
- Llevar al día y cumplimentar el libro de mantenimiento, las fichas de los procesos y los partes de las operaciones realizados, las fichas de los consumos, y cuantos otros se estimen necesarios.
- Realizar las guardias que se establezcan.
- Estar siempre localizados para las posibles emergencias

B) Tipos de mantenimiento

El mantenimiento de una piscina puede efectuarse directamente por las brigadas propias de la entidad, por empresas especializadas a tal efecto contratadas, o bien de forma mixta en la que determinadas labores se externalizan a través de contratos con empresas especialistas. En cualquiera de los casos se pueden concretar dos tipos de mantenimiento:

- Ante todo el mantenimiento preventivo, consistente en las operaciones del día a día realizadas para prevenir un posible deterioro de la piscina o una merma en las características de los materiales, equipos o sistemas, o que forman parte de la misma. Integra las actuaciones que tienen como fin asegurar, a lo largo de toda su vida útil, el correcto estado y funcionamiento de la totalidad de los elementos constructivos de la instalación, de sus equipamientos y de sus sistemas, instalaciones técnicas y equipos. Incluye también las actuaciones programadas tales como inspecciones y comprobaciones, los tratamientos, la desinfección, la limpieza, la revisión, las reposiciones y sustituciones, de la totalidad de los elementos y los equipos. Incluye las acciones técnicas dictadas por las normativas de obligado cumplimiento vigentes en cada caso. Incluirá a su vez, si así se requiere, las paradas en los funcionamientos de cada uno de ellos. La limpieza de la instalación y sus enseres, incluidos los vasos —labor de suma importancia— forma parte del plan de mantenimiento de la piscina.
- Junto al preventivo, el mantenimiento correctivo consistirá en las intervenciones necesarias para reparar, corregir y subsanar o reponer un posible daño, avería, desperfecto o merma de alguna de las características de un material, equipo o instalación, que se haya producido. Supondrá la reparación del desperfecto ocasionado, la sustitución del elemento averiado o deteriorado, la corrección de la desviación producida en un elemento constructivo, un equipamiento, un sistema o instalación técnica o equipo, y en la ejecución de las operaciones necesarias para su puesta en funcionamiento de nuevo. Al no poder estar programado este mantenimiento solo se acometerá en las situaciones circunstanciales, aunque sí debe prevenirse mediante situaciones de simulación o simulacros, realizados con una cierta periodicidad.

C) Esquema, no exhaustivo, de contenidos del mantenimiento preventivo

En la Tabla 6.15 (a-d)) se incluye en forma esquemática, aunque no exhaustiva, una distribución de las principales actuaciones y contenidos del mantenimiento preventivo de una piscina (que por extensión pueden ser de aplicación a otras instalaciones deportivas, principalmente cubiertas).

Tablas 6.15. Mantenimiento preventivo.
Esquema orientativo de los contenidos y acciones

Tablas 6.15. a) Instalaciones técnicas

	A) Acciones de mantenimiento
Instalación eléctrica	· Cuadros eléctricos; distribución y mando. · Líneas repartidoras. · Caja general de protección. · Alumbrado fluorescente (interior exterior). · Alumbrado incandescente (interior exterior). · Alumbrado emergencia. · Tomas de tierra y aislamientos. · Cuadros de baja tensión. · Pararrayos. · Instalaciones de baja tensión. · Sistema de alimentación ininterrumpida. · Grupo electrógeno. · Motores eléctricos. · Ventiladores. · Contadores, relés y fusibles. · Megafonía y sistemas de comunicación. · Sistemas anti-intrusión y vídeo vigilancia. · Sistemas de control de accesos. · Interruptores. · Limpiezas de cuadros.
Instalación de gas	· Acometida interior enterrada. · Aparatos receptores de gas. · Grupos electrógenos de gasoil.
Instalación de climatización y ventilación	· Equipos autónomos. · Extractores, ventiladores, difusores y rejillas. · Caldera y quemador. · Válvulas. · Agua de consumo fría y caliente. Distribución de fluidos. · Equipos de regulación y control. · Aparatos para circulación de fluidos. · Vaso de expansión. · Climatizadores. · Intercambiador. · Central térmica. · Red de conductos y difusión.

Instalación de fontanería y saneamiento	· Agua caliente sanitaria (ACS). · Calefacción y ventilación. · Calderas. · Válvulas. · Equipos de regulación y control. · Equipos de descalcificación. · Núcleos húmedos. · Grupo de presión. · Bombas de aguas fecales. · Saneamiento. · Acometidas. · Aljibes. · Red horizontal de saneamiento. · Cubiertas, impermeabilizaciones y bajantes. · Sistemas de riego exteriores y jardines. · Sistemas de filtro, depuración, llenado y vaciado de piscinas. · Intercambiadores de la depuración de piscinas. · Saunas, spa, jacuzzi, baños turcos.

Instalaciones contra incendios	· Medios materiales de lucha incendios:
	  · Sistemas automáticos de detección y alarma de incendios.
	  · Sistemas manuales de alarma de incendios.
	  · Extintores.
	  · Bocas de incendio.
	  · Columnas secas.
	  · Sistemas fijos de extinción.
	  · Centralita.
	· Válvulas

Aparatos elevadores	(En caso de existir).

Tabla 6.15. b) Materiales

	Acciones de mantenimiento
Fachadas, muros e interiores	· Pintura y acabados (en general de cualquier elemento). · Albañilería.
Cubiertas	· Bajantes. · Cubiertas.
Albañilería	
Carpintería exterior e interior y cristalería	· Puertas y ventanas. · PVC. · Molduras.
Pavimentos y suelos	· Sintéticos. · Maderas. · Cemento. · Tierra y césped. · Alicatados.
Cerrajería	· Vallados. · Carpintería metálica. · (Máquinas musculación).

Equipamiento deportivo	· Aire libre (porterías, canastas, vallas). · Interior: Taquillas y bancos. · Máquinas de musculación. · Material de piscina.
Equipamiento no deportivo	· Material administración (mesas, archivadores). · Material general (bancos, papeleras, percheros).
Vasos piscina	
Saunas, spas, jacuzzis, etc.	

Tabla 6.15. c) Control de consumos en el mantenimiento

Control de consumos	
Consumos de agua	· Piscinas. · Vestuarios. · Riegos. · Resto.
Consumos de electricidad	(puede resultar conveniente sectorizar).
Consumos de gas	
Consumos de gasóleo	
Consumos de productos químicos de piscinas	· Por productos: regulador Ph, floculante, algicidas, hipoclorito, etc.
Consumos de productos de limpieza	· Piscina. · Resto.

Tabla 6.16. d) Mantenimiento de limpieza

	Acciones
Limpieza de mantenimiento	· De cada espacio y estancia.
Limpieza de desinfección y control microbiológico	· Pavimento en la zona de vestuarios y cambiadores. · Asientos en vestuarios. · Pavimento de duchas en vestuarios. · Paredes sauna, baños turcos... · Chapado de duchas en vestuarios. · Zona de playa en piscinas, spas, jacuzzis... · Rociadores de duchas y grifería. · Graderíos.

Fuente: Mestre J.; 2007. Adaptado.

D) Acciones más elementales del plan preventivo de mantenimiento

La piscina es una instalación deportiva con unas peculiaridades que condicionan la especificidad de su mantenimiento. Se trata de un medio diferente, acuático, introducido en un gran recipiente al que es preciso acceder desde un entorno seco, aunque de pies húmedos. Su mantenimiento, como en cualquier otra instalación deportiva, corresponde a los profesionales de la entidad o de las empresas a tal efecto contratadas. Existen normas de obligado cumplimiento elaboradas por los diferentes países y Estados que definen las condiciones en que deben estar los diversos elementos de los edificios y sus enseres, así como las exigencias para mantener su perfecto estado en tanto en cuanto la instalación objeto esté en funcionamiento. También textos que desarrollan y facilitan la aproximación a las técnicas y los procedimientos a emplear en el mantenimiento de los diversos edificios, entre ellos los deportivos, que incluyen las piscinas, algunos de los cuales se incluyen en la bibliografía de la presente obra. El gestor deportivo responsable de una piscina debe, no obstante como ya se ha mencionado, conocer al menos a grandes rasgos, cuáles son las labores de mantenimiento y las tareas que se precisan para evitar en lo posible el deterioro de la instalación y de sus componentes y elementos. Con esta intención se incluyen a continuación algunas de las operaciones más comunes –no todas– que tienen lugar en el entorno de una piscina o pileta, a la vez que se remite a las normas de obligado cumplimiento para este tipo de instalaciones deportivas, elaborados por el país propio en cada caso, y a alguna bibliografía referenciada a lo largo del capítulo. En concreto se exponen, por su particular significancia, las labores a realizar sobre los equipamientos deportivos, las de mantenimiento preventivo de los vasos, las conducciones de agua, la limpieza de superficies, y los filtros de arena. Y se insiste en que la inclusión de las labores sobre estos elementos en concreto, tan solo obedece a la intención de mostrar el modo en que conviene planificar los desempeños de este plan, el plan de mantenimiento, de manera que permita constatar su pleno alcance a la totalidad de las áreas de la piscina y su efectividad, advirtiendo de que no constituyen en absoluto la totalidad de las actuaciones a realizar.

- Equipamiento deportivo. La Tabla 6.17 contienen las principales labores que deben realizarse para mantener y asegurar el conveniente estado del equipamiento deportivo específico de los vasos.

Tabla 6.17. Operaciones más importantes de mantenimiento preventivo del equipamiento deportivo de la piscina y su periodicidad

Tareas	Frecuencia
Revisión de la tensión de las corcheras. Revisión del estado de los cables tensores, en especial si son de acero trenzado –evitando su peligroso deshilado– y de los enganches.	Diaria
Inspección del estado de los flotadores de las corcheras (no deben tener roturas ni fisuras).	Diaria
Inspección de las escaleras verticales de la piscina, su anclaje, estabilidad y fijación de los peldaños.	Diaria
Inspección de ausencia de grietas, recortes o deformaciones en las escaleras que puedan producir cortes o accidentes.	Semanal

Tareas	Frecuencia
Limpieza y desinfección del asiento elevador, los ascensores acuáticos para personas con discapacidad.	Diaria
Limpieza y desinfección de las plataformas de salida (pódiums de salida).	Diaria
Limpieza de los demás elementos auxiliares de los vasos, como soportes de banderas de salida falsa, virajes, etc.	Mensual
Revisión de los anclajes de estabilidad de las plataformas de salida.	Mensual
Revisión de tensión de cuerdas y banderas de salida falsa y virajes.	Mensual
Comprobación del mecanismo de elevación hidráulico/mecánico, tomas de agua/poleas, válvulas/manetas, juntas de émbolo/cable, etc.	Bimensual
Inspección de estabilidad del anclaje de las corcheras a los frontales de los vasos.	Trimestral
Desmontaje de las corcheras y limpieza por inmersión en depósito con agua y desengrasante, aclarado y revisión de cabos/cable.	Semestral
Limpieza, desincrustado y desinfección de anclajes de escaleras, poyetes, banderas de salida falsa y virajes, elevador para personas con discapacidad, etc.	Semestral
Y conviene incluir en este apartado los materiales utilizados dentro del agua para la enseñanza o el entrenamiento, como tablas, pull boy, palas, etc.	

Fuente: Basado en el *Manual de Mantenimiento de Instalaciones Deportivas* (2011), elaborado por los técnicos de la Fundación Deportiva Municipal de Valencia, organismo en el que trabajan o han trabajado los autores de la presente obra.

- Mantenimiento preventivo de los vasos. Tiene por objeto garantizar la práctica de las actividades acuáticas en las mejores condiciones de seguridad e higiene. A su vez un buen mantenimiento optimiza los costes de gestión (Tabla 6.18).

Tabla 6.18. Operaciones de limpieza en vasos con revestimiento de gres porcelánico o vítreo

Operación	Frecuencia
Limpieza de los fondos.	Diaria
Limpieza de las paredes y su cepillado.	Semanal
Comprobar solidez de las rejillas rebosadero.	Semanal
Comprobar ausencia de posibles elementos desprendidos en el revestimiento de los vasos y su reposición.	Semanal
Limpieza y desinfección rejilla rebosadero.	Semanal
Limpieza y desinfección del canal rebosadero.	Mensual
Comprobación del correcto funcionamiento de los impulsores.	Mensual
Comprobar la ausencia de aristas cortantes en revestimiento interior.	Mensual
Comprobación de la estanqueidad de los vasos.	Mensual

Operación	Frecuencia
Repaso con antialgas.	Semestral
Desincrustado con producto ácido diluido.	Semestral
Desinfección revestimiento vaso.	Anual
Rejuntado del revestimiento desprendidos.	Anual

Fuente: Sobre la base del *Manual de Mantenimiento de Instalaciones Deportivas* (2011).

Un caso muy particular es el control del agua de los vasos, por su enorme importancia para la práctica de las actividades acuáticas como, sobremanera, por su posible repercusión para la salud de los practicantes. En la Tabla 6.19 de muestran los parámetros básicos a controlar.

Tabla 6.19. Control del estado del agua de los vasos, parámetros, métodos de análisis y periodicidad

Parámetro	Método de análisis	Frecuencia
Nivel de cloro o bromo residual libre o de otro biocida autorizado	Medidor de cloro libre o combinado de lectura directa o colorimétrico (DPD)	Dos veces al día
pH	Medidos de pH de lectura directa o colorímetro	Dos veces al día
Temperatura	Termómetro de inmersión de lectura directa	Dos veces al día
Transparencia	Análisis visual	Dos veces al día
Turbidez	Turbidímetro	Cada 2-3 días
Legionella	Según normativas oficiales de cada estado o país	Bimensual

Fuente: Vasado en el *Manual de Mantenimiento de Instalaciones Deportivas* (2011).

- Conducciones de agua. Las conducciones de agua, fría o caliente, junto con las eléctricas, constituyen los elementos, equipos y sistemas, fundamentales de las piscinas, por lo general lo mismo que en el resto de edificaciones e instalaciones, sean deportivas o no. Y casi sin ninguna duda son las que mayores desperfectos comportan y mayores atenciones precisan por lo tanto. En la Tabla 6.20 se incluye una relación de las más necesarias en las piscinas y su periodicidad aconsejable.

Tabla 6.20. Esquema de las operaciones de mantenimiento
de las instalaciones de distribución de agua, caliente y fría, de consumo humano

Operación	Frecuencia
Inspección visual de fugas en conducciones vistas. Se examinarán posibles manchas de humedad y goteras.	Diaria
Comprobación de la adecuada temperatura del agua en las duchas, entre los 35 y los 40 ºC.	Diaria
Verificación del correcto cierre de todos los puntos de consumo de agua.	Diaria
Verificación visual de la adecuada y suficiente presión de agua en todos los puntos.	Diaria
Inspección de los filtros de los grifos y de los rociadores de duchas, su limpieza, correcto anclaje, y comprobación del homogéneo caudal y dispersión del agua.	Semanal
Apertura de las duchas y grifos en los puntos de consumo no utilizados habitualmente, con el fin de evitar estancamientos de agua.	Semanal
Comprobación del correcto funcionamiento de los equipos de desinfección del agua en los depósitos de abastecimiento de agua potable.	Diaria
Limpieza y desincrustado de rociadores y grifería.	Mensual
Comprobación del funcionamiento de filtros y otros equipos de tratamiento del agua.	Mensual
Verificación, en una terminal de grifería aleatoria, de la temperatura de agua caliente, que debe ser superior a 50 ºC, con posibilidad de mezcla.	Mensual
Verificación de la temperatura de agua fría en un punto terminal tomado aleatoriamente, debiendo ser inferior a 20 ºC.	Mensual
Comprobación de la concentración de cloro libre (mínimo de 0.2 mg / l y máximo de 1 mg/l) en los puntos terminales de agua fría para el consumo, cuando proceda de un depósito.	Mensual
Estado de conservación y limpieza de los depósitos. Debe comprobarse mediante inspección visual que no presentan suciedad general, corrosión o incrustaciones.	Trimestral
Revisar el correcto aislamiento térmico de las conducciones, el estado de la pintura, su nivel de corrosión y los medios de sujeción.	Semestral
Comprobar el correcto funcionamiento de las válvulas mezcladoras, manuales o motorizadas, libre apertura, funcionamiento de servos, y de las sondas.	Semestral
Desmontaje, limpieza y desincrustación de los rociadores en duchas y grifos.	Anual

Fuente: Basado en el *Manual de Mantenimiento de Instalaciones Deportivas* (2011), op. cit.

- Limpieza de superficies. La limpieza de la instalación deportiva, general y particular de cada uno de las dependencias, forma parte del plan de mantenimiento, y reviste gran importancia. Posiblemente una mayor importancia que en otros edificios e instalaciones no deportivos, puesto que se dan unas condiciones muy favorables para la aparición y el florecimiento de microorganismos perjudiciales para la salud de quienes acuden a la piscina a practicar deporte, en especial en las zonas húmedas. Las condiciones de humedad, temperaturas más elevadas y concentración de materia orgánica, son tres factores favorecedores del crecimiento de microorganismos, en buena medida patógenos causantes de enfermedades. Una conveniente limpieza, que conlleva desinfección, es el modo de asegurar un entorno saludable y seguro para los practicantes deportivos y el personal de la piscina.

El control microbiológico será el medio para medir la efectividad de los procedimientos utilizados en el plan de limpieza. Consiste en la toma de muestras en diversos puntos de la instalación y su posterior cultivo. Debe, por lo general, ser encargado a empresas especializadas que determinarán si hay contaminación en la muestra obtenida, signo inequívoco de crecimiento de microorganismos y de una deficiente limpieza por lo tanto.

El plan de limpieza de la piscina debe dividirse por secciones (en teoría de la planificación se hablaría de programas de limpieza), o zonas que revistan una homogeneidad por sus condiciones y características. La distribución más habitual para la planificación de la limpieza se ordena en tres secciones, como las que se muestran seguidamente:

- Zonas exteriores de la piscina: aceras, pasillos de acceso, viales, zonas deportivas y de juego infantil, etc.
- Zonas interiores: recepción, pasillos distribuidores, graderíos, oficinas, salas, almacenes, etc.
- Zonas interiores húmedas: playas de piscinas, vestuarios, spas, saunas, etc.

Sin embargo el control microbiológico se aplicará a las zonas más susceptibles y de mayor riesgo, como son:

- Zona de playa de las piscinas, y en su caso baños turcos, jacuzzis, spas, saunas, etc.
- Pavimento de la zona de los cambiadores en vestuarios.
- Pavimento de duchas ven estuarios.
- Chapado de las duchas en vestuarios.
- Rociadores de duchas y grifería.
- Bancos de los vestuarios.
- Bancos y paredes de saunas, baños turcos, spas, jacuzzis, etc.

En la Tabla 6.21 se muestran las tareas más frecuentes, según las tres secciones referidas (exteriores, interiores, húmedas), que por su importancia deben estar normalizadas en cada piscina, convenientemente ampliadas y adaptadas para cada caso.

Tabla 6.21. Tareas de limpieza y desinfección por zonas de la piscina

Limpieza, desinfección y control microbiológico por espacios de la piscina	
Tareas	Frecuencia
Zonas exteriores	
Retirada de sólidos por barrido.	Diaria
Empleo de productos detergentes, desengrasantes, etc.	Según necesidades
Zonas interiores	
Eliminación de sólidos mediante barrido.	Diaria
Empleo de productos detergentes, desengrasantes, etc.	Semanal
Eliminación de polvo en mobiliario.	Semanal
Desinfección de los pavimentos.	Semanal
Eliminación de polvo en paredes y techos.	Mensual
Desincrustación de chapados y pavimentos.	Semestral
Zonas húmedas interiores	
Eliminación de sólidos mediante barrido.	Diaria
Empleo de productos detergentes, desengrasantes, etc.	Diaria
Limpieza y desinfección de pavimentos, asientos y sanitarios.	Diaria
Limpieza y desinfección de chapados.	Semanal
Eliminación de polvo en mobiliario.	Semanal
Eliminación de polvo en paredes y techos.	Mensual
Desincrustación de sanitarios, chapados y pavimentos.	Bimensual

Fuente: Adaptado de *Manual de Mantenimiento de Instalaciones Deportivas*. Fundación Deportiva Municipal. Ayuntamiento de Valencia.

- Filtros de arena. Junto con las bombas centrífugas de filtrado forman parte del sistema de recirculación y tratamiento de aguas, y constituyen el elemento principal para garantizar el adecuado tratamiento y depuración del agua de los vasos. La operación de filtrado requiere de una manipulación atenta para su correcta ejecución que si bien no resulta demasiado compleja, sí precisa de atención para evitar que pueda deteriorarse todo el volumen de agua de la piscina. Las principales operaciones de mantenimiento sobre los filtros se describen en la Tabla 6.22.

Tabla 6.22. Mantenimiento de los filtros de arena del circuito de recirculación de las aguas

Operación	Frecuencia
Purgación de los circuitos manómetros.	Diaria
Comprobación de la presión con la que trabajan.	Diaria
Purgación de posible acumulación de aire.	Diaria
Comprobación de la estanqueidad de las diferentes conexiones.	Semanal
Comprobación de estanqueidad del depósito de arena.	Mensual
Comprobación del estado y la homogeneidad de la arena.	Anual
Comprobación del nivel arena y, en su caso, su reposición.	Anual
Comprobación del estado y el anclaje de los difusores.	Anual
Limpieza de la arena del filtro.	Según necesidades

Fuente: Adaptado de *Manual de Mantenimiento de Instalaciones Deportivas*. Fundación Deportiva Municipal. Ayuntamiento de Valencia.

E) Control del mantenimiento

En la piscina deben quedar identificados y censados la totalidad de los espacios, los equipamientos, las instalaciones y los equipos objeto a mantener. Datos que se recogerán en la correspondiente ficha identificativa y de trabajo. Las tecnologías actuales permiten y sobre todo aconsejan, elaborar esta documentación en formato de ficha, a través de alguno de los programas existentes en el mercado, o elaborado expresamente para la piscina. De esta manera se facilita el acceso a la totalidad de la información a todo el personal de la instalación, se ahorra tiempo y recursos materiales, en especial papel, lo que contribuye a proteger la naturaleza. Así, pues, de cada piscina se precisará disponer, al menos, de:

- Los planos de ejecución de la obra, con detalle de cada una de sus dependencias, y sus posibles modificaciones posteriores, con sus detalles constructivos.

- Los manuales de la maquinaria, los sistemas, las instalaciones, los materiales, etc. en los que figure su normativa, funcionamiento, entretenimiento y mantenimiento.

- La relación del personal que integra la plantilla de mantenimiento, con especificación de su graduación profesional.

Con estos datos se procederá a la elaboración de los documentos que permitirán prever las acciones que deberán realizarse, la forma de proceder, las problemáticas que pueda conllevar, la temporalidad y las incidencias que se produzcan, y las características de cada material, ordenados por casillas. Tales acciones se concretan:

- Identificar y censar los equipamientos, las instalaciones y los equipos técnicos objeto a mantener, que quedarán recogidas en las correspondientes fichas y planillas y almacenadas en el sistema informático central de la instalación, al que tendrá acceso el personal que forme parte de la plantilla de la piscina. Incluirán las características de la instalación (cubierta, descubierta; pavimentos, materiales…), y de todos sus elementos, tipologías de los espacios, y los materiales a tratar.
- Cada ficha y planilla recogerá, primeramente, las especificaciones del mantenimiento de cada elemento, en función del tipo de material del que esté fabricado y sus características.
- Seguidamente las actuaciones que se deben llevar a cabo, y su periodicidad, definidas de manera conveniente.
- Recogerá finalmente la totalidad de las incidencias que se produzcan.
- Cada documento se identificará con un código propio.

El control del mantenimiento se llevará a término, según se ha visto, a través de fichas y sus correspondientes planillas, preferible en formato informático. Asegurar los objetivos del mantenimiento requiere llevar un exhaustivo control de las actuaciones. El conjunto de fichas a elaborar en cada piscina dependerá de la forma de actuar de sus responsables. Seguidamente se proponen, no obstante y a título meramente orientativo, un conjunto de posibles fichas de control o planillas susceptibles de ser utilizadas:

- Inventarios, general por espacios, y del complejo piscina.
- Planilla sobre la estructura del mantenimiento de la instalación, organizada por espacios (equipamientos), por equipos y por materiales.
- Planillas de las normas de aplicación en cada elemento, sistema, dependencia, material, diferenciando las de obligado cumplimiento por normativa oficial, de las recomendadas por los propios técnicos de la piscina.
- Fichas generales sobre el modo de realización del mantenimiento de cada superficie, material y equipo. Se confeccionará una hoja específica sobre su limpieza.
- Plantillas de la totalidad de las actuaciones que deben realizarse, por espacios (equipamientos) y temporalidad de cada actuación.
- Fichas de cada una de las actuaciones particulares por tipologías. Incorpora la periodicidad de la actuación.
- Hojas planillas donde cumplimentar cada una de las actuaciones llevadas a cabo, su fecha y correspondiente explicación.
- Partes de incidencias y de averías.
- Fichas de reparación de averías, con su duración y tiempo empleado.
- Hojas de propuesta de mejoras a realizar, por espacios, equipamientos o equipo.

- Hojas de tiempo de funcionamiento y consumos por tipos (diario, semanal, mensual, anual).
- Hoja de vida útil de los equipamientos inventariables.
- Hojas de controles temporales (p.e. temperatura agua, nivel de cloro...).
- Hojas estándar de informes adicionales a adjuntar a los partes, si fuera necesario.
- Hojas de las acciones de limpieza por tipologías.

F) Ficha técnica de cada equipamiento de la piscina

Representan de manera esquemática y resumida la descripción técnica de cada uno de los equipamientos, medidas, tipo de suelo, iluminación, material, etc. Incluyen los planos imprescindibles en los que se incluyen los marcajes de zonas, anclajes de las banderas de salida, anclajes de los pódiums de salida, de las porterías de waterpolo, etc., así como las tomas de corriente, de agua, etc. Hasta hace relativamente poco tiempo consistían en fichas acartonadas en las que se figuraba, en el anverso, estos referidos datos y en el reverso las características del equipamiento, diferenciando las constructivas, las funcionales y las ambientales. Una primera ficha agrupaba los diferentes espacios de la piscina (playas, graderías, vestuarios, etc.) y a continuación se creaba una ficha por cada una de las dependencias. Hoy en día, con las posibilidades informáticas la documentación sigue siendo igualmente necesaria, pero resulta ser mucho más amplia y visual espacialmente lo que permite un conocimiento más real del estado de cada dependencia, sistema, material, etc., además de permitir tener acceso a la base de datos desde cualquier lugar, de la instalación o desde fuera de ella, a los diversos departamentos en que se estructura la gestión de la piscina. A título orientativo se incluye el contenido mínimo que debe existir en las fichas de la piscina y todas sus dependencias (Tabla 6.23).

Tabla 6.23. Contenido mínimo de las fichas de los equipamientos de la piscina

	Características constructivas y dotacionales
Generales	· Espacios de que consta el recinto. · Relación de los tipos de materiales. · Dimensiones de cada uno de sus dependencias: Largo, ancho, alto. Superficie. · Espacios deportivos principales: tipología y medidas. · Espacios complementarios: tipología y medidas. · Dotación de material deportivo: características y número de unidades. · Dotación de material no deportivo: características y número de unidades. · Evacuaciones. · Extintores y tomas de agua. · Problemas generales que se detectan para su gestión. (...)

Características constructivas y dotacionales	
Vestuarios	· Medidas y capacidad. · Accesos y salidas a las playas. · Cabinas individuales, número... · Problemáticas pueden presentarse en su gestión. (...)
Explanada de los vasos y playas	· Dimensiones y áreas de seguridad. · Accesos. · Separación entre zona deportiva y zona de espectadores. · Problemáticas que pueden darse. (...)
Otras zonas deportivas que puedan existir en el recinto:	· Dimensiones y áreas de seguridad. · Accesos a cada una de ellas. · Separación entre ellas y de las zonas de espectadores, en caso de existir. · Problemáticas que pueden darse. (...)
Zona de espectadores de piscina	· Capacidad. · Accesos y salidas de emergencia. · Servicios (aseos). (...)
Almacenes:	· Capacidad. · Accesos desde el exterior y el interior. · Separación de las zonas deportivas. (...)
Cafetería-Bar:	· Accesos. · Capacidad. (...)
Características funcionales	
Generales	· Aforo máximo de deportistas y de espectadores. Momentos de sus máximos usos. · Circulaciones en el recinto. · Problemas más frecuentes que se registran. (...)
Vestuarios	· Número de bancos, taquillas para ropa, perchas... Tipo, materiales · Número de duchas, de inodoros, espejos, secadores de pelo... · Tiempos medios de utilización por programas acuáticos, equipos de entrenamiento, etc. · Posibilidad de separar usos: individuales, colectivos, padres con niños... (...)
Zona espectadores	· Dimensionado. · Tipos de asientos. · Accesos al bar y a los aseos. · Tiempos de acceso y de evacuación. (...)
Características ambientales	
Generales	· Tipos de iluminación por zonas comunes. · Modos y posibilidades de encendidos. · Climatizaciones. · Tomas de agua. · Sistemas de comunicación y sus tomas. (...)
Vestuarios	· Tipo de iluminación y modo y lugar de encendidos. · Climatización y ventilación. · Tomas de agua. · Acústica. · Megafonía y música ambiental. (...)

	Características constructivas y dotacionales
Zona vasos y playas	· Tipo de iluminación, modo y lugar de encendidos. · Climatización y ventilación. · Acústica. · Megafonía y música ambiental. · Tonos de las pinturas y colores.
Zona espectadores	· Colores de los asientos. · Acústica. · Visión.

Fuente: Mestre J.; 2007. Adaptado.

La gestión del personal (puestos, funciones, organigramas, cualificación)

Los recursos humanos son el elemento capaz de llevar a cabo los planes, programas y proyectos deportivos. Este es un recurso dinámico de la gestión que afecta a la globalidad de un proyecto, desde el mantenimiento de la infraestructura, su vigilancia y limpieza, pasando por el contacto directo con el usuario en la realización del programa, la atención directa, o bien de modo indirecto a través de las relaciones económicas o institucionales de la entidad con sus clientes.

> Puede diferenciarse el personal que sirve a la instalación acuática, el que sirve al usuario (nadador) y el que sirve a la organización de natación.

En el primer grupo encontramos al personal dedicado a la infraestructura y su puesta a punto, lo que incluye el mantenimiento y la limpieza de los equipos e instalaciones de las piscinas. Este primer grupo de profesionales abarca una amplia gama de especializaciones y deberán contar con el certificado o título que le capacite para el desempeño de su profesión mediante la superación de los contenidos formativos que habiliten para estas funciones y que establezca la Administración pública competente.

En lo que respecta al personal que debe manejar los equipos y maquinaria de la piscina, en España es competente el Ministerio de Sanidad, Servicios Sociales e Igualdad, quien regula las condiciones para el desempeño de tales cometidos profesionales. Así el artículo 8 del Real Decreto 742/2013, de 27 de septiembre por el que se establecen los criterios técnico sanitarios para piscinas señala: «El personal para la puesta a punto, el mantenimiento y la limpieza de los equipos e instalaciones de las piscinas deberá contar con el certificado o título que le capacite para el desempeño de esta actividad mediante la superación de los contenidos formativos que a tal efecto establezca el Ministerio de Sanidad, Servicios Sociales e Igualdad y en las condiciones que éste determine».

La cualificación profesional y titulación exigida al resto del personal de mantenimiento se regirá por la regulación de su profesión u oficio y las titulaciones que confieren las competencias correspondientes en fontanería, electricidad, mecánica, o albañilería, entre otras.

En el segundo grupo encontramos al personal que sirve a la organización, y su misión corporativa. El área jurídica y administrativa estará formada por este tipo de personas que habitualmente no se relacionarán directamente con los usuarios pero que seguirán las instrucciones directivas respecto de la relación de la organización con terceros: asesoramiento legal y económico, ejecución de cobros, elaboración de nóminas, pago de impuestos, emisión de publicidad, mantenimiento de web y redes sociales, obtención de licencias y permisos de la autoridad, así como de autorizaciones, inscripciones o bajas de los usuarios, entre otras.

En el tercer grupo encontramos al personal que sirve directamente al usuario. Este tercer grupo se refiere al área técnico-deportiva. Resulta habitual que la normativa legal regule la cualificación y titulación que debe ostentar quienes, por ejemplo, actúan como socorristas o guardavidas. Así por ejemplo en España se regula mediante Real Decreto 878/2011, de 24 de junio, por el que se establece el título de Técnico Deportivo en Salvamento y Socorrismo y se fijan sus enseñanzas mínimas y los requisitos de acceso (Referente europeo: CINE-3 (Clasificación Internacional Normalizada de Educación). En Argentina al profesional del rescate acuático se le denomina *Guardavidas*, que recibe una completa formación durante casi un año (más de 600 horas) en alguna de las muchas Escuelas de Guardavidas que existen por todo el país. La Universidad Abierta Interamericana está apostando por el futuro del salvamento acuático, incluso creando una capacitación postgrado universitaria denominada *Diplomatura en Instructorado en Salvamento acuático, Rescate y RCP*. No consta la regulación alguna en Chile aunque el empeño de los denominados *Cuerpos de Voluntarios de los Botes Salvavidas*, liderados por el del Valparaíso, pero también con la participación de los de Iquique y Puerto Montt, ha puesto en marcha una investigación para provocar un cambio radical en todos los sentidos. En México, la Universidad de Guadalajara oferta en su Centro Universitario del Sur (Ciudad Guzmán) la Carrera de *Técnico Superior Universitario en Emergencias, Seguridad Laboral y Rescates*. Los municipios suelen regular Reglamentos de Seguridad, Salvamento y Rescate Acuático como en el municipio de Benito Juárez o el municipio de Solidaridad, sin que exista una regulación profesional específica.[5]

Parece obvio que ante una dedicación como la de salvar vidas, los legisladores tengan reservas fundadas en el sentido de que cualquier persona no sea válida para estos cometidos y es preciso adquirir unas competencias determinadas. Sin embargo tales cautelas no parecen ser tan claras respecto del personal que también trabaja directamente con los usuarios de la actividad deportiva, bajo diversas

---

5   Fuente: http://blogs.lavozdegalicia.es/socorrismo/2009/08/02/%C2%BFcomo-esta-el-socorrismo-en-otros-paises/ consultada el 4/04/2018.

denominaciones como instructores, entrenadores, monitores o simplemente técnicos deportivos. Y la regulación normativa a este respecto resulta muy variada y con muy distintos grados o niveles de exigencia, pese a que la integridad y el derecho a la indemnidad de las personas a su cargo, parece que quedan totalmente en manos de estos profesionales a los que nos referiremos más adelante.

El organigrama típico de cualquier entidad de gestión deportiva debería recoger los tres ámbitos a que hemos hecho referencia y que se identifican con el personal que sirve a la instalación, el que sirve a la organización y el que sirve al usuario.

En una piscina de uso público el número y diversidad de personal puede variar sensiblemente en función de la titularidad de la gestión, conforme a la clasificación anterior de gestores públicos o privados, y dentro de estos los que orientación social o mercantil. El organigrama adjunto (Figura 6.5) constituye una representación ideal de los recursos humanos que un hipotético gestor integral pone a disposición de terceros todas las actividades programadas. En consecuencia debe advertirse que en este cuadro adjunto existen puestos de trabajo y funciones que pueden existir o no, en función de la modalidad y forma de gestión elegidas; o incluso de la existencia de subcontrataciones o contrataciones en paralelo que el titular haya previsto para ciertos servicios como limpieza o vigilancia; incluso de actividades directamente relacionadas con las actividades acuáticas, como los socorristas o personal técnico deportivo.

Figura 6.5. Organigrama de personal en una piscina de uso colectivo

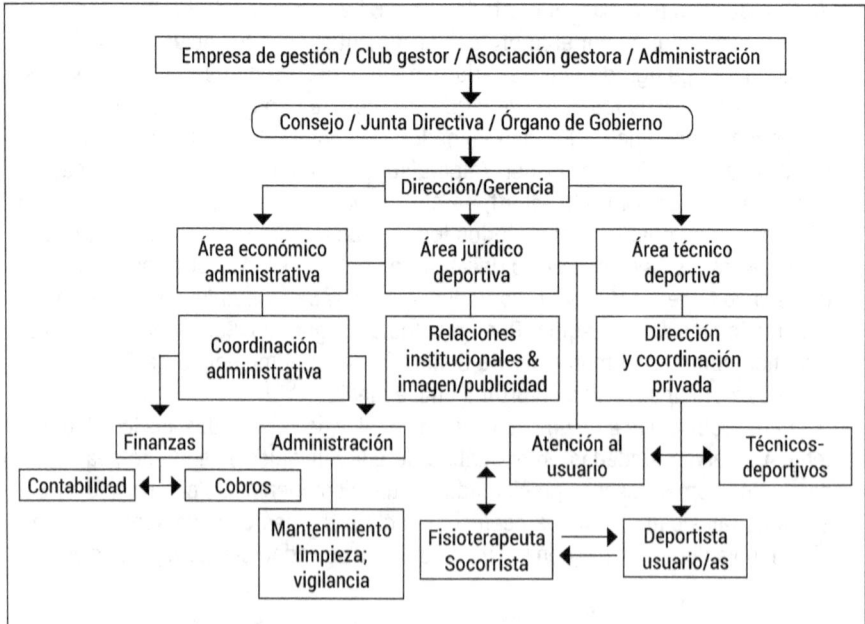

Fuente: Hontangas J.; 2018.

El puesto de gerencia/dirección responde directamente ante el órgano rector de la entidad, sea este órgano una junta directiva de empresa o de club, o bien el órgano de gobierno de la administración gestora en su caso. El ejercicio del puesto exige una visión global de la actividad, de su naturaleza y fines, así como de los ámbitos diferenciados e interconectados de la misma que son el económico, el jurídico y el estrictamente deportivo. Su desempeño debería recaer en una persona con formación universitaria superior en alguno de estos tres ámbitos y con una especialización tipo máster en el ámbito de la gestión deportiva; con experiencia acreditada y habilidades directivas. Bajo su dirección y coordinación se encuentran las tres personas responsables de cada una de las áreas citadas. La entidad gestora, con independencia de su vocación social o mercantil, debe actuar como una empresa y por tanto conocer y desenvolverse en el ámbito de las actividades de pública concurrencia con el nivel de profesionalidad propio de quienes ofrecen a terceros actividades o servicios.

La dirección técnico deportiva debería recaer en persona con formación universitaria superior en ciencias de la actividad física y el deporte y con especialización tipo máster en gestión. Esta exigencia está regulada en España mediante normas reguladoras del ejercicio de las profesiones del deporte, en concreto las labores de gestión, dirección y coordinación deportivas. Sin embargo no existe un marco normativo estatal y esta regulación solo se ha producido en seis Comunidades Autónomas [Ley 3/2008, de 23 de abril, de Cataluña (modificado por la Ley 7/2015, de 14 de mayo); la Ley 1/2015, de 23 de marzo, del ejercicio físico y del deporte de La Rioja; la Ley 15/2015, de 16 de abril, por la que se ordena el ejercicio de las profesiones del deporte en Extremadura; la Ley 15/2016, de 19 de julio del Deporte de Andalucía; la Ley 6/2016, de 24 de noviembre, por la que se ordena el ejercicio de las profesiones del deporte en la Comunidad de Madrid y, finalmente, la Ley 3/2018, de 26 de marzo, por la que se ordena el ejercicio de las profesiones del deporte en la región de Murcia].

Del mismo modo el instructor/a, monitor/a o técnico/a deportivo es la persona bajo cuyo criterio directo e inmediato se realizan las actividades, se ejecuta un programa deportivo y su cualificación precisa conocimientos especializados que exigen una titulación oficial y una especialización técnico-deportiva en la modalidad o especialidad de que se trate. La figura del técnico, por su inmediatez con el usuario es fundamental para la salvaguarda de la seguridad y salud de este, pero también para su correcta formación, especialización y desarrollo, así como para que pueda tener lugar una adecuada transferencia de los valores cívico-sociales que el deporte es capaz de transmitir a las personas. Algo que el legislador español ha sabido regular en el artículo 29.1 de la de la Ley 31/1995, de Prevención de Riesgos Laborales, en el que se establece que «Corresponde a cada trabajador velar, según sus posibilidades y mediante el cumplimiento de las medidas de prevención que en cada caso sean adoptadas, por su propia seguridad y salud en el trabajo y por la de aquellas otras personas a las que pueda afectar su actividad profesional, a causa de sus actos y omisiones en el trabajo, de conformidad con su formación y las instrucciones del empresario». Sin embargo y pese a esta redacción esperanzadora y la regulación profesional en algunos territorios del Estado, al menos en España esta cuestión no alcanza a ser tratada con la unidad de criterio y el rigor que los usuarios, consumidores de servicios al fin y al cabo merecen.

> **Como señala Hontangas, no se debe olvidar que el técnico deportivo, en cuanto que trabajador dependiente, está obligado a la observancia de una serie de cautelas en el orden de la salud e higiene en el trabajo; de lo que dependerá la salvaguarda de su propia integridad. Pero cabe asimismo indicar que esta característica también le hace responsable de la seguridad y salud de los terceros de los que depende su actividad profesional.[6]**

En este tercer grupo de recursos humanos destinados a la organización podemos distinguir los que son propios de los externalizados. Así es frecuente que algunos de estos cometidos se presten por personal perteneciente a otras empresas con quienes se concierta un contrato de prestación de servicios. Una necesidad que será imprescindible en función de la envergadura de la entidad gestora y de su capacidad. Así tareas relacionadas con la auditoría económica o de calidad y de gestión suele ser, por razones obvias de independencia, encomendadas a empresas o profesionales externos. Pero otras tareas en las que no concurre una incompatibilidad podrán ser externalizadas como la confección de nóminas, servicios informáticos, mantenimiento de páginas web, venta de productos, servicios de limpieza, vigilancia etcétera.

Gestión económica

La viabilidad de la gestión de una piscina o complejo deportivo con piscina depende de la gestión económica que se realice. El servicio deportivo, utilitario, higiénico, etc., que prestan las piscinas, solo puede sostenerse si detrás de este servicio existe un aparato económico-administrativo que actúa, desde la planificación económica, la gestión contable y presupuestaria, de toda la actividad que se genera. Teniendo en cuenta, además, que el edificio construido (instalación deportiva), con sus espacios deportivos, complementarios y auxiliares (activo inmovilizado fijo), debe ser mantenido en perfectas condiciones de uso.

La gestión económica comprenderá diferentes procesos que el gestor deportivo debe conocer (aun cuando se trata de una materia que no ha estado muy presente en los planes de estudio de las diferentes titulaciones deportivas).

---

6 Cfr. Hontangas J. La protección de los usuarios deportivos a través de la regulación de las profesiones del deporte, en *Revista Española de Educación Física y Deportes*. Número 416, año LXIX, 1er trimestre; 2017, pp. 51-59.

Clasificados dichos procesos de forma temporal, será el «plan de viabilidad», con su estudio económico y financiero, el primero de todos. Seguidamente entra en juego el proceso contable que permitirá al gestor conocer la situación económica y financiera de la explotación del servicio, en cada momento. La contabilidad resulta ser un proceso necesario a la hora de la toma de decisiones de gestión y la planificación económica del servicio. Por último, el proceso de elaboración del presupuesto que permite prever los gastos y los ingresos de la explotación económica de la actividad, dentro de un determinado periodo de tiempo (que coincide habitualmente con un año). El presupuesto refleja, en cifras, la planificación económica de la entidad y permite cumplir con el objetivo de equilibrio presupuestario y control financiero de la entidad.

Cada país tiene sus propias leyes contables que establecen las normas para el registro de la actividad económica de las empresas y demás entidades que deben seguirse fielmente. Seguidamente se exponen un conjunto de conceptos básicos que permiten aproximarnos al contenido de la gestión económica de las piscinas y clubes de natación.

A) La viabilidad del servicio

A la hora de iniciar la gestión económica de este tipo de servicios deportivos, en general, se cuantifican todas las necesidades (incluido el resto de recursos que precisa el servicio para su ejecución) y se elabora el plan de viabilidad sometido a un estudio económico-financiero. Dicho plan será sometido a su aprobación por el órgano correspondiente en cada entidad gestora, bien sea una administración pública (que deberá regirse por su norma pública correspondiente), una entidad de carácter asociativo a través de su asamblea (federaciones, clubes o asociaciones deportivas), o una entidad lucrativa, a través de la junta de accionistas.

El estudio económico-financiero de explotación del servicio de gestión, explotación y mantenimiento de una piscina o complejo deportivo con piscinas, tiene como principal objetivo determinar si ese puede sostenerse en el tiempo, es decir, resulta viable y no cae en bancarrota. Es preciso, por tanto, determinar:

- Definición de las actividades que comprende el servicio.
- Medios humanos, maquinaria y materiales necesarios para la adecuada prestación del servicio.
- Relación de infraestructuras existentes.
- Estudio de la rentabilidad de la gestión realizada. En el marco del mismo se realizará una proyección de los flujos de ingresos y gastos de explotación que servirá al titular de la instalación para definir las condiciones y bases económicas que habrán de regir el servicio.

La gestión de una piscina o complejo deportivo con piscinas lleva aparejada una gestión integral de la instalación que comprenderá todos los aspectos necesarios, encaminados al perfecto funcionamiento del servicio y en especial a:

- El mantenimiento y la conservación de las edificaciones y de los equipamientos deportivos, garantizando el servicio con los adecuados niveles de calidad. Incluirá este mantenimiento los diferentes controles, analíticas y prevenciones que garanticen un correcto nivel de seguridad y las condiciones higiénico sanitarias establecidas por la normativa específica.
- El mantenimiento y conservación de la maquinaria y equipamientos necesarios para el funcionamiento del servicio, tal como se expone en otro apartado.
- Atención e información al público sobre todos los servicios que se prestan en el centro deportivo.
- Atención al público en vestuarios y equipamientos deportivos.
- Limpieza de todos los edificios, equipamientos, salas y otros espacios.
- Vigilancia y control de la instalación y actividades.
- Contratación y gestión de personal necesario para la prestación de todos los servicios propios del centro deportivo y su adecuación al uso. Como mínimo, un director con titulación universitaria superior; un coordinador deportivo y los técnicos deportivos necesarios para el desarrollo de la actividad. Todo este personal tendrá una cualificación específica y de calidad para garantizar el cumplimiento de los objetivos y sobre todo, evitar riesgos y proteger a los usuarios.
- Recaudación de cobros por los servicios prestados. Se recomienda utilizar medios mecánicos o informatizados (electrónicos). Los servicios de actividades acuáticas pero también todos aquellos ingresos susceptibles de recaudarse por la venta de material para la natación o venta de productos de restauración (bebidas, alimentos, etc.).
- Elaboración y desarrollo de un programa de actividades y servicios. El titular del servicio deberá elaborar anualmente como mínimo un programa de actividades y servicios que debe incluir los diferentes regímenes de uso de la instalación, horarios, apertura y cierre, equipamiento.

B) El proceso contable

La contabilidad se ha definido como los procedimientos, o conjunto de ellos, que han sido estandarizados –al nivel internacional– para el conjunto de todas las entidades, a través de los cuales se refleja de manera ordenada su actividad económica recogida día a día.[7]

El objetivo de la contabilidad es conocer la situación económica y financiera de la explotación del servicio, es decir, qué cantidad económica se dispone, qué cantidad se adeuda, la qué está pendiente de recaudar, los gastos realizados, a

---

7 Mestre J. A.; Orts F.; 2010, op. cit, p. 228.

cuánto ascienden los ingresos, etc. Con los datos que ofrece la contabilidad, la entidad titular del servicio está preparada para tomar decisiones de gestión y planificar las siguientes actuaciones (Tabla 6.24).

Las entidades públicas que gestionen piscinas se rigen formalmente por la legislación que regula los planes generales de contabilidad y sus diferentes normas de desarrollo. En este caso se mantienen unos mecanismos de control más estrictos establecidos en la propia legislación, que obliga a la entidad a regirse por un presupuesto anual aprobado por el órgano competente.

A través de la contabilidad quedan registradas la totalidad de las operaciones que se realizan por la entidad titular del servicio de piscina, de una manera cronológica y aplicando unas normas de obligado cumplimiento por el plan contable. La contabilidad sirve al gestor deportivo y, también a los socios o accionistas (según el carácter de la entidad), para conocer el estado económico de la entidad. También sirve para que los proveedores, bancos (por ejemplo para la solicitud de préstamos), hacienda (para el pago de los impuestos, impuestos de sociedades...), sean conocedores de la situación económica y financiera de la entidad.

La contabilidad se rige por el Plan General Contable (PGC), que se inspira en las Normas Internacionales de Contabilidad (NIC). El PGC establece las normas que marcan los métodos a seguir y los procedimientos en el registro de la actividad económica de la entidad titular del servicio. La contabilidad es una técnica auxiliar de la economía cuya finalidad es apoyar los procesos en la administración de una entidad y aportarle eficiencia. La información que entrega sirve para orientar la toma de decisiones con respecto al futuro de la organización.

Tabla 6.24. Principales funciones de la contabilidad de una entidad

- Histórica: se manifiesta por el registro cronológico de los hechos económicos que van apareciendo en la vida de la entidad (cobros y pagos que se van realizando).
- Estadística: es el reflejo de los hechos económicos en cantidades que dan una visión real de la forma como queda afectada la situación de la entidad (ver el crecimiento anual).
- Económica: estudia el proceso que se sigue para la obtención del producto o servicio (coste – beneficio).
- Financiera: analiza la obtención de los recursos, para hacer frente a los compromisos de la entidad (conocer los plazos de cobros a clientes y compromisos de pago a acreedores).
- Fiscal: es saber cómo le afecta las disposiciones fiscales, conocer todos los impuestos existentes.
- Legal: conocer los artículos del código de comercio, código del trabajo y otras leyes que puedan afectar a la entidad para que la contabilidad refleje de manera legal el contenido de la actividad.

Fuente: Mestre J. A. y Orts F. *Gestión en el deporte*; p. 239.

El proceso contable comporta la elaboración de diversos documentos, pero los dos principales son el Balance y la Cuenta de Resultados. Otros dos documentos básicos en contabilidad son el Libro Diario y el Libro Mayor.

El Balance proporciona una de las fuentes de información más relevantes para el análisis financiero, ya que permite conocer la situación financiera de la entidad en un momento determinado. La Cuenta de Resultados recoge el beneficio o pérdida que obtiene la entidad de natación a lo largo del ejercicio económico. Balance y Cuenta de resultados están interrelacionados. La última línea de la Cuenta de resultados (aquella que recoge el beneficio o pérdida), quede reflejada en el Balance, incrementando los fondos propios (si fueron beneficios) o disminuyéndolos (si fueron pérdidas).

El Libro Mayor y el Libro Diario son los documentos donde se recogen las operaciones diarias (compras, ventas, pago de nóminas, facturas varias, etc.) que hay que ir contabilizando. Permiten tener toda la información contable ordenada y disponible para cuando sea necesario elaborar el Balance y la Cuenta de resultados. El Libro Diario recoge por orden cronológico todas las operaciones que se van produciendo en la actividad de la entidad de natación. Cada operación contable origina un apunte o asiento que se caracteriza por tener una doble entrada, es decir, en cualquier asiento contable, una anotación en el «debe» de una cuenta supone que debe tener una anotación en el «haber» de otra cuenta. Es lo que se conoce como «partida doble» y es un principio básico en contabilidad. Los ingresos y débitos se anotan en el «debe». Esto se denomina «cargar» o «debitar». Los gastos o créditos se anotan en el «haber», lo que se denomina «abonar o acreditar». Es un método de registro contable que se basa en el principio de que no hay deudor sin acreedor. Mediante este sistema, en cada operación la suma de los créditos debe ser igual a la suma de los débitos.

Las cantidades que se anotan en los asientos se trasladan al Libro Mayor para determinar el saldo final de cada cuenta. El Libro Mayor se divide en hojas, y cada hoja está dedicada a una cuenta contable, donde se recogen todos los apuntes que afectan a esa cuenta (una hoja estará dedicada a la cuenta de caja, otra a bancos, otra a capital, etc.). El Libro Mayor recoge todos los movimientos que se registran en el Libro Diario. Cada página del Libro Mayor tiene dos columnas, la de la izquierda que se denomina Debe y la de la derecha Haber, que coinciden con las del Libro Diario.

C) El balance

El Balance nos dice lo que tiene la entidad, piscina o club de natación, y lo que debe. Se compone de dos columnas, el activo (columna de la izquierda) y el pasivo (columna de la derecha). En el activo se recogen los destinos de los fondos y en el pasivo los orígenes.

Resulta algo complejo explicar la diferencia entre «activo» y «pasivo». Inicialmente se puede decir que el activo recoge lo que tiene la entidad, la piscina o club, (sus bienes y lo que le deben) y el pasivo lo que debe. Sin embargo esto no es del todo cierto, ya que los fondos propios van en el pasivo, es decir, el capital, las reservas y los beneficios son los fondos que la entidad debe a sus dueños, por eso figuran en el pasivo (Tablas 6.25 y 6.26).

Tabla 6.25. Clasificación del Activo

Lo conforman los bienes + lo que le deben a la entidad. El pasivo se encuentra dividido en

1. Activo Circulante: representa los activos y recursos de la entidad que serán producidos, vendidos o consumidos dentro del plazo de un año. Las principales cuentas son:
- Caja.
- Banco.
- Mercaderías.
- Crédito fiscal IVA.
- Clientes.
- Depósitos a plazo.
- Letras por cobrar.

2. Activo Fijo: representa aquellos bienes adquiridos por la entidad, no con el ánimo de venderlos sino de dedicarlos a la explotación de la entidad. Las principales cuentas son:
- Terrenos.
- Maquinarias.
- Vehículos.
- Equipos.
- Herramientas.
- Muebles y útiles.
- Obras.

3. Otros Activos: incluye activos y recursos de la entidad no clasificados en los grupos anteriores. Las principales cuentas son:
- Gastos de organización.
- Marcas, patentes.
- Derecho de llave.
- Cuentas particulares.

Tabla 6.26. Clasificación del Pasivo

El pasivo es lo que la entidad debe a terceros. Se encuentra dividido en

1. Pasivo circulante: representa aquellas obligaciones adquiridas con terceras personas, las cuales deberán ser canceladas dentro de un año. Sus principales cuentas son:
   - Proveedores.
   - Cuentas por pagar.
   - Impuesto por pagar.
   - Préstamos bancarios (Máx. 1 año).
   - Débito fiscal IVA.
   - Acreedores.
   - Documentos por pagar.

2. Pasivo a largo Plazo: representa aquellas obligaciones contraídas con terceras personas, las cuales deberán ser canceladas en un plazo superior a un año. Sus principales cuentas son:
   - Préstamos bancarios.
   - Documentos por pagar.
   - Hipotecas por pagar.

3. Capital y Reservas: representan el patrimonio de la entidad. Lo que la entidad debe a sus dueños. Por eso se encuentra en la parte del pasivo. Sus principales cuentas son:
   - Capital.
   - Revalorización capital propio.
   - Utilidades acumuladas.

Fuente: Mestre J. A. y Orts F.; 2010, op. cit., p. 241.

Según el momento o la temporalidad se distingue entre balance de apertura (al comienzo del ejercicio, la temporada), balances parciales (al cierre del mes, trimestre, semestre, o con la periodicidad que se quiera) y balance final (al cierre del ejercicio o temporada). Estos balances permiten conocer el estado financiero de la entidad en cada momento del ejercicio económico o temporada.

Tabla 6.27. Cuentas del Balance:
Ejemplo de entidad dedicada al sector de los servicios deportivos

Cuentas de activo	Cuentas de pasivo
Caja y bancos	Proveedores
Clientes	Créditos a corto plazo
Existencias	Créditos a largo plazo
Inmovilizado fijo	Capital
	Reservas
	Beneficios

Fuente: Mestre J. A. y Orts F.; 2010, p. 243.

Los fondos propios representan la parte del pasivo del balance que pertenece a los propietarios de la piscina o club de natación. Se le denomina pasivo no exigible, frente al resto del pasivo que se llama pasivo exigible. Los fondos propios se recogen en el pasivo del Balance, ya que son orígenes de financiación, es decir, los fondos propios permiten a la entidad adquirir, por ejemplo, un inmueble (instalación deportiva, oficina, etc.), un vehículo, material deportivo, otras existencias, etc. (destino de la financiación). Dentro de los fondos propios, se distinguen 3 cuentas:

- Capital: recoge la aportación inicial de los socios a la entidad, así como aportaciones posteriores que puedan realizar.
- Reservas: recoge principalmente aquella parte del beneficio generado por la entidad y que los socios deciden dejar en ella.
- Beneficios: es el resultado del ejercicio antes de que los socios decidan qué parte se va a repartir como dividendos y qué parte se va a traspasar a reservas.

Otras cuentas del pasivo son la cuenta de proveedores y la cuenta de créditos bancarios en la que se recogen las deudas pendientes que tiene la entidad con los bancos. Dentro de esta cuenta vamos a distinguir dos sub-cuentas: créditos a corto plazo –en esta cuenta se contabilizan las deudas con bancos que tengan vencimiento inferior a un año. Créditos a largo plazo: en esta cuenta, por el contrario, se contabilizan las deudas con bancos de vencimiento superior al año.

- La cuenta de proveedores es una cuenta del pasivo, donde se contabilizan las deudas que la entidad tiene con sus proveedores por compras que ha realizado y que todavía no ha pagado. En esta cuenta se contabilizan exclusivamente operaciones relacionadas con la actividad típica de la entidad deportiva. Si en un momento dado esta entidad adquiere un inmueble, la parte del pago que quede aplazada no se contabilizará en proveedores, sino en la cuenta otros acreedores (que también es una cuenta del pasivo).
- Dividendos: es una cuenta del pasivo del Balance en la que se recoge la parte del beneficio obtenido por la entidad que se distribuirá entre los accionistas. La cuenta de dividendos es una cuenta del pasivo del Balance, que se origina en el momento en el que la entidad decide dedicar parte del beneficio obtenido a pagar a los accionistas (caso, p.e. de una piscina de una empresa privada). Hay que tener claro que se trata de una cuenta del Balance y no de la Cuenta de resultados, porque el pago de dividendos no afecta en absoluto al beneficio obtenido por la entidad. Posteriormente, la entidad decidirá cómo distribuir ese beneficio, qué parte dejará dentro de la entidad y qué parte destinará a los accionistas; pero esto tan sólo originará movimientos dentro del Balance, sin ninguna repercusión en la Cuenta de resultados.

En cuanto a las cuentas del «activo» distinguimos las siguientes:

- Caja y Bancos: son dos cuentas del activo donde se contabiliza la tesorería de la entidad. Ambas tienen el mismo funcionamiento y la única diferencia entre ellas es que en caja se contabiliza el dinero que está físicamente en la entidad, mientras que en bancos se contabiliza el dinero que la entidad tiene ingresado en los bancos (cuenta corriente, depósito, etc.). Son cuentas que siempre van en el activo y cuyo saldo será positivo o como mucho cero, pero nunca negativo.
- Cuenta de Inmovilizado Fijo: está constituida por todos aquellos elementos físicos que necesita la entidad para realizar su actividad. Incluye: edificios (piscina), terrenos, maquinarias (motores, bombas, deshumectadoras), elementos de transporte, material, etc. El inmovilizado fijo tiene vocación de permanencia y se diferencia de aquellos otros elementos cuya duración en la entidad es sólo temporal (menos de un ejercicio económico).
- Cuenta de Activos Circulantes: (por ejemplo, pequeño material deportivo o productos de mantenimiento y limpieza). Mientras que una maquinaria de climatización (activo fijo) que es imprescindible para desarrollar la actividad en una piscina cubierta, perdura en el tiempo durante años, los productos de limpieza o mantenimiento (activo circulante), se utilizan en la propia actividad a la espera de su consumo.

La adquisición del inmovilizado (por ejemplo: maquinaria de climatización del agua de la piscina) es una inversión que realiza la entidad, y como tal es distinta de un gasto (por ejemplo: los productos de limpieza y mantenimiento del agua). Mientras que los gastos se reflejan en la Cuenta de resultados a efectos de calcular el beneficio, las inversiones se reflejan en el Balance, sin que afecten a la Cuenta de resultados.

Si bien la adquisición del inmovilizado (maquinaria) no afecta a la Cuenta de resultados, su mantenimiento sí que le afecta. El inmovilizado va perdiendo valor, se va depreciando, y por lo tanto la entidad va soportando esta pérdida de valor, este coste. Con el tiempo, la maquinaria de climatización tiene menor valor y se deprecia. Esta depreciación hay que recogerla en la Cuenta de resultados. Para ello la entidad debe de ir dotando unas amortizaciones, equivalentes a la pérdida de valor del objeto.

- La cuenta de existencias es una cuenta de activo (siempre aparece en el activo del Balance) y en ella se contabilizan todos los movimientos relativos a las mercaderías. Esta cuenta se incluye dentro de lo que denominamos activo circulante, ya que las existencias entran y salen de la entidad, no tienen un carácter permanente, a diferencia, por ejemplo, de las maquinarias.

Los movimientos de esta cuenta de existencias son de adquisición o venta. La entidad piscina compra mercaderías (adquisición) y las paga, bien en el momento (compra al contado) o dentro de un plazo acordado con el vendedor (compra a plazo). Esta diferente forma de pago va a originar distintos movimientos contables. Si paga al contado: se produce un movimiento dentro del activo del Balance, ya que se incrementa una cuenta (existencias) a costa de disminuir otra (caja o bancos), con lo que el total del Balance no se ve afectado. Cuando la piscina o el club vende existencias existen igualmente dos posibilidades: que las cobre al contado o que conceda un plazo al comprador. Si se cobra al contado se produce un movimiento entre dos cuentas del activo: disminuyen existencias y aumenta caja (o bancos si se cobran a través de éstos).

- La cuenta de clientes es una cuenta del activo, donde se recogen las deudas que tienen los clientes con la entidad como consecuencia de ventas que ésta les ha realizado y que ellos aún no han pagado. En esta cuenta se contabilizan exclusivamente operaciones relacionadas con la actividad típica de la entidad. Si la entidad vende un inmueble (piscina), la parte aplazada de la venta no figurará en clientes, sino en la cuenta otros deudores (cuenta del activo).

D) La cuenta de resultados

La Cuenta de resultados es un documento del plan contable dónde se asientan los ingresos y gastos que tiene la entidad deportiva a lo largo del ejercicio económico. La diferencia entre ingresos y gastos tiene como resultado el beneficio o pérdida de la entidad, piscina o club. Los ingresos son aquellas operaciones que incrementan el valor patrimonial de la entidad mientras que los gastos son aquellas actividades que lo disminuyen.

Ejemplo de ingresos en una explotación económica con piscina (venta de productos o servicios, dividendos recibidos por la entidad, subvenciones, etc.). Los ingresos se calculan como el resultado de multiplicar la tarifa correspondiente por la demanda:

- Tipo matricula, anual, trimestral, mensual.
- Abonos anuales:
  - Abono familiar.
  - Abono individual.
  - Abono población especial (pensionistas, menores, discapacitados...).
- Abonados de temporada:
  - Abono verano adulto.
  - Abono verano infantil.
  - Abono familiar.
  - Abono población especial (mayores, menores, discapacitados...).

- Servicios inmediatos:
  - Entrada adulto.
  - Entrada infantil.
  - Entrada población especial (mayores, menores, discapacitados...).
  - Entrada sauna, spa...
- 1 Hora monitor personal:
  - Monitor personal mensual.
  - Monitor personal trimestral.
- Bonos:
  - Bono piscina 10 usos, adulto.
  - Bono piscina 10 usos, infantil.
  - Bono piscina población especial (mayores, menores, discapacitados...).
  - Bono sauna, spa... 10 usos.
- Cursillo de Natación:
  - Cursillo de natación 1 día/semana.
  - Cursillo de natación 2 días/semana.
  - Cursillo de natación 3 días /semana.
  - Cursillo de natación 5 días/semana (intensivo).
  - Cursillo de natación adultos.
  - Cursillo de natación bebés.
  - Cursillo de natación escolares (infantil).
  - Cursillo de familiarización.
- Otros servicios:
  - Actividad socio, no socio.
  - Actividad especial.
  - Actividad ordinaria.
  - *Aquagym, aquaeróbic...*
  - Natación recreativa.
  - Natación poblaciones especiales (mayores, discapacitados...).
  - Natación terapéutica, rehabilitación.
  - Gimnasio (mañanas).
  - Gimnasio (horario libre).

Ejemplo de gastos: consumo de mercaderías (material deportivo, material de limpieza y mantenimiento), coste de la plantilla, consumo eléctrico, etc. Los gastos se encuentran desgranados en varios apartados:

- Gastos de personal. Las diferentes personas que forman parte de la plantilla de la instalación de la piscina y que permiten el buen funcionamiento de todas las actividades que allí se imparten y del mantenimiento de las instalaciones. Se pueden diferenciar en las siguientes categorías profesionales.
    - Directivo (técnicos, administrativos...).
    - Oficial (técnicos, ejecutivos, administrativos...).
    - Auxiliar administrativo.
    - Personal de limpieza.
    - Personal de mantenimiento.
    - Técnico deportivo (entrenadores, monitores...).
    - Socorrista.
    - Gastos sociales y de formación.
    - Seguridad, salud y prevención de riesgos laborales.
- Gastos derivados de suministros.
    - Luz (servicios básicos de la instalación, accionamiento de las bombas hidráulicas, iluminación en general, ordenadores, maquinaria, equipos de sonido, etc.).
    - Agua (llenado del vaso de piscina, riego y baldeo, limpieza en general, vestuarios, servicios, etc.).
    - Gas (temperatura del agua y el ambiente, agua caliente sanitaria en vestuarios y aseos, etc.).
    - Comunicaciones (teléfono, internet, correo...).
    - Material de oficina (tinta para impresora, papel, fotocopias, etc.).
- Gastos de mantenimiento.
    - Aprovisionamientos (de productos de limpieza, tratamiento de aguas, análisis de aguas, legionella...).
    - Limpieza (contenedores higiénicos, climatización...).
    - Reparaciones y conservación (contratos de mantenimiento y servicios, reparación de maquinaria deportiva, reparación de equipos de sonido, botiquín...).
- Gastos diversos.
    - Seguros.
    - Servicios bancarios y similares.
    - Derechos de propiedad intelectual.
    - Marketing y publicidad.
    - Transportes.
    - Vestuario de personal.

- Compra de mercaderías (tienda/cafetería).
- Compra de material deportivo (tablas de natación, churros, bastón de profundidad, aletas de varios tamaños, salvavidas, corcheras, tapices, *pull boys*, etc.).
- Servicios de empresa externa de apoyo a la actividad (no siempre…).
- Gastos extraordinarios (mensajería, otros).
- Amortizaciones.
  - Maquinaria (diversas máquinas y elementos para realizar las actividades).
  - Máquina registradora.
  - Equipos informáticos y software.
  - Equipos de sonido (megafonía).
  - Instalaciones técnicas (placas fotovoltaicas – térmicas).
  - Tanque (depósitos de almacenamiento, tanques…).
  - Rotulaciones (rótulos en general y luminosos, de interior o exterior…).
  - Motores (auxiliares, para trabajos varios…).
  - Equipo de limpieza y elevador hidráulico.
  - Elementos de madera o fenólico, plástico (vallado, mobiliario…).
  - Elementos metálicos (vallado exterior, escaleras, barandillas…).
- Otros (crono, carros, taquillas, camilla, oxígeno…).
  - Otros materiales (en este caso con destino a las zonas de agua, por ejemplo)
- Impuestos.
- Provisiones (insolvencias).

No son lo mismo los ingresos que los cobros, ni los gastos son iguales que los pagos. El concepto de ingreso hace referencia a operaciones que incrementan el valor patrimonial de la entidad, mientras que el concepto de cobro se refiere al hecho en sí de recibir el dinero.

Si la entidad realiza una venta o servicio se produce un ingreso (aunque todavía no la haya cobrado). Cuando el cliente paga, se produce el cobro. En la cuenta de resultados se recogen los ingresos, no los cobros, es decir, se registrará la venta en el momento en la que se produce (ingreso), con independencia del momento en el que se cobre.

En cuanto al gasto, este concepto hace referencia a una operación que disminuye el valor patrimonial de la entidad, mientras que el pago se refiere al hecho de entregar el dinero y saldar la deuda. En la cuenta de resultados se recogen los gastos en los que incurre la entidad, con independencia del momento en el que procede al pago de los mismos.

Las cuentas de ingresos y de gastos que se producen en la piscina presentan el siguiente movimiento en el Libro Diario: Las cuentas de gastos aumentan por el «debe» (izquierda). Las cuentas de ingresos aumentan por el «haber» (derecha) del asiento del libro diario, con contrapartida en el «debe» (izquierda). Si se cobran en el momento el asiento se hace a favor de caja o bancos. Si no se cobran en ese momento, el asiento se anota en alguna cuenta deudora del activo, por ejemplo clientes (si quedan pendientes de cobrar).

La cuenta de resultados recoge los saldos de todas las partidas de ingresos y de gastos. Al final de cada ejercicio se hará un asiento en el libro diario en el que se llevarán los saldos de todas las partidas de ingresos a una partida denominada pérdidas y ganancias. La partida de pérdidas y ganancias se contabiliza en el «debe» ya que los gastos disminuyen los resultados de la entidad, es decir, como partida del pasivo del balance disminuye por el «debe».

El resultado final del ejercicio será la diferencia entre las dos anotaciones anteriores en la Cuenta de pérdidas y ganancias. Si los ingresos han superado a los gastos, la entidad ha obtenido beneficios. Si por el contrario, los gastos superan a los ingresos, la entidad ha obtenido pérdidas.

a) Ingresos

La cuenta «venta de existencias» es una cuenta de ingresos que al final del ejercicio se llevará a la «cuenta de pérdidas y ganancias». Suele ser la principal partida de ingresos de la entidad. Al contabilizar la venta de existencias se distingue entre ventas cobradas al contado y ventas con pago aplazado. Cuando transcurrido el plazo concedido a los clientes estos pagan su deuda, el apunte se efectúa en el Libro Diario. El principal asiento en esta cuenta se produce por la venta de servicios de actividades acuáticas y deportivas propias de la explotación de una piscina. El beneficio que obtiene la entidad en la venta (servicios prestados en la piscina) es la diferencia entre el coste de producir lo que vende y lo que recibe por la venta. Por tanto, aparte de contabilizar la venta, tenemos que contabilizar el consumo realizado (es decir, el coste de los servicios).

Además de la principal cuenta de ingresos, aparecen otras cuentas que una entidad puede manejar como ingreso y entre las que destacan las siguientes:

- Ingresos financieros. Son los ingresos que obtiene la entidad por sus depósitos y cuentas en los bancos.
- Dividendos. Son los ingresos que obtiene la entidad por sus participaciones accionariales en otras entidades.
- Subvenciones a la explotación. Son ayudas públicas que obtiene una entidad como apoyo a su actividad (en el caso de las piscinas por su actividad social y deportiva).
- Otros ingresos de explotación. En esta partida se recogen todos aquellos ingresos que obtiene la entidad, de carácter variado y de cuantía general-

mente poco importante, que de alguna manera están relacionados con la actividad principal de la misma. Por ejemplo, si se produce alguna venta de material deportivo de natación (gorros, gafas, bañadores, tablas de flotación, etc.)
- Beneficios extraordinarios. Son beneficios que obtiene la entidad, de naturaleza ocasional y sin relación con su actividad ordinaria. Este beneficio es extraordinario en la medida en que es de naturaleza ocasional (no tiene por qué repetirse) y no está relacionado con la actividad ordinaria de la entidad. El ejemplo más claro es el de la producción de eventos de competición u otro tipo de actos que no son habituales.

En definitiva, las fuentes de ingresos que tienen una entidad suelen ser muy variadas, y entre ellas la entidad diferenciará aquellas que por su volumen tengan especial relevancia. El resto de ingresos quedarán agrupados, bien en la cuenta de otros ingresos de explotación, bien en la de beneficios extraordinarios.

b) Gastos

Al cierre del ejercicio, los saldos de las distintas cuentas de gastos (que se encuentran en el libro mayor) se llevan a la «cuenta de pérdidas y ganancias». Con este apunte de cierre, todas las cuentas de gastos quedan a cero, ya que su saldo se traspasa en su totalidad a pérdidas y ganancias, al igual que ocurre con todas las cuentas de ingresos. Entre las distintas cuentas de gastos que una entidad puede manejar, vamos a destacar las siguientes:

- «Consumo de existencias». Recoge el coste de los productos o servicios vendidos (lo que cuesta producir los diferentes servicios acuáticos y demás servicios que presta la entidad y que se reflejan en la oferta de actividades y servicios).
- «Gastos de personal». Recoge el coste de la plantilla de la entidad (personal técnico deportivo, de mantenimiento, limpieza, acceso y atención al público, directivo, etc.).
- «Gastos financieros». Recoge el coste de los créditos concedidos por la banca, si estos han sido necesarios para financiar algún activo, compra de maquinaria, etc.).
- «Electricidad, teléfonos, transportes, tributos», etc. Son distintas cuentas de gastos en las que se irán recogiendo los importes correspondientes.
- «Otros gastos de explotación». Recoge aquellos gastos, generalmente de menor cuantía, que están relacionados con la actividad ordinaria de la entidad y que no se recogen en ninguna cuenta individual específica.
- «Pérdidas extraordinarias». Son pérdidas que sufre la entidad, de naturaleza ocasional y sin relación con su actividad ordinaria. Por ejemplo, una piscina sufre un robo en una dependencia sin estar asegurado.

- La «cuenta de provisiones» es una cuenta de gastos de especial relevancia, con ella se consigue ajustar el valor de los distintos activos a su valor real. Es decir, si un activo se encuentra contabilizado en el balance por un valor superior a su valor real (entendiendo por tal el valor de mercado o el valor de tasación), la entidad tiene que ajustar el valor de este activo, dotando la provisión correspondiente. Esta provisión es un gasto para la entidad y tiene que recogerse en la cuenta de resultados, aunque no es un gasto dinerario (no hay salida de dinero).

- La «cuenta recuperación de provisiones» es una cuenta de ingresos, que se llevará al final del ejercicio a pérdidas y ganancias.

- La «cuenta de amortización» es una cuenta de gastos donde se recoge la pérdida de valor que sufre el inmovilizado de la entidad (inmuebles, maquinarias, equipos informáticos, etc.), bien por su uso, bien simplemente por el paso del tiempo. Los bienes de la entidad van perdiendo valor por la utilización que se hace de ellos, así como por el mero paso del tiempo y el hecho de ir quedando desfasados. La cuenta de amortización permite llevar a la «Cuenta de pérdidas y ganancias» la disminución del valor que experimenta el inmovilizado. Cuando la entidad adquiere un elemento de su inmovilizado, tiene que calcular cual va a ser la vida útil de este activo y cuál va a ser el posible valor del mismo al final de su vida útil.

- Impuestos: es una cuenta de gastos en la que se recoge la carga impositiva que soporta la entidad como consecuencia del impuesto de sociedades. La entidad soporta una carga impositiva resultante de la aplicación del impuesto de sociedades al beneficio obtenido. En el momento en el que la entidad proceda al pago de estos impuestos, anulará esta cuenta con cargo a caja o bancos. Por lo tanto, cuando se cierra un ejercicio económico con beneficios (es en ese ejercicio donde se genera la carga impositiva), es entonces cuando se tendrán que contabilizar los impuestos originados (con independencia de que su liquidación se realice el año siguiente).

Al final del ejercicio, en la cuenta de resultados se consolidan todos los saldos de las cuentas de ingresos y de gastos, y el resultado final de esta consolidación es el beneficio o pérdida que obtiene la entidad. Este beneficio o pérdida se contabilizará también en el balance de la sociedad. Si ese beneficio se contabiliza en el pasivo del balance, al igual que el resto de fondos propios, y si es pérdida se contabiliza en el pasivo pero con signo negativo. En el estudio de la «cuenta de resultados» hay que destacar dos principios fundamentales de la contabilidad:

- Principio del devengo: en cada ejercicio económico se tienen que recoger los ingresos y gastos que corresponden efectivamente a ese período, con independencia del momento en el que se efectúan los cobros y pagos.

- Principio de prudencia: las pérdidas deben de contabilizarse tan pronto como se tenga noticias de que se van a producir, mientras que los beneficios sólo se contabilizan cuando efectivamente se producen.

Tabla 6.28. Principales cuentas de ingresos y gastos

Cuenta de Gastos	Cuenta de Ingresos
Consumo de existencias	Ventas
Gastos de personal	Dividendos
Gastos financieros	Ingresos financieros
Electricidad, teléfono, transporte, tributos, etc.	Subvenciones a la explotación
Amortizaciones	Otros ingresos de explotación
Provisiones	Beneficios extraordinarios
Otras pérdidas de explotación	
Perdidas extraordinarias	

Fuente: Mestre J. A. y Orts F.; 2010, p. 247.

E) La elaboración de los presupuestos

La elaboración del presupuesto anual es un acto de previsión, una estimación de lo que han de ser los gastos y los ingresos generados por la explotación económica de la actividad de la piscina. El presupuesto refleja, en cifras, la planificación económica de la entidad para un determinado período (que normalmente coincide con una anualidad), y permite cumplir los objetivos marcados por la planificación teniendo en cuenta el coste de los recursos necesarios para este cumplimiento.

El presupuesto debe cumplir el principio de equilibrio presupuestario, es decir, que todos los gastos e ingresos garanticen el equilibrio y que no resulte un presupuesto deficitario. Sin embargo, el equilibrio contable no debe confundirse con el equilibrio económico, ya que es posible que los gastos previstos no coincidan con los ingresos que se prevean obtener por vía ordinaria.

Por otro lado, el presupuesto en las entidades privadas, tanto de carácter asociativo, por ejemplo los clubes de natación, como de carácter mercantil, es un plan de acción dirigido a cumplir una meta prevista, expresada en valores y términos financieros que, debe cumplirse en un determinado tiempo y bajo ciertas condiciones previstas; se trata de un concepto que se aplica a cada centro de responsabilidad de la entidad.[8]

El presupuesto es un supuesto, no puede establecer con exactitud lo que sucederá en el futuro. No sustituye a la contabilidad, esta es una herramienta dinámica que se adapta a los cambios producidos en la contabilidad de la entidad.

---

8 Mestre J. A.; Orts F.; 2010, op.cit., p. 240.

Una de las principales funciones de los presupuestos es el control financiero de la entidad.

El control presupuestario es el proceso que permite comparar los resultados, es decir, compara los datos o resultados previstos (presupuestados) con los logros conseguidos o, trata de remediar las diferencias. Por tanto, los presupuestos pueden resultar preventivos o también correctivos para la actividad de la entidad. Ayudan a minimizar el riesgo en las operaciones de la entidad y facilitan que los miembros de la organización cuantifiquen, en términos financieros, los diversos componentes de su plan económico.

Por medio de los presupuestos se intenta mantener la planificación económica de la entidad. Pero, además, como la actividad puede verse alterada por circunstancias, en ocasiones impredecibles, sirven como mecanismo de revisión de las estrategias de la entidad y para orientar la actividad hacia el verdadero objetivo. Para la adecuada ejecución y control del presupuesto se deberán respetar las fases siguientes:

- Reconocimiento del derecho: acto que, conforme a la normativa aplicable a cada recurso específico, declara y liquida un crédito a favor de la entidad.
- Extinción del derecho: la extinción del derecho previamente o simultáneamente reconocido, se podrá producir por su cobro en metálico, así como en especie, o por compensación, en tesorería.

A partir del cierre del ejercicio económico (normalmente coincide con el año natural, a 31 de diciembre) se realizará la correspondiente liquidación presupuestaria que consiste en un análisis del grado de realización del presupuesto de gastos, efectuando una comparación entre los créditos asignados al ejercicio y los realmente gastados. Por créditos gastados hay que entender aquellos con cargo a los que se han reconocido obligaciones (los créditos no afectos al cumplimiento de obligaciones quedarán anulados de pleno derecho, con excepción de los que sean susceptibles de incorporación al presupuesto). La liquidación del presupuesto de gastos se realizará por comparación de los créditos definitivos y las obligaciones reconocidas, apareciendo, así, los remanentes de crédito.

F) El presupuesto de gestión

Es básico realizar el plan o presupuesto de gestión por lo menos una vez para el ejercicio siguiente, aunque es recomendable hacerlo para periodos más cortos. También es muy recomendable realizar un plan o presupuesto de gestión junto con un proyecto de inversiones y financiación dentro del área económica financiera del «plan económico financiero» a la hora de crear una entidad o emprender un nuevo proyecto, actividad, lanzar un nuevo producto, etc. Los objetivos del presupuesto de gestión de entidad son fundamentalmente:

- Planear integral y sistemáticamente todas las actividades que la entidad debe desarrollar en un periodo determinado.
- Controlar y medir los resultados cuantitativos, cualitativos y, fijar responsabilidades en las diferentes dependencias de la entidad para logar el cumplimiento de las metas previstas.
- Coordinar los diferentes centros de coste para que se asegure la marcha de la entidad en forma integral.

El proceso presupuestario tiende a reflejar, de una forma cuantitativa, a través de los presupuestos, los objetivos fijados por la entidad a corto plazo, mediante el establecimiento de los oportunos programas, sin perder la perspectiva del largo plazo, puesto que ésta condicionará los planes que permitirán la consecución del fin último al que va orientada la gestión de la entidad.

- Definición y transmisión de las directrices generales a los responsables de la preparación de los presupuestos.
- Elaboración de planes, programas y presupuestos.
- Negociación de los presupuestos.
- Coordinación de los presupuestos.
- Aprobación de los presupuestos.
- Seguimiento y actualización de los presupuestos.

La determinación del tiempo que abarcarán los presupuestos dependerá del tipo de operaciones que realice la entidad, y de la mayor o menor exactitud y detalle que se desee, ya que a más tiempo corresponderá una menor precisión y análisis. Así pues, puede haber presupuestos:

- A corto plazo: son los presupuestos que se planifican para cubrir un ciclo de operación y estos suelen abarcar un año o menos.
- A largo plazo: en este campo se ubican los planes de desarrollo del estado y de las grandes entidades.

En resumen

- Cuando se produce un hecho económico en la piscina o club de natación que debe ser recogido por la contabilidad el orden en el que se contabiliza el asiento es el siguiente:
- En primer lugar se contabiliza el asiento contable en el Libro Diario.
- A continuación se registra en el Libro Mayor, en las hojas correspondientes a las cuentas afectadas por esta operación.
- A la hora de elaborar el Balance de la entidad, acudiremos al Libro Mayor y calcularemos los saldos de las cuentas que van al Balance, y serán estos saldos los que aparezcan en dicho Balance.

- Para elaborar la Cuenta de resultados, iremos igualmente al Libro Mayor, calcularemos los saldos de las cuentas de ingresos y gastos, y estos saldos se trasladarán a la Cuenta de resultados.
- La última línea de la Cuenta de resultados, donde se recoge el beneficio o pérdida obtenido por la piscina en el ejercicio, se contabilizará también en el Balance (con lo que se produce la conexión entre Balance y Cuenta de resultados).
- Las cuentas contables se dividen en cuentas de Balance (cuyos saldos se registran en el Balance) y cuentas de ingresos y gastos (cuyos saldos se registran en la Cuenta de resultados). Dentro de las cuentas de Balance hemos distinguido entre cuentas de activo y cuentas de pasivo: las primeras siempre figurarán en el activo del Balance (columna de la izquierda), mientras que las segundas aparecerán en el pasivo del Balance (columna de la derecha).
- Las cuentas de activo se ordenan de mayor a menor liquidez, mientras que las cuentas de pasivo se ordenan de menor a mayor exigibilidad. Las cuentas del activo aumentan con apuntes en el Debe (izquierda) del Libro Diario y disminuyen con apuntes en el Haber (derecha). Las cuentas del pasivo se comportan justo al revés: aumentan con apuntes en el Haber (derecha) del libro diario y disminuyen con apuntes en el Debe (izquierda).
- Después de analizar el Balance, se realiza la Cuenta de resultados, el presupuesto de tesorería y Balance de situación provisional de la entidad de natación para un periodo concreto.

Capítulo 7
EVALUACIÓN DE LA GESTIÓN DE PISCINAS

El concepto de calidad no está plenamente implantado en el deporte, y en el presente caso en la gestión de entidades facilitadoras de actividades acuáticas. Sin embargo la propia presión social por un lado y, por otro, la adopción de estrategias de diferenciación en la gestión ante la cada vez mayor competencia de modalidades, instalaciones y organizaciones deportivas, propician el que los gestores deportivos se esfuercen en aplicar criterios de permanente mejora en la prestación de la totalidad de los servicios y desempeños que desarrollan.

Mediante la búsqueda de la calidad lo que se pretende es establecer un «estándar» en cada respuesta que se ofrece —programa, curso, sesión, desempeño—, alcanzarlo y mantenerlo durante un tiempo previsto, siempre con conocimiento de los afectados, usuarios, clientes, nadadores en definitiva. La calidad se ha comparado a una filosofía de actuación. Una filosofía del modo de entender la natación, del modo de atender y dar respuestas, desde las piscinas y las organizaciones de natación, a las necesidades, expectativas y demandas de una población que desea adoptar la práctica de las actividades acuáticas, en especial la natación, como actividad integrante en sus modos de vida, individuales y familiares.

La toma de decisiones en las entidades que gestionan piscinas o complejos deportivos con instalaciones acuáticas (públicas, privadas, asociativas) es un proceso necesario en el que es preciso combinar diferentes elementos para controlar y medir el resultado de la gestión, en definitiva, evaluar la gestión. Los parámetros cuantitativos, como los resultados económicos y/o deportivos, no son suficientes para tomar decisiones de gestión. Otros parámetros se relacionan con la gestión: parámetros medioambientales, de accesibilidad, de seguridad, etc. A estos hay que unir los parámetros sociológicos referidos a la satisfacción de los usuarios/clientes. El factor emotivo, en una entidad que gestiona servicios acuáticos y deportivos es aquello que añade un valor diferenciador respecto al resto de servicios. Cada vez más, la experiencia del servicio percibido se convierte en ese elemento que diferencia y que provoca que el usuario/cliente utilice y consuma, o no, los servicios que se le ofrecen, o los utilice de nuevo si los había abandonado.

Existen diferentes ámbitos interrelacionados a la hora de evaluar la gestión de piscinas o complejos deportivos con instalaciones acuáticas, donde es necesario tomar decisiones: ámbito económico (eficiencia, eficacia, cumplimiento, etc.); ámbito externo o de satisfacción del usuario/cliente (emotivo); ámbito interno (innovación, productividad, recursos humanos, etc.); ámbito deportivo-competitivo (en los casos en los que la entidad participe en el sistema deportivo); ámbito de la seguridad y «*compliance*» (normas de uso, técnicas, legalidad, etc.).

La gestión de las entidades que gestionan este tipo de servicios (piscinas,...), debe tener en cuenta la implicación de cada uno de estos ámbitos. Adquiere una importancia capital, en la evaluación de dicho proceso de gestión, obtener un conocimiento detallado de los datos, indicadores útiles para la toma de decisiones.

Alcanzar los objetivos propuestos por la entidad, obliga a tener el conocimiento preciso para maximizar la eficiencia en la toma de decisiones.

Para evaluar la gestión que realizan las entidades que prestan servicios o actividades acuáticas, que gestionan piscinas o complejos deportivos con instalaciones acuáticas, es necesario *a priori*, planificar dicha gestión, como ya se ha expuesto, tanto desde un punto de vista operativo o funcional (periódicamente a más corto plazo) como también estratégico (a más largo plazo). En dicha planificación han de preverse los diferentes sistemas de evaluación y control de la gestión. Algunos de estos sistemas son:

- Los sistemas de evaluación de la calidad cuyo objetivo es demostrar a los usuarios/clientes de las actividades y/o servicios acuáticos que la entidad prestadora cumple con las normas y sus requisitos;
- Los sistemas de indicadores que sirven para la toma de decisiones por los responsables de los procesos o actividades afectadas y, para la mejora de las organizaciones;
- La configuración de un cuadro de mandos que aporte la información específica sobre el gobierno y la gestión de la entidad;
- Y los sistemas de evaluación de la gestión basados en normas cómo la normalización técnica (aplicado sobre la infraestructura), o los sistemas «*compliance*», de cumplimiento normativo, legal;

Calidad en la gestión de una piscina

El concepto de calidad está presente en la mayor parte de los servicios y productos que invaden el mercado. Puede definirse como la adecuación del producto o servicio que se ofrece, de actividades acuáticas en este caso, a la plena satisfacción de la necesidad que pretende cubrir. Supone el deseo permanente de mejora.

Mediante la autoexigencia de un nivel de calidad en la gestión de una piscina, de lo que se trata de establecer y lograr es un estándar y mantenerlo durante el período de tiempo previsto, planificado, con conocimiento de los usuarios, de los clientes del servicio. Todas las organizaciones aplican sistemas de calidad, puesto que ninguna desea voluntariamente ofrecer un mal servicio, pero con frecuencia se trata de una calidad implícita, sobreentendida. La cuestión radica en que esa calidad sea aplicada de manera explícita y sistemática. Con este fin, cada vez con más frecuencia las entidades disponen de una persona responsable de la calidad de sus desempeños y productos, o subscriben contratos con otras entidades especialistas que les dirigen y controlan sus actuaciones para garantizar los estándares de calidad previamente fijados; pero por encima de esto controlan que se cumpla el reto de la organización, cualquiera que sea su alcance, fijado previamente.

Los usuarios que acuden a las piscinas ya no se conforman con disponer de una lámina de agua y un lugar en el que poder desvestirse, desean y reclaman, como bien saben los gestores, vestuarios permanentemente limpios; temperatura de confort del agua y ambiental; una oferta múltiple que atienda la más amplia gama posible de necesidades y expectativas; una enseñanza acuática acorde a la edad de sus hijos, educativa y divertida; información sobre la evolución de sus hijos; trato siempre amable; actividades lúdicas y festivas en paralelo a la natación, «natación de ocio»; también programas de rehabilitación acuática y un largo etcétera. Es decir, el ámbito de los servicios acuáticos demanda una calidad total en todos los servicios que se ofertan y en los desempeños de la instalación. Es el momento en el que intervienen los sistemas de calidad, cada uno con sus peculiaridades, pero con una finalidad similar, basada en sus principios. Por ejemplo, los principios de la gestión de la calidad, descritos en la Norma internacional IRAM-ISO 9000,[1] aplicados a la gestión de las piscinas y los clubes de natación con piscina, podrían describirse como sigue:

- Enfoque al nadador, cliente y socio. La calidad está orientada hacia la satisfacción de las demandas, aspiraciones, necesidades de los clientes, de los socios, de los usuarios que acuden a la instalación a practicar actividades acuáticas, y hacia el esfuerzo en exceder sus expectativas.
- Liderazgo. El equipo directivo, en todos los niveles de la organización, debe crear un bloque compacto, asumir su compromiso y crear las condiciones para que todas las personas que desempeñan sus funciones en la entidad se involucren en el logro de sus fines y objetivos como organización de natación.
- Compromiso de las personas. A su vez es necesario el compromiso de la totalidad de las personas, capacitadas, competentes. Es preciso que

---

1 Norma Internacional IRAM-ISO 9000:2015 (traducción oficial). Sistemas de gestión de la calidad–Requisitos. Publicado por la Secretaría Central de ISO en Ginebra, Suiza, como traducción oficial en español avalada por el *Translation Management Group*, que ha certificado la conformidad en relación con las versiones inglesa y francesa.

estén comprometidas con la entidad para mejorar su capacidad y aportar valor al club o piscina.
- Enfoque a procesos. El trabajo mediante el establecimiento de procesos interrelacionados en la gestión de las actividades y los desempeños de la piscina, otorgan coherencia a la gestión y proporcionan mejores resultados.
- Mejora. Las piscinas y los clubes de natación que obtienen mejores resultados, deportivos, sociales, económicos, tienen un enfoque de permanente mejora como organizaciones deportivas.
- Toma de decisiones basada en la evidencia. Las piscinas que toman sus decisiones basadas en diagnósticos, en la evaluación y el análisis de datos y los resultados, y en la información, tienen mayores posibilidades de obtener los resultados previstos y deseados.
- Gestión de las relaciones. Para las entidades deportivas resultan imprescindibles las relaciones con sus grupos de interés (*stakeholders*) para garantizar el logro de sus aspiraciones, tanto deportivas, como sociales y económicas.

Cada sistema, cada norma de calidad desarrolla unos criterios, unos requisitos, cuyo cumplimiento por las entidades que las asumen, les asegura una regularidad en la oferta de los servicios o productos que presten de modo que satisfagan las necesidades y las aspiraciones de quienes los consumen. La norma internacional ISO 9001:2015, bajo el enfoque del ciclo que denominan PHVA —planificar-hacer-verificar-actuar—, especifica los requisitos que deben cumplirse para un sistema de calidad. En el caso de que una organización deportiva, como pueda ser un club de natación o una piscina, será de aplicación cuando:

a. Necesite, o sienta la necesidad de demostrar su capacidad para proporcionar regularmente servicios de actividades acuáticas que satisfagan las aspiraciones y los deseos de sus clientes, reales o potenciales, a la vez que, en toda lógica, cumplan con satisfacción los requisitos legales y reglamentarios que le afecten.
b. También cuando aspire a aumentar la satisfacción de los clientes que acuden a la piscina, mediante la aplicación eficaz del sistema, en el desarrollo de los procesos que tienen lugar en la organización y la instalación acuática para la mejora de la gestión y el grado de conformidad y satisfacción de los nadadores.

En la Tabla 7.1. se recogen, esquematizados, los requisitos en los que se fundamenta esta norma para proporcionar con regularidad los servicios que ofrece una piscina. Su intención es que de esta manera se satisfagan las expectativas de quienes acuden a ella. En paralelo imperan los requisitos legales y reglamentarios que deben ser aplicados, lógicamente, siempre.

Tabla 7.1. Requisitos de la norma ISO 9001:2015

4 Contexto de la organización	4.1. Conocimiento de la organización y de su contexto. 4.2. Comprensión de las necesidades y expectativas de las partes interesadas. 4.3. Determinación del alcance del sistema de gestión de la calidad. 4.4. Sistema de gestión de la calidad y sus procesos.
5. Liderazgo	5.1. Liderazgo y compromiso. 5.2. Política. 5.3. Roles, responsabilidades y autoridades en la organización.
6. Planificación	6.1. Acciones para abordar riesgos y oportunidades. 6.2. Objetivos de la calidad y planificación para lograrlos. 6.3. Planificación de los cambios.
7. Apoyo	7.1. Recursos. 7.2. Competencia. 7.3. Toma de conciencia. 7.4. Comunicación. 7.5. Información documentada.
8. Operación	8.1. Planificación y control operacional. 8.2. Requisitos para los productos y servicios. 8.3. Diseño y desarrollo de los productos y servicios. 8.4. Control de los procesos, productos y servicios suministrados externamente. 8.5. Producción (creación) y provisión del servicio. 8.6. Liberación de los productos y servicios. 8.7. Control de las salidas no conformes.
9. Evaluación del desempeño	9.1. Seguimiento, medición, análisis y evaluación calidad. 9.2. Auditoria interna. 9.3. Revisión por la dirección.
10. Mejora	10.1. Generalidades. 10.2. No conformidad y acción correctiva. 10.3. Mejora continua.
Por otra parte, en la introducción de la Norma se dice que «los requisitos del sistema de gestión de la calidad especificados en esta Norma Internacional son complementarios a los requisitos para los productos y servicios», por lo que deben consultarse y aplicarse.	

Fuente: Norma Internacional ISO 9001:2015 (traducción oficial). Sistemas de gestión de la calidad. Requisitos. Publicado por la Secretaría Central de ISO en Ginebra, Suiza, como traducción oficial en español avalada por el "Translation Management Group", que ha certificado la conformidad en relación con las versiones inglesa y francesa.

Sobre el tema de la calidad pueden encontrarse en el mercado gran cantidad de libros, artículos, páginas web, pero sobretodo son multitud las entidades que se dedican, profesionalmente, a orientar o dirigir las actuaciones de las organizaciones que así les requieran. No es por tanto, en la actualidad, un tema que precise de grandes justificaciones, más allá de algunas consideraciones que estimamos de interés para su inclusión en la presente obra, entre ellas dar respuesta a una las cuestiones que más inquietud presentan, el modo de comenzar.

Se trata en efecto de una de las cuestiones que con mayor frecuencia se suscita cuando se propone adoptar un sistema de calidad en una piscina o en un club deportivo, ¿cómo implantar un sistema de calidad, cómo hemos de hacerlo, por dónde empezar?

A) Los sistemas de evaluación de la calidad

Los sistema de evaluación de la calidad de la gestión de entidades que prestan servicios, en este caso, actividades y servicios acuáticos, en todas sus formas, higiénica, utilitaria, terapéutica, deportiva, etc.), tienen como objetivo demostrar a los que reciben dichos servicios (usuarios/clientes/socios) el cumplimiento de las normas, mediante las marcas de certificación. Estas certificaciones permiten acreditar, frente a terceros, el cumplimiento de las normas y sus requisitos. Aparecen en el mercado una serie de operadores independientes, organismos de certificación que mediante la realización de auditorías, conceden el derecho a usar la marca de certificación correspondiente, que atestigua que la entidad prestadora de servicios y actividades acuáticas, cumplen con los requisitos mínimos de gestión en virtud de la normativa aplicable. Los sistemas de evaluación de la calidad tienen algunas ventajas más, que resultan muy interesantes para el gestor y la entidad, facilitan la introducción de los productos en otros mercados y proporciona confianza a los clientes. En definitiva, estos sistemas aportan transparencia en la gestión, facilitan el uso de las actividades y servicios al usuario/cliente/socio y protegen su seguridad aumentando, así, el valor de las entidades que prestan este tipo de servicios.

Algunos de los sistemas de evaluación de la calidad más recomendados para este tipo de servicios acuáticos son los siguientes:

a) Sistema de gestión ambiental según ISO 14001:2004

Este Sistema de Gestión Ambiental (SGA) de acuerdo a la norma ISO 14001 tiene por objeto mejorar los aspectos medio ambientales relacionados con la gestión de estos servicios. Ofrece, para la gestión de entidades que gestionan piscinas o complejos deportivos con piscinas, una sencilla sistematización de los aspectos ambientales que se generan en cada una de las actividades que desarrollan, y promueve la protección ambiental y la prevención de la contaminación desde un punto de vista de equilibrio con los aspectos socioeconómicos.

Los principales objetivos de este certificado de calidad son: asegurar el cumplimiento de la legislación; confirmar que se trabaja una sistemática de mejora del comportamiento ambiental, con reducción del consumo energético, reducción del consumo de agua, gestión de residuos, etc. y utilizar el valor añadido que supone el obtener el certificado de gestión ambiental. Además, las ventajas que ofrece la obtención de este certificado de calidad ambiental son fundamentalmente las siguientes:

- Mejora de las relaciones: relaciones con la sociedad que refuerzan la imagen de la entidad prestadora del servicio.

- Anticipación a futuros escenarios legales: prepara a la empresa ante nuevas exigencias ambientales.

- Reducción de costes: optimización de procesos que ayudan a evitar costes por sanciones legales, por indemnizaciones derivadas de una mala gestión ambiental y por situaciones imprevistas de riesgo medioambiental.

b) Sistema de gestión de la calidad según ISO 9001:2000

El certificado o norma internacional ISO 9001 especifica los requisitos para un Sistema de Gestión de la Calidad (SGC) que se aplica a todo tipo de entidades, en este caso, entidades prestadoras de servicios acuáticos. Se centra en la evaluación de la eficacia de la gestión de la Calidad para dar cumplimiento a los requisitos de los usuarios/clientes.

c) Sistema de seguridad y salud en el trabajo según OHSAS 18001

La implantación de un sistema de Seguridad y Salud Laboral tiene por objeto la mejora continua de las condiciones de trabajo. Proporciona una mayor fiabilidad y continuidad del sistema de prevención implantado, aportando además un valor añadido de confianza, mejorando la imagen de las gestiones realizadas por las entidades que prestan este tipo de servicios. Los principales beneficios son conseguir una mejor administración de riesgos de salud y seguridad, y una reducción potencial del número de accidentes. En las instalaciones acuáticas como se ha podido observar en otros capítulos del presente libro, los riesgos son mayores para el ser humano, ya que el agua no es su medio habitual en el que vive.

d) Sistema de gestión de la Accesibilidad Global según UNE 170001-2:2001

La accesibilidad se ha entender como condición que deben cumplir los entornos, productos y servicios para que sean utilizables y practicables por todas las personas. En el caso de las piscinas o complejos acuáticos, sobre todo en aquellos cuyas actividades se realizan en entornos con afluencia de público, es muy necesario un sistema de gestión de la accesibilidad. Los principales objetivos de esta norma son el cumplimiento con la legislación vigente en materia de accesibilidad, y la adaptación durante el periodo de vigencia de la certificación.

A través del seguimiento o aplicación de esta norma las entidades podrán evaluar el cumplimiento de las normas de accesibilidad. Además, mejoraran su imagen frente a los ciudadanos que utilizan estos servicios, se prestigiarán como referentes de entidades comprometidas con la sociedad, con los entornos adaptados de trabajo.

Una de las principales condiciones que establece esta norma es el cumplimiento de los llamados requisitos DALCO: Deambulación, aprehensión, localización, y comunicación (están definidos en la parte 1 de la norma UNE 170001). Estos requisitos DALCO, establecen las condiciones que deben reunir los entornos de accesibilidad (en este caso entornos de la instalación acuática pero también accesos, vestuarios y demás servicios/espacios) cuando un usuario realice actividades, desplazamientos o cualquier otra acción.

e) Sistema de gestión de la Calidad según UNE 66175:2003

Esta norma sirve de guía para la implantación de sistemas de indicadores cuyo objeto es la gestión de la calidad de los servicios (en este caso acuáticos). Establece las directrices para la definición y el desarrollo de indicadores de gestión de cualquier proceso o actividad, de forma que sirvan eficaz y eficientemente para la toma de decisiones por los responsables de los procesos o actividades afectadas y, en consecuencia, sirvan para la mejora de las organizaciones.

B) Modo de proceder en la aplicación de un sistema de calidad

Suele ocurrir, cuando todavía no se tiene implantado un sistema de calidad, que se produzca un rechazo ante el desconocimiento sobre el modo de comenzar. Seguidamente se incluye una posible secuencia de actuaciones que trata de clarificar el proceso, numeradas para su mejor lectura:

1. Ante todo debe conocerse y entender qué es un sistema de gestión de calidad y cuáles son sus requisitos. Para esto es necesario optar, inicialmente, por uno de los sistemas de calidad vigentes que mejor se ajusten a los propios intereses como organización de natación (una opción puede ser ISO-9001).
2. Como primera acción la organización deportiva deberá nombrar un comité de calidad interno y elaborar los documentos que reflejen la realidad de la piscina o club (descritos en los puntos siguientes).
3. En caso de que no lo esté, debe definirse la política de calidad de la organización (piscina, club) y actualizarla si procede. La política de calidad evidencia la declaración de la finalidad de la entidad acorde a los objetivos del sistema de calidad, y a las funciones recogidas en los estatutos de su creación. La plasmación de la política del club o piscina para la certificación de calidad, debe ser un documento completo, facilita su desarrollo el responder a algunas cuestiones como:

    - Planes generales de la organización deportiva (analizar qué hace).
    - Programas y actividades que desarrolla y ofrece la piscina (analizar cuánto hace).
    - Socios, clientes, usuarios a quienes van dirigidos. Sector social hacia el que se dirigen la actividades (analizar para quién se hace).
    - Aspiraciones y necesidades de la población que se pueden y se tratan de atender (para qué se hace).

- Compromisos que adquiere para con los usuarios, socios.
- En qué se diferencia la piscina de las otras piscinas de la ciudad o del entorno.
- Cuáles son es las aspiraciones futuras de la piscina o del club de natación.

4. La entidad de natación debe realizar un diagnóstico de su situación, se identificarán todas las funciones que desempeña, actividades, planes y programas que desarrolla y con qué metodologías, documentos con los que trabaja, etc. En aplicación de los principios de la gobernanza conviene que en la elaboración de estos documentos participen muy activamente personas que no formen parte del personal propio de la piscina (al objeto de garantizar su objetividad), pero que mantengan una relación con ella que les acredite como conocedoras de los desempeños, de los servicios que desarrolla.
5. A partir de esas dos últimas acciones el siguiente paso consistirá en comparar los datos obtenidos en el diagnóstico con los requisitos de la norma de calidad que se va a manejar y ver cuáles de ellos se cumplen y cuáles no.
6. Será el momento de decidir si seguir con la adopción y aplicación de la norma de calidad, a la vista de las ventajas que le puede proporcionar.
7. Optar por designar una persona de la entidad de entre quienes conforman el comité de calidad, como responsable de calidad o, por el contrario, contratar a una empresa especialista en la implantación de sistemas de calidad que nos dirija en el proceso. En este segundo caso deben establecerse previamente las actuaciones de cada una de las entidades, club y empresa consultora, las mutuas responsabilidades, y fijarlas en el contrato.
8. Decidir el alcance y los resultados deseados por la piscina o el club sobre qué procesos desea obtener la certificación (global de la entidad, sobre la enseñanza y perfeccionamiento acuático, protección medioambiental, atención a los socios y usuarios, etc.).
9. Evaluación de los recursos disponibles, económicos, de infraestructuras, sociales y humanos.
10. Decidir y fijar la temporalidad del proceso, sus etapas y calendario.
11. Implicar a la totalidad de la plantilla en el proceso, dirección, administrativos, operarios, técnicos y profesores; también resulta muy necesario implicar a los usuarios de la piscina y a los grupos de interés.
12. Definir la totalidad de los procesos que se desarrollan en la piscina e identificar los que son clave en la gestión por resultar susceptibles de dar respuesta a los objetivos de calidad marcados.

Se entiende por proceso cada una de las secuencias de desempeño que están completas, de principio a fin, que parten desde un plan o desde una proyecto principal, estando constituido por el conjunto de recursos y actividades interrelacionadas que transforman elementos de entrada en elementos de salida. Los procesos pueden ordenarse en tres tipos:

- Estratégicos. Relacionados directamente con el fin de la organización. Debe estar involucrado el equipo directivo.
- Operativos. Generan y aseguran el funcionamiento de los servicios que se ofrece. En el caso de entidades de servicios serán los procesos en contacto directo con los usuarios. Implica directamente a los técnicos y especialistas.
- De asistencia o apoyo. Facilitan el desarrollo de los procesos operativos y en general el buen funcionamiento de la entidad. Implica a administrativos y operarios.

Posiblemente en el caso de las organizaciones deportivas resulte más interesante una estructura de los procesos ordenados en cuatro niveles:

a. Organizativo de la gestión. Analizará las funciones propias de este cometido o de esta área, tales como, la estructura de la organización; la planificación de la gestión desarrollada; la definición de los puestos laborales con sus misiones, funciones, tareas y responsabilidades; la planificación de la calidad; la atención que se le presta al usuario, a los nadadores; atención a los usuarios potenciales; la compra de materiales y productos; los cursos de perfeccionamiento de todo el personal; etc.

b. Deportivo. Analizará los servicios deportivos prestados; los programas, las metodologías; los niveles de inscripción; los ratios de inscripciones y de repetición, de cursos y programas; las titulaciones de los monitores, su actualización, su pedagogía, etc.

c. Mantenimiento de la piscina. Resulta básico conocer los procesos que se desarrollan para mantener en buen estado las distintas dependencias, recepción, pasillos, vestuarios, duchas, vasos, paredes, calidad de agua, salas de máquinas, sala de espera, etc. en cuanto a seguridad, limpieza, conservación, higiene y estética.

d. Social. Necesario para conocer el modo en que se trabaja para la introducción de la piscina en la ciudad o el barrio en el que se asienta.

La confección de los procesos debe hacerse mediante entrevistas con las personas adecuadas que realizan por sí mismas y de forma convenientemente, los cometidos. Se les informa del objetivo de la entrevista —que conviene realizarla en el puesto de trabajo siempre que sea posible— para visualizar el modo de proceder a la vez que se describe. Y se les consulta si sugieren alguna idea que mejore el proceso. Cada uno de ellos debe identificarse a través de:

- Nombre del proceso.
- Persona entrevistada, que debiera ser quien lo realiza habitualmente.
- Utensilios, elementos o herramientas que precisa y utiliza.
- Descripción de todas las tareas que se realizan en cada proceso.
- Problemas que se plantean o que suelen (o pueden) aparecer.
- Posibles mejoras que se proponen por su ejecutor responsable.
- Otra posible documentación de apoyo.

Conforme a la ISO 9001:2015, en la determinación de los procesos para la gestión de calidad, se deben realizar las siguientes actuaciones, que en su conjunto se suele denominar mapa de procesos (desarrollados en la piscina):

- Reconocer las entradas necesarias y salidas esperadas de cada uno de los procesos que tienen lugar en la piscina.
- Describir las secuencias de las actividades que constituyen cada proceso y las interacciones entre ellas.
- Establecer y aplicar los criterios y métodos necesarios para asegurar la operación y su control.
- Detallar los recursos necesarios para el buen desarrollo de cada proceso.
- Exponer los posibles riesgos y, en su caso, las oportunidades de cada proceso.
- Definir los indicadores que podrán determinar el logro del proceso y sus resultados esperados.
- En su caso, aplicar los cambios necesarios para asegurar el logro del proceso.
- Mantener y conservar la información documentada que acredite las operaciones realizadas.

13. Elaborar el «manual de calidad», en el que se describirá el modo en que la entidad aplicará la norma de calidad (p.e. IRAM-ISO 9001:2015) en los distintos procesos que se desarrollan.
14. Conviene un ensayo de certificación (auditoria interna) que valore si se está en condiciones de acreditar, así como las exigencias a que obliga la certificación en el futuro para mantenerla.
15. Puesta en marcha del sistema de calidad y de sus respectivos procesos (implementación). Es necesaria una estrecha colaboración entre la totalidad del personal de la piscina o club y la empresa asesora.
16. Capacitar y formar al personal en los procesos y modos de actuar referentes a calidad.
17. Comprobar la idoneidad y eficacia de los procesos diseñados.

18. Decisión de certificar, o no. Y en caso afirmativo la certificación por un organismo acreditado (auditoria externa).
19. Puede ocurrir que en la auditoria externa se detecten no conformidades (algo frecuente). En estos casos el organismo certificador facilita unos plazos a la entidad para que subsane las deficiencias.
20. Revisiones anuales periódicas de la certificación.

C) Las normas de calidad internas de la piscina

La eficacia de una buena gestión está supeditada, en parte, a una conveniente normalización de las actuaciones. Una norma puede admitirse como un estándar de conducta que, desde la consideración del principio de participación de la buena gobernanza, debería ser consensuada por la totalidad de los miembros de la piscina o del club de natación, como así mismo por la totalidad de los usuarios o socios en cada caso. Pero no todas las normas son de cumplimiento por ambos colectivos. Las normas de calidad, por ejemplo, deben ser un requisito de funcionamiento interno, de gestión, cuyos resultados serán disfrutadas por los clientes, los usuarios, por los nadadores.

Resulta imprescindible que todos los miembros de la plantilla de la piscina conozcan los modos de proceder, los estándares de calidad establecidos por la entidad deportiva, el modo de funcionar (normas de calidad); y tan básico como el procedimiento de la norma es la comprensión de los motivos que inducen a su implantación. Y para que estas normas de calidad del servicio sean operativas deberán cumplir, al menos, los siguientes cuatro requisitos:

a. Enfocadas al cliente, al socio, a los usuarios de la piscina.
b. Ajustadas a las características de los servicios acuáticos que se ofrecen.
c. Poder ser ponderables.
d. Servir en todos los niveles de gestión de la entidad, en toda su estructura organizativa.

a) Diseñarse pensadas para el cliente y estar expresadas de forma inteligible, abarcando la totalidad de los espacios (piscina, vestuarios, sauna...), y de los programas acuáticos ofertados. Toda norma de calidad establecida en la piscina debe tender a satisfacer al cliente, al nadador cualquiera que sea su nivel, deportivo y de intereses. Debe establecerse desde la consideración de quien la disfruta. Así pues:

a1. Cada norma debe no determinarse en base a parámetros de funcionamiento (constituyen otro tipo de normas), sino en cuanto a parámetros de resultados para el nadador: qué desea, qué necesita, qué espera, qué obtendrá, etc.

a2. Deberá establecer y especificar los comportamientos a adoptar para atender la satisfacción del cliente, a dos niveles, infraestructuras y atención personal. Contemplará la totalidad de los parámetros que intervienen en la estancia del usuario en la piscina, desde el corte del seto del jardín de acceso, hasta la atención y actitud del socorrista al borde del vaso, por citar dos aspectos bien diferentes.

Tender hacia la satisfacción de los deportistas, por lo tanto, exige a la organización que gestiona la piscina o el complejo de ellas, especificar y abordar los trabajos a realizar en la instalación (obras, mantenimientos, mejoras...), cometidos por puestos laborales y actitudes hacia los clientes, generales de toda la organización y específicos de cada puesto.

a3. Emprender estas acciones requiere una definición inicial sobre los métodos a emplear para llevarlo a término.

b) Cada norma deberá ajustarse a las características de servicio al que atiende. A través de este concepto se matiza el segundo punto del anterior apartado. Pueden, de este modo, establecerse «paquetes» de normas por áreas de desempeños, inclusive organizarlos de manera jerárquica (p.e. el principal servicio de una piscina es la actividad acuática; constituirá el primer conjunto de normas de calidad. Si se estima que la segunda de las áreas de atención o servicio es el correspondiente a los vestuarios, conformará el siguiente conjunto de normas a atender, etc.). Mediante esta sistemática se van ordenando áreas diferentes de normas que en su conjunto constituirá la normativa de calidad de la piscina.

c) Poder comprobar los niveles de calidad prestados requiere medir los trabajos, los cometidos y las actitudes. Medir los trabajos puede resultar relativamente fácil puesto que se reduce a hechos físicos, a resultados. Los desempeños que producen trabajos pueden medirse a partir de éstos; los que producen actitudes, y éstas mismas, adquieren una mayor complicación si se pretenden medidas cuantitativas, ¿cómo medir la amabilidad, la cortesía...?

En caso de las actitudes resulta conveniente descomponer los desempeños en elementos unitarios y cuantificables. Acoger al grupo, motivar y dar confianza podrían ser ideas respecto a cuál debe ser el comportamiento, la actitud del profesor del grupo de adultos, que se transformarán en la norma de calidad de ese servicio; éstas, en el presente caso, se podrán diseñar acciones como:

- Recepción de los nadadores integrantes del grupo.
  - Comunicación no verbal. Además acogedor; sonreír conforme van llegando los alumnos del grupo; dar frente al grupo; mirar a todos a los ojos, entre otros.
  - Comunicación verbal. Saludar al grupo; preguntar a cada uno por su estado, cómo se encuentran, etc.
- Explicaciones sobre el contenido de la sesión.
  - Comunicación visual. Presentar los elementos con los que se va a trabajar; distribución por las calles; mostrar fotografías de las tareas, ilustraciones.

- Comunicación no verbal. Mantener la actitud cordial; realizar los gestos técnicos que deberán practicar...
- Comunicación verbal. Explicaciones claras de las tareas; problemas que se van a encontrar; preguntar dudas...
- Despedida del grupo al finalizar la sesión.
- Interesarse sobre la sesión, qué les ha parecido; qué han sentido.
- Mencionar de manera personalizada algunas mejoras logradas; reforzar actitudes.
- Invitar a asistir el próximo día, la próxima sesión.
- Estrecharles la mano, sonreír.

d) Las normas de calidad, puesto que afectan a los miembros de la organización deportiva al completo, deben ser utilizadas por todos. Es necesario por lo tanto, que cada miembro conozca la totalidad de las normas, conozca su justificación y el modo en que su trabajo participa en el logro del grado de calidad marcado y pretendido.

Las normas se jerarquizan por niveles, de las más generales a las más particulares, en el contexto de la organización en el que se establece la política deportiva y de gestión. En su conjunto conformarán la normativa de calidad de la organización; y se dividirán y aplicarán por áreas de actuación, o servicios, como por ejemplo:

- Área de recepción: Recepcionistas o primer contacto del nadador usuario con la piscina, con el club de natación.
- Área técnica: Profesores, entrenadores y socorristas; base del servicio prestado en la piscina.
- Área de administración: Personal de administración, responsable de los procesos de gestión contractual, económica, de intendencia.
- Área de mantenimiento: Personal de mantenimiento, conservación y limpieza, encargado del funcionamiento y entretenimiento de la maquinaria, limpieza por sectores, conservación, etc.
- Otras áreas estimadas por la dirección gerencia.

De cada una de estas áreas se concretarán los respectivos trabajos a desempeñar, los cometidos por puestos, el modo de ejecutarlos, la actitud hacia los usuarios y su incidencia en quienes acuden a la piscina, clientes, socios, usuarios en definitiva. Continuando esta estructura ordenada por rangos se descenderá a cada uno de los puestos, en el que se especificará el contenido de su trabajo, modos de realizarlo y el modo en que incidirá en la satisfacción del usuario de la piscina (Tabla 7.2).

Tabla 7.2. Normas de calidad, generales, por áreas y por puestos

Norma general	Norma de cada área	Norma de cada puesto
· Política de la organización · Filosofía de gestión	· Tareas adscritas · Métodos, modos de hacer · Incidencia en el usuario nadador	· Trabajos a realizar · Métodos, modos de ejecutar · Aportación al nadador

Fuente: Mestre J.; 2010. Adaptado.

En el diseño general del proceso resulta muy útil la confección de un diagrama de recorridos (DR) y también un diagrama en el que figuran los recorridos, las áreas y las normas que les afectan —podría denominarse DRAN—, ambos basados respectivamente, como concepto, en los «diagramas de flujos» y en los diagramas *program evaluation and review tecniche* (PERT, por sus siglas en inglés).

El primero consiste en determinar los posibles recorridos susceptibles de ser efectuados en la instalación por quienes acuden a ella, bien a nadar, como espectadores o acompañantes, desde que entran en ella hasta que la abandonan, incluyendo la totalidad de las opciones posibles, como puede apreciarse en el ejemplo expuesto en la Figura 7. (ver pág. siguiente). En este tipo de diagramas que se proponen, además de los recorridos físicos posibles se muestran de manera diferenciada, con colores, las áreas afectadas de cada uno de los tramos precisos. En la parte inferior conviene establecer las normas de aplicación en cada área.

Por su parte el diagrama DRAN se basa en una representación asociada al anterior en el que se recogen los recorridos mediante (sub)diagramas diferenciados (por ejemplo, por áreas), de coincidencia en color con los DR. En el lateral derecho se establecen las normas que imperan en cada área y actividad, y en la parte inferior las normas concretas de cada puesto (figura 7.2).

Figura 7.2. Diagrama de Acciones, Clientes-Respuestas, Empresa (DACRE)

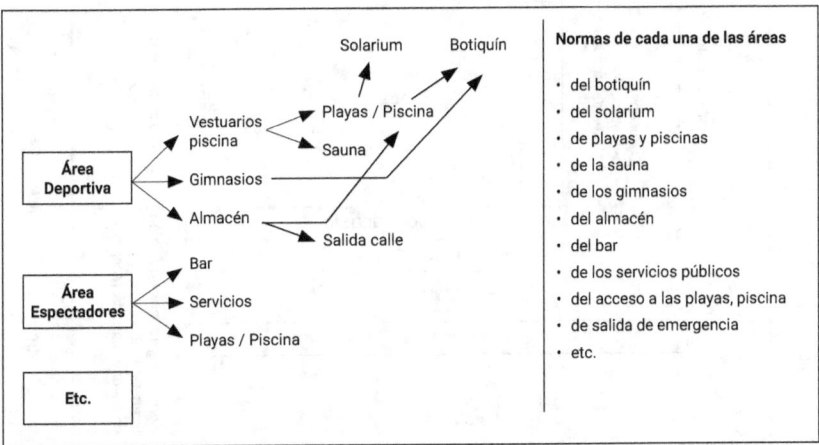

Fuente: Mestre J. Diseño: Mestre N.; 2018.

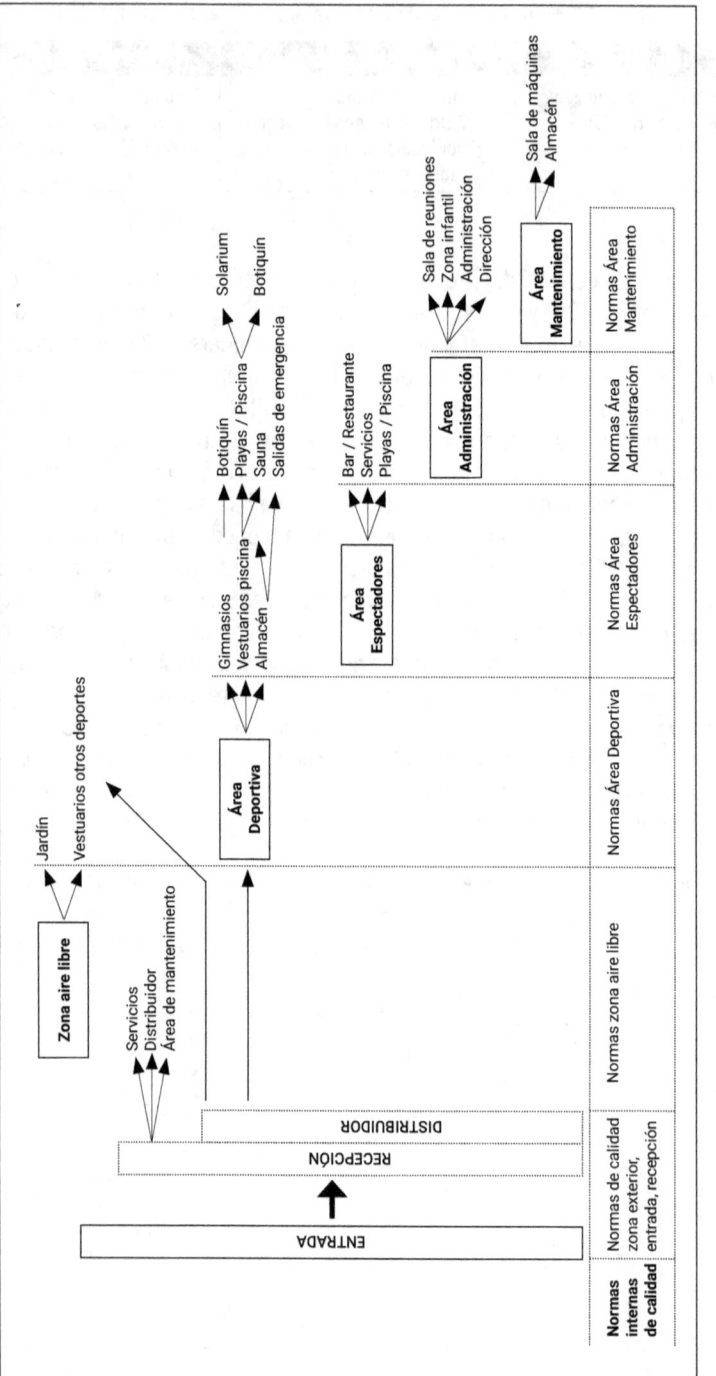

Figura 7.1. Diagrama de recorridos (DR)

Fuente: Mestre J. Diseño: Mestre N.; 2018.

El cuadro de mandos integral

El «cuadro de mando integral» es una herramienta de gestión muy útil para medir la evolución de la actividad de una entidad que presta servicios acuáticos. Ofrece una amplia visión para un seguimiento detallado de la marcha del servicio, que engloba varios aspectos que van desde los financieros a otras variables decisivas en el buen desarrollo de la entidad. Mide el cumplimiento de los objetivos estratégicos y sus resultados. Por otro lado, facilita la toma de decisiones, puesto que recoge un conjunto coherente de indicadores que proporcionan a los responsables que dirigen la entidad una visión comprensible del servicio, tanto a medio cómo a largo plazo. En definitiva, la información aportada por el «cuadro de mando», permite alinear a los responsables con los objetivos, los recursos y los procesos estratégicos de la entidad.

A través del sistema de indicadores recogido en el cuadro de mandos, indicadores de control, financieros y no financieros, se puede obtener la información precisa en un determinado momento de la gestión. Se mejora, de este modo, el seguimiento en el cumplimiento de los objetivos operativos y también estratégicos de la entidad. Esta herramienta de evaluación de la gestión de la piscina está enfocada a mejorar la toma de decisiones y corregir las desviaciones a tiempo.

La aplicación de un cuadro de mando integral se debe combinar con la planificación de carácter estratégico, si lo que pretende es promover la toma de este tipo de decisiones en la entidad. Medir el desempeño del servicio hoy y su posible rendimiento futuro, conocer la alineación de las actividades acuáticas, y en general deportivas, en marcha y de las que se iniciarán próximamente o comprobar si se están alcanzando los objetivos estratégicos resulta imprescindible para impulsar la toma de decisiones.

Las perspectivas o puntos de vista más frecuentes (no son las únicas, ni siempre las mismas, depende de la entidad y de sus objetivos) que componen normalmente un cuadro de mando y, desde las cuales se observa y recopila la información que será medida después, son las siguientes:

a. Perspectiva de aprendizaje y crecimiento: Se refiere a los recursos personales y la tecnología. Incide sobre la importancia que tiene el concepto de aprendizaje por encima de lo que es en sí la formación tradicional. La formación, pero también la acción de los llamados tutores o mentores de la entidad, juegan un papel relevante, al igual que la actitud y una comunicación fluida entre los empleados.

b. Perspectiva de procesos internos: La evaluación de los indicadores que configuran esta perspectiva facilita una valiosa información acerca del grado en que las diferentes áreas se desarrollan correctamente. Indicadores en procesos de innovación, calidad o productividad pueden resultar clave, por su repercusión comercial y/o financiera.

c. Perspectiva del cliente (nadador): La satisfacción del cliente como indicador, sea cual sea el servicio de la entidad, se configura como un dato de gran transcendencia. Repercute en el posicionamiento y la imagen de la entidad en relación a la competencia, y refuerza o debilita el prestigio o reputación de la entidad por parte del usuario, cliente, socio de la piscina.

d. Perspectiva financiera: Refleja, sobre todo, el propósito último de las entidades con vocación comercial, con ánimo de lucro (caso, sobre todo, de las piscinas privadas empresariales, sin menoscabo de este propósito entre las piscinas públicas y las asociativas): sacar máximo partido de las inversiones realizadas. Se mide la capacidad de generar valor y, por tanto, de maximizar los beneficios y minimizar los costes de la entidad.

La implementación de un cuadro de mando integral pasa por una primera etapa que corresponde al diseño de las estrategias de la entidad. Este diseño se inicia con un análisis de la situación actual que permite saber dónde se encuentra la entidad deportiva y hacia dónde se dirige, lo que se conoce como misión y visión corporativas. A continuación, se definen las estrategias, las diferentes maneras cómo la compañía irá avanzando hacia la visión, y se establecen los objetivos, empezando por los más concretos y cercanos en el tiempo. A partir de aquí se determinarán los indicadores. Se trata de una fase clave para ordenar correctamente el desarrollo del proceso y evaluar los resultados de las acciones. Todos quienes componen la entidad de natación deben conocer los detalles del plan estratégico y el proceso de seguimiento, con el fin de alinear esfuerzos en una única dirección y con un solo propósito. La transparencia y la consistencia constituyen dos valores que guiarán los procedimientos. Para un buen aprovechamiento del cuadro de mando integral, para que resulte operativo y realmente funcional, no se recomienda utilizar más de siete indicadores en cada perspectiva.

Las principales características del cuadro de mando integral son:

- Valoración: debe permitir poder evaluar la gestión de la piscina.
- Flexibilidad: debe permitir el cambio de los contenidos de evaluación.
- Comparación: debe permitir la comparación de los resultados de las diferentes unidades del servicio entre ellas y a través del tiempo.
- Facilidad: debe ser sencillo y de fácil manejo.
- Conectividad: debe ser accesible desde diferentes centros y con conexión en red si fuera necesario.
- Aplicabilidad: debe adaptarse fácilmente a cualquiera de las realidades que puedan afectar.

Para poder construir el cuadro de mando es necesario identificar los aspectos que determinan el resultado de la gestión de un servicio. Por este motivo es necesario iniciar el proceso realizando un análisis interno de la entidad con el fin de identificar cuáles son las áreas, los programas acuáticos, las actividades, en las que hay que intervenir para garantizar los objetivos propuestos. El análisis se desarrolla a partir de cuatro perspectivas:

- Económico-Financieras: Conocimiento sobre la evolución económica de la entidad deportiva, en cada una de los servicios o actividades ofertados. La evolución es diferente en función de su punto de equilibrio.
- Clientes: Conocimiento sobre cuál es la segmentación de clientes de la piscina, qué segmento aporta más recursos, su grado de satisfacción, el índice de fidelización, etc.
- Procesos internos: Información sobre los procesos de trabajo propios del club, de la piscina, nivel de formación del personal, estándares de calidad en la prestación del servicio, consumos energéticos, % de ocupación, etc.
- Inversiones: Información sobre los conocimientos, habilidades y tecnología necesaria para implantar en un futuro.

En base a la ponderación de los diferentes servicios y actividades que se ofrecen, se generarán los indicadores que aportarán la información necesaria para poder tomar decisiones. De cada uno de los servicios y actividades definidas mediante el análisis interno de la entidad se genera el indicador necesario para su control.

Por ejemplo, la «capacidad máxima hora» de una instalación (piscina) permite identificar el número de personas/hora que pueden acceder al servicio (siempre dentro de los límites que admite la legislación). Permite medir el nivel de ocupación de la instalación y tomar decisiones en consecuencia. Midiendo este indicador se puede actuar sobre el número máximo óptimo de usuarios/clientes al que se puede ofrecer servicios con calidad de forma regular (semanal, mensual, anual). El número de servicios máximos anuales determina la capacidad máxima óptima de producir ingresos; permite conocer si la entidad tiene la capacidad de generar los servicios suficientes para sufragar los gastos a un precio determinado; permite conocer si los diferentes espacios deportivos y complementarios (vestuarios) tienen la dimensión óptima; permite decidir sobre futuras ampliaciones de la entidad y determinar los m^2 necesarios de lámina de agua; el % de ocupación de los espacios deportivos anexos; conocer los espacios más utilizados de manera objetiva y; poder realizar acciones de promoción.

Ante la necesidad de maximizar el beneficio económico o social aportado por cada cliente a la entidad, es necesario conocer el coste que supone el uso de cada uno de los espacios e instalaciones que posee la entidad, de cada uno de las actividades o servicios que presta, en especial acuáticos. Por ejemplo, ante la situación posible de máxima ocupación en diferentes horarios y servicios de las instalaciones (piscinas), permite conocer el coste por usuario/cliente y por consiguiente:

- Determinar el precio mínimo por servicio y cuota.
- Identificar el beneficio por tipología de usuario/cliente, concretando las tipologías más rentables económicamente.
- Segmentar el volumen de usuarios/clientes en función de su facturación total.

- En el caso de que la entidad gestione una instalación en régimen de concesión (caso, p.e. de las piscinas públicas), renegociar el canon en función de los servicios prestados por debajo del coste.
- Identificar los clientes que suponen un coste para la entidad.

Con la definición de todos los indicadores se construye el cuadro de mando necesario para gobernar y gestionar la organización. El proceso de forma resumida puede verse en el siguiente esquema:

- Diseño de indicadores y cuadro de mando:
  - Formalización del sistema de indicadores.
  - Selección y denominación de indicadores.
  - Forma de cálculo. Especificación del indicador y fuentes de información.
  - Forma de representación.
  - Definición de responsabilidades.
  - Definiciones de umbrales y de objetivos.
  - Construcción del cuadro de mando.
- Implantación del sistema de indicadores:
  - Formación de las personas involucradas.
  - Comunicación y motivación.
  - Validación de indicadores y cuadro de mando.
- Explotación de la información:
  - Toma de decisiones y definición de las áreas de mejora.
  - Comunicación de resultados.
  - Examen periódico del sistema de indicadores y del cuadro de mando:
  - Pertinencia de los indicadores y cuadros de mando.
  - Mejora del sistema.

Los sistemas de evaluación de la gestión basados en normas

La seguridad es uno de los aspectos más importantes a evaluar en la gestión de piscinas o entidades de natación. La seguridad en este tipo de servicios o instalaciones dedicadas a ofrecer servicios y actividades acuáticas, debe contar con la presencia de una serie de elementos que tienen por objeto mejorar la seguridad en las piscinas. Estos elementos son muy importantes por el elevado riesgo de accidentes que sufren las piscinas. Además, contar con la información y recursos necesarios es imprescindible para garantizar la prevención de riesgos para los usuarios de este tipo de servicios. Con el fin de reducir accidentes y posibles muertes por ahogamiento, se ofrece una serie de elementos básicos que deben estar presentes en una buena gestión de la seguridad, que completan y amplían los recogidos en otros apartados:

- Monitores-socorristas: depende de los metros cuadrados de la piscina. En la mayoría de los casos se requiere un socorrista con hasta 500 metros cuadrados de lámina de agua. Puede variar según la legislación aplicable en cada país, estado o ciudad.
- Vigilancia total sobre los menores: no dejar a los menores solos sin la supervisión de un adulto.
- Manguitos, flotadores, chalecos, etc.: para todos los usuarios que no sepan nadar o lo hagan con dificultad. Son sistemas de flotación, no son salvavidas.
- Dispositivos de salvamento: las piscinas deben contar, además de con socorristas, elementos de salvamento en el agua y botiquín de primeros auxilios.
- Atrapamiento: se deben eliminar todos los elementos que pudieran ocasionar atrapamiento, sobre todo los sumergidos en el agua.
- Duchas en la entrada de la piscina: las duchas se situaran en los puntos de acceso para ser empleadas por los bañistas cuando accedan a la piscina.
- Cartelería de información y/o señalización: debe indicar los usos y restricciones de las piscinas en todos los accesos. Los datos que se deben identificar en dicha cartelería son, el aforo máximo, las normas que rigen el uso, teléfonos de emergencias, horarios, etc.
- Rejillas situadas en el contorno de la piscina: No deben ser resbaladizas, deben evitar atrapamientos de cualquier miembro del cuerpo y ser lo suficientemente rígidas y firmes para que puedan ser pisadas sin problemas.
- Rejillas de absorción e impulsión: estar firmemente fijadas y no ser desmontables salvo con el uso de herramientas. Un exceso de succión puede hacer que un menor se quede atrapado en el interior de la piscina.
- Profundidad de la piscina: las profundidades mínimas y máximas deben estar bien identificadas y poder ser vistas desde el exterior e interior de la piscina.

La «normalización técnica» es una herramienta para conseguir la calidad considerando la seguridad. Es la actividad de elaboración y revisión de normas/especificaciones técnicas en el ámbito de la gestión del deporte. Es un proceso técnico, de carácter voluntario, cuyo objetivo es mejorar la calidad de los productos, servicios y entidades que los prestan, promover la seguridad, y disminuir las barreras al servicio.

La normalización técnica la constituyen las normas/especificaciones técnicas al efecto, las cuales recogen la idoneidad, adaptación a la función y seguridad de los productos mediante una serie de requisitos técnicos a verificar mediante métodos de ensayo. Por ejemplo, las normas españolas UNE han sido elaboradas por AENOR (Asociación Española de Normalización y Certificación) mediante sus comités técnicos (CTN). Las normas europeas EN adoptadas y ratificadas como normas españolas UNE-EN son elaboradas por el Comité Europeo de Normalización a través de sus comités técnicos (TC) con objeto de que unifiquen los criterios de normalización en el ámbito europeo, de tal manera que sustituyan las que existen en cada país. La normalización técnica se realiza con la participación de expertos (fabricantes, profesionales, usuarios, centros de investigación, representantes de las administraciones públicas, etc.) que voluntariamente se incorporan a los trabajos de normalización a través de AENOR. Estas normas no son de obligado cumplimiento salvo que la administración competente las haga obligatorias mediante ley, decreto, reglamento o exija su cumplimiento en los pliegos de prescripciones técnicas de los proyectos de construcción o en los contratos de servicios y/o suministros.

Con estas normas los titulares de instalaciones (con piscinas) ya sean públicas o privadas de uso público, disponen de una referencia de calidad y evaluación de la seguridad para la adquisición, dotación y construcción de los equipamientos deportivos. Algunas de las principales normas que pueden afectar a los prestadores de servicios acuáticos en piscinas son las que se muestran en la Tabla 7.3.

Tabla 7.3. Principales normas que pueden afectar en la prestación de servicios acuáticos en piscinas

UNE-EN 13451-1:2001	Equipamiento para piscinas. Parte 1: Requisitos generales de seguridad y métodos de ensayo.	Seguridad, Funcionalidad	Usuarios	Equipamiento
UNE-EN 13451-2:2001	Equipamiento para piscinas. Parte 2: Requisitos específicos de seguridad y métodos de ensayo adicionales para escalas, escaleras y barandillas.	Seguridad, Funcionalidad	Usuarios	Equipamiento
UNE-EN 13451-2:AC:2004	Equipamiento para piscinas. Parte 2: Requisitos específicos de seguridad y métodos de ensayo adicionales para escalas, escaleras y barandillas.	Seguridad, Funcionalidad	Usuarios	Equipamiento
UNE-EN 13451-3:2001	Equipamiento para piscinas. Parte 3: Requisitos específicos de seguridad y métodos de ensayo adicionales para accesorios de piscinas destinados al tratamiento de agua.	Seguridad, Salubridad, Funcionalidad, Aspectos medioambientales	Usuarios	Equipamiento
UNE-EN 13451-4:2001	Equipamiento para piscinas. Parte 4: Requisitos específicos de seguridad y métodos de ensayo adicionales para plataformas de salida.	Seguridad, Funcionalidad	Usuarios	Equipamiento

UNE-EN 13451-5:2001	Equipamiento para piscinas. Parte 5: Requisitos específicos de seguridad y métodos de ensayo adicionales para las líneas de calle.	Seguridad, Funcionalidad	Usuarios	Equipamiento
UNE-EN 13451-6:2001	Equipamiento para piscinas. Parte 6: Requisitos específicos de seguridad y métodos de ensayo adicionales para placas de giro.	Seguridad, Funcionalidad	Usuarios	Equipamiento
UNE-EN 13451-7:2001	Equipamiento para piscinas. Parte 7: Requisitos específicos de seguridad y métodos de ensayo adicionales para porterías de waterpolo.	Seguridad, Funcionalidad	Usuarios	Equipamiento
UNE-EN 13451-8:2001	Equipamiento para piscinas. Parte 8: Requisitos específicos de seguridad y métodos de ensayo adicionales para atracciones acuáticas.	Seguridad, Funcionalidad	Usuarios	Equipamiento
UNE-EN 13451-10:2004	Equipamiento para piscinas. Parte 10: Requisitos específicos de seguridad y métodos de ensayo adicionales para plataformas de salto, trampolines de salto y equipamiento asociado	Seguridad, Funcionalidad	Usuarios	Equipamiento
UNE-EN 13451-11:2004	Equipamiento para piscinas. Parte 11: Requisitos específicos de seguridad y métodos de ensayo adicionales para suelos móviles de piscina y paneles móviles.	Seguridad, Funcionalidad, Confort	Usuarios	Equipamiento
UNE EN 13138-1:2003	Ayudas a la flotación para el aprendizaje de la natación. Parte 1: Requisitos de seguridad y métodos de ensayo para las ayudas a la flotación destinadas a llevar en el cuerpo.	Seguridad, Funcionalidad, Confort	Usuarios	Equipamiento
UNE EN 13138-2:2003	Ayudas a la flotación para el aprendizaje de la natación. Parte 2: Requisitos de seguridad y métodos de ensayo para las ayudas a la flotación destinadas a su sujeción.	Seguridad, Funcionalidad	Usuarios	Equipamiento
UNE EN 13138-3:2003	Ayudas a la flotación para el aprendizaje de la natación. Parte 3: Requisitos de seguridad y métodos de ensayo para los flotadores de asiento utilizados por los niños.	Seguridad, Funcionalidad, Confort	Usuarios	Equipamiento
UNE-EN 12628:2000	Accesorios de buceo. Aparatos combinados de flotabilidad y rescate. Requisitos funcionales y de seguridad, métodos de ensayo.	Seguridad, Funcionalidad	Usuarios	Equipamiento
UNE EN 1972:1998	Accesorios de buceo: Tubo respirador: Requisitos y métodos de ensayo	Seguridad, Salubridad, Funcionalidad, Confort	Usuarios	Equipamiento

UNE-EN 14467:2004	Servicios de buceo recreativo. Requisitos para los proveedores de servicios de buceo recreativo con equipo autónomo.	Funcionalidad	Usuarios, Profesionales	
UNE-EN 14225-1:2005	Trajes de buceo. Parte 1: Trajes húmedos. Requisitos y métodos de ensayo.	Seguridad, Salubridad, Funcionalidad, Confort	Usuarios	Equipamiento
UNE EN 14225-2:2005	Trajes de buceo. Parte 2: Trajes secos. Requisitos y métodos de ensayo.	Seguridad, Salubridad, Funcionalidad, Confort	Usuarios	Equipamiento
UNE EN 14225-3:2005	Trajes de buceo. Parte 3: Trajes con sistema de calentamiento o enfriamiento activo Requisitos y métodos de ensayo.	Seguridad, Salubridad, Funcionalidad, Confort	Usuarios	Equipamiento
UNE EN 14225-4:2005	Trajes de buceo. Parte 4: Trajes de una atmósfera. Requisitos relativos al factor humano y métodos de ensayo.	Seguridad, Salubridad, Funcionalidad, Confort	Usuarios	Equipamiento
UNE-EN 13319:2000	Accesorios de buceo. Profundímetros e instrumentos de medición combinada de la profundidad y el tiempo. Requisitos funcionales y de seguridad. Métodos de ensayo.	Seguridad, Funcionalidad	Usuarios	Equipamiento

Fuente: Elaboración Orts F.; 2018.

Otro de los sistemas de evaluación de la gestión, en este caso, jurídica de la entidad, es el «*compliance*» o cumplimiento normativo que consiste en establecer las políticas y procedimientos para garantizar que una entidad, incluidos sus directivos, empleados y demás agentes vinculados, cumplan con el marco normativo correspondiente. Es un indicador de buena gestión que permite poner en marcha procedimientos que aseguren el cumplimiento normativo tanto externo (legislación sectorial), como interno de la entidad (políticas, procedimientos, códigos deontológico, de conducta...) y permitiendo que las entidades no dañen su reputación y eviten multas, sanciones y grandes pérdidas financieras. Dentro del marco normativo deben incluirse las políticas internas, los compromisos con clientes, proveedores o terceros, y especialmente los códigos éticos que la empresa se haya comprometido a respetar (la actuación debe de ser legal y ética). Contribuye, en definitiva, a aumentar la seguridad jurídica y, al mismo tiempo, potenciar que las entidades adopten sistemas de control que se extenderán a otros ámbitos de riesgo además del penal.

El sistema de evaluación del cumplimiento normativo de una entidad como las que gestionan piscinas, etc., «*compliance*», se lleva a cabo mediante cinco conjuntos de actuaciones, que han de coordinarse entre sí:

- Identificación: se han de identificar los riesgos a los que se enfrenta la entidad, de natación en este caso, teniendo en cuenta su impacto y la probabilidad de que se den. Se elabora un mapa de riesgos donde se concretan aquellas actividades susceptibles de riesgo de delito.
- Prevención: conociendo los riesgos, se debe diseñar e implementar procedimientos de control que protejan a la entidad. Evaluar periódicamente el modelo de prevención para mejorarlo.
- Monitorización y detección: la efectividad de los controles implementados debe ser supervisada, informando a la dirección de la exposición de la entidad a los riesgos, y realizando las auditorías periódicas que sean precisas. Establecer un sistema de denuncia y disciplinario de sanciones que sirva de prevención del incumplimiento normativo.
- Resolución: cuando pese a todo surge algún problema de cumplimiento, debe trabajarse para su solución. Se deben establecer los procedimientos pertinentes para la toma de decisiones.
- Asesoramiento: los directivos y trabajadores deben recibir toda la información necesaria para llevar a cabo su trabajo de acuerdo con la normativa vigente.

Toda actividad de gestión conlleva una serie de riesgos con responsabilidades, sociales, jurídicas y penales. El *compliance* en la entidad es clave para evitar el acto delictivo y sobre todo, la responsabilidad penal que tendría la entidad o la persona que haya incurrido en alguna irregularidad normativa. Es la manera de protegerse que tienen las entidades con trabajadores a su cargo. Las personas jurídicas se convierten en penalmente responsables de los delitos cometidos (en su nombre o por su cuenta) por sus representantes legales, administradores y trabajadores en general, por no haberse ejercido sobre ellos el debido control. Se entiende, por tanto, que el *compliance* es instrumento que regula la actividad de la entidad y la protege de posibles incidencias que supongan un delito (por ejemplo, las personas jurídicas adquieren responsabilidad al delinquir en el ámbito laboral).

Tradicionalmente estas funciones eran desempeñadas, generalmente, por la asesoría jurídica. Debido a la mayor complejidad regulatoria han surgido personas que se especializan en esta función, ya sea desde dentro de la entidad, o bien como parte de compañías especializadas en *compliance*.

Habitualmente para la aplicación práctica de este sistema de *compliance* será necesaria la labor de un *Compliance Officer*. Esta será la persona responsable, dentro del organigrama interno de la entidad, de informar las irregularidades al órgano rector, dirección de la entidad, que será la que tomará las oportunas decisiones. Entre sus principales funciones podemos destacar:

- Evaluación y medición del riesgo, supervisión periódica de las actividades para evaluar el entorno de control.

- Recomendaciones y seguimiento de medidas propuestas.
- Modificar el modelo de prevención y detección de delitos o irregularidades de gestión.
- Asesoramiento y análisis de cambios estatutarios y reguladores.
- Impartir formación a empleados y directivos para que conozcan y apliquen las normas.
- Informar a la alta dirección sobre los riesgos y definiciones identificadas.
- Gestionar el canal de denuncias para detectar incumplimientos del modelo y la normativa.

El sistema de *compliance* definido como «cultura de cumplimiento normativo» se debe regir por una serie de principios entre los que destacan los siguientes:

- Formación mínima que garantice un adecuado nivel de conocimientos de la entidad y de las normas aplicables.
- Involucración de la alta dirección.
- Políticas y procedimientos escritos.
- Estructura organizativa bien definida y medios adecuados.
- La independencia de la función respecto del servicio.
- Interacción con auditoria, control interno y gestión de riesgos.
- Programas de verificación y vigilancia (Monitoring & Testing).
- Acceso a la información y a todas las funciones y procesos.

Las cartas de servicios y la calidad en las piscinas y clubes de natación

Las cartas de servicios de una piscina agrupan en un solo documento el conjunto de la oferta de actividades y servicios que ofrece como entidad de natación; las actividades acuáticas que se compromete a realizar y el modo en que serán llevados a la práctica. Presentados de manera completa y clara responden, al menos, a dos de los principios de la buena gobernanza, el principio de apertura y el de responsabilidad. Las cartas de servicios constituyen un requisito recogido en distintas normas de calidad actuales. Cumplen las siguientes funciones:

- Presentar a los socios y usuarios de la piscina, en general a la población y en particular a la parte interesada, de forma explícita, las actividades acuáticas y los demás servicios que desarrolla y que se ofrecen. Un derecho que adquieren quienes se inscriben o asocian a una piscina de titularidad privada, bien se trate de asociativa o empresarial. En el caso de las piscinas dependientes de la administración pública las cartas de servicios, además, garantizan el ejercicio del derecho de los ciudadanos a estar informados acerca de los servicios públicos que se prestan.

- Y como consecuencia, en especial en el caso de los socios de los clubes de natación y de las piscinas públicas, posibilitar el conocer en qué se invierten los recursos que se generan con sus cuotas y con los precios que abonan; evaluar la inversión que realiza la piscina, la entidad de natación, y de los recursos económicos que dispone.
- Mostrar de manera expresa las expectativas acerca de las actividades acuáticas a las que los usuarios o socios pueden aspirar a través de su inscripción en los respectivos programas.
- Exponer el nivel de responsabilidad de gestores, directores deportivos y técnicos de natación, respecto de la satisfacción de los usuarios de la piscina y sus programas.
- Permitir comparar la calidad, el alcance y el contenido del servicio de natación recibido, con la esperanza generada inicialmente al aspirar a recibirlo.
- Permitir, así mismo, el seguimiento sobre el grado de cumplimiento de los compromisos inicialmente adquiridos por la organización, por ejemplo al comienzo de la temporada.

Las cartas de servicios son, por consiguiente, un elemento que contribuye a la evaluación de la gestión, motivo este por el que se ha optado a incluirlas en este capítulo y no en el que se trata la información y comunicación.

En su estructura, las cartas, para que resulten útiles, y faciliten su consulta, deben ordenarse por apartados, que se mantendrán en las sucesivas ediciones. A modo de orientación se proponen

a) Información de carácter general y legal, referida al club y la piscina; así como los servicios que oferta. Y entre ellos:

- Su denominación, misión y visión; logotipos, denominación por la que se la conoce comúnmente; fines que pretende de acuerdo a sus estatutos o su reglamento de constitución.
- Su modelo de gestión (en especial si se mantienen relaciones entre la administración pública, clubes de natación y empresas de servicios de natación).
- Relación de todos los servicios y actividades que oferta y presta, de actividades acuáticas y otros posibles, presentados de manera detallada.
- Derechos de los usuarios en relación con los servicios que se ofrecen.
- Formas de colaboración y participación de los usuarios y socios.
- Sistemas de sugerencias y quejas, canales de opinión, etc. y su forma de tramitación.

- Relación actualizada de la normativa reguladora de cada una de las prestaciones, servicios y actividades que aparecen en el documento.

b) Compromisos de calidad que se ofrecen así como los indicadores de gestión. Constará, al menos, de dos apartados:

    b1. Niveles de calidad, descritos a través de estándares numéricos, tales como plazos, períodos, horarios, etc.

    b2. Los indicadores a través de los cuales se podrán evaluar las actuaciones descritas en el anterior apartado, por lo que deberá darse una concordancia entre cada actuación y su correspondiente indicador.

c) Sistemas de aseguramiento y otras medidas. La carta debe recoger, entre otras posibles, las medidas que garanticen la igualdad de género (de conformidad con las leyes de cada país (p.e. la española Ley Orgánica 3/2007 de 22 de marzo, para la igualdad efectiva entre mujeres y hombres); las medidas para garantizar los derechos de la infancia en el deporte; las medidas que atiendan a colectivos desfavorecidos y con necesidades especiales; las medidas que garanticen el control de la calidad medioambiental (reciclaje de residuos, disminución de emisiones...) y la salud laboral; en todos los casos conforme a la legislación vigente.

d) Medidas para la subsanación, la compensación o reparación, de aplicación en el caso de que no se cumplan, parcial o totalmente, los compromisos asumidos y reflejados en la carta, y el modo de proceder en cada circunstancia.

e) Cuanta otra información se considere y estime.

Indicadores de gestión

Los indicadores de gestión son instrumentos de medición, basados en hechos y datos que utilizan los gestores de piscinas o centros deportivos y que permiten evaluar la calidad de los procesos, productos y servicios para asegurar la satisfacción de los usuarios/clientes/socios de dichos servicios. Ayudan a medir objetivamente la evolución de un proceso o actividad. El sistema de indicadores de gestión puede ayudar a obtener la calidad de los procesos esperada por la entidad gestora y mejorar la gestión de la piscina o complejo deportivo con instalaciones acuáticas.

El primer paso en la tarea de gestionar una piscina o club de actividades acuáticas es la planificación. A través de la planificación se formulan los objetivos estratégicos/operativos y se definen los planes de acción concretos que permiten alcanzar estos objetivos. La base de la planificación es el conocimiento de la realidad a través de la realización de un conveniente diagnóstico previo. Dicho conocimiento sólo se consigue midiendo los parámetros que determinan el resultado del servicio que presta la piscina.

Los indicadores ayudarán a verificar la consecución de los objetivos, son por tanto unos elementos clave en la planificación estratégica de la piscina. Permitirán apreciar el grado de consecución de los objetivos planteados (eficacia), la adecuada utilización de los recursos (eficiencia) y de satisfacción de las demandas planteadas por los usuarios/clientes. A través de los indicadores se podrá medir si se ha alcanzado o no un objetivo, evaluando y orientando, de este modo, el proceso de gestión. No obstante, es necesario saber que no existe un sistema de indicadores infalible que permita medir la eficiencia absoluta en la gestión. Siempre existirán variables que afectan a los resultados y que escapan del control de los gestores. Y sobre todo habrá variables particulares que solo afectarán a algunos procesos de gestión con peculiaridades propias.

Los indicadores, así pues, por un lado constituyen un sistema de información interna que permite conocer el nivel de calidad de las actividades que se desarrollen en la piscina y su evolución, y el nivel de eficiencia y eficacia de la programación de actividades (oferta). Por otro lado se convierten en herramientas de la transparencia al ofrecer los resultados de la gestión a quienes participan en el proyecto económicamente (inversores privados, accionistas, socios, directivos) y a los usuarios o clientes que hacen uso de las instalaciones y servicios. A través del análisis de los indicadores se podrán saber con cierta fiabilidad cómo funciona la instalación, lo que cuesta cada uno de los servicios ofertados, etc.

El conocimiento generado por el análisis y evaluación de los indicadores permitirá mejorar, de forma continua, la gestión. Permitirá al gestor saber si se están logrando las metas propuestas para poder tomar decisiones rápidas y con menos probabilidad de error, y prevenir problemas aplicando medidas correctoras. Los indicadores también permitirán apreciar los efectos de una acción sobre el sistema, optimizar los recursos materiales y humanos gracias a una adecuada planificación y la reducción de «errores», aumentando el rendimiento. En el plano económico el análisis que ofrecen los indicadores permite reducir los costes de producción del servicio, conocer las tendencias de los usuarios o clientes y adaptar el servicio a ellas. Además permitirá evaluar la gestión y revisar estrategias. En el caso de piscinas públicas el análisis con indicadores contribuirá al cumplimiento de la normativa vigente relativa a las actividades desarrolladas con inversiones públicas, como en cualquier parcela de intervención pública.

A la hora de elegir los indicadores de gestión se tienen en cuenta las siguientes características,[2] de las que depende su utilidad. Estas características servirán de guía para seleccionar los indicadores de referencia en la gestión de la piscina.

- Válidos y fiables: consistencia de los resultados; contrastable; grado en el que otra persona, utilizando los mismos instrumentos de registro obtendría los mismos resultados.
- Resultados cuantificables; comparables en el tiempo. Ser compatibles con los otros indicadores del sistema, permitir la comparación y el análisis.

---

2   López I. Evaluación y control de la gestión de actividades acuáticas: indicadores. http//www.efdeportes.com/ Revista Digital – Buenos Aires. 2005, Año 10; nº 88.

- Fieles y representativos del criterio a medir, simbolizan una actividad importante o crítica.
- Objetivos (o intersubjetivos): independiente del modo de pensar o sentir. El beneficio que se obtiene supera la inversión de capturar y tratar los datos.
- Ágiles, operativos, prácticos/sencillos: no burocráticos, aplicables y fáciles de manejar y medir. Su utilidad estriba en su capacidad para marcar tendencias.
- Comprensibles, claros y relevantes: fáciles de entender y que proporcionen información útil, relacionada con el objetivo.
- Legales: que respeten las restricciones legales sobre publicidad en el tratamiento de la información.

No bastan indicadores que informen sobre la seguridad o los resultados alcanzados, sino que también son necesarios indicadores que informen sobre la eficiencia con la que se consiguen esos resultados y sobre el grado de satisfacción del usuario o cliente receptor del servicio. La gestión a través del inventario de actuaciones llevadas a cabo ya no es suficiente, sino que resulta necesario dar cuenta tanto del cumplimiento de los objetivos como de los costes asumidos.[3] La gestión deportiva no supone una excepción en el mundo de la gestión. Aludir al número de programas deportivos, número de participantes por programa, etc., no constituye la garantía de una gestión adecuada. El gestor de una instalación acuática tiene una responsabilidad en este punto que no puede eludir. De acuerdo con lo expuesto, consideramos tres tipos de indicadores:

a. Indicadores de eficacia: se refieren al logro de resultados, son indicadores del producto final de la gestión.
b. Indicadores de eficiencia: relacionan los resultados con los recursos empleados para conseguirlos.
c. Indicadores de satisfacción: tienen en cuenta la opinión de los clientes internos (personal que trabaja en la piscina) y externos (personas que hace uso de las actividades y servicios de la piscina), y su apreciación de los resultados.

No existe, pues, un único indicador que refleje la gestión de una piscina. Para realizar un análisis completo y obtener una interpretación fiable del mismo es necesario contrastar indicadores de diferentes tipos. La elección de un único tipo de indicadores es insuficiente para la comprensión global. Los datos aislados proporcionan poca información relevante. Por otro lado, es necesario saber que no hay un sistema de indicadores estandarizado para la gestión de piscinas o complejos deportivos. Se deberá elegir y construir un sistema de indicadores en función de

---

3   Jiménez C. *et al.* Satisfacción del usuario como indicador de calidad, *Revista mejicana de enfermería cardiológica*, 2003, Volumen 11, Nº 2, mayo-agosto 2003, pp. 58-65.

cada realidad particular: objetivos, tiempo y medios disponibles, fuentes de información, uso futuro que se dé a la información, etc. Para construir este sistema de indicadores se han de definir contestando a las siguientes cuestiones:

- ¿Qué se mide? (descripción de los parámetros que se desea medir).
- ¿Cómo se mide? (formato de registro).
- ¿Cuándo y cuánto se mide? (frecuencia de registro).
- ¿Quién lo mide? (responsable/s del registro).
- ¿Quién analiza los resultados de la medida? (responsable análisis).
- ¿Quién toma las decisiones sobre la base de los resultados del análisis? (responsable gestión).
- ¿Cómo se van a difundir los resultados? (difusión).
- ¿Quién y con qué frecuencia va a revisar el sistema de obtención de datos? (revisión).

Una vez elegidos los indicadores será conveniente pasar una primera etapa de prueba para detectar deficiencias y hacer ajustes, antes de empezar a medir normalmente. Además es necesario contextualizar y relativizar los valores o datos resultantes, atendiendo a las condiciones del entorno en el cual se desarrolla la gestión y cómo evoluciona esta en cada momento.

Las actuales tecnologías permiten el tratamiento complejo de los datos, facilitan el registro y posterior tratamiento de la información para un óptimo aprovechamiento del análisis con indicadores. El empleo de indicadores no garantiza, como se ha mencionado, por sí solo una buena gestión, y su utilización indebida tiene ciertos riesgos, entre otros.[4]

- Dar más protagonismo a aquellos indicadores fácilmente cuantificables, objetivos, fáciles de medir, aunque no aporten valor, dejando en un segundo plano indicadores más subjetivos, pero también importantes.
- Centrar la toma de decisiones en los indicadores económicos, despreciando otros que indirectamente a corto o largo plazo también influyen en lo económico o contribuyen a cumplir la misión de la institución.
- Llegar a conclusiones erróneas por una interpretación parcial. Utilizarlos como escaparate de la eficiencia en la gestión, magnificando o manipulando los resultados favorables y restando importancia a los negativos.
- Considerar a los indicadores como objetivos en sí mismos. Los indicadores deben estar al servicio de los objetivos.
- Invertir demasiado tiempo en registrar datos y poco en la reflexión y toma de decisiones.

---

4 López I.; 2005, op. cit.

A. Indicadores de eficacia

Aportan información sobre los resultados de la gestión de la piscina sin considerar ni las causas ni los medios utilizados para conseguirlos. Por ejemplo, sin ser exhaustivos:

a. Número de usuarios o clientes: indicador básico que revela el volumen de personas a las que se está prestando servicio, es decir, el número de clientes global de la piscina en un momento determinado sumando todos los servicios que ofrece. Otros indicadores relacionados centran la atención en determinadas variables:
- a1) Número de clientes por actividad.
- a2) Número de clientes por grupo dentro de una actividad.
- a3) Número de clientes por monitor.

b. Número de usuarios o clientes de poblaciones especiales: como el anterior pero centrado en el volumen de personas de una determinada población a las que estamos prestando servicio:
- b1) Número de menores de edad.
- b2) Número de usuarios de la tercera edad.
- b3) Número de usuarios con diversidad funcional.

c. Nivel de penetración social: % de población que asiste a la piscina, cuota de mercado. Relaciona el número de clientes con los usuarios potenciales de la zona de influencia de la piscina. Se calcula de la siguiente forma: (Número de clientes / Número de usuarios potenciales) x 100.

d. Número de usos: se refiere a las personas que pasan por la instalación, y hacen un uso de alguno de sus servicios, cada cierto tiempo. Se obtiene multiplicando el número de clientes por la frecuencia de asistencia.

e. Número de usos por franjas horarias: informa de los intervalos horarios de máxima y mínima ocupación. En estos últimos será en los que tendremos que centrar nuestros esfuerzos para incrementar los usos.

f. Número de bajas: personas que dejan de ser usuarios/clientes de la piscina cada intervalo temporal determinado, al anular su inscripción en la actividad que venían desarrollando. Éstas serían las bajas reales, que diferenciamos de los cambios internos (punto siguiente).

g. Cambios internos, en los que los clientes se dan de baja en una actividad de la piscina para inscribirse en otra de la misma piscina. Son un índice de la calidad del servicio y de la fidelidad del cliente. Las bajas deben conocerse, analizarse y actuar sobre ellas. También sobre los motivos que las provocan. Otros indicadores relacionados son:

- g1) Bajas por actividad.
- g2) Bajas por grupo dentro de una actividad.
- g3) Bajas por monitor.
- g4) % bajas: número de bajas con relación al número de clientes de la piscina, actividad o grupo analizado.

h. Tasa de renovación: es el mismo concepto, pero tomando de referencia el número de clientes que renuevan, es decir, que no se dan de baja.

i. Tiempo de permanencia: tiempo que un cliente está inscrito de media en la piscina.

j. Tasa de reingresos: porcentaje de clientes que vuelven a incorporarse después de un periodo de baja temporal.

k. Número de clientes sin plaza (lista de espera): son personas que han mostrado su interés por inscribirse, pero que no han podido hacerlo por falta de plazas. Orientan sobre la tendencia de la demanda. Se debería buscar una alternativa para estos usuarios/clientes.

l. Otro indicador relacionado sería el de tiempo en lista de espera.

m. Ingresos globales y por actividades: cantidad económica que ingresa la entidad por los servicios que presta la piscina. Refleja la importancia económica de los diferentes programas y su contribución porcentual a la financiación de la piscina.

Si tenemos en cuenta la importancia que adquiere la instalación en un servicio como este, es necesario reconocer una serie de indicadores que se refieren al medio físico, o soporte: la instalación/piscina. La calidad del servicio es muy dependiente del estado de la instalación. Destacan los siguientes indicadores:

- Consumos: combustible, productos químicos, agua, electricidad, etc.
- Calidad del agua y aire (valores en función de parámetros recogidos en la legislación): temperatura, humedad, parámetros químicos del agua, turbidez, etc.
- Número de averías.
- Tiempo medio de reparación de averías.

Conocer las características de quienes asisten a la piscina es fundamental para la toma de decisiones de gestión. Entre otras características se pueden destacar: el motivo de práctica, domicilio, edad, sexo, nivel económico, ocupación y horario laboral, escolaridad, forma en que conocieron la piscina, tiempo que llevan en la piscina y en qué actividades, otros familiares inscritos, etc. Se recomienda la utilización de herramientas de investigación sociológica estandarizadas que ofrecen fiabilidad y validez, incluso permiten comparar gestiones. En la actualidad los avances de la tecnología informática facilitan el empleo de estas técnicas de análisis o investigación del perfil y características de los usuarios/clientes que utilizan los servicios deportivos, también en piscinas.

B. Indicadores de eficiencia

La eficiencia es la capacidad de alcanzar un objetivo fijado con anterioridad en el menor tiempo posible y con el mínimo uso posible de los recursos, lo que supone una optimización. La finalidad de una gestión eficiente, por lo tanto, es la de conseguir los objetivos con el mínimo coste posible. Dentro de los indicadores de eficiencia, diferenciamos entre a) indicadores de optimización y b) indicadores financieros.

- a. Los indicadores de optimización o de ocupación relacionan el uso de la piscina con la capacidad de la oferta o la capacidad máxima de la instalación.
  - a1) Plazas ocupadas / Plazas ofertadas: porcentaje de ocupación de las plazas ofertadas. Este indicador nos informa de la eficiencia de los recursos humanos.
  - a2) Usos ocupados / usos ofertados: se tiene en cuenta el número de veces que cada usuario de la plaza puede hacer uso del servicio.
  - a3) Usos ocupados / usos posibles: relaciona los usos a que dan derecho a la plaza con el número máximo de usos posibles, reflejando la eficiencia de los recursos materiales (instalación). La oferta y la capacidad máxima posible de la instalación que no siempre coinciden.
  - a4) Usos reales / usos posibles: se toma como referencia la asistencia real (usos reales). El número de usos reales (asistencia) y su relación con los usos posibles (plazas) es fundamental para conocer el grado de adherencia y determinar el número de plazas ofertado y las necesidades de personal. El número de usos posible (plazas) sólo refleja que estas personas han cumplido el trámite de inscripción en la actividad. La asistencia real, por el contrario, señala cuántas de esos inscritos acuden físicamente a la piscina. Además este indicador proporciona información sobre el interés, la constancia y el grado de consecución de los objetivos.
  - a5) El % de ocupación por franjas horarias y días de la semana: analiza los parámetros de usos reales, usos posibles, por intervalos horarios durante los diferentes días de la semana para saber dónde quedan espacios, y dónde conviene centrar la promoción.
- b. En cuanto a los Indicadores financieros se pueden destacar los siguientes:
  - b1. Gastos: lo que cuesta mantener la piscina abierta prestando todos los servicios. No sólo interesa conocer los gastos globales, sino también los gastos detallados por conceptos.

- Gasto corriente en deporte por habitante.
- Gasto de capital en deporte por habitante.
- % de gasto corriente en deporte.
- % de gasto de capital en deporte.
- % de cobertura del gasto corriente en deporte, con transferencias corrientes recibidas.
- % de cobertura del gasto corriente en deporte, con financiación de los usuarios.
- b2. Gasto medio por uso = Costes de producción / usos. Es un indicador básico de referencia para establecer los precios. Relaciona el gasto total de producción de los servicios con el número de usos de los servicios prestados. Nos informa de lo que cuesta cada uso que presta la piscina.
- b3. Ingreso medio por uso = ingresos propios piscina / usos. Indicador similar para los ingresos.
- b4. Coste o beneficio por uso = ingreso medio por uso - gasto medio por uso.
- Coste del uso por espacio deportivo.
- Coste anual por usuario deportivo.
- b5. Balance económico = Ingreso-gasto. Determina el déficit o superávit de la piscina.
- Ahorro corriente.
- Déficit o superávit no financiero.
- b6. Porcentaje de autofinanciación = (Ingresos propios piscina/gastos) x 100 %. En las piscinas públicas el objetivo es llegar a la autofinanciación sin sacrificar la misión del organismo público del que depende la piscina.

C) Indicadores de satisfacción

Además de conocer los indicadores cuantitativos y objetivos es necesario conocer la opinión de los usuarios o clientes, para que la gestión del servicio pueda adecuarse a la demanda. Las personas que utilizan estos servicios son los destinatarios finales, los que se benefician de la buena gestión de la entidad o sufren la mala. La percepción que tengan los usuarios/clientes del servicio que presta la piscina es fundamental para tomar decisiones sobre su gestión y mejorar en la dirección adecuada. Los indicadores de satisfacción pueden ayudar a tomar las medidas correctoras oportunas si el servicio ha sufrido algún deterioro o bajan los indicadores de eficacia y eficiencia. La información que proviene de los usuarios o clientes, así como la de los propios trabajadores es fundamental, ya que son los protagonistas del servicio, los que directamente lo reciben o lo prestan. El personal trabajador de la instalación es el que más tiempo pasa en la instalación y el que atiende al público. Recibe, de primera mano las sugerencias de los clientes externos.

Es conveniente establecer mecanismos para que la información que reciben los trabajadores llegue a quienes tienen la capacidad de tomar las decisiones y no se pierda en el camino. Se pueden utilizar como instrumentos de recepción de datos de opinión de los usuarios o clientes, entre otros, los siguientes:

a. Encuestas de satisfacción: Generalmente las respuestas son cerradas, con escalas de valor. Se trata de un documento escrito con varias preguntas sobre aquellas opiniones de los usuarios o clientes que nos interesan conocer.

b. Entrevistas personales o a grupos reducidos: Se profundiza más en los datos que se quiere obtener. El tamaño de la muestra suele ser menor que en las encuestas.

c. Grupos de trabajo interdisciplinares: Se configuran grupos de trabajo formados por trabajadores de la entidad y usuarios/clientes de los diferentes servicios. Se facilita la participación de los usuarios o clientes junto con el personal responsable de las diferentes áreas funcionales del servicio. Ofrecen la posibilidad de contrastar más opiniones antes de tomar la decisión final.

d. Buzón de sugerencias y quejas: En él los clientes pueden depositar sus opiniones o propuestas mediante impresos normalizados.

e. Libreta de sugerencias: Se registra en ella cualquier anomalía detectada o propuesta de mejora. Es frecuente su utilización por parte del personal de la entidad.

f. Libro de reclamaciones: Se trata de una exigencia legal y todo servicio deberá ponerlo a disposición de los usuarios o clientes.

Un sistema de recogida de sugerencias normalizado permite realizar el análisis de los siguientes indicadores cuantitativos:

- Número de sugerencias, quejas o reclamaciones de la piscina. Siempre se van a encontrar con quejas, sugerencia o reclamaciones. Enfocar bien el tratamiento de estos datos significa considerar estos datos como oportunidades para mejorar los servicios acuáticos, y ofrecer una imagen de la entidad hacia los usuarios y clientes que tiene en cuenta sus opiniones y actúa en consecuencia.
- Número de sugerencias, quejas y reclamaciones por cada 1.000 usos.
- % sugerencias, quejas y/o reclamaciones sobre un tema/total (ejemplo: % quejas temperatura agua/total quejas).
- Número de sugerencias, quejas y/o reclamaciones atendidas/presentadas.
- Tiempo medio de respuesta a las sugerencias, quejas y/o reclamaciones.
- Tiempo máximo de respuesta.
- Tipo de respuesta: escrita, telefónica, directa.
- % sugerencias, quejas y/o reclamaciones que derivan en cambios (Mejoras realizadas como consecuencia de sugerencias).

El contenido de las encuestas o entrevistas se estructuraría en torno a aquellas cuestiones de interés para los usuarios o clientes:

a. Referidas a las instalaciones:
- Limpieza e higiene vestuarios, playa, vestíbulo entrada, gradas, etc.
- Mantenimiento.
- Condiciones del aire de vestuarios y playa de piscina: temperatura, humedad, etc.
- Condiciones del agua de duchas y piscina: temperatura, olor, productos químicos, etc.
- Material: diversidad, conservación.

b. Referidas al personal que presta el servicio: conserjes, administrativos, socorristas (actitud, atención, formación), técnicos deportivos (formación, nivel de conocimientos, forma de enseñar, actitud, atención y seguimiento), coordinadores y directivos (accesibilidad, receptividad).

c. Referidas al propio servicio:
- Inscripción: tiempo de espera, atención, precisión, etc.
- Horarios: puntualidad, horario de la actividad, etc.
- Número de personas por grupo.
- Precio.

d. Otros indicadores:
- Acceso: carretera, aparcamientos, transporte público, etc.
- Servicios complementarios: cafetería, tienda, ludoteca, etc.
- Disponibilidad de servicios de comunicación: internet, wifi...

e. Etc.

Capítulo 8
RESPONSABILIDAD SOCIAL Y BUENA GOBERNANZA EN LA GESTIÓN DE PISCINAS

La responsabilidad social y la buena gobernanza son el paradigma de una gestión ética en cualquier organización que se dedique a prestar servicios o realizar actividades deportivo-recreativas (servicios acuáticos en piscinas en este caso). La ética está tan presente en el deporte que si se prescindiera de ella desaparecería el deporte. La ética domina la totalidad de las acciones que constituyen esa actividad que se conoce como deporte, como actividades deportivas. Y no solamente en los terrenos de juego, en las canchas, en las piscinas; debe estar presente y sobresalir en la totalidad de desempeños que hacen posible el desarrollo deportivo a todos los niveles; también, y mucho, en la gestión.

Dicha gestión ha de ser respetuosa con el medio ambiente, abierta y participativa, que muestre con transparencia sus desempeños a los usuarios/clientes/socios de los servicios, que actúa con eficacia y eficiencia para prestar el mejor servicio posible, en coherencia con los objetivos del servicio y la responsabilidad de la entidad con la sociedad, a la que se debe.

Pero cuando los servicios van destinados a la población menor de edad (etapa de formación), existe una responsabilidad aún mayor, la educativa. El futuro de la sociedad depende de la educación de la juventud. El usuario de hoy, menor de edad, será el que demande los servicios deportivos y recreativos (acuáticos) del mañana. Para conseguir fidelizar a la población menor de edad, crear un hábito deportivo-recreativo, el gestor deberá planificar las actividades centrando su actuación sobre el ámbito de motivación de los jóvenes y también sobre los intereses de sus padres. Aprendizaje y motivación son los elementos que construyen la oferta de actividades acuáticas para la juventud. La motivación se consigue con el estímulo de una metodología basada en el aspecto lúdico de las actividades. Aprender jugando es la fórmula mágica.

Por otro lado, debe tenerse en cuenta que el sujeto al que van destinados dichos servicios es, en mayor medida, un menor de edad, con limitada capacidad de actuar, vulnerable y que precisa de una atención especial, una protección social, sanitaria y educativa. También es el caso de las personas de la tercera edad y de las personas con diversidad funcional. Las personas legalmente responsables (lo que incluye a quienes ostentan la patria potestad, pero también a quienes tienen la obligación legal del cuidado de ascendientes u otros familiares y discapacitados), aprecian en estos servicios el carácter utilitario, la seguridad del que sabe nadar. También valoran los beneficios físicos y educativos en general.

El gestor de piscinas o complejos acuáticos debe tener en cuenta que la intervención sobre la población menor de edad debe caracterizarse por una acción integral, educativa, que extienda la protección y promoción de sus derechos basados en los principios generales de la «no discriminación», «interés superior del menor», el respeto a la integridad física, a la vida y a tener en cuenta su punto de vista y su opinión en cualquier circunstancia.

La oferta de actividades destinadas a esta población debe centrarse en los beneficios que para el menor suponen las actividades o servicios (en este caso acuáticos). El gestor deberá informar a las personas legalmente responsables de los usuarios vulnerables o los propios usuarios, de una forma veraz, adecuada y suficiente, en relación a los aspectos más destacables de la oferta: objetivos, formas de trabajo, evaluación y resultados esperados, así como contenidos, recursos y demás elementos que configuran el programa didáctico.

La orientación educativa debe presidir la planificación y ejecución de este tipo de actividades. Se debe prever la intervención de un docente (persona cualificada y experta) que a través de un método pedagógico, adecuado a la edad y condiciones o características de los sujetos, aplique una guía didáctica elaborada por especialistas (programa deportivo-educativo) y evalúe constantemente los resultados de su intervención y los logros de los sujetos, informando a los usuarios y a sus tutores legales.

El gestor también deberá tener en cuenta, a la hora de planificar actividades dirigidas a la población menor de edad, a la población vulnerable, que resulta determinante contar con una dotación de recursos (materiales y financieros) que hagan posible el desarrollo y ejecución de un programa educativo dirigido a la población escolar en este caso, (también la tercera edad, etc.), desarrollado en unas instalaciones (piscinas) y en un medio (agua), singulares. Las instalaciones deportivas, así como los materiales pueden servir de estímulo a los jóvenes aprendices que deben ver en el agua un medio para divertirse y aprender a nadar. Una vez iniciados debe ofrecerse a los jóvenes la posibilidad de elegir un itinerario u otro, según sus motivaciones. Para unos será la competición deportiva la actividad natatoria elegida, para otros la función recreativa, estar con amigos, jugar. Una buena iniciación, desde los primeros años, facilitará la elección acertada del joven a la hora de hacer uso de los servicios acuáticos en piscinas.

Así mismo, el gestor debe preocuparse al máximo sobre la influencia que los resultados de su gestión ejercen sobre el medio ambiente. La responsabilidad sobre el medio ambiente concierne a cada persona; pero también y sobremanera a las organizaciones que, además de acumular la responsabilidad de todos sus miembros, desarrollan un nuevo nivel, propio de la entidad. Este nuevo nivel de responsabilidad se ve incrementado en el caso del deporte y las prácticas deportivas por tratarse de actividades saludables *per se*, lo que exige compromisos mayores.

La responsabilidad sobre el medio ambiente

Manifestaba Real Ferrer[1] ya hace unos años (2000) que «como toda actividad humana, el deporte interactúa con el entorno, con los elementos naturales, en definitiva y usando la terminología de los que nos consideramos ambientalistas, produce impactos ambientales». Pero hay que exponer inmediatamente, proseguía, «que la cuestión no es que una actividad, sea cual sea, no produzca impactos –eso es inevitable, incluso respirar produce impacto y no vamos a dejar de hacerlo– lo importante es que esos impactos sean evaluados, previsibles y asumibles».

El deporte, como la totalidad de las actividades humanas, establece una relación con el entorno que lo modifica, en mayor o menor medida, lo que produce un impacto ambiental. Este impacto se manifiesta a través de los principales vectores ambientales, agua, suelo, atmósfera, energía, residuos, territorio y el paisaje, biodiversidad y los ecosistemas. El deporte relaciona con cada uno de ellos, de forma diferente según cada modalidad deportiva. En el caso de las piscinas y las actividades acuáticas deben considerarse:

- El agua. Constituye, obvio es decirlo, el medio en el que se desarrollan estas actividades. Los requisitos sanitarios y las necesidades de confort exigen su tratamiento con productos químicos, por lo que debiera ser depurada previamente a su vertido a los cauces naturales. Su ingesta se ve aumentada durante y después de la práctica deportiva. Supone un importante uso consuntivo higiénico sanitario en duchas, lavabos, entre otros. Constituye, finalmente, el medio receptor de residuos y «aguas residuales».

- La atmósfera. Es receptora de residuos gaseosos generados, principalmente, asociados al consumo energético derivado en su mayor parte por la necesidad de la climatización del agua y las zonas de estancia en el interior del recinto de la piscina.

- El suelo, el territorio y el paisaje. La influencia sobre él, aunque ligera, está ligada a la propia construcción de la instalación; si bien la mayor parte de las piscinas se construyen en los entornos urbanos, en los espacios dotacionales que la planificación urbanística reserva para fines deportivos.

- La energía. Se produce consumo de energía a través de los procesos de mantenimiento de las condiciones de temperatura del agua, luminosidad

---

1 Real Ferrer G. Deporte y medio ambiente (Examen de sus relaciones desde la Organización deportiva y desde el Derecho comunitario). *Revista Jurídica del Deporte*, nº 4, 2000.

y climatización, como principales. Pero no deben olvidarse los desplazamientos hasta la piscina, que también suponen consumos, mayores cuanto más alejada esté la instalación del núcleo de población.
- Los residuos. Se eliminan a través de las emisiones atmosféricas, de las «aguas residuales» o de forma sólida.
- La biodiversidad y los ecosistemas. Suele tener un efecto negativo en la natación que se desarrolla en espacios abiertos en el entorno natural, aunque menor en la natación en piscinas, con la excepción de su construcción en espacios naturales o en los aledaños de los asentamientos urbanos.

Teniendo presentes estas notas es importante resaltar que la existencia de un impacto ambiental no implica en absoluto que deba abandonarse la práctica deportiva para contribuir a un desarrollo más sostenible. Más bien al contrario. El deporte resulta ser uno de los elementos fundamentales para el desarrollo sostenible, principalmente por su vertiente educativa –incluida la educación ambiental– y su capacidad para favorecer las relaciones entre individuos, comunidades, pueblos y naciones, siempre, claro está, que se realice en forma y maneras adecuadas. Así mismo, las actividades acuáticas en piscinas no son de las actividades humanas de mayor influencia sobre el medio ambiente, lo que no es óbice para que deban ser planificadas bajo el prisma de la sostenibilidad, que contribuya al cumplimiento de objetivos medioambientales planteados en el ámbito internacional, y nacional de cada país.

A) **Desarrollo sostenible y deporte**

El concepto de «desarrollo sostenible», como se sabe, se acuñó en el año 1987, en el informe «Nuestro futuro común», elaborado por la Comisión Mundial de las Naciones Unidas para el Medio Ambiente y Desarrollo. Ante la evidencia de la creciente influencia del ser humano sobre el entorno, especialmente del modelo de crecimiento y desarrollo económico se constató por esta Comisión, la necesidad de invertir este desarrollo de manera que sea capaz de garantizar las necesidades de la generación actual sin comprometer la capacidad de las generaciones venideras de satisfacer las suyas propias.

Durante estos años transcurridos se han celebrado numerosas cumbres y encuentros internacionales relacionados con el desarrollo sostenible. También se han aprobado diversidad de documentos que conviene leer y tener siempre presentes en la gestión deportiva, ante el riesgo de minimizar en el día a día, impactos que contribuyen a la degradación del entorno.

La exigencia de la gestión sostenible de una piscina, al margen de su titularidad, se debe entender y acometer en la armónica colaboración de su política deportiva, social, económica y ambiental, a través de la implicación directa de todas las personas que forman parte de la misma, directa o indirectamente. Un breve resumen de lo que se espera de la gestión de una entidad deportiva, se infiere de la lectura de la Carta de la Tierra (1997), en la que, en uno de sus principios se dice que hay que «aceptar que el derecho a poseer, administrar y utilizar los recursos naturales conduce hacia el deber de prevenir daños ambientales y proteger los derechos de las personas».

A instancias de la Comisión Mundial para el Ambiente y Desarrollo de las Naciones Unidas, la Cata de la Tierra tiene su origen en el año 1987. Si bien no fue posible su aprobación en el transcurso de la Cumbre de la Tierra de Río en 1992, dos años más tarde retomaron el tema el Secretario General de la Cumbre de la Tierra, y Presidente del Consejo de la Tierra, Maurice Strong, y el Presidente de Cruz Verde Internacional, Mikhail Gorbachev, con el apoyo del Gobierno de los Países Bajos, que supuso la aprobación final del texto.

Diversos organismos deportivos, internacionales y nacionales, han tomado en consideración, se han involucrado en el interés por el respeto y la protección medioambiental, adoptando medidas y aprobando textos dirigidos a conseguir una práctica deportiva más respetuosa con el medio ambiente, a los que se debe acudir en cada caso. El más representativo en el presente contexto, sin duda, es el Comité Olímpico Internacional.

El Movimiento Olímpico, preocupado por un desarrollo sostenible universal modificó en 1991 la Carta Olímpica incorporando referencias expresas hacia la protección medioambiental, al hablar de la misión y la función del COI. «La misión del COI –dice el texto– es promover el Olimpismo por todo el mundo y dirigir el Movimiento Olímpico. La función del COI es –entre otras–: (punto 13) estimular y apoyar una actitud responsable en los problemas de medio ambiente, promover el concepto de desarrollo durable en el deporte y exigir que los Juegos Olímpicos se celebren en consecuencia».

A su vez, la Agenda 21 del Movimiento Olímpico supone una guía de carácter teórico y práctico destinada al conjunto de sus miembros y a los deportistas en general. Su objetivo es animar a participar activamente en el desarrollo sostenible de nuestro planeta. A través de su texto propone a las diversas instancias dirigentes, las áreas en las cuales el desarrollo sostenible podía ser integrado dentro de sus políticas; y, así mismo, señala el modo en que las personas pueden actuar para garantizar que su práctica deportiva desempeñe un papel activo en el desarrollo sostenible. Su programa de acción se desarrolla en torno a tres objetivos, cada uno de los cuales, a su vez, conlleva un conjunto de acciones particulares: a) Mejora de las condiciones socioeconómicas, al entender que el desarrollo sostenible sólo es comprensible si satisface las necesidades materiales y culturales que son esenciales imprescindibles para que las personas desarrollen una vida digna y desempeñen un papel positivo en la sociedad a la que pertenecen. b) La conservación y gestión de los recursos para un desarrollo sostenible. El COI considera el Medio ambiente como el tercer pilar del Movimiento olímpico, después del deporte y la cultura; Como consecuencia, las actividades medioambientales del Movimiento olímpico están adaptadas a la conservación y gestión de los recursos naturales y del entorno natural, necesarios para mejorar las condiciones socioeconómicas. c) Fortalecimiento del papel de los principales grupos que constituyen el Movimiento Olímpico, la mujer, los jóvenes, las poblaciones indígenas desde el convencimiento de que para segura el éxito del desarrollo sostenible, universalmente aceptado, es esencial que todos los grupos que constituyen este Movimiento sean defensores activos y respetuosos de esta iniciativa.

B) Documentos básicos sobre deporte y medioambiente

Se incluyen seguidamente cinco documentos de fuerte impacto sobre la relación entre el deporte y el medioambiente que mantienen, pasado un tiempo, la misma vigencia que en el momento de su emisión, aunque no así su plena observancia. Se trata de la «Carta Olímpica»; el «Manual COI sobre Deporte y Medioambiente», del Comité Olímpico Internacional (COI); la «Guía sobre el deporte, el medio ambiente y el desarrollo sostenible», así mismo del COI; la «Carta Mundial sobre deporte y medio ambiente»; y el «Manifiesto Mundial de la Educación Física - FIEP 2000». Textos a los que habrá que añadir los propios elaborados por cada país.

a) Carta Olímpica. En la Carta Olímpica —vigente a partir del 2 de agosto de 2016— se exponen los aspectos medioambientales que el Movimiento Olímpico (M.O.) debe tener en consideración en el desarrollo de sus actividades, y entre las funciones del COI figuran dos apartados sobre el tema, concretamente el doce y el trece: «12. Estimular y apoyar el desarrollo del deporte para todos»; y el «13. Estimular y apoyar una actitud responsable en los problemas de medio ambiente, promover el concepto de desarrollo sostenible en el deporte y exigir que los Juegos Olímpicos se celebren en consecuencia».[2] En 1999, el COI elaboró la Agenda 21 del Movimiento Olímpico adoptada en el mes de octubre.

«Bajo la autoridad suprema y el liderazgo del Comité Olímpico Internacional, el Movimiento Olímpico abarca las organizaciones, atletas y demás personas que se ajusten a la Carta Olímpica. El objetivo del Movimiento Olímpico es contribuir a la construcción de un mundo mejor y más pacífico, educando a la juventud a través de una práctica deportiva conforme con el Olimpismo y sus valores». Carta Olímpica.

---

2 Carta Olímpica. Vigente a partir del 2 de agosto de 2016). Movimiento Olímpico. 11. Composición y organización general del Movimiento Olímpico).

b) Manual sobre Deporte y Medioambiente (Comité Olímpico Internacional). Ya desde el prólogo se expone que «el Medio Ambiente representa el tercer pilar del Movimiento Olímpico, junto al deporte y la cultura».

Tiene un doble objetivo, el primero de ellos y más específico, asegurarse el COI de que los Juegos Olímpicos se desarrollen en condiciones que demuestren una actitud responsable hacia el medio ambiente. Y a su vez, y a una escala global, su deseo de promover un programa educativo entre los miembros que constituyen la «familia olímpica» con la intención de recomendar prácticas respetuosas hacia el medio ambiente, a la vez que convertir los retos medioambientales en nuevas oportunidades, de manera que se consiga asociar la comunidad deportiva al desarrollo sostenible. Identifica algunos factores medioambientales que deben tenerse en cuenta en la práctica de los deportes y en la organización de acontecimientos deportivos, en concreto hace referencia a los siguientes, de incidencia diferente en la gestión de las piscinas: Conservación de la biodiversidad. Protección del ecosistema. Uso de los terrenos y paisajes. Contaminación. Gestión de recursos y residuos. Salud y seguridad. Molestias. Preservación del patrimonio cultural.

Como áreas de acción para su intervención por quienes tienen la responsabilidad de organizar actividades y eventos deportivos, cita las siguientes: el emplazamiento y los paisajes; las instalaciones deportivas; los equipamientos deportivos; el transporte; el alojamiento y la restauración; la gestión de las aguas y el saneamiento; la energía; la gestión de residuos; la administración; y el control y programas de sensibilización. Y a continuación expone los objetivos a lograr en cada una de estas áreas, que en el caso de las instalaciones los divide en objetivos durante la fase de su planificación, en su fase de construcción y en su fase de funcionamiento, más una cuarta referida a las instalaciones de carácter especial. Los objetivos en la fase de funcionamiento los ordena en tres grupos:

a. Ahorrar energía mediante la adecuación de los:
- Sistemas de calefacción, refrigeración y ventilación.
- Sistemas de iluminación.
- Sistemas de agua caliente.
- Maquinaria y equipos.

a. Reducir riesgos causados por sustancias químicas:
- Evitar o sustituir sustancias químicas nocivas.
- Almacenarlas con precaución.
- Seguir las instrucciones de uso y las normas locales sobre salud y seguridad.
- Comprobar que la evacuación y el tratamiento se realiza de manera respetuosa con el medio ambiente.

b. Reducir el ruido y las molestias. Medidas que no dejan de resultar muy generales, como corresponde a este tipo de documentos, pero que facilitan la planificación de los desempeños acerca del control medioambiental en la instalación a los gestores y responsables de las piscina y de los clubes, así como de otros organismos de natación.

Para el COI la comunidad deportiva desempeña un rol importante en los temas medioambientales. Se pueden considerar diferentes niveles de responsabilidad medioambiental. Ante todo las responsabilidades individuales: la responsabilidad natural de cada persona; la responsabilidad de los atletas; la responsabilidad de entrenadores y directivos; y la responsabilidad del público. Seguidamente las responsabilidades colectivas de los organizadores (Tabla 8.1)

Tabla 8.1. Los diferentes niveles de responsabilidad
de la comunidad deportivas, según el COI

Responsabilidades individuales:

- La responsabilidad natural de cada persona de vivir en armonía con su entorno, asegurar las necesidades de las futuras generaciones y actuar conforme a criterios ecológicos. Todas las personas tienen, en su vida diaria, numerosas ocasiones de modificar sus costumbres para hacerlas más respetuosas con el medio ambiente.
- La responsabilidad de los atletas: Todas las personas que practican un deporte, tanto si son deportistas ocasionales o de élite, habitan la Tierra y tienen, por lo tanto, la responsabilidad de reducir el impacto que su rutina diaria tiene sobre el medio ambiente. La degradación del medio ambiente les afecta de modo directo ya que pone en peligro su rendimiento, su salud e incluso su vida. Por ello, es necesario preocuparse seriamente por el medio ambiente y adoptar un rol de liderazgo en la protección medioambiental, cambiando de actitud y fomentando activamente un deporte «amable» con el medio ambiente. Ya participen en un partido de pueblo o en un campeonato global, todos los atletas ejercen una influencia significativa sobre sus comunidades. A través de su especial posición y conducta ejemplar pueden convencer a otros atletas −sobre todo a la juventud− de adoptar una actitud respetuosa con el medio ambiente.
- La responsabilidad de entrenadores y directivos: Los entrenadores tienen una responsabilidad crucial porque ejercen influencia sobre el espíritu y la forma en que los/las atletas actúan y practican su deporte. Los atletas responden inevitablemente a las actitudes y valores de sus entrenadores. Esto es cierto no sólo en el caso de atletas y equipos de alto rendimiento. Todas las personas que desempeñan un rol de liderazgo en el deporte se encuentran en una situación privilegiada para transmitir principios medioambientales fundamentales a la juventud y contribuir a su educación.
- La responsabilidad del público. El deporte atrae a espectadores, cuya influencia sobre el medio ambiente no hay que desatender. Si siguen los consejos medioambientales transmitidos por los organizadores, como evitar acumulaciones de basura y usar métodos de transporte respetuosos con el medio ambiente, contribuyen con su actitud a la conservación del medio ambiente.

Responsabilidades colectivas:

- Las responsabilidades de los organizadores. Ser consciente de los problemas medioambientales es el primer paso para solucionarlos. Aunque el desarrollo de su deporte es el primer objetivo de todas las organizaciones deportivas que pertenecen al Movimiento Olímpico, ya se trate de organismos complejos y estructurados como Federaciones Olímpicas, Comités Olímpicos Nacionales y Federaciones Nacionales o de un sencillo club o asociación local, todas estas organizaciones deben estimular actitudes respetuosas con el medio ambiente y socialmente responsables en cuanto al desarrollo sostenible. En la planificación de un evento deportivo (ya sea un campeonato importante o una competición local), las organizaciones deportivas pueden decidir si desean promover nuevas actitudes incluyéndolas en sus programas educativos o en sus prácticas administrativas. Estas actitudes también pueden formar parte de un programa especial de educación medioambiental y sensibilización que se base en determinadas actividades y que resulten apropiadas para las necesidades de una comunidad concreta en un entorno específico. En este sentido, todas las organizaciones deportivas y grupos sociales pueden contribuir, a su manera, a crear un sentido de misión común para todos los actores de la sociedad: consumidores, empresas, comunidades locales, organizaciones deportivas, instituciones gubernamentales, etc.

Fuente: *Manual sobre deporte y medioambiente*. COI.

A continuación expone algunos principios fundamentales para que las prácticas deportivas resulten respetuosas con el medio ambiente, al entender que estas responsabilidades se asumen modificando determinados hábitos personales y adoptando, en la vida cotidiana, acciones sencillas que promuevan comportamientos respetuosos con el medio ambiente y que contribuyan a la conservación de los ecosistemas. En concreto plantea:

- Evitar la contaminación (aguas, etc.).
- Reducir la basura (evitar tirar residuos sólidos).
- Hacer un uso eficiente del agua, la energía y otros recursos.
- Gestionar cuidadosamente el uso de los recursos naturales.
- Respetar la fauna y sus hábitats, y en general la biodiversidad.
- Conmemorar, proteger y respetar el patrimonio natural, cultural, indígena e histórico del mundo.
- Contribuir a la educación y formación medioambiental a través del deporte.
- Apoyar acciones locales y colectivas.
- Promover prácticas, métodos y tecnologías que reduzcan los impactos negativos sobre el medio ambiente.

A estas reglas sobre lo que toda actividad deportiva debería evitar por respeto al medio ambiente, la «Guía sobre el deporte, el medio ambiente y el desarrollo sostenible», igualmente del COI, agrega, en cuanto al desarrollo sostenible, que es esencial que las actividades deportivas eviten a su vez:

- Desperdiciar (despilfarrar) los recursos de materias primas, energía y agua.
- Marginar a un grupo o una parte de la población (muy en concreto a la mujer, a las poblaciones jóvenes, a las emigrantes y a las marginadas).
- Menospreciar la cultura y las creencias de cada localidad (es la lucha entre la globalidad y la localidad).
- Perjudicar las actividades económicas locales, entendiendo especialmente en la organización de competiciones).

Se trata, en efecto, de acciones sencillas que cada entidad de natación debería desarrollar a través de medidas concretas para cada caso, consensuar a través de los canales definidos en el documento sobre la buena gobernanza —en otro apartado expuestos—, y finalmente llevar a la práctica para lograr una «gestión verde» de la piscina, o de una instalación deportiva con piscina. Una gestión que entraña, en base a lo que el propio COI propone en el citado manual como «oficina verde», tener una actitud responsable con el medio ambiente en la totalidad de las actuaciones, los desempeños y procesos que tienen lugar en la piscina y su entorno, para lograr minimizar los impactos que puedan generar sobre el medio ambiente.

c) Guía sobre el Deporte, el Medio Ambiente y el Desarrollo Sostenible. Segundo de los documentos que debe tenerse presente y aplicar adaptado a cada caso. Elaborada así mismo por el COI, su intención es poner a disposición de la comunidad deportiva herramientas metodológicas y prácticas inspiradas en los grandes principios del desarrollo sostenible. Simultanea contenidos teóricos con propuestas prácticas que invita a adoptar para comportamientos que pueden ser perjudiciales para el medio ambiente.

Primeramente propone un conjunto de reglas generales para un comportamiento ejemplar con medio ambiente y el desarrollo sostenible en la organización del deporte, que abarcan a la totalidad de los sectores implicados, ordenadas por sectores, tal como se recoge en la Tabla 8.2.

Tabla 8.2. Ordenación de las reglas para un comportamiento ejemplar con el medioambiente, por el COI

1. Las autoridades deportivas.
2. Las asociaciones deportivas:
    - Directores y gerentes.
    - Para la organización y el funcionamiento del club.
    - Para los desplazamientos.

3. Comportamiento individual de los deportistas:
   - En su comportamiento cotidiano.
   - En su comportamiento como deportista.
4. Las competiciones deportivas:
   - Reglas para las competiciones en un estadio cerrado acondicionado.
   - Reglas para las competiciones en plena naturaleza.
5. Las construcciones y las instalaciones.
6. Los fabricantes de equipos.
7. Los medios de comunicación.
8. Criterios adaptados a países en desarrollo.
9. Las prioridades en función de las condiciones locales.

Fuente: *Guía sobre el deporte, el medio ambiente, y el desarrollo sostenible.* COI.

A continuación aborda las condiciones medioambientales y de desarrollo sostenible específicas de las diferentes disciplinas olímpicas, entre las que se encuentra, como es lógico, la natación. La Tabla 8.3 contiene las reglas de comportamiento, básicas, que propone el COI para preservar la calidad de las aguas de los vasos de las piscinas, con un doble enfoque, hacia quien las utiliza y hacia la entidad propietaria de las mismas.

Tabla 8.3. Reglas de comportamiento para preservar la calidad de las aguas de la piscina, según COI

Para el usuario de las piscinas

- Utilizar los equipos de higiene previos al baño (duchas, pediluvios), y ponerse un gorro de goma.
- Lavar el bañador antes y después de cada baño.
- Proteger las heridas corporales ocasionales con una tirita estanca al agua.
- No escupir, sonarse u orinar en la piscina.
- No verter nada en la piscina que no sea necesario para el baño.

Para el propietario de la instalación

- Respetar las directivas oficiales para la calidad del agua o tener en cuenta las de la OMS.
- Controlar cada día en la piscina la proporción de cloro libre activo por medio de un sencillo sistema de análisis.
- Hacer controlar regularmente el conjunto de los parámetros de la calidad del agua, a través de un laboratorio certificado para las Buenas Prácticas de Laboratorio (por la norma ISO 17025 o cualquier otra norma pertinente).
- Respetar las directrices de renovación del agua de las piscinas.

- Controlar regularmente la limpieza de filtros de agua y cambiarlos si es necesario.
- En las piscinas cubiertas, hacer controlar y desinfectar regularmente los sistemas de ventilación para evitar el desarrollo de bacterias tipo legionella.
- Revisar el recinto después de cada competición. Recoger y, ocasionalmente, seleccionar los residuos sólidos, limpiar y desinfectar los aseos y comprobar el funcionamiento del circuito de evacuación de las aguas residuales. En las salas se hará lo mismo con las instalaciones de calefacción, incluso climatización o evacuación del aire.

Fuente: *Guía sobre el deporte, el medio ambiente, y el desarrollo sostenible*. COI.

Las piscinas producen impactos medioambientales, vertidos de aguas cloradas sin depurar si no están conectadas a una red de alcantarillado o a una estación depuradora, vertidos de aguas jabonosas de las duchas en idénticas situaciones, y consumos de energías, como más importantes. La Guía recoge un breve listado sobre las responsabilidades de cada colectivo implicado que, como en el caso de las reglas anteriormente citadas, sirve de orientación para la confección de un listado propio de actitudes particulares de cada piscina y situación (Tabla 8.4).

Tabla 8.4. Responsabilidades medioambientales de cada estrato de una piscina, según el COI

Responsabilidad medioambiental de los propietarios de piscinas

- Utilizar y mantener lo mejor posible el sistema de renovación y de filtración del agua para consumir la mínima cantidad.
- No verter nunca, o no utilizar nunca para regadío, aguas que no hayan sido previamente decloradas.
- Depurar las aguas sanitarias utilizadas por los bañistas antes de verterlas al medio ambiente.
- Mantener las instalaciones energéticas para asegurar el mejor rendimiento posible, utilizar energía solar.
- Utilizar y administrar productos químicos para el tratamiento del agua según las reglas de seguridad y para la defensa del medio ambiente.

Responsabilidad de los participantes durante las pruebas de natación en piscina:

Del organizador

- Dar preferencia, respecto a las piscinas cubiertas, a las que presenten un buen aislamiento térmico para disminuir las pérdidas de energía a causa la calefacción y velar por la ausencia de amianto en los materiales aislantes utilizados.
- Favorecer a las piscinas que se beneficien de sistemas de energía renovable como motores eólicos, geotermia o paneles solares.
- Promover y poner a disposición del público un sistema común de transporte público para asistir al evento.

- Ofrecer al público suficientes instalaciones sanitarias y de recogida de residuos, con un buen mantenimiento y que permitan el tratamiento de aguas residuales y el reciclaje o destrucción sin riesgos de residuos sólidos.
- Informar a los participantes sobre las reglas de buen comportamiento: limpieza en los baños, ahorro de agua, recogida de residuos.

De nadadores

- Demostrar un comportamiento ejemplar en términos de deportividad y de respeto hacia medio ambiente (no tirar residuos como botellas de agua o embalajes).

Del público

- Dar preferencia a los transportes públicos, la bicicleta o a caminar para acudir a las competiciones.
- Respetar las reglas de buen comportamiento al utilizar los aseos y al eliminar residuos, especialmente embalajes y botellas vacías.

Fuente: Guía sobre el deporte, el medio ambiente, y el desarrollo sostenible. COI.

El deporte, tal como se expone en la Guía, deberá ser una actividad ejemplar para potenciar la defensa del medio ambiente y el desarrollo sostenible.

d) Carta Mundial sobre Deporte y Medio Ambiente. Elaborada a partir de las aportaciones realizadas en el transcurso del Congreso Mundial Deporte y Medio Ambiente, organizado por el Consejo Superior de Deportes español y el C.O.I (Barcelona 1996), con la colaboración de distintas entidades, continúa en la línea de otros textos emitidos desde la perspectiva de lograr un desarrollo sostenible a través del deporte. Ya en su primer punto se expone que «es responsabilidad de todos y de cada uno desarrollar sus actividades con pleno respeto a los principios de conservación, defensa y mejora del medio ambiente». Y prosigue reafirmando más adelante que todo acontecimiento deportivo comporta impactos al medio ambiente, por lo que es responsabilidad de los organizadores el tomar las medidas tendentes a preverlos, minimizarlos y compensarlos.

También resulta importante su tercer punto en el que se dice que «las organizaciones deportivas deberán incorporar a sus estatutos, reglamentos y normas de competición un conjunto de reglas claras» que resulten responsables con el medio ambiente. Y ya hacia el final del documento puede leerse el que quizás sea el texto más interesante al incidir en la necesidad un cambio en las actitudes en los sistemas deportivos, «como movimiento humanista universal acogerá y proporcionará los valores éticos ambientales y contribuirá a la difusión de nuevas pautas culturales en la relación del hombre con la naturaleza».

e) Manifiesto Mundial de la Educación Física - FIEP 2000. La Federación Internacional de Educación Física (FIEP) (1923), transcurridas tres décadas desde la redacción del Manifiesto Mundial de la Educación Física (1970), consideró la conveniencia, y necesidad, de adaptar sus principios y contenidos a los nuevos tiempos, nuevos hábitos y necesidades deportivas ciudadanas, posibilitando su desarrollo global sin perder sus fines intrínsecos. El resultado fue este nuevo Manifiesto Mundial FIEP 2000.

En el nuevo texto, uno de los títulos incorporados aborda, precisamente, la «Educación Física y las responsabilidades delante del medio ambiente» (capítulo XIX). En él, tras considerar que las instalaciones para la Educación Física deben ser protegidas y edificadas asegurando una integración armónica con el medio natural y el paisaje, preservando los recursos energéticos; que una convivencia pedagógica de las personas con la naturaleza desarrolla el respeto con el medio ambiente; que crecen las opciones de actividades físicas que pueden ser medios de la educación física en la naturaleza; y, finalmente que están aumentando las posibilidades de equipamientos para actividades físicas que utilizan productos naturales renovables; la FIEP concluye —artículo 22— que «todos los responsables por cualquier manifestación de la Educación Física deberán contribuir con efectividad para que ella sea desarrollada y ofrecida en una convivencia saludable con el medio ambiente, sin causar impactos negativos, inclusive, utilizando instalaciones planeadas en este objetivo y equipamientos, preferentemente, reciclados sin materiales poluidos ("contaminantes")».

La responsabilidad ética (el género, los colectivos más desfavorecidos...)

Frente a la responsabilidad de tipo normativo o «responsabilidad de cumplimiento» y la responsabilidad denominada «social corporativa», la responsabilidad ética es de un nivel coercitivo o de exigibilidad muy bajo. Esto significa que los poderes públicos no pueden exigir su cumplimiento puesto que no existe desarrollo normativo que haya generado una obligación legal cierta y determinada que imponga a una entidad el asumir un compromiso social o de carácter ético.

En la responsabilidad social corporativa existe lo que se denominan «las buenas prácticas» de empresa, e incluso una cierta regulación legal que afecta a cuestiones de contratación preferente, cuotas por género, o excelencia en la gestión de residuos, en las que suele existir una normativa reguladora de carácter incentivador. En algunos casos el incentivo legislativo a las buenas prácticas traspasa las fronteras, en la búsqueda de una responsabilidad normativa. Así ocurre en el ámbito de las prácticas medioambientales o de ahorro energético, donde es frecuente encontrar una legislación amable e incentivadora, subvencionadora incluso y por tanto de exigencia normativa leve o media. Sin embargo en este mismo ámbito se puede llegar a regular determinadas conductas como tipos delictivos medioambientales con una exigencia de cumplimiento intenso y nivel coercitivo muy alto. La responsabilidad de cumplimiento se presenta por tanto como una responsabilidad impositiva cuyo incumplimiento supone contravenir el ordenamiento. Y los efectos de cualquier incumplimiento legal son siempre graves. Este tipo de responsabilidad presupone la existencia de una regulación exhaustiva de las obligaciones y omisiones que la entidad debe cumplir en su intercambio social.

Frente a estas, la responsabilidad ética actúa en un plano moral que trasciende lo meramente normativo y sitúa a la entidad por encima de dichas imposiciones, actuando *motu propio* en asuntos que tienen que ver con la visión de sus responsables respecto de su intervención positiva en la comunidad.

El cumplimiento de las normas jurídicas se nos presenta como una responsabilidad de primer orden, inevitable e impuesta. A diferencia de esta naturaleza impositiva y coercitiva, la responsabilidad social corporativa destaca por su voluntariedad ya que el nivel de exigencia normativo no es alto. Si la responsabilidad normativa se caracteriza por su obligatoriedad y la social corporativa por su voluntariedad, la responsabilidad ética es la consecuencia del compromiso y de la vocación social.

Nos parece especialmente relevante que el nivel de responsabilidad ética esté presente en entidades sociales que gestionan el deporte. No podría ser de otro modo. Como dijimos en los epígrafes precedentes, los clubes deportivos y asociaciones no lucrativas del sector del deporte (de deporte base a través de escuelas de iniciación y la vinculación con el deporte federado) tienen una finalidad prioritaria de carácter social (Tabla 8.5). Su vocación no es mercantil.

Tabla 8.5. Tipos de responsabilidad en la gestión

Responsabilidad jurídica o de cumplimiento normativo	• Jurídico deportiva • Civil • Penal • Fiscal o tributaria • Laboral • Administrativa	**Ante los poderes públicos** (nivel de coerción alto)
Responsabilidad de la empresa o social corporativa	• Sotenibilidad • Educación / Formación • Bueno gobierno • Fomento del empleo • Inversión I+D+I • Consumo responsable • Respeto medioambiental • Cooperación al desarrollo • Participación social	**Frente a la sociedad civil** (nivel de coerción medio)
Responsabilidad ética	• Desigualdad • Pobreza • Discriminación • Discapacidad	**Frente a sí misma, sus miembros y asociados** (nivel de coerción bajo)

Fuente: Hontangas J.; 2018.

Y lo que hemos dado en llamar el alma de la gestión deportiva se orienta claramente a cumplir aspiraciones comunitarias, a satisfacer derechos fundamentales y a cubrir necesidades sociales, utilizando al deporte como una herramienta idónea para alcanzar dichos objetivos, sin que exista norma jurídica que lo imponga por lo que el nivel de coerción es muy bajo, prácticamente inexistente. La presencia natural de este tipo de compromiso y responsabilidad en las entidades no lucrativas, se presenta por tanto como un factor diferencial más con las entidades de vocación mercantil que gestionan el deporte.

En consecuencia, la integración en la práctica deportiva de colectivos socialmente desfavorecidos debe ser una preocupación natural. Los clubes son la organización civil más próximas al ciudadano, al barrio. Son conocedores de primera mano de la realidad vecinal, de sus carencias y aspiraciones. Y deben por tanto procurar el debido anclaje social de la entidad y la correlativa identidad de los socios con esta. De esta mutua identidad y correspondencia entre el sujeto y el club surge el sentimiento de pertenencia, el orgullo colectivo de formar parte de un proyecto deportivo y, naturalmente, un sentimiento de afección o amor por los colores que caracteriza esta realidad y la diferencia final y definitivamente de las propuestas de gestión mercantil antes citadas.

Desde esta perspectiva es fácil entender que las entidades deportivas no lucrativas, sean sensibles con su realidad territorial inmediata y que la propia entidad sea un laboratorio vivo, con variadas muestras de esta realidad social múltiple con la que el club interactúa. Todas las realidades sociales están presentes en el club o entidad y todas son solucionadas en su seno, para que ninguna sea un obstáculo para la práctica deportiva. Ningún problema social es ajeno a la entidad. Familias desestructuradas, problemas de adicciones o drogodependencias, discriminación racial, explotación laboral, desempleo, discapacidad, rupturas familiares, violencia de género, violencia juvenil, pobreza, discriminación de género y un largo etcétera, son cuestiones que se tratan y enjuagan en el seno de la entidad social a través de mecanismos diversos como las cuotas bonificadas o exenciones por el nivel de recursos; favorecimiento a las familias numerosas, al segundo miembro activo, a la tercera edad, o en atención a la discapacidad; o bien a través de programas específicos, competiciones de integración y eventos participativos de toda índole haciendo que la entidad sea un cuerpo social abierto donde es posible ensayar todas las terapias de integración posibles.

Esta misma preocupación y vocación puede constituir un objetivo estratégico de la gestión comercial pues, aunque las empresas mercantiles precisen elaborar *ex profeso* dicho compromiso social, este no es patrimonio exclusivo de las entidades no lucrativas.

Entre la tipología de personal que vimos en un epígrafe anterior y que distinguía entre personal que sirve a la instalación, el que sirve al usuario y el que sirve a la organización, destaca este último como el propulsor de las políticas sociales de la entidad, de acuerdo con las directrices fijadas por el órgano de gobierno de la misma.

El ejercicio de la responsabilidad ética exige también no obviar la responsabilidad gestora en general y verificar que todas las acciones emprendidas en este sentido son sostenibles en el tiempo y económicamente viables. Las acciones de fomento de los poderes públicos pueden suvenir a estas necesidades y las políticas públicas de subvenciones al deporte deberían considerar especialmente este tipo de actuaciones de responsabilidad ética, donde el principio de subsidiariedad por el que deben regirse los poderes públicos se hace especialmente visible y eficaz.

El derecho educativo del menor en las actividades acuáticas de piscina

Los principales organismos internacionales (UNESCO, COI y el Consejo de Europa) consideran que la educación física y el deporte en edad escolar contribuyen a la formación integral de los/as jóvenes y se convierten en un complemento útil y necesario para la educación permanente. «Todo ser humano tiene el derecho fundamental de acceder a la educación física y al deporte, que son indispensables para el pleno desarrollo de su personalidad. El derecho a desarrollar las facultades físicas, intelectuales y morales por medio de la educación física y el deporte deberá garantizarse tanto dentro del marco del sistema educativo como en los demás aspectos de la vida social».[3]

Estos organismos, a nivel mundial, consideran que las actividades físico-deportivas, sobre todo, en edades tempranas deben tener carácter educativo. La Carta Internacional de la Educación Física y el Deporte (UNESCO, 1978) cita en su artículo 2º que «La educación física y el deporte constituyen un elemento esencial de la educación permanente dentro del sistema global de educación».

Por otro lado, la Carta Europea del Deporte (Consejo de Europa, 1992) define el deporte en edad escolar como «toda actividad físico-deportiva realizada por niños y niñas en edad escolar, orientada hacia su educación integral» y además, afirma que «la práctica deportiva promueve objetivos formativos». Una definición del deporte escolar en sentido amplio, cuyos rasgos más identificativos son: la actividad físico-deportiva organizada y dirigida a escolares, desarrollada en horario no lectivo y de participación voluntaria. En cuanto a los objetivos y características de los programas deportivos para escolares se considera que contribuyen, además, a la formación cívica, en valores, y a la adquisición de hábitos saludables.

En resumen, la doctrina internacional ha proclamado el carácter educativo de las actividades físico-deportivas que se dirigen a la población en edad escolar y reconoce, por tanto, unos principios educativos generales que han de presidir toda actividad físico-deportiva practicada por jóvenes (tanto dentro como fuera de la escuela), entre otras también las actividades acuáticas en piscina/pileta/alberca. En cuanto a la edad de la población escolar se pueden diferenciar dos etapas: hasta los 12 años (infancia) y de los 13 a los 18 años (juventud o adolescencia).

Según Orts F (2013) «La actividad física y el deporte se han desarrollado en el seno de la escuela como estrategia pedagógica y medio de formación integral

---

3   UNESCO. Carta Internacional de la Educación Física y el Deporte, aprobada por la Conferencia General de la UNESCO en su 20a reunión, 21 de noviembre de 1978, París.

y se han convertido en un derecho fundamental para los menores. Por otro lado, fuera de la escuela son considerados aprendizajes permanentes que se desarrollan en un espacio de educación no formal».[4]

La educación es un derecho fundamental que abarca tanto el espacio formal cómo el no formal. La principal finalidad de la educación es el pleno desarrollo del ser humano en su dimensión social, personal y cultural. El deporte, en esta etapa de formación del ser humano, no puede desligarse de la educación. La educación física y el deporte escolar forman parte de una educación de calidad. El carácter participativo, voluntario y vivencial de las actividades físico deportivas, las convierten en herramientas poderosas para educar a la infancia y la juventud en el respeto a los valores democráticos (educación moral y cívica, ética) y la preparación para la vida, fortaleciendo su autonomía personal.

Así mismo según Orts (2013): «La educación física desde el ámbito curricular y complementariamente el deporte escolar, desde el ámbito no formal, contribuyen a la consecución de los fines del sistema educativo: la calidad educativa; la equidad; la transmisión y puesta en práctica de valores; la concepción de la educación como un proceso de aprendizaje permanente; la flexibilidad para adecuar la educación a la diversidad; el esfuerzo individual y la motivación del alumnado; la educación para la prevención de conflictos».[5]

Además, para conseguir estas finalidades es necesario dotar a las actividades de unas condiciones materiales, personales y pedagógicas, cualificar al profesorado y planificar la acción con rigor, evaluarla, y aplicar con método los conocimientos científicos, a ser posible, más avanzados.

La población menor de edad está considerada, por el ordenamiento internacional, como una población vulnerable, con limitada capacidad jurídica y de obrar, que precisa de protección especial (principio de vulnerabilidad). Las necesidades de esta población han evolucionado al tiempo que han evolucionado sus derechos y su protección en los países más civilizados. La mejor forma de proteger a la infancia es promover sus derechos y su autonomía personal a través de la educación. El proceso evolutivo y de formación integral, de adquisición de autonomía personal por parte del menor, es un proceso progresivo y educativo que ha de estar protegido frente a determinados contenidos o elementos perjudiciales para la formación del menor. Las actividades acuáticas son una excelente herramienta de formación para la población infantil y juvenil, ya que, suponen un reto añadido de adaptarse, progresar y dominar un medio como el agua que no es el medio natural en el que se desarrolla el ser humano.

La «Convención de los derechos del niño» (ONU 1989) se ha convertido en la referencia de este ordenamiento jurídico que se rige por cuatro principios generales, textualmente:

---

4 Orts F. *El derecho educativo del menor en el deporte escolar*, op. cit., p. 929.
5 Orts F. *El derecho educativo del menor en el deporte escolar*, op. cit., p. 937.

- No discriminación.
- Interés superior del/a menor.
- Derecho a la vida.
- Punto de vista del/a menor.

La intervención sobre la población menor de edad debe caracterizarse por una acción integral que extienda la protección y promoción de sus derechos a todas las actividades, servicios, bienes y productos a ella destinados, también en las actividades acuáticas y en la natación escolar o de competición. «El sujeto ha de estar protegido en sus derechos de igual forma independientemente de la actividad que desarrolle».[6] Desde este punto de vista, las medidas o acciones que se adopten, destinadas a salvaguardar los derechos de esta población, deben tener, siempre, un carácter educativo.

A la hora de plantear una intervención con la población menor de edad es necesario reconocer los beneficios psicológicos y físicos que aportan la educación física y el deporte escolar. Estos beneficios se convierten en objetivos educativos (OE) de primer orden cuando son integrados en una programación didáctica. En este caso, las actividades acuáticas, bien sean de enseñanza, competición o con finalidad higiénica o utilitaria, deberán incorporar los objetivos propuestos y actuar sobre los ámbitos, del desarrollo personal, la salud y la cohesión social. A continuación se muestra un esquema de objetivos didácticos generales, segmentados por ámbitos de intervención.[7]

- OE del ámbito del desarrollo personal:
  - contribuir a la formación del carácter y la personalidad;
  - contribuir al proceso de adquisición de la autonomía personal;
  - adquirir competencias básicas y específicas;
  - mejorar el equilibrio psicológico, emocional;

- OE del ámbito de la salud:
  - mejorar y educar las capacidades físicas, psíquicas;
  - adquirir hábitos saludables para prevenir enfermedades;

- OE del ámbito de la cultura y la cohesión social:
  - aprender habilidades y valores de integración social;
  - aprender a resolver conflictos, prevenir conductas de riesgo;
  - conocer y aprender alternativas de ocio activas/positivas;

---

6   Orts F. *El derecho educativo del menor en el deporte escolar,* op. cit., p. 940.
7   Esquema de referencia tomado de Orts F. *El derecho educativo del menor en el deporte escolar,* op. cit., p. 933.

Por otro lado, es necesario tener en cuenta que en el deporte y la educación física, la población menor de edad interactúa directamente con el medio, por lo que el impacto educativo es diferente, más intenso. En el medio acuático, un medio extraño para el participante, el impacto todavía es mayor. Esta vivencia puede resultar beneficiosa si se respetan una serie de condiciones socioeducativas que protegen a esta población.

El deporte y por extensión las actividades acuáticas, por sí mismas no conllevan valores positivos ni negativos. Para que se garantice la consecución de los objetivos educativos a través de estas actividades es fundamental que se desarrollen dentro de unas condiciones socioeducativas dotadas de los recursos esenciales como: personal (profesorado, organizadores, voluntarios); material, recursos financieros (instalaciones, material deportivo, financiación...) y recursos didácticos (programas pedagógicos y deportivos). Las actividades deberán estar bien planificadas y utilizar una metodología adecuada a cada una de las etapas y niveles de desarrollo de los/as escolares.

En todo caso, la intervención didáctica del docente (profesor/a, entrenador/a...) influirá en el desarrollo educativo (moral, físico, mental...) de los niños y las niñas. Los modelos o estereotipos que se transmitan en estas actividades pueden introducir pautas de comportamiento positivas (valores) o negativas (contravalores).

Tomando el ejemplo del derecho a la igualdad que debe regir toda actividad educativa y, por tanto, toda actividad acuática dirigida a la población menor de edad, los esfuerzos se deben dirigir hacia una auténtica coeducación, una actividad que tenga como referencia las diferentes identidades personales, que sea más justa para todas y todos, donde estas diferencias no supongan desigualdades de género. Se trata, pues, de potenciar el desarrollo humano de niñas y niños, considerándolos sujetos con identidad personal, al margen de estereotipos de género. «Para que el deporte escolar adquiera el carácter educativo sus programas de actividades deberán cumplir con unas finalidades u objetivos educativos (personificados por los beneficios psico-sociales que el deporte proporciona al sujeto), responder a unas características concretas (voluntariedad, participación, vivencia...) y desarrollarse en unas condiciones socioeducativas que garanticen la seguridad y la calidad educativa mediante la provisión de los recursos educativos (personal cualificado, programa educativo, recursos materiales...) y las acciones públicas de fomento, servicio y garantía necesarias».[8]

A) La intervención de los poderes públicos en la promoción del deporte en edad escolar

Los poderes públicos vienen a considerar el deporte escolar y, por extensión, las actividades acuáticas escolares, como un bien social susceptible de salvaguarda y destacan su valor social, cultural y educativo para proclamar el

---

8   Orts F. *El derecho educativo del menor en el deporte escolar,* op. cit., p. 955.

interés general. La conexión entre el deporte escolar y el sistema educativo de cada país o región, debe verse facilitada como estrategia integradora de los poderes públicos, de mejora de la calidad educativa. La población infantil y juvenil es considerada un grupo, un colectivo de atención especial por lo que se debe garantizar la integración social y educativa de esta población, respetando el principio de igualdad de oportunidades. Para Orts (2013) los «principios que rigen la intervención de los poderes públicos son, entre otros: la prevalencia del interés superior del menor sobre cualquier otro; la prevención de situaciones de riesgo que pueden perjudicar el desarrollo integral del menor; el carácter socializador y de integración de cualquier medida; el derecho a recibir el máximo nivel de educación posible; la garantía de la plena participación del menor en la vida social y cultural de acuerdo con su grado de desarrollo personal».[9]

Estos principios que rigen la actuación de los poderes públicos se completan con el principio de acción integral cuyo objeto es extender la acción pública a todas las situaciones de la vida del menor y la menor, logrando así su plena eficacia y máxima eficiencia. En definitiva, todos estos principios tienen como objetivo garantizar el carácter educativo de cualquier medida o acción que se adopte destinada a la salvaguarda de los derechos e intereses de los/as menores en las actividades que realicen y los servicios o productos que utilicen.

Las Administraciones públicas, sobre todo los municipios, se encargan con relativa frecuencia de la organización y desarrollo de actividades deportivas, el fomento y/o tutela de estas actividades, y la cesión del uso de las instalaciones deportivas municipales, entre ellas las piscinas, (piletas/albercas). Además, los órganos municipales suelen autorizar las actividades y espectáculos que se celebran en su municipio, emitiendo informes y tramitando expedientes. Además, adoptan medidas de vigilancia y control, expiden licencias de apertura de establecimientos y de actividades acuáticas o deportivas privadas que organizan particulares. En este caso, las actividades acuáticas dirigidas a menores, que se desarrollan en instalaciones deportivas (como piscinas, albercas o piletas) y que estén organizadas por un promotor privado, deberían estar supervisadas por los órganos administrativos del municipio garantizando, de este modo, que se cumplen las condiciones socioeducativas necesarias para favorecer el desarrollo integral de los y las menores.

Una parte importante de las actividades acuáticas organizadas por promotores particulares tienen carácter económico y se desarrollan en el mercado del ocio o tiempo libre. En estas circunstancias el participante se convierte en un consumidor, usuario, y las actividades pueden estar organizadas por un empresario. La Administración deberá velar por la seguridad de las actividades que incluirá la protección del desarrollo integral de la población menor de edad, de su educación, su formación cívica y moral, etc. Se toleran, únicamente, los riesgos mínimos considerados admisibles.

---

9   Orts F. *El derecho educativo del menor en el deporte escolar,* op. cit., p. 941.

En cuanto a los centros escolares, tanto públicos como privados, juegan un papel nuclear en la promoción y organización del deporte escolar y, por extensión, en el fomento de las actividades acuáticas. Se deben estimular las políticas de apertura de centros en horario no lectivo y la construcción de instalaciones para la práctica y desarrollo de actividades acuáticas, cerca o dentro del mismo espacio que ocupa el centro escolar. Las autoridades educativas vigilarán que las actividades deportivas que se desarrollen en los centros escolares cumplan con las finalidades del sistema educativo general que regula la educación en su país o región. De este modo, el principio de acción integral y la acción pública de garantía se extenderá, de igual modo, a las actividades acuáticas que se desarrollen en los centros escolares.

En general deben respetarse las características que definen el carácter educativo del deporte escolar. Desde este punto de vista, las actividades deberán ser: variadas, no solo orientadas a la competición, adaptadas a las necesidades de todos los escolares, integradoras, participativas, no discriminatorias, estar planificadas por expertos, de calidad y dirigidas por técnicos cualificados. Además se debe requerir a los promotores de actividades acuáticas que obtengan la cobertura de los seguros necesarios (responsabilidad civil de la entidad organizadora, seguro de lesiones o accidentes, etc.). También se recomienda que la población escolar supere un reconocimiento médico previo, sobre todo cuando participe en las actividades de competición deportiva. Estas actividades merecen una atención especial por los riesgos que comporta para la formación personal y el bienestar del menor y la menor. No se debe permitir una desvinculación educativa de estas actividades, aunque se persigan objetivos de rendimiento.

Los objetivos, contenidos y metodología de los programas de actividades deberán cumplir con la finalidad educativa que se persigue (el tratamiento de la competición, la educación en valores, los hábitos que se buscan transmitir, etc.); debe estimularse la intervención de diferentes agentes (la entidad, piscina, asociación organizadora de las actividades, el centro educativo, las familias); el aprendizaje debe estructurarse en etapas de iniciación deportiva que coincidirán con los ciclos del sistema educativo; se reclama la presencia de personas cualificadas y tituladas para dirigir estas actividades.

B) Las acciones públicas en la promoción y salvaguarda del deporte escolar

La intervención de las Administraciones públicas sobre el deporte escolar se llevará a cabo, a través de las acciones públicas. En general, se distinguen tres acciones públicas: fomento, servicio y garantía.

Entre las acciones públicas de fomento del deporte escolar se propone estimular al tejido asociativo, y la convocatoria de subvenciones a centros escolares y asociaciones que promuevan actividades acuáticas. Los requisitos para acceder a estas ayudas tienden a garantizar un desarrollo educativo en estas actividades. También pueden considerarse acciones de fomento, medidas como la concesión de premios, reconocimientos, etc., a todos aquellos promotores que destaquen por cumplir con las mejores condiciones socioeducativas. Las ayudas de fomento pueden ir dirigidas a impulsar la contratación de técnicos deportivos con una formación cualificada. También son medidas de fomento, impulsar ayudas o becas a jóvenes con necesidades socioeconómicas especiales o en riesgo de exclusión, en coordinación con los servicios sociales. Otra de las medidas o acciones de fomento es el establecimiento de acuerdos entre Administraciones y entidades privadas para la utilización de servicios, instalaciones acuáticas y otros bienes públicos para el desarrollo de programas deportivo educativos de actividades acuáticas para escolares.

Siguiendo a Orts (2013) «fomentar las actividades, equipamientos y servicios (...) que favorezcan el bienestar, el desarrollo integral del menor; garantizar que las actividades se adapten a las necesidades y el desarrollo físico y psíquico de cada etapa evolutiva; fomentar el asociacionismo, promocionando la educación en el tiempo libre, el juego en la infancia, y el desarrollo de servicios y equipamientos lúdicos y deportivos de carácter socioeducativo».[10]

Serán también necesarias acciones públicas de servicio como la creación de órganos administrativos y técnicos encargados de autorizar, gestionar y supervisar los programas deportivos. Estos órganos realizarán una intervención integral a través del desarrollo de los planes generales del deporte escolar que intentan coordinar a los promotores, especializarlos, en una acción integral. Los objetivos de estos planes deben ser coincidentes con los objetivos del sistema educativo, por lo que deberán impulsarse políticas de apertura de centros escolares en horario extraescolar para la promoción de las actividades acuáticas escolares. Esta acción puede plantearse como servicio, directamente prestado por la Administración educativa, o delegar la prestación en otra Administración (por ejemplo, el ayuntamiento/municipalidad) o en alguna entidad ciudadana, de carácter asociativo, que promueva actividades acuáticas escolares.

Otro servicio imprescindible que debe prestar la Administración es el servicio de formación de técnicos deportivos especializados en actividades acuáticas. Asimismo se impulsará como acción de servicio, la formación continua de estos técnicos deportivos encargados de dirigir las actividades acuáticas, así como del personal auxiliar, voluntario o de gestión que intervenga en los programas (incluida la formación de padres y madres). La formación pedagógica sobresaldrá como contenido en esta formación.

Son necesarias, así mismo, medidas que beneficien y protejan al joven deportista, con el objetivo de compatibilizar el tiempo dedicado al deporte con sus otras actividades sociales (familiar, estudios, etc.). Destacan entre otras medidas, el control médico y apoyo al entrenamiento. También medidas tendentes a procurar su plena integración social y profesional.

---

10   Orts F. *El derecho educativo del menor en el deporte escolar,* op. cit., p. 941.

Finalmente se proponen medidas de garantía que tienen por objeto eliminar riesgos al desarrollo integral del menor; impulsar acciones para la difusión, información y formación; establecer mecanismos de control; mantener sistemas eficaces para canalizar demandas y quejas; autorizar, limitar o prohibir actividades, espectáculos, servicios, productos, perjudiciales para el desarrollo integral de la población infantil y juvenil. Igualmente deberá exigirse a los promotores de actividades acuáticas para escolares, las coberturas de seguro necesarias (responsabilidad civil, accidentes).

La población infantil y juvenil tiene derecho a buscar, recibir, elaborar y utilizar la información y orientación adecuadas a su edad y condiciones de madurez. Los promotores de actividades, servicios, espacios y productos, están obligados a ofrecer una información veraz, plural, respetuosa y precisa (que detalle las condiciones y características), protegiendo de este modo a esta población frente a la información falsa o tendenciosa que pueda resultar perjudicial para su desarrollo personal. Las Administraciones públicas velarán para que se cumplan estas obligaciones garantizando que se pueda elegir libremente y con responsabilidad la actividad, servicio o producto deportivo.

C) Las actividades acuáticas de competición federadas, en edad escolar

En general, el sistema del deporte federado considera que la población menor de edad, en el deporte, requiere una especial atención educativa. Son las normas técnicas (reglas de juego, competición y reglamento disciplinario) las que con mayor intensidad actúan con el objetivo de proteger la formación y el desarrollo del menor en el deporte.

A la hora de diseñar un programa de competición para la natación y otras disciplinas deportivas acuáticas, es necesario proteger a la población menor de edad a través de su derecho educativo. Algunas de las estrategias a emplear son:

- Establecer categorías adaptadas a las edades para que la competición sea más igualitaria;
- No descuidar los estudios generales correspondientes a la etapa escolar (debe compaginarse el deporte y los estudios);
- Contar con los servicios de un entrenador cualificado, con perfil pedagógico (inculcar los valores del juego limpio, no violencia y hábito saludable);
- Promover normas que reflejan la dimensión ética del deporte, el conocimiento de los principios del juego limpio, prevaleciendo el carácter educativo, preventivo de las sanciones, si las hubiera.

En definitiva, el programa de competición escolar de actividades acuáticas deberá preservar el carácter educativo. Para conseguir este objetivo se configura un proceso de aprendizaje metódico y sistemático que progresa de lo sencillo a lo complejo. Además, los reglamentos técnicos se modifican con objeto de adaptar su contenido a la edad, capacidad y etapa evolutiva de las personas menores. Se protege de esta manera la formación de jóvenes deportistas. Las principales adaptaciones de las normas técnicas responden al siguiente contenido:

- Modificaciones materiales (dimensiones, medidas, desarrollos, nivel o grado del/a participante, y otros,...).
- Modificaciones de los parámetros espacio-temporales y técnico-tácticos (duración y número de actos, tiempos especiales –descansos, paradas–, aspectos tácticos en los deportes acuáticos: sustituciones, tipo de defensa, reducción del nº de jugadores...).
- Normas que fomentan la participación igualitaria (categorías B, C..., repescas, pruebas mixtas...).
- Normas que tienden a evitar el desequilibrio en el marcador o clasificación final (pruebas por niveles, etc.).
- Modificaciones de los sistemas de clasificaciones (que premien el juego limpio y/o el progreso en la prueba por encima del resultado individual).
- Modificación de los criterios de entrega de premios y reconocimientos (premiar por encima del resultado aspectos formativos).
- Normas que tienen por objeto proteger la integridad física de los participantes (protecciones, elementos de seguridad...).

Además, se pueden utilizar otros formatos organizativos que destacan por romper la estructura de la actividad habitual y proponer formas más educativas que favorecen una progresiva incorporación a la competición. Estos nuevos formatos se caracterizan por estimular la participación (ejemplo: competición por equipos); la coeducación; la socialización del menor; el carácter lúdico de la actividad; la adaptación al entorno (reglas de juego sencillas); la puesta en acción de diversas capacidades de la persona joven, sobre todo, sus habilidades coordinativas (técnicas); la ausencia de sanciones (se prefiere un sistema de advertencias y correcciones); el respeto entre los competidores regulando el saludo antes y después del acto.

D) Directrices básicas para la elaboración de programas

Para que las condiciones de las actividades deportivas respondan a una orientación educativa de calidad (educación en valores) es imprescindible planificar el proceso de enseñanza. Esta acción de planificación educativa, además de respetar los derechos de la población menor de edad, no discriminarla, favorecer su integración social y tener en cuenta sus opiniones e intereses, deberá prever la dotación de recursos, tanto personales como materiales y didácticos, necesarios para dar soporte a las actividades.

En cuanto a los recursos didácticos, las actividades deberán clasificarse por edades y estar ordenadas en programas (de contenido educativo), es decir, establecer un *currículum* para cada edad o etapa educativa que oriente el proceso de enseñanza y que pueda medir los resultados. Este proceso ha de ser continuo, regular, progresivo y las edades o categorías deportivas respetaran los ritmos naturales de maduración, evitando la especialización precoz y un entrenamiento intensivo. Se atenderá a la diversidad programando acciones específicas si fuera necesario.

Los elementos que configuran dicho *currículum* (objetivos, competencias básicas, contenidos, métodos pedagógicos y criterios de evaluación) (Tabla 8.6), deberán contribuir a la consecución de las finalidades educativas complementando, de esta forma, la acción del sistema educativo general del país o región en la que se desarrolle el programa.

Tabla 8.6. Elementos que configuran el currículum

Curriculum o programa deportivo-educativo (por etapa educativa)
Objetivos generales
Competencias básicas y específicas
Contenidos
Métodos pedagógicos
Criterios de evaluación

Los objetivos de estos programas deberán incidir en los beneficios que el deporte escolar aporta a la población menor de edad, beneficios a su desarrollo personal, social y a su salud. La finalidad última de estos programas es favorecer el desarrollo integral del menor, su formación personal, moral y social, su autonomía en definitiva. Además, estos objetivos contribuyen a la formación cívica, en valores (valores sociales, también de carácter personal), y a la adquisición de hábitos saludables (relacionados con la alimentación, la higiene personal, la prevención, etc.).

La adquisición, por parte del menor, de las competencias básicas y específicas a través de las actividades acuáticas deberá realizarse en consonancia con el resto de actividades del sistema educativo general. Estas competencias están en la base de un aprendizaje permanente a lo largo de la vida y complementan el proceso de formación integral de la población escolar. Sin embargo no se trata solo de facilitar la adquisición de competencias por parte de los y las menores, sino que, además deberá protegerse la actividad acuática para evitar riesgos, tanto físicos como morales, que puedan resultar perjudiciales para la integridad física y el desarrollo o formación integral de la población menor de edad. Desde esta perspectiva las actividades acuáticas en edad escolar constituyen referentes educativos en un espacio de educación no formal, complementario de la educación física curricular.

En lo que se refiere al contenido y metodología estas actividades deberán caracterizarse por su carácter lúdico, polideportivo, variado; por adaptarse a los intereses y necesidades del menor; por ser inclusivas, integradoras, seguras y saludables; fomentar la participación por encima del resultado o la selección, no discriminar al menor y estar planificadas por expertos garantizando así su seguridad y calidad educativa.

En cuanto a los recursos personales, para que las actividades acuáticas promuevan beneficios y, por tanto, adquieran el carácter educativo, deberán estar organizadas y dirigidas por técnicos cualificados. Los técnicos deportivos, especialistas en actividades acuáticas, no solo deberán evitar los riesgos que conlleva la actividad deportiva realizada en el medio acuático, sino que deberán convertirse en transmisores de valores educativos (dimensión ética de la educación). Desde el inicio, el técnico deportivo convertido en docente deberá buscar un equilibrio entre los distintos itinerarios o manifestaciones deportivas para que él y la menor conozcan y experimenten las diferentes formas de practicar y desenvolverse en el agua. Poco a poco elegirán la actividad en la que quiere especializarse y la misión del personal técnico será la de orientar o acompañar al menor para que este alcance sus objetivos y siga desarrollándose en todas sus facetas (personal, deportiva, social).

En cuanto a los elementos que configuran el proceso de enseñanza como la carga horaria, el número de alumnos por grupo, el número de actividades, la duración de las sesiones, etc., todos ellos deberán organizarse en función de la edad y nivel evolutivo de la población escolar, así como el tipo de actividad acuática elegida. El personal técnico, docente, evaluará los resultados del programa con la finalidad de mejorar su eficiencia (diagnóstico orientativo), incorporando dicha evaluación a la memoria final, informando, de este modo, a los participantes y a sus padres y madres o responsables legales sobre la evaluación y el progreso individual conseguido, orientando su continuidad en la práctica.

En cuanto a los recursos de organización, necesarios para proteger el desarrollo integral del menor destacan los siguientes (Tabla 8.7): las instalaciones deportivas, el material, el soporte financiero y legal, las coberturas de seguros necesarias para el desarrollo de la actividad, el voluntariado, y los ya mencionados recursos personales, didácticos y metodológicos. Se debe reconocer la importancia del voluntariado por su contribución a mejorar la organización y gestión de las actividades. Este personal voluntario realizará tareas auxiliares a la práctica y organización de las actividades. No suplantará, en ningún caso al técnico o docente deportivo.

Tabla 8.7. Recursos necesarios para proteger el desarrollo integral del menor

1. Los recursos personales. Personal debidamente cualificado que garantice una educación físico-deportiva de calidad. Personal voluntario que realice funciones auxiliares.
2. Las instalaciones y el material deportivo. Que reúnan las condiciones de seguridad y calidad para la práctica establecidas en la normativa vigente.
3. El recurso didáctico. Que dispongan de un programa educativo-deportivo conformado por objetivos, contenidos, método y criterios de evaluación, distribuidos por etapas de desarrollo y en consonancia con las finalidades del sistema educativo.
4. El recurso metodológico. Que se respeten las fases evolutivas y las capacidades de los escolares, evitando la especialización precoz, ampliando el espectro de actividades para que los jóvenes escolares puedan beneficiarse de una oferta variada y polideportiva. Que el tiempo dedicado a la actividad físico-deportiva por el menor sea suficiente para que se puedan alcanzar los objetivos. Que no sea una práctica intensiva sino adaptada a la edad y el nivel de los alumnos. Fundamentalmente el objetivo estratégico será: garantizar que el menor realice una hora diaria de práctica físico-deportiva entre moderada e intensa en combinación con la educación física y otras actividades extraescolares.
5. El recurso financiero. Que la actividad sea viable económicamente intentando que pueda autofinanciarse y orientando la ayuda pública hacia los sectores más necesitados.
6. El recurso legal. Que se cumpla con la normativa sobre seguridad y salud, sobre derechos de formación, deportistas de elite, etc. Se deberá tener en cuenta, sobre todo, la normativa en materia educativa, deportiva y de protección de menores.

Fuente: Tomado de la tesis doctoral "El derecho educativo del menor en el deporte escolar" (Orts F.; 2013, p. 965).

Otras directrices, a modo de resumen, para elaborar el programa de actividades acuáticas, encaminadas a garantizar las condiciones socio-educativas, serán las siguientes:

- Se ofrecerá una actividad acuática inclusiva que alcance los mínimos de práctica recomendados para la salud de los/as escolares y la calidad educativa. Los programas no serán discriminatorios y deberán primar, entre otros, aspectos como la igualdad de género, la inclusión y los valores positivos del deporte. Se promoverá la integración de la población escolar con necesidades educativas especiales y se diseñarán programas específicos para estos colectivos cuando sea preciso.
- Las actividades acuáticas dirigidas a la población menor de edad deben tener carácter voluntario y contar con la autorización de padres, madres y tutores. Deberán respetar las necesidades educativas, de salud y sociales del menor. Los horarios serán adecuados y los desplazamientos no demasiado largos.

- La organización de las actividades acuáticas escolares deberá regirse por un reglamento de régimen interno, regulador de la convivencia de los participantes. Se instaurará un régimen disciplinario que permita el cumplimiento de las normas de conducta y facilite el conocimiento y respeto de las normas de juego/actividad.
- Los espacios y servicios destinados a la población escolar deberán presentar las condiciones que garanticen el correcto desarrollo educativo, cumpliendo con las condiciones de seguridad e higiene de las instalaciones acuáticas en las que se realiza la práctica deportiva y las obligaciones establecidas en cuanto a la cobertura de riesgos de la población participante.
- Se debe cuidar el lenguaje, sobre todo en el deporte de competición, evitando mensajes sexistas, discriminatorios, violentos, etc.
- Los planes de entrenamiento deben respetar la condición física y las necesidades educativas del menor, los periodos de descanso. Las cargas de entrenamiento, el volumen y la intensidad estarán programadas por un especialista. Debe evitarse la especialización temprana, precoz y el entrenamiento intensivo.
- Establecer itinerarios de prácticas en los que puedan desarrollarse las diferentes manifestaciones del deporte escolar (competición, recreación, formación/utilitario). Dichos itinerarios responderán a las motivaciones de esta población (más recreativas, competitivas, etc.) y deberán ser compatibles con el resto de actividades que realiza el y la menor en su día a día (educación formal, vida social, familiar, etc.). Se garantizará de esta forma, que toda la población escolar conozca y pueda desarrollar la práctica de diversas manifestaciones deportivas en el agua, en función de su edad, gustos y sus aptitudes físicas.
- La repetición y la continuidad son básicas para que se consolide el hábito deportivo. Se debe buscar el equilibrio lógico entre el exceso de actividad y la ausencia o falta de la misma.
- Se tenderá, preferentemente, a promover las actividades acuáticas de carácter recreativo en las que prime el componente lúdico sobre el competitivo y sobre las propias normas o reglas de juego.
- En el caso de que dichas actividades se encuentren ligadas al ámbito de la competición será necesario establecer un tratamiento especial que evite los riesgos provocados por el exceso de competitividad (presiones, violencia, discriminación, etc.), que adapte las reglas de juego, normas, reglamentos y material necesario para la práctica a las características de los/as participantes y a las necesidades y finalidades de cada etapa educativa.
- En aquellas actividades acuáticas que se desarrollen en el entorno de un centro escolar, se establecerá la relación con la educación física. El

profesorado de educación física puede contribuir a la coordinación del programa, tanto en su faceta didáctica como organizativa.

- No se permitirá la información engañosa, no veraz, ni plural o irrespetuosa, que induzca a error. La organización deberá ofrecer una información precisa, visible para que los/as participantes y sus representantes legales puedan conocer las características de las actividades, las competencias a adquirir, los posibles riesgos que conlleva la actividad, etc.

Y por último conviene recordar que «para que el Deporte Escolar adquiera el carácter educativo sus programas de actividades deberán cumplir con unas finalidades u objetivos educativos (personificados por los beneficios psico-sociales que el deporte proporciona al sujeto), responder a unas características concretas (voluntariedad, participación, vivencia...) y desarrollarse en unas condiciones socioeducativas que garanticen la seguridad y la calidad educativa mediante la provisión de los recursos educativos (personal cualificado, programa educativo, recursos materiales...) y las acciones públicas de fomento, servicio y garantía necesarias».[11]

La buena gobernanza en gestión de natación. Principios

El buen gobierno deportivo aporta un enfoque, cada vez más necesario, en el que la ética de la gestión, de cada una de las acciones y los desempeños, y de los comportamientos preside su actuación. Es la manera en que las cosas podrían y deberían hacerse, y se espera que se hagan por quienes forman parte de la organización, o lo desean.

El buen gobierno en el sistema deportivo de las actividades acuáticas se presenta, en cada caso, mediante los «códigos de buen gobierno» que comprenden las relaciones entre el equipo directivo de la entidad deportiva y los distintos grupos de interés (*stakeholders*), socios, accionistas, nadadores, proveedores, administración pública local, federación de natación, asociaciones vecinales y otros posibles grupos, y personas. Estos códigos se elaboran teniendo presentes algunas preceptos entre los que destacan los principios europeos de la gobernanza que son: apertura, participación, responsabilidad, eficacia y coherencia;[12] además de los principios de subsidiariedad y proporcionalidad.

Por su parte el Código Iberoamericano de Buen Gobierno recoge lo que considera «valores que guiarán la acción del buen gobierno», y que son, «especialmente: Objetividad, tolerancia, integridad, responsabilidad, credibilidad, imparcialidad, dedicación al servicio, transparencia, ejemplaridad, austeridad, accesibilidad, eficacia, igualdad de género y protección de la diversidad étnica y cultural, así como del medio ambiente». Ambos documentos, el Libro Blanco y la Carta Iberoamericana, están íntimamente relacionados al poseer idéntica fina-

---

11 Orts F. *El derecho educativo del menor en el deporte escolar*, op. cit., p. 955.
12 Comisión de las Comunidades Europeas (2001). La gobernanza europea. Un libro blanco.

lidad, de tal manera que los «valores» quedan recogidos en la carta se integran en los «principios» del libro blanco, que resultan más funcionales de aplicación.

El concepto y los principios de la gobernanza europea son aplicables al gobierno de cualquier otra entidad o institución, tal como se expone en el Libro Blanco sobre la gobernanza europea (al igual que los valores del Código Iberoamericano). Aquel documento trata de cómo la UE -y por extensión toda organización- utiliza los poderes que le otorgan sus ciudadanos, y de la manera en que las cosas podrían y deberían hacerse para lograr un mejor uso del mando y las atribuciones que ostentan quienes gobiernan, quienes dirigen, y lograr unas políticas más efectivas. El libro blanco refuerza el papel de la sociedad civil que «desempeña un importante papel al permitir a los ciudadanos expresar sus preocupaciones y prestar servicios que respondan a las necesidades de la población». Perfectamente puede trasladarse, pues, el concepto de gobernanza al ámbito de la gestión en natación y asumir, y manifestar, el modo en que la junta directiva de la organización deportiva utiliza el poder que le otorgan los socios, o los accionistas, y la subsiguiente la manera de desempeñar su cometido. Se trata de una forma más actual de obrar, más democrática al colaborar la población gobernada —vecinos, socios, clientes, usuarios— en los procesos de gestión de la entidad deportiva. Por consiguiente la gobernanza del club, asociación o empresa de servicios de natación, resultará más enriquecedora para todos al ajustarse la gestión a las necesidades reales de la población afectada, sobre el deporte de la natación, con lo que se evitarán acciones inadecuadas, acciones no eficientes y en definitiva, despilfarros en todos los órdenes; teniendo en cuenta que si alguna acción, algún gasto, algún desempeño le añade valor al servicio que se presta, resultará ser una acción positiva que le aporta calidad, por lo que no podrá inferirse, en estos casos, que constituyan despilfarros. La problemática resulta ser, muchas veces, el poder distinguir los unos de los otros.

El buen gobierno será la actitud corporativa de todos los miembros del equipo de la piscina por analizar, interiorizar y asumir que sus decisiones tienen unas consecuencias, una repercusión en todos los interesados en el entorno social y de la natación, y en el medio ambiente. Así pues, existe una fuerte relación entre el buen gobierno de las organizaciones de natación y su responsabilidad deportivo-social acerca del deporte de la natación y las actividades acuáticas.

Los cinco principios de la buena gobernanza mencionados, que deben ser implantados en su totalidad para el logro de su intención, promueven un modo de asumir el gobierno de las organizaciones deportivas más democrático.

a) Principio de *Apertura*. Otorga transparencia a la gestión a través de una información veraz, completa y ágil de las acciones que se llevan a cabo, se trate de la administración pública —requisito que viene marcado por ley—, de una asociación de natación o una empresa deportiva. El principio de apertura, como el resto de ellos, se desarrolla a través de diversas medidas, que resultarán específicas de cada organización. Además de las que ya suelen darse, se proponen algunas otras, que deberán ampliarse a cada realidad particular:

- La primera acción que definirá el principio de apertura en una organización de natación será, precisamente, la aprobación de la normativa acerca del buen gobierno de la entidad, que acogerá las normativas y reglamentos los órganos, secciones y departamentos de la entidad.
- Instituir sesiones informativas al conjunto de los miembros y estamentos de la organización, así como de sus grupos de interés (*stakeholders*) relacionados, acerca de las obligaciones que se desprenden de la asunción del concepto y los principios de la gobernanza y su estado de cumplimiento.
- Establecer la obligación de asistencia a las asambleas y a las sesiones informativas a la totalidad de los miembros en cada caso, e invitar a los grupos de interés, entre los que ocupan un lugar visible los medios de comunicación.
- Facilitar el acceso a una información fiable sobre la entidad deportiva; una cuestión básica acerca de este principio es la facilitación de los datos, propuestas y resultados, de los capítulos económicos y de inventarios de bienes.
- Apertura a la participación —relacionada con el siguiente principio— de la mujer en todos los estamentos de la entidad en igualdad de oportunidades y de proporción, en la junta directiva, en la totalidad de las secciones, actuaciones, etc.
- Utilizar los canales derivados de las tecnologías más actuales, como páginas web o las redes, convertidas en plataformas interactivas de comunicación, diálogo y debate con la participación de los miembros de la organización y los grupos de interés.

b) Principio de *Participación*. Genera confianza en el equipo directivo y, como consecuencia, en la propia organización, a la vez que facilita la adecuación entre las acciones a emprender y las necesidades deportivas de la población, de los socios o de los usuarios de natación. Mediante este principio los vecinos, socios, accionistas y clientes colaboran en la gestión de la entidad expresando sus opiniones y tomando parte activa en las decisiones que se aprueben. Y entre las posibles acciones a emprender:

- En especial se requiere una apertura a la participación igualitaria de la mujer en todos los estamentos de la organización de natación, en los cometidos, las funciones y los desempeños.
- Participación activa de los miembros de la organización, así como de los grupos de interés, en la elaboración de las políticas deportivas de la entidad. A través de la participación, además, las entidades de natación esperan de los usuarios, socios, clientes, sus sugerencias, su fidelidad y su confianza.
- Creación de vínculos a través de redes deportivas sociales, por grupos de natación asistentes (escuela, grupo de entrenamiento, natación para todos, etc.).

- Escuchar a los nadadores sus opiniones acerca del funcionamiento de cada una de las secciones. En el caso de los más pequeños escuchar, además, a sus padres.

- Una mayor participación genera una mayor responsabilidad de las personas implicadas; pero a su vez, la apertura a la participación, la consulta previa, genera una responsabilidad compartida que contribuye a disminuir la presión en la toma de decisiones, lo que incrementa la objetividad.

c) Principio de *Responsabilidad*. Responsabilidad ante los ciudadanos, ante los socios o accionistas del club, ante los usuarios de la piscina, ante los proveedores. La responsabilidad es inherente a todo desempeño y cargo. En cierta manera este principio gobierna o está presente en todos los demás. Gestionar con responsabilidad requiere, entre otras cosas:

- El compromiso por revisar y adaptar los estatutos, las normativas, los reglamentos y las funciones de cada estamento (asamblea general, juntas directivas, comisiones, comisión de entrenadores, escuela de natación…), a los principios de la gobernanza.

- Definir las funciones y el nivel de responsabilidad de cada estamento de la organización; en concreto de los directamente implicados en los procesos de enseñanza y entrenamiento.

- Responsabilidad en la transmisión de información veraz y en tiempo (transparencia), sobre el funcionamiento de la escuela de natación, a los padres y a los alumnos.

- Estar permanentemente actualizados e informados, profesores, entrenadores y monitores, responsables en definitiva, acerca de las últimas novedades en materias de pedagogía, metodología, sistemas de entrenamiento, etc. También el resto de los componentes de la plantilla de personal.

- Hacer partícipes a los alumnos, o a sus padres en función de la edad, a los deportistas, a los inscritos en las diversas actividades, de los métodos de enseñanza, perfeccionamiento, entrenamiento, etc. utilizados, y solicitar su aprobación sobre los mismos.

- Hacer partícipes a los asistentes a cada programa y sesión y solicitar su opinión, acerca de cada una de las sesiones de actividad acuática, previa y posteriormente.

- Responsabilidad en la asistencia y participación en las sesiones de los diversos estamentos de la entidad de natación, junta de accionistas, junta de gobierno, las comisiones de natación, y cuantas otras puedan darse.

d) Principio de *Eficacia*. De un modo genérico puede entenderse como la concordancia entre los resultados obtenidos y los esfuerzos realizados. A través de este principio se contribuye a discernir entre lo necesario, lo prescindible y lo superfluo en la gestión, y en todas sus etapas y realizaciones. Gestionar con eficacia requiere de la participación de los otros principios y muy en especial del de coherencia. Acciones:

- Ante todo requiere eficacia organizativa, que implica la participación de la totalidad de los estamentos de la entidad en el proceso global de gestión, lo que conduce al principio de participación.
- Buscar formas de gestión para la entidad más acordes a su realidad. Se enmarca en este principio, en su doble dirección, la relación y colaboración desde de la administración pública hacia el sector privado de la natación y de éste hacia la administración local.
- Determinar cuáles son los puntos clave de la organización deportiva y su gestión, para asegurar una buena gestión de cada una de las actividades acuáticas que se realizan.
- Adecuar programas, sistemas, procedimientos, métodos de enseñanza, métodos de entrenamiento, a las características de sección o grupo de natación y demás actividades acuáticas, en cada temporada o periodo, basadas en estudios diagnósticos y en la aplicación de indicadores de gestión, de enseñanza, de respuesta al entrenamiento... y sociales.
- Comprobar cuáles son los procedimientos que aportan valor añadido a cada una de las secciones de la piscina y reforzarlos.
- Renunciar a los servicios, programas poco rentables económica, deportiva o socialmente, para mejorar la eficacia en la gestión de la entidad de natación. Desprenderse de lo superfluo para reforzar lo importante.
- Establecer vínculos a través de redes deportivo sociales puede contribuir a conocer mejor la realidad de la gestión y aumentar su eficacia.

e) El principio de Coherencia. Siempre debe estar presente en la toma de decisiones, en especial en las que afecten a colectivos, máxime si se trata de jóvenes. Las políticas de las organizaciones deben ser coherentes con sus fines. Las acciones a desempeñar en los vasos de la piscina, en sus planificaciones, en la implementación de sus sesiones, deben ser coherentes con la finalidad del club o la organización, con la finalidad del programa y las características de los asistentes. Algunas acciones:

- Coherencia entre la finalidad estatutaria de la entidad, su visión y misión y sus actuaciones y desempeños planificados y realizados.
- Coherencia en los presupuestos del club, de la piscina, referentes a cada una de las secciones deportivas.
- Coherencia en los horarios de los programas, en la composición de los grupos, en la asignación del profesorado.
- Coherencia en los gastos frente a los ingresos de cada programa desarrollado.

- Coherencia en las decisiones adoptadas a través de la confianza en la opinión de los expertos, de los técnicos, de los profesores de natación.
- Sobrepasar estos límites referidos aproxima al despilfarro, con todas las consecuencias que esto conlleva. Lograr determinar los despilfarros de la entidad debe ser un objetivo prioritario. A su vez, evitar los despilfarros permitirá aplicarlos a otras acciones.
- La coherencia también estará presente en las decisiones que se tomen respecto a los programas y actividades acuáticas que se programen, que debieran ser compatibles y equilibradas con las decisiones de las demás actividades de natación del municipio.
- El uso de indicadores contribuirá al cumplimento de este principio.

f) Cuando se trata de piscinas públicas, dependientes de la Administración, generalmente local, estos principios refuerzan los principios de *Subsidiariedad* y de *Proporcionalidad*.

El principio de proporcionalidad está muy unido al de coherencia. Puede decirse que la coherencia invita a la proporcionalidad y, ésta, asegura la coherencia en la gestión deportiva.

- Deben desarrollarse acciones en proporción a las necesidades de la organización y cada una de sus secciones, sus posibilidades, su economía, sus socios o usuarios.
- En proporción a los objetivos marcados para el año o la temporada deportiva.
- En el caso de los ayuntamientos, los Servicios de natación que preste deben estar en proporción a las necesidades no cubiertas por otras entidades, como los clubes de natación o las empresas de servicios deportivos de natación.

El principio de subsidiariedad viene a decir que lo que pueda hacer la administración pública más próxima al ciudadano no lo haga la más alejada. En concreto, lo que pueda hacer el municipio, el servicio que pueda prestar, que no lo haga la región o la provincia; y por lo mismo, lo que pueda hacer una región no lo haga el Estado (en el caso de la Unión Europea, los cometidos que pueda prestar cada Estado, que no recaigan sobre la Comunidad Europea). Conforme a este principio los ayuntamientos, en tanto que administración pública más próxima al ciudadano deben prestar aquellos servicios públicos a los que convenga esa proximidad, caso, por ejemplo, del deporte y las prácticas físicas.

Del mismo modo la aplicación de este principio invita a seguir descendiendo y desde las administraciones públicas locales facilitar la práctica deportiva a los clubes y asociaciones de natación como entidades que están más cercanas a los ciudadanos, y también a las empresas de servicios deportivos acuáticos. De esta manera, la función de los ayuntamientos será de facilitación y apoyo a las entidades deportivas locales, de natación en el presente contexto, y control en el caso de gestiones bienes públicos también la función de control. A través de la aplicación de este principio los clubes y asociaciones deportivas locales adquieren una mayor presencia en el sistema deportivo del municipio y un mayor protagonismo en su desarrollo y progreso. Dos de las posibles acciones relacionadas con este principio son:

- En los casos en que las legislaciones en materia de régimen local de los diferentes países les otorguen a los municipios como competencia la construcción de infraestructuras deportivas y equipamientos, la prestación de los servicios que tengan lugar en ellos, mediante la forma que se estime en cada caso y en cada legislación, puede resultar conveniente otorgarla a entidades deportivas, asociativas o privadas, de la localidad. En estos casos la gestión de las piscinas públicas, las actividades deportivas y los servicios de natación que en ellas se lleven a cabo, recaerían en las entidades de natación del municipio.
- En los municipios que no dispongan de piscinas públicas pueden ofrecer a sus ciudadanos servicios y actividades acuáticas concertando con los clubes y las piscinas privadas existentes, su desarrollo en los términos ventajosos para ambos.

La gobernanza es la manera en que las entidades deportivas de natación, son dirigidas de manera eficiente, constituye el buen hacer de la organización. Los principios del buen gobierno de la natación son las normas y recomendaciones que cada club, cada piscina, cada organización deportiva elabora libremente y se compromete a cumplir para el logro de sus fines estatutarios y los objetivos deportivos que se marca. Se produce pues, una interrelación entre gobernanza y calidad.

Parte IV
ORGANIZACIÓN INTERNA

Capítulo 9. **Funcionamiento interno.**
Capítulo 10. **Qué debe evitarse en la gestión de una piscina.**

El uso de una instalación deportiva por parte de los deportistas, de los consumidores del deporte, requiere que por parte de la organización responsable de su gestión, se elaboren las normas y los reglamentos que regulen su funcionamiento interno, faciliten el acceso a la misma, la seguridad en la práctica y la estancia en el recinto deportivo y su utilización; así mismo que se respete a los demás practicantes y a los agentes de la gestión, y se eviten deterioros por el mal uso o el uso inapropiado de las dependencias y los aparatos. En el caso de las piscinas presentan una importancia, mayor si cabe, por cuanto se trata de un medio diferente del habitual y que genera situaciones que pueden resultar lesivas para la persona que no lo domine.

Los reglamentos, además de establecer las pautas de comportamiento esperadas, que vienen a suponer los deberes de quienes hacen uso de la instalación, deben contemplar los derechos que asisten a quienes se asocian a la organización, se matriculan o inscriben en alguno de los programas y actividades que se ofertan.

Normativas de funcionamiento y reglamentos de uso constituyen un conjunto de documentos que deben ser conocidos y aceptados por todos los agentes que forman parte de la piscina, desde la dirección hasta los proveedores, con especial énfasis en quienes acuden a la piscina a practicar cualquiera de las actividades acuáticas, sus acompañantes y, por supuesto, el equipo técnico de profesionales a su servicio. Como consecuencia deben estar difundidos de maneta conveniente y fácil acceso.

Un tema, así mismo, importante es el referente a la accesibilidad de la piscina. Con un acierta frecuencia, las instalaciones deportivas se construyen en espacios alejados de la población, generalmente por motivos económicos. En estos casos resulta todavía mayor la exigencia de una accesibilidad al recinto deportivo con garantía de que pueda ser utilizada por toda la población con seguridad y sin discriminación. Y una vez dentro de la instalación los recorridos a cada una de las dependencias deben ser igualmente seguros, de fácil tránsito y convenientemente señalizados.

En el último capítulo del libro se recogen algunas de las acciones que deben evitarse en el desempeño de la gestión de una instalación deportiva, y más en concreto de una piscina, pero que sin embargo, a lo largo de la experiencia de los autores, han estado presentes con cierta asiduidad. En realidad cualquier acción irreflexiva contraria a cuanto se dice a lo largo del texto, debiera evitarse. Y conviene recalcar la palabra «irreflexiva» por cuanto no se pretende en absoluto crear «dogma» de funcionamiento y de gestión, sino tan solo plasmar nuestro entender, nuestra propia visión acerca del contenido y de lo que debe ser —entendemos que debe ser— la gestión de una piscina, obtenida tras largos años de estudio y, como decimos, de experiencia en este campo. Somos conscientes de la existencia de otros métodos, otras formas de gestionar piscinas, tan validas o más que el que se muestra en el presente texto.

En lo que sí pensamos puede haber unanimidad es en el contenido de las acciones que deben, o conviene mucho evitar en el desempeño de la gestión de una piscina, o de una instalación con piscina (pileta o alberca).

Capítulo 9
FUNCIONAMIENTO INTERNO

La elaboración de normas, de pautas de funcionamiento, es la manera que tienen las organizaciones de ajustar las conductas que se espera de los usuarios, así como las actividades que tienen lugar, que se desarrollan en el seno de la entidad. Las normas que se establecen en las organizaciones de actividades acuáticas, piscinas y clubes de natación, fijan estándares de conductas esperadas que tienen por finalidad facilitar el acceso, el uso y el disfrute de las piscinas y de cada uno de los programas que en ellas se realizan.

Los reglamentos constituyen un conjunto de reglas específicas para la ejecución de una actividad, de un cometido. Sin normas y reglamentos sería difícil llevar a buen término los desempeños de la gestión, entendida de forma global. En el presente capítulo se muestran algunos ejemplos de normas de funcionamiento con la sola intención de que puedan servir se guía para la elaboración, en cada piscina concreta de las propias y particulares.

Los derechos que amparan a quienes acuden a una piscina o a un club de natación en cualquier concepto —socios, clientes, usuarios, abonados— lo mismo que sus obligaciones por el hecho de inscribirse, abonarse, etc. es una exigencia que debe respetarse en todo momento por la entidad que ofrece el servicio, la actividad acuática, como también por quien opta a usarlo.

La accesibilidad a la piscina, y los recorridos internos son temas que forman parte del funcionamiento cotidiano de la instalación, con carácter interno. Cumple la función de garantizar la seguridad en el desplazamiento hasta el recinto de la piscina o del club y, una vez en él, facilitar el tránsito de unas dependencias a otras. Cuestión esta, no ajena a una cierta complejidad por cuanto coexisten dentro del recinto distintos ambientes, secos y húmedos, que requieren distintos tipos de indumentaria y de calzado. La supresión de obstáculos que dificulten el tránsito a la piscina, y dentro de ella, constituye un requisito legal, máxime en un recinto deportivo y con unas características tan específicas y tan propias como son las piscinas

Normas y reglamentos de funcionamiento

Las normas resultan inherentes al sistema deportivo, en especial al deporte práctica, pero también son necesarias en la dirección y gestión de las instalaciones deportivas, como las piscinas.

Los reglamentos constituyen procedimientos estándar, cuya función es informar y proporcionar un conjunto de instrucciones para la conveniente ejecución de una acción, de un desempeño, de un uso. Si en el deporte práctica los reglamentos deportivos son el fundamento de cada modalidad y cada especialidad deportiva, el aseguramiento de la igualdad de procederes entre los participantes, y como consecuencia del modo en que deben comportarse quienes lo practican, en el área de gestión pretenden asegurar el buen funcionamiento de las instalaciones, sus sistemas y sus materiales, además de la seguridad de quienes las utilizan.

De la aceptación de las normas, los reglamentos, valores, patrones comportamentales, por los miembros de un club, de natación o de una piscina, depende en buena medida la efectividad de su cultura en tanto que organización deportiva.

Las normas y los reglamentos deben formar parte, por lo tanto, en los planes de gestión de las organizaciones y las instalaciones deportivas, y recoger los modos de proceder en cada caso. Y como se ha visto en el anterior capítulo 7, la aplicación de sistemas de calidad conlleva la normalización de los desempeños y sus resultados. Calidad y normalización caminan parejas en los procesos de gestión, también en las piscinas y entidades de actividades acuáticas.

Características generales

Las normas y los reglamentos deben desarrollarse tomando en consideración algunas características básicas; entre ellas:

- Ajustarse y delimitar su ámbito de aplicación.
- Resultar razonable en su intención y no suscitar agravios.
- Determinar su alcance.
- Ser concreta, clara, de fácil lectura y de fácil entender.
- Estar consensuada por quienes la redactan y por quienes les afecta.
- No entrar en contradicción con otras normas, con la legislación vigente, etc.
- De aplicación justa, evitando agravios comparativos y aplicaciones imposibles de cumplir.

Para una buena gestión de una instalación deportiva, caso de las piscinas, resulta muy conveniente desarrollar dos tipos de documentos, los reglamentos internos y las normas de uso.

a) Reglamento de régimen interno de funcionamiento.

Al afectar a la totalidad las funciones sobre gestión de la piscina o club de natación debe ser lo suficientemente amplio para no dejar fuera ninguna área. Se deberá, pues, dividir en tantos apartados como se considere, por ejemplo:

- Reglamento de funcionamiento de administración y oficinas.
- Reglamento del área de mantenimiento.
- Reglamento del área deportiva.
- Reglamento del personal en contacto directo con los usuarios, clientes, socios, deportivos.

Y en cada caso incluirán cuantas consideraciones se estime que deben conocerse y aplicarse para el mejor funcionamiento de cada área y, como consecuencia, de la piscina o del club de natación, entre ellas: puesto de trabajo, funciones; responsabilidades; horarios; turnos laborales.

b) Normativa de uso de las instalaciones.

Que afecta al uso diario de la instalación y cada una de sus dependencias, por lo que existirán normas de uso específicas para cada una de ellas.

Ejemplos de normas de uso para la piscina

A) Normas particulares de utilización de las piscinas (cubiertas y descubiertas)

En beneficio de la salud, comodidad y disfrute de quienes desean utilizar la piscina (nombre) y al objeto de facilitar su uso deportivo y de ocio, así como el imprescindible mantenimiento de la misma, son de aplicación las siguientes normas mínimas:

a. Se recomienda:

- Pensar en todo momento que se trata una piscina propia, una piscina nuestra, una piscina de todos y para todos.
- Controlar los horarios de las comidas y los baños.
- La higiene personal cuando se utiliza la piscina; va en beneficio de todos.
- Ducharse después de nadar para eliminar los productos de depuración e higienización del agua utilizados.
- Evitar una contaminación acústica procurando no gritar, chillar, cantar, etc.
- Evitar ensuciar el recinto como medida que facilite su higiene, su mantenimiento y la imagen... (de la piscina, del club, de la ciudad), así como la propia imagen de quien la utiliza.
- Procurar al máximo un ahorro de energía, así como de agua y otros productos puestos al servicio del usuario.

b. Es de obligado cumplimiento:

- El respeto a las instalaciones y todos sus elementos evitando roturas, malos usos, desperfectos, etc.
- El respeto y observancia del Reglamento General sobre la Instalación.
- Como medida de salud higiénica, no se permite el acceso al recinto de la piscina a personas con enfermedades infecto-contagiosas.
- Como medida de precaución no se permite la entrada libre a menores de 14 años si no van acompañados de personas mayores que asuman su responsabilidad.
- Todo bañista tiene la obligación de esforzarse por no ensuciar ni degradar el agua de la piscina.
- No se permite introducirse en el agua con otras prendas de vestir que las reglamentarias de baño:
    - Bañador, obligado y reglamentario.
    - Gafas de natación, aconsejables.
    - Gorro, de obligado uso siempre.
- Es obligado ducharse antes de introducirse en el agua.
- No se permite tirar o introducir en el agua prendas de ropa de ningún tipo, ni objetos ajenos a los estrictamente deportivos referidos a la natación.
- No se permite comer en el recinto de la piscina correspondiente a las playas y lámina de agua, así como introducir bebidas en recipiente de cristal o con riesgo de derramarse.
- Queda expresamente prohibido el consumo de bebidas alcohólicas en todo el recinto considerado de piscina. Igualmente queda prohibido fumar en todo el recinto.
- Queda expresamente prohibido introducir en vestuarios, servicios, playas de piscina etc. cualquier elemento de cristal o similar, como botellas, frascos, espejos, vasos, etc. que puedan producir lesiones a los usuarios en caso de rotura.
- Se evitarán las gafas de buceo, aletas, colchones neumáticos, etc. cuando se considere que puedan resultar molestas, al objeto de facilitar el disfrute en convivencia. (En el caso de las piscinas cubiertas se añadirá el siguiente texto): En todo caso nunca se permitirán en horarios de entrenamiento, enseñanza o competición.
- (Para el caso de las piscinas cubiertas) Quedan prohibidos los aceites, los bronceadores y demás cremas que ensucian el agua contribuyendo a la degradación del servicio.
- (En el caso de las descubiertas se modificará por este otro texto) Se tratarán de evitar los aceites, los bronceadores y demás cremas que ensucian el

agua contribuyendo a la degradación del servicio. En todo caso quienes los utilizaren se ducharán convenientemente antes de introducirse en el agua.
- Por razones de convivencia quedan prohibidas las carreras por las playas de la piscina, los juegos molestos y, sobre todo, los peligrosos.
- (Solo para el caso de las piscinas descubiertas) Las radios y demás elementos musicales, en caso de introducirse, moderarán su volumen.

B) Normas particulares de utilización de vestuarios

En beneficio del buen uso deportivo, comodidad y disfrute de quienes desean utilizar la piscina (nombre) y, por lo tanto precisan hacer uso de los vestuarios, así como para facilitar su imprescindible limpieza y mantenimiento, son de aplicación las siguientes normas mínimas:

a. Se recomienda:

- Pensar en todo momento que los vestuarios son un espacio deportivo necesario y propio, un vestuario nuestro, un vestuario de todos y para todos.
- Su uso es fundamental para la práctica deportiva diaria de todos, deportistas y equipos.
- Evitar ensuciarlo como medida que facilite su uso e higiene durante todo el día, su mantenimiento y la imagen de la piscina o el club de natación. También la propia imagen de quien lo utiliza.
- Procurar al máximo un ahorro de energía y de agua, así como de otros productos puestos al servicio del usuario.
- La higiene personal permanente es beneficio para todos.
- Evitar una contaminación acústica procurando no gritar, chillar, cantar, etc. en beneficio de quienes lo están utilizando.

b. Es de obligado cumplimiento:

- El respeto a las dependencias, instalaciones y todos sus elementos evitando roturas, malos usos, desperfectos, etc.
- El respeto y observancia del Reglamento General sobre la Instalación.
- No se permite comer ni fumar en los vestuarios. Queda expresamente prohibido el consumo de bebidas alcohólicas y de substancias que atenten contra la salud.
- Queda expresamente prohibido introducir en los vestuarios cualquier elemento de cristal o similar (botellas, frascos, espejos, vasos, etc.) que puedan producir lesiones a los usuarios en caso de rotura.
- Por razones de convivencia quedan prohibidos los juegos molestos o peligrosos.

C) Normas particulares de utilización de gimnasios y de salas de musculación

En beneficio del buen uso deportivo, comodidad y disfrute de quienes desean utilizar el gimnasio/sala de musculación, así como para facilitar su imprescindible limpieza y mantenimiento, son de aplicación las siguientes normas mínimas:

a. Se recomienda:
- Pensar en todo momento que el gimnasio o la sala de musculación son espacios deportivos necesarios y propios, un gimnasio o sala de musculación nuestro, de todos y para todos.
- Su uso es fundamental para la práctica deportiva diaria de todos, deportistas y equipos.
- Evitar ensuciarlo como medida que facilite su uso e higiene durante todo el día, su mantenimiento y la imagen de la piscina o el club de natación. También la propia imagen de quien lo utiliza.
- Procurar al máximo un ahorro de energía.
- La higiene personal permanente es beneficio para todos.
- Evitar una contaminación acústica procurando no gritar, chillar, cantar, etc. en beneficio de quienes lo están utilizando.

b. Es de obligado cumplimiento:
- La entrada queda reservada a los socios, abonados, o personas que tengan el ticket correspondiente.
- Por su seguridad, no se permite la entrada a menores de 16 años si no van acompañados de su profesor o entrenador.
- Toda persona que acceda al gimnasio debe someterse, inicialmente, al control y programación del monitor responsable del mismo, en el caso de que no vaya acompañado de su propio entrenador.
- El equipo imprescindible para acceder será:
  - Calzado y ropa deportiva adecuados.
  - Toalla.
- El calzado deberá ser deportivo, flexible y tener las suelas limpias.
- Al finalizar cada ejercicio deberá colocarse el material utilizado en su lugar de origen (mancuernas, discos, etc.).
- No se permite comer, fumar dentro del gimnasio, o introducir bebidas que no sean específicamente para hidratarse durante el ejercicio.
- Las bolsas de deporte no deben ser introducidas dentro del gimnasio.
- Es necesario cumplir estas normas para conseguir un buen funcionamiento y una correcta conservación del recinto del gimnasio.
- Evitar una contaminación acústica procurando no gritar, chillar, cantar, etc. en beneficio de quienes lo están utilizando.

Derechos y deberes de quienes acuden a la piscina para nadar

Resulta una cuestión básica en cualquier entidad que presta servicios públicos a la colectividad. Sin embargo con una cierta frecuencia se omite su exposición pública en las instalaciones deportivas, o se relega a lugares poco visibles. Quienes acuden a la piscina, bien en calidad de socios, abonados o de usuarios, gozarán de ciertos derechos, a los que van unidos sus correspondientes obligaciones o deberes. A modo de ejemplo de exponen algunos de ellos.

a. Derechos:

- Usar y disfrutar la piscina y sus instalaciones dentro de los horarios de apertura al público y de las normas que rigen en cada caso, convenientemente expuestas.
- Inscribirse y participar en los cursos y actividades que organice la piscina de acuerdo a las normas que rijan en cada uno de ellos.
- Afiliarse a la piscina en calidad de abonado o socio, siempre que existan plazas libres, y cumpliendo los requisitos aprobados por la organización deportiva (piscina, club de natación, etc.)
- Recibir información de forma igualitaria, directa y personalizada sobre la piscina y sus instalaciones, tasas, horarios, actividades acuáticas y deportivas y la forma de acceso a las mismas.
- Tener garantía sobre la confidencialidad de sus datos personales y la privacidad.
- Utilizar las instalaciones en un buen grado de higiene, limpieza y seguridad, que asegure el correcto desarrollo de la actividad deportiva, libre, inscrita o reservada.
- Conocer los datos de mediciones de calidad del agua de las piscinas (temperatura del agua y temperatura ambiente, nivel del pH y del cloro; aunque conviene que estén expuestos la totalidad de los parámetros en otro apartado de la obra recogidos), convenientemente expuestos al público en lugares a tal efecto fijados.
- Poder expresar libremente por escrito (en su caso a través de internet o red social) cualquier reclamación o sugerencia de mejora y a ser contestado en un plazo máximo de siete días laborables.
- (En el caso de piscinas públicas y las piscinas de clubes de natación) Tener información sobre los presupuestos de la piscina o club, en sus partidas de ingresos y gastos.
- Solicitar la entrega de un ejemplar del presente reglamento.
- Cualesquiera otros derechos que vengan reconocidos por la legislación vigente y por lo dispuesto en el presente reglamento.

b. Deberes:

- Para acceder a la instalación, mostrar el documento acreditativo de pertenecer a la entidad en cualquiera de sus opciones (carné de asociado, entrada, resguardo de matrícula en algún curso, autorización, etc.), que les autorice para la utilización de la piscina y sus instalaciones.
- Utilizar las piscinas, y cada una de sus dependencias para el uso exclusivo para el que fueron diseñadas, utilizando el equipamiento deportivo adecuado en cada caso.
- Respetar los reglamentos, las normas y los horarios de funcionamiento de la instalación, y atendiendo en todo momento las posible indicaciones del personal de la misma.
- Hacer buen uso de las instalaciones, servicios y equipamientos de la instalación.
- Adoptar en todo momento una actitud correcta y respetuosa con los demás usuarios.
- Respetar los derechos preferentes de las demás personas usuarias, especialmente de los niños y personas más desfavorecidas.
- Comunicar al personal de la instalación posibles anomalías de funcionamiento detectadas, como roturas, deficiencias o incumplimiento de lo dispuesto en el presente reglamento.
- Satisfacer puntualmente las cuotas y tarifas establecidas para modalidad de uso (socios, abonados, cursos, etc.).
- Someterse a un reconocimiento médico previo antes de iniciar cualquier actividad física, que asegure su capacidad para la práctica física y de no padecer enfermedades infecto contagiosas. El área médica de la piscina se reserva el derecho de exigirlo si lo estimase conveniente.

Accesibilidad

La práctica deportiva precisa de la existencia de instalaciones deportivas adecuadas, y de accesibilidad fácil y segura. Algunos textos de alcance universal (como la Carta Europea del Deporte) y la diversidad de normas oficiales vigentes sobre el uso de las instalaciones deportivas, expresan la necesidad de que estos accesos garanticen el que todas la personas sin discriminación, puedan acceder a dichas instalaciones, lo que incluye sobremanera a las personas desfavorecidas o que tengan alguna minusvalía física o mental.

En buena medida el acceso a las instalaciones deportivas vendrá determinado por su emplazamiento, como primer criterio de accesibilidad. Si bien el lugar donde se construya una piscina, su emplazamiento, no garantiza el éxito en su gestión, su inadecuada situación sí influirá de manera negativa en los resultados de esta.

Los emplazamientos determinan las áreas de influencia de las instalaciones. Una localización inmersa en el núcleo de población y próxima a alguna zona escolar será una situación excelente para una piscina. Si además está bien comunicada y permite el acceso a través de todos los medios de transporte, resultará una ubicación ideal para atender las demandas de la población y una fortaleza en su gestión.

Sin embargo la consolidación de las localidades obliga a construir edificios de servicios en los espacios disponibles, que no siempre son los deseables. Algunas veces se produce una situación inversa, primero se construye una piscina en algún solar disponible alejado de la población, y con el paso del tiempo van creciendo las viviendas en su entorno; en estos casos la gestión durante años resulta difícil, y va mejorando conforme aumenta la población del entorno.

Diversos estudios han analizado las distancias más convenientes para la creación y en su caso construcción de diferentes servicios, como hospitales, centros de ocio, centros de alimentación... y centros deportivos. Constituyen las áreas de influencia, que permiten diagnosticar qué población hará uso de los mismos, a la vez que dirigir la difusión de las actividades que se desarrollan. Con los datos obtenidos se han confeccionado estándares de distancias a recorrer por los consumidores de cada servicio. En gestión deportiva se estiman las siguientes distancias estándar a recorrer para acceder y tomar parte en los servicios y actividades deportivas desarrolladas en una instalación o complejo, a través de diferentes medios de transporte:

- Caminando, se considera una distancia estándar sobre 2 y 3 Km.
- Ciclistas, una distancia entre 4 y 5 Km.
- Por medio de transporte público o de vehículos particulares, 8 Km.
- Escolares en autobús desde zonas urbanas, 4 Km y desde zonas rurales 8 km.
- Cuando se trata de complejos de ocio, de fines de semana y sobre todo de vacaciones, las distancias aumentan considerablemente, 50 Km. (autobús, metro, tren, vehículo propio...) inclusive 2 horas de trayecto, para otros parámetros.

Los accesos a las instalaciones deportivas cerradas, y en especial por sus características las piscinas, revisten una cierta complejidad, que debe conocerse por los gestores deportivos. Como se ha podido apreciar los accesos deben entenderse desde un doble enfoque, las condiciones de la aproximación a la instalación y las de entrada al edificio o recinto que, aunque diferenciadas mantienen una consideración única, hablándose de «acceso» a la instalación. Por lo general vienen reguladas por las diferentes normas de los estados o países —normas sobre edificación, seguridad e higiene, protección contra incendios—, que deben conocerse y cumplirse rigurosamente. Resulta conveniente, no obstante y a título orientativo, hacer referencia a algunos criterios básicos que siempre quedarán sujetos a las normativas vigentes en cada caso:

a. Aproximación a la piscina
- Deberá estar claramente, delimitado, visible y destacable del entorno.
- Su anchura no será inferior a 1,50 m. Aconsejable un mínimo de 1,80 m.
- Su altura no será inferior a los 2,20 m.
- Deberá diferenciarse la aproximación en vehículo y caminando.
- Estará libre de obstáculos, y en su caso, deberá disponer de barandillas en los lugares dificultosos.
- Será de pavimento compactado y no deslizable.
- Estará convenientemente iluminado
- Cuando el acceso sea en cuesta, la inclinación máxima no será superior al 6 %.
- Escaleras.
  - Siempre irán acompañadas por rampas, plataformas elevadoras o de otros mecanismos facilitadores para las personas con la movilidad disminuida.
  - Serán necesarias las barandillas o los pasamanos (según normativas).
  - Se diseñarán descansillos, con tonalidades diferentes a la de los escalones.
- Rampas. Su anchura no será inferior a los 2 m.

b. Entrada a la piscina
- Aparcamiento. Se deberá considerar:
  - Si la piscina dispone de aparcamiento exterior o interior.
  - Su localización con respecto de la zona de aproximación y de la entrada.
  - Su dimensión y su número de plazas.
  - La señalización y delimitación de zonas para su identificación.
- Disponibilidad de contenedores de residuos por tipos.
- Panel informativo de localización de cada espacio, dependencia y área, así como el tipo de calzado, marcado por colores (se incluye en un siguiente apartado).
- Área de acceso inmediato a la instalación. Se deben considerar y adecuar para cada caso, cuanto menos los siguientes elementos:
  - Señalización de llegada.
  - Panel de información.
  - Señalizaciones de las zonas.

- Zona de recepción:
  - Punto de recepción, información, venta de tickets, etc.
  - Paneles informativos interiores.
  - Zonas de descanso o espera.
  - Panel de distribuciones.
  - Control de acceso al interior de la piscina.
  - Papeleras y contenedores de residuos por tipologías
  - Aseos.
  - Tienda de productos deportivos, en su caso.
  - Máquinas expendedoras (si no existe cafetería o bar).
  - Salida de emergencia.

Recorridos y circulaciones

Las circulaciones en el interior de las piscinas constituyen un elemento importante para su buen funcionamiento y, por consiguiente, su gestión. Por este motivo suele ser un tema que figura en las normas oficiales que regulan la edificación en cada país, también en las de aplicación a las instalaciones deportivas.

En las instalaciones deportivas, y muy especialmente en las piscinas, como norma de obligado cumplimiento no deben cruzarse los tres tipos de posibilidades de calzado que pueden presentarse:

- Pies calzados de calle.
- Pies calzados de deporte.
- Pies mojados o "pies descalzos".

Pero sobre todo deberán evitarse cruces entre pies descalzos y pies calzados. Se hablará de ciclo higiénico como el que garantiza el uso exclusivo de una tipología de «calzado» sin interferencias. Tan solo en vestuarios pueden coincidir los tres, pero inclusive en este espacio debiera evitarse simultanear los tres tipos posibles.

Utilizar colores diferentes, tanto en planos durante la redacción de los proyectos para facilitar el estudio de las circulaciones y evitar los cruces e interferencias, como durante la gestión de la instalación a través de la exposición a la vista (vestíbulo, entrada a vestuarios) de los recorridos coloreados por áreas, facilita información a los usuarios acerca de los límites de paso según el tipo de calzado. En caso de no existir normativa al respecto elaborada por cada país o estado, se proponen los colores a emplear en el diseño de los recorridos y sus correspondientes áreas, según el uso y la finalidad de cada dependencia (Tabla 9.1).

Tabla 9.1. Colores a utilizar en la demarcación de zonas en relación al tipo de calzado

- Azul marino: Lámina de agua de los vasos.
- Azul medio: Las otras zonas húmedas.
- Marrón: Zona de usuarios con calzado de calle.
- Amarillo: Vestuarios; en ellos hay simultaneidad de «pies calzados» con «pies descalzos».
- Naranja: Calzado deportivo; partirá desde la salida del vestuario.
- Rojo: Cuartos de material, salas de máquinas, almacenes.
- Gris: Dirección, despachos, salas de prensa.
- Verde: Pistas deportivas, zonas ajardinadas.

Fuente: Mestre J., a partir de normas del CSD/FEMP.

Construida la piscina y puesta en funcionamiento, tomado como punto de partida el estudio realizado inicial de las circulaciones, deben establecerse con claridad y exponerse en lugar visible los posibles recorridos que podrán realizar los usuarios y personal de la instalación. Es decir, se realizará un «diagrama de flujo» de la piscina en el que además de indicarse los recorridos posibles, quedarán expuestas las sucesiones de tipos de calzado que deben utilizarse, el tránsito de zonas secas a húmedas, el tránsito entre las otras zonas etc. De este modo quedará reflejado y visible que, por ejemplo, el paso de zona de cazado de calle (marrón) a zona de calzado deportivo (naranja) se efectúa en los vestuarios (amarillo); o que el recorrido que efectuará un nadador que llegue a la instalación, acuda primeramente a los despachos de la dirección, luego a vestuarios y de ellos pase a la piscina, será marrón, gris, marrón, amarillo, azul medio, y finalmente azul oscuro.

Así pues, conviene que el diagrama de flujo sea un documento exigido al equipo redactor del proyecto de ejecución de la piscina, como garantía de que se han estudiado los recorridos, diseñado convenientemente y de que no existen interferencias que dificultarán la gestión. Tendrá su utilidad una vez puesta en funcionamiento la instalación, con preponderancia en los grandes complejos deportivos que alberguen piscinas, para servir de guía y facilitar los itinerarios y las circulaciones y el control de los usuarios cuando en el complejo existan diferentes instalaciones deportivas y equipamientos, y distintos programas de actividades.

La elaboración del diagrama de flujos, tal como se muestra en la Figura 9.1, recoge la secuencia de los desplazamientos y los recorridos que deberán efectuarse en el traslado caminando a los distintos espacios y áreas del complejo, sean deportivas o no.

LA GESTIÓN DE LAS PISCINAS DE USO PÚBLICO | 309

Figura 9.1. Modelo de diagrama de flujo de recorridos en una piscina

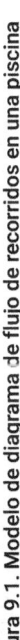

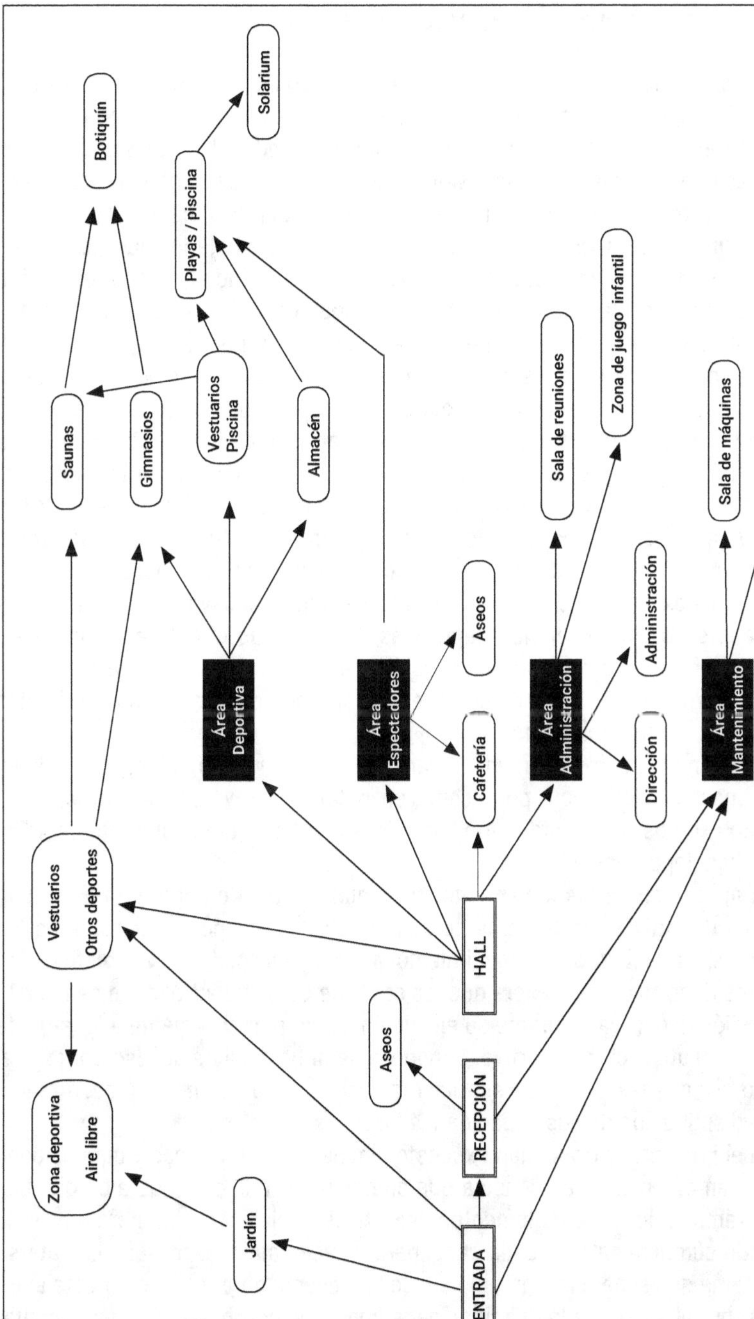

Fuente Mestre J. Diseño Mestre N.; 2018.

Supresión de barreras arquitectónicas

Por ser materia reglamentaria con rango de obligado cumplimiento existen textos de alcance diverso, regional, nacional, global, que tienen como intención asegurar el acceso de las personas con movilidad reducida a las edificaciones, entre las que se encuentran las instalaciones deportivas; y en concreto las piscinas, por su componente rehabilitador, ocupan un lugar destacado.

En Europa, ya en 1986, el Comité de Ministros a los Estados adoptó la «Carta Europea del Deporte para todos: personas minusválidas» (Recomendación nº R (86) 18), en la que se instaba a los gobiernos a que tomasen las disposiciones necesarias con el fin que la totalidad de los servicios públicos y de las organizaciones privadas en materia de deportes y actividades de ocio, tomaran conciencia de las necesidades de las personas con minusvalías, no sólo motrices, mentales o sensoriales, sino también de las afectadas por una deficiencia orgánica o psicosomática. Seguidamente incitaba a las autoridades competentes a tomar determinadas medidas, entre ellas la de velar por que las instalaciones deportivas se construyan teniendo en cuenta las recomendaciones en esta materia, así como hacer lo necesario para familiarizar con las necesidades de las personas con alguna minusvalía, a los técnicos diseñadores de instalaciones deportivas, como a sus directores y gerentes. Se trata de un texto que sin duda resulta de interés general y que se deberá complementar otros textos de alcance similar emitidos por diversas entidades nacionales e internacionales.

También las personas en edad avanzada constituyen un colectivo afectado, con demasiada frecuencia, por diseños en instalaciones y equipamientos deportivos no exentos de barreras arquitectónicas que dificultan cuando no impiden, la práctica deportiva.

La aplicación de los reglamentos y normativas para el logro de unas instalaciones deportivas sin barreras corresponde a los equipos redactores de los proyectos, sin embargo su conocimiento, aunque básico, debe ser objeto de los gestores deportivos de manera que les capacite para el control del diseño de la instalación deportiva y durante su ejecución, como posteriormente a lo largo de los años su utilización deportiva. Supone la garantía del libre acceso por todo el recinto a todas las personas sin discriminación hacia quienes padecen reducción o disminución de sus capacidades motrices.

En el presente texto se han expuesto algunas características y dimensiones que deben cumplir, o se aconseja que cumplan, los edificios que albergan piscinas, remitiendo a los reglamentos deportivos oficiales y a las normativas de obligado cumplimiento en cada caso, para un acercamiento mayor, por tratarse de un tema que supera las intenciones de la presente obra. Al abordar este apartado sobre el acceso y las circulaciones conviene, no obstante, complementar algunas de las características de accesibilidad integral que permitan lograr unas instalaciones deportivas sin barreras, a la vez que incidir en la sensibilización hacia esta problemática, sin que resulten contradictorias con las normas particulares de cada estado o país.[1]

a. Accesos hasta la piscina:

- Comprobar la accesibilidad de los transportes públicos hasta la piscina o su área de influencia.
- Procurar que la accesibilidad en los itinerarios desde las paradas del transporte público y desde los aparcamientos, hasta la entrada a la piscina o el recinto resulte cómoda, existan rebajes en las aceras, semáforos y señalización adaptados.
- Procurar la eliminación de obstáculos en el entorno inmediato de la piscina. Los espacios de circulación en ningún caso serán inferiores a 1,50 m.
- El área de recepción debe estar claramente delimitada y protegida por marquesina para los vehículos especiales y las ambulancias.

b. Aparcamientos para vehículos particulares:

- Reservar plazas destinadas a vehículos dedicados al transporte de personas con movilidad reducida, convenientemente dimensionadas y próximas a la entrada.
- El número de estas plazas deberá ser de una por cada 40/50 plazas o fracción del total (la recomendación europea es de un 10 % del total de las plazas).
- Deberán estar correctamente señalizadas estas plazas siguiendo las normas internacionales.
- El acceso debe ser seguro, con buena visibilidad e iluminado. Son convenientes los sistemas instantáneos de petición de ayuda.
- Las dimensiones mínimas de los accesos serán de 5 m. por 3,60 m. En caso de ser menores deberá disponerse de un espacio adyacente, seguro y de anchura no inferior a 90 cm. Otra posible opción será una vía de acceso de 1,20 m. entre dos plazas de 2,40 m. de anchura cada una).
- En caso de que existan máquinas expendedoras deberán ser accesibles.

c. Paneles informativos exteriores:

- No supondrán en ningún caso un obstáculo ni un riesgo, y estarán carentes de aristas o esquinas.
- Las señales verticales dejarán una altura libre de paso mínima de 2,20 metros desde su parte inferior.

---

1   Basado en IMSERSO. *Pregúntame sobre accesibilidad y ayudas técnicas*. Paterna (Valencia). La Imprenta Comunicación Gráfica; 2005.

- Deberán estar instaladas junto a la pared en las aceras estrechas o junto al bordillo en aceras mayores. Podrán ser de una cara en aceras estrechas y de dos caras en aceras anchas, dejando un paso de no menos de 1,50 m. para la circulación peatonal.
- En los itinerarios se colocarán señales indicadoras al principio y al final de los recorridos, y en los cambios de dirección.

d. Entrada a la piscina:

- Entrada principal deberá ser accesible.
- En caso de estar a nivel distinto existirán rampa y escalera como medio alternativo de subida o bajada. Ambos con pasamanos adaptados que sobresaldrán 0,40 cm. del principio y final de la escalera.
- Se crearán franjas de señalización antes del primer escalón y después del último, de la anchura del escalón, de pavimento táctil de acanaladura, de color contrastado.
- Los escalones serán de una altura máxima de 0,18 m. (entre 16 y 18 cm.) y profundidad mínima de 0,27 m. de perfil no incómodo ni peligroso. Los colores serán contrastados.
- La anchura mínima de la escalera y las mesetas serán de aplicación las medidas para edificios públicos y dependerá del flujo de personas que se prevea y del uso que se dé; no serán menores de:
  - Cruces ocasionales ≥1,20 m.
  - Cruces habituales ≥1,50 m.
  - Cruces continuos≥1,80 m.
- Para las rampas las medidas serán las mismas, si bien las mesetas de embarque y desembarque, y las intermedias tendrán una superficie para que quepa un círculo de diámetro ≥ 1,50 m.
- La pendiente de las rampas, determinada por la relación entre el desnivel que debe salvar y la longitud de la proyección horizontal, será el recogido en la Tabla 9.2:

Tabla 9.2. Pendiente de las rampas de acceso

Longitud de la proyección horizontal (L)	Pendiente máxima
6 m < L ≤ 9 m.	6 %
3 m < L ≤ 6 m.	8 %
L ≤ 3 m.	10 %

Fuente: Normativas oficiales.

- Dimensiones de las puertas:
  - En las de acceso exterior la anchura mínima libre de paso deberá ser de 1,20 m. mínimo.
  - En las otras puertas la anchura mínima libre de paso deberá ser de 90 cm. Con un ángulo de apertura mínimo 90º.
  - En ambos casos la altura mínima será de 2,20 m.
  - En todos los casos debe existir un espacio libre de 1,20 m. a ambos lados de la puerta.

e. Interior del edificio:
- El dimensionado del vestíbulo en ningún caso será menor de 1,50 m. de diámetro.
- Las dimensiones de los pasillos en ningún caso serán inferiores a los 90 cm. de ancho, y recomendable 1,20 m. mínimo. Cada 10 m. como máximo, el pasillo dispondrá de un espacio en el que pueda girar una silla de ruedas, cuyo círculo no tendrá un diámetro inferior a 1,50 m. Estarán libres de obstáculos por debajo de los 2,20 m.

f. Accesibilidad en eventos deportivos:
- Deben considerarse los mismos elementos contemplados para transporte público, aparcamientos e itinerarios hasta la piscina o el complejo deportivo.
- Las taquillas más próximas a la entrada deberán estar diseñadas de manera accesible, con una altura de mostrador no superior a los 80 cm.
- Frente a posibles puertas de acceso que resulten inaccesibles y de alto control, deberán habilitarse sistemas alternativos para personas con movilidad reducida.
- Deberán existir aseos accesibles entre la zona de entrada y el espacio reservado para las personas con movilidad reducida.
- Las instalaciones que no dispongan de zonas reservadas deben transformarse y adaptarse destinando el espacio de tres gradas (de 80 cm. de profundidad por 40 cm de alto), recreciendo las inferiores hasta la altura de la superior, creando una zona de 2,4 m. La ubicación adecuada son las primeras filas. En cuanto al número de plazas reservadas deberá seguirse la normativa en cada caso (p.e. una plaza reservada por cada 100 personas o fracción hasta un aforo de 5.000 espectadores y a partir de ahí se destinará una plaza reservada por cada 200 personas o fracción).
- Así mismo, cuando no existan, habrá que convertir la escalera o parte de ella en rampa de acceso.
- Los servicios complementarios habrán de ser totalmente accesibles (cafetería, tiendas, etc.).

Capítulo 10
QUÉ DEBE EVITARSE EN LA GESTIÓN DE UNA PISCINA

Como puede apreciarse por la lectura del texto que antecede, la gestión de una piscina consiste en la aplicación de un conjunto de intenciones, de acciones, de desempeños, distribuidos por las áreas en que se planifica su desarrollo, que se acometen de manera autónoma, aunque no independiente del resto, cuya intención última es facilitar la práctica de la natación a la mayor población posible, entendida en términos absolutos —no relativos que entra dentro de los límites legales de accesibilidad según superficie de la lámina de agua en cada momento— y con la máximas garantías de seguridad. Como consecuencia deberán evitarse cuantas acciones se opongan a estos, se podría decir, principios básicos de la gestión de una instalación deportiva con vasos para la práctica de las actividades acuáticas.

Como criterio se debería evitar cualquier acción que se opusiera a las intenciones y proposiciones que se incluyen en los capítulos que anteceden y sus apartados. El trabajo con indicadores para cada una de las áreas de actividad, y de cada uno de los procesos, suele ser un buen elemento de autoevaluación (o *feedback*) sobre los procedimientos que se están empleando y sus resultados. Bien planteados, los indicadores, pueden aportar información acerca del desarrollo e implementación de cada uno de los planes, de los programas y de los proyectos de la piscina.

La gestión de una piscina, como la de cualquier organización prestadora de servicios, no resulta una tarea fácil. Singularmente de una complejidad diferente en el caso de la natación y sus instalaciones por sus propias características y necesidades, como se ha podido apreciar a lo largo del texto.

Con la intención de ofrecer, a modo de síntesis, el contenido de las actuaciones que tienen un mayor peso en la gestión de las organizaciones deportivas con piscina, precisamente desde una perspectiva negativa, es decir, acciones que deben tratar de evitarse, se exponer algunos de los descuidos o de las omisiones de las que con mayor frecuencia se suelen presentar en la gestión de instalaciones deportivas, y en concreto en piscinas.

Es evidente que ni se darán todas ni serán todas las que acontecen en la cotidianeidad de la gestión. Tan solo se pretende que puedan servir de reflexión y de estímulo para mejorar.

Inconcreción acerca de la identidad de la piscina, su finalidad y sus intenciones

No definir con claridad la finalidad de la piscina es un hecho que debe evitarse. La finalidad es lo que se ha venido en denominar como «misión» y «visión» de una organización. En alguna ocasión hemos definido la misión de una entidad deportiva, club de natación, piscina, como el fin que tiende a alcanzar y al que subordina todas sus acciones y desempeños, para el cumplimiento de sus aspiraciones constitutivas y estatutarias; y como visión entenderemos la propuesta de una situación deseable que se pretenderá alcanzar a través de la planificación de los actuaciones a emprender, los fines y los objetivos, establecidos en un período de tiempo. Desde este concepto de planificación, nos gusta más hablar de finalidades y objetivos de la piscina que de misiones y visiones.

Así pues, la finalidad de una piscina debe quedar manifiesta a través de la «identidad corporativa» que, como ya se ha indicado, a través de ella se expone de qué tipo de organización deportiva se trata, cuál es su finalidad, qué pretende ser en tanto que organización de natación, cuáles los servicios deportivos que ofrece y qué beneficios para la persona pueden obtenerse a través de ella, y con qué garantías.

La identidad de la entidad de natación, piscina, club de natación, empresa de natación, lo constituirán su denominación (nombre de la entidad), su logotipo, su símbolo gráfico y su identidad cromática; y con el tiempo su valor añadido.

Así pues, ante todo deben definirse con claridad las intenciones de la piscina y su alcance, que en definitiva se corresponderán con los programas deportivos que desarrollará a lo largo del tiempo, como bien se expone en uno de los capítulos del texto.

Seguidamente, en cuanto a la proyección hacia el exterior conviene dejarse asesorar por especialistas al objeto de que la imagen que se diseñe exprese con claridad la identidad de la piscina o del club de natación, a la vez que resulte atractiva. La identidad de la piscina, su simbología, en lo que a su colocación y situación en el edificio se refiere, deberá estar bien a la vista y resaltar del entorno de manera destacada; a su vez estará presente en toda la documentación de la entidad.

En consecuencia deberán cuidarse con esmero estos elementos que identifican a la organización deportiva ante la colectividad y que tanta repercusión llegan a tener en los balances de su gestión. La diferencia en los resultados de la gestión, deportivos, sociales y también económicos de una entidad de natación, a veces tiene mucho que ver con estos aspectos.

No asumir los principios de la buena gobernanza en la gestión

El concepto y los principios de la gobernanza representan la manera en que la gestión debería hacerse para lograr un mejor uso del poder que se le otorga a la dirección, al gobierno de una entidad y de las atribuciones que ostentan quienes la desempeñan, quienes dirigen, y lograr una política deportiva más efectiva. En natación, los principios de la buena gobernanza supondrán una guía para utilizar de manera conveniente la potestad que le otorgan los socios, accionistas, los usuarios, a la junta directiva del club de natación o de la piscina, y la subsiguiente manera de desempeñar su cometido, como ya se ha expuesto.

Asumidos por la entidad de natación los principios de la buena gobernanza en su gestión, debe esforzarse en evitar toda acción contraria a cualquiera de ellos, o su aplicación sesgada. Entre las acciones más relevantes que debieran evitarse o erradicarse con premura, conviene mencionar las seguidamente recogidas como más frecuentes, ordenadas por cada uno de los principios.

a. Sobre el principio de *Apertura*. Debe evitarse, sobre todo:

- Dirigir la entidad sin una plena transparencia de la gestión, de las acciones realizadas o a realizar, o de los resultados —deportivos, sociales, económicos, políticos— mediante una total información, veraz, completa y entendible.
- No disponer, convenientemente aprobadas, las normas y los reglamentos acerca del buen gobierno de la organización en su conjunto, las normativas y los reglamentos del buen gobierno de cada una de las secciones deportivas (escuela de natación, grupo de entrenamiento, grupo de natación de adultos, etc.), así como de las demás áreas en que se estructura la entidad.
- No establecer sesiones informativas periódicas al conjunto de los miembros de la organización, a los usuarios, a los grupos de interés (*stakeholders*) y demás personas o entidades relacionados con ella.
- Cerrar o restringir la participación de la mujer en términos de igualdad, en la totalidad de los asuntos, competencias, desempeños, etc. de la piscina o club de natación.
- Evitar el acceso a la información fiable sobre la entidad deportiva, balances, datos, propuestas, resultados, etc. en especial de los capítulos económicos y de inventarios de bienes.
- Limitado uso de los canales derivados de las modernas tecnologías (páginas web, redes, etc.), como plataformas más accesibles y rápidas de comunicación y debate; y abiertas a la totalidad de los miembros de la organización de natación y los grupos de interés. O lo contrario, un uso excesivo con menoscabo de una comunicación directa y personal.
- No informar a los usuarios sobre sus derechos como tales, en el contexto del club o piscina, en especial a la población más joven, a la que de forma lamentable se la suele ningunear en estos menesteres.
- Así mismo, no informar acerca de las metodologías, los sistemas pedagógicos, los sistemas de entrenamiento etc., utilizados, sus intenciones

y finalidades, expuestos de manera clara y entendible según las capacidades de cada cual.

b. Sobre el principio de *Participación*, evitar en todo momento:

- Limitar la participación de la mujer en igualdad de oportunidades y proporción, en todos los estamentos de la entidad, junta directiva, sección de entrenamiento, escuela de natación, etc. (muy relacionado con el anterior principio).
- Restringir a los socios, accionistas, clientes, grupos de interés, vecinos de la localidad, la posibilidad de colaborar en la gestión de la asociación, la piscina, a través de sus opiniones y tomando parte activa en las decisiones que se aprueben, así como en la elaboración de las políticas deportivas del ente, en tanto que socios, y en especial en las piscinas de carácter público.
- No hacer uso de las posibilidades que ofrece la tecnología actual para favorecer e impulsar la participación, en concreto la creación de «redes» deportivas, como por ejemplo redes del equipo de competición, de la escuela de natación, de los integrantes en el grupo de adultos, etc. En el caso de las piscinas públicas, entendidas como un bien deportivo social, hace que resulte más notoria esta ausencia.
- Las piscinas públicas, en determinadas circunstancias conviene gestionarlas a través de entidades privadas, bien por clubes de natación, bien por empresas especializadas. Debe evitarse la obstinación en mantener el modo de gestión pública directa cuando las circunstancias invitan a poner en práctica otros modos, legales, a través de la participación social.
- No escuchar a los nadadores, clientes, usuarios, incluidos los niños y jóvenes, sus opiniones acerca del funcionamiento de los diferentes programas acuáticos, normas de funcionamiento, horarios, metodologías, etc. (en el caso de los más pequeños escuchar, además, a sus padres).

c. Sobre el principio de *Responsabilidad*, debe evitarse:

- Tomar las decisiones que afecten al colectivo que utiliza la piscina de manera unilateral, sin consultarle, sin saber sus necesidades, sus esperanzas, y no de manera consensuada.
- Dejar indefinidas las funciones y el nivel de responsabilidad de cada estamento de la organización, y muy en concreto de los implicados directamente en los procesos de enseñanza, entrenamiento y preparación física.
- No asumir, cada miembro de la piscina, su propia responsabilidad en el desempeño de sus cometidos, labores y funciones propias, inherentes al puesto que ocupa.

- No estar actualizados e informados los profesores de natación, entrenadores y monitores, sobre de las últimas novedades y tendencias en materia de pedagogía y metodología de la enseñanza, perfeccionamiento, el entrenamiento, de la natación, las actividades acuáticas y las demás áreas relacionadas,
- No hacer partícipes a los alumnos y deportistas, informándoles y solicitando su opinión, previa y posteriormente, acerca del contenido de cada una de las sesiones deportivas, sobre los métodos de entrenamiento y enseñanza utilizados, etc.
- Soslayar transmitir información veraz y en tiempo (transparencia), sobre el funcionamiento de las escuelas de natación, las escuelas de entrenamiento, los grupos de entrenamientos, a los padres y también a los propios alumnos y deportistas.
- Prescindir, así mismo, de dar información veraz y en tiempo, a los participantes sobre el funcionamiento de los demás programas acuáticos, como grupo de tercera edad, matronatación, natación para todos, etc.
- No asistir a las sesiones de los diversos estamentos del club, como las juntas de accionistas, juntas de gobierno, las comisiones de natación, comisión de enseñanza, comisión de entrenamiento y cuantas otras puedan darse.

d. Sobre el principio de *Eficacia*, así mismo, se debe evitar:

- Como ya se ha mencionado, no procurar en cada circunstancia la forma de gestión más acorde a la realidad del club o piscina, y a la realidad social.
- No esforzarse continuamente en determinar los puntos clave de la organización deportiva, y los puntos débiles, con el empeño de asegurar una buena gestión de la enseñanza de la natación, el perfeccionamiento, los entrenamientos y las actividades acuáticas en general.
- Falta de adecuación de los programas, sistemas, procedimientos, métodos de enseñanza y entrenamiento, a las características de las diversas secciones de natación, en cada temporada o periodo, basadas en estudios diagnósticos y en la aplicación de «indicadores» sociales, y en indicadores de gestión y deportivos.
- Demora en renunciar a los servicios, acciones, poco rentables económica, deportiva o socialmente, para mejorar la eficacia en la gestión del club, asociación o empresa de natación.
- Dejación en el fomento de la participación de la totalidad de los estamentos de la entidad en el proceso global de gestión (relacionado con el principio de participación).

e. Sobre el principio de Coherencia, evitar:

- Desarrollar políticas deportivas desvinculadas de los fines del club, de la piscina.
- Confundir necesidad con despilfarro, en términos de gestión.
- Descompensar las partidas de gastos de las de ingresos de la organización.
- Aprobar presupuestos de funcionamiento, generales y por secciones, discordantes con la realidad de la entidad, sus posibilidades y fortalezas.
- Emplear los mismos programas de entrenamiento a todos los equipos del club, sin distinción.
- Aplicar las mismas metodologías de enseñanza sin diferenciar niveles, edades, etapas de desarrollo o posibilidades personales.
- Proponer las mismas actividades, sin distinción de niveles, edades, intereses, a los integrantes de los programas acuáticos de natación para todos.
- Confundir los roles de educador, entrenador, profesor y preparador físico en algunos desempeños profesionales en la piscina.

f. Sobre el principio de *Proporcionalidad* (muy unido al de coherencia). Evitar:

- Desarrollar acciones de gestión, que superen o, por el contrario, no alcancen las posibilidades del club o la piscina; que exista por lo tanto una desproporción.
- Aprobar presupuestos de la entidad que superen las realidades contables, la economía, las fortalezas reales del club o piscina, tales como número de socios, cuotas, número de asistentes a los programas que se ofertan, precios por los usos, etc.
- Establecer objetivos deportivos muy superiores a las posibilidades reales de la entidad.
- En el caso de las piscinas públicas, desarrollar ofertas que no se ajusten a las necesidades no cubiertas por las otras entidades de natación de la localidad, y supeditada a la demanda latente que pueda existir (en sintonía con el punto siguiente).

g. Sobre el principio de *Subsidiaridad*

- Por las administraciones públicas, evitar ofertar actividades deportivas que puedan perjudicar a las entidades privadas dedicadas al fomento de actividades acuáticas, clubes y piscinas.

Falta de planificación

La finalidad de una piscina, de un club de natación, como bien se ha expuesto, se manifiesta a través de la planificación que desarrolle, anual o por temporadas. Lo contrario, la improvisación, tan frecuente todavía en gestión del deporte, se opone a una buena gestión y debe por lo tanto evitarse. Improvisación y planificación son modos de actuar que pueden considerarse como opuestos. La variedad de situaciones, de sistemas, de maquinarias, de entornos, genera una complejidad de procedimientos y técnicas que precisan de una conveniente secuenciación anticipada de acciones, esto es una planificación, para su correcto desempeño. A su vez la limitación de los recursos de las entidades deportivas, unido a la cada vez más imperiosa necesidad de tender hacia el desarrollo sostenible, son factores que secundan la necesaria labor planificadora en la gestión deportiva, entendida en natación, como el proceso de planificar y ejecutar las acciones, las competencias y los desempeños de la totalidad de los miembros de la piscina o club de natación, de forma coordinada y racional, bajo el enfoque de su finalidad como organización de natación, de la eficiencia de las acciones acometidas por sus miembros, la calidad de los resultados y la rentabilidad de los recursos invertidos.

Una adecuada planificación comienza por realizar un conveniente diagnóstico de la situación en la que se encuentra el entorno sobre el que se desea actuar. En el diagnóstico se deben analizar la totalidad de los factores, internos de la organización piscina, como externos a ella, que la definen. No realizar este análisis supone proponerse mejorar una situación, un estado, pero desconociendo su realidad, su punto de partida; desconociendo, precisamente, cómo se encuentra aquello sobre lo que se quiere actuar para su «mejora». Resulta obvio que no se puede mejorar algo que se desconoce en qué situación está; ¿cómo se pretende mejorar la planificación de los cometidos de una piscina si no se tienen datos de su gestión?

Las intenciones de la planificación en la gestión de una piscina, se pueden concretar, de manera no exhaustiva, en las seguidamente recogidas, presentadas en modo positivo; lo que implica que debe evitarse el actuar de manera contraria, evitar actuar sin:

- Ordenar y racionalizar las actuaciones de los miembros de la entidad (piscina, club).
- Reducir la incertidumbre de las decisiones que se deben tomar en cada actuación.
- Coordinar los esfuerzos de la totalidad de los miembros, lo que ahorra tiempo, medios y recursos. Y en esta línea, respetar el medio ambiente, evitando consumos en exceso y despilfarros y contribuir al desarrollo sostenible.
- Definir conductas esperadas, lo que precisa elaborar estándares de rendimiento.

- Diseñar nuevas propuestas y estrategias deportivas y de otro tipo, frente al aumento de la competencia, las modas del momento y los cambios de actividad en la actual sociedad tan cambiante.
- Ofrecer transparencia en la gestión, cada vez más exigida por la sociedad y en especial por los consumidores de la natación como deporte.
- Propiciar la formación continua y la autoformación de la totalidad del personal de la piscina.

Frente a todo esto no resulta infrecuente el que se siga optando por la improvisación, por prescindir de convenientes criterios, directrices y propuestas de gestión, elaborados de manera adelantada a su realización —planificada—, lo que no suele conducir al logro de resultados positivos, como los referidos. Evitar la ambigüedad de las posibles opciones a elegir para llevar a cabo una acción reclama adoptar mecanismos que reduzcan la incertidumbre y los despilfarros; a su vez, planificar evita situaciones de estrés y otorga racionalidad a la gestión. Son algunas de las razones que justifican el trabajo planificado en la gestión de una piscina, aunque bien sea por desconocimiento, por dejadez, o por la costumbre, con demasiada frecuencia se elude la realización de convenientes planificaciones y se recurre a la improvisación.

Despilfarros

Se han mencionado los despilfarros al tratar sobre los principios de la gobernanza, y constituyen una cuestión muy presente en la gestión deportiva (y de ordinario en toda gestión). El adecuado uso que se hace de los recursos disponibles en la piscina predispone hacia su buena gestión; un uso inadecuado, en general por exceso, se convierte en unos despilfarros que la deterioran.

Debe considerarse como despilfarro todo gasto, todo consumo, todo uso que excede a los menesteres mínimos para la buena ejecución de un proyecto, una acción, un acontecimiento o programa deportivo, programa de mantenimiento, programas deportivo social o cualquier otro. Desde un enfoque de la calidad los despilfarros son todo aquello que no le aporta un valor añadido a la prestación de un servicio. Partiendo de que cada acción supone un coste para la entidad de natación, es necesario determinar en cada caso qué o cuáles acciones forman parte de la calidad del servicio, cuáles resultan indiferentes y cuáles le restan calidad. De este modo se obtiene una primera consideración en la que deben diferenciarse, las acciones que conllevan un valor añadido, las acciones neutras, y las que suponen una merma de valor, es decir un despilfarro. Y a su vez deben traducirse a costos económicos; todo despilfarro deriva en un costo económico. Se incluyen unos ejemplos sencillos sobre acciones positivas, acciones neutras y acciones que constituyen despilfarros en la gestión de una piscina:

- Acciones positivas o desempeños «con» valor añadido. Por ejemplo:
  - Matricular (inscribir) a cursos de formación y actualización a los técnicos de la piscina y demás personal implicado en cada una de las áreas que conforman la gestión deportiva. Conllevan un costo para la piscina o el club, que debe contabilizarse.
  - Establecer normas uniformes de actuación para cada una de las áreas y en concreto para cada una de las secciones de actividades acuáticas. Conllevan unos tiempos —de realización, de exposición— que se deben traducir a costos (p.e. nº de horas x Precio de la hora de cada empleado).
  - Crear procedimientos de autocontrol y autoevaluación de los cometidos en la entidad de natación, con preponderancia del área deportiva. Así mismo comportan inversión de tiempos y sus consiguientes costos, si bien suponen importantes mejoras en la gestión.
- Acciones neutras o desempeños «sin» valor añadido. Por ejemplo:
  - Cambiar el nombre de los puestos laborales sin modificar las funciones. No suponen modificaciones en la gestión, ni tampoco, prácticamente costos.
  - Cambiar el formato de los carnés de socio, de los tickets de entrada, sin razón aparente. Tampoco aportan mejoras en la gestión (aunque sí pueden conllevar unos costos de confección).
  - Substituir el cartel de identificación de la piscina cada vez que se nombra una nueva junta directiva. No mejora la gestión. En el caso de que comporte costos resultaría una acción negativa.
- Acciones negativas o desempeños que «merman» valor añadido (despilfarros). Por ejemplo:
  - Obligar cada año a obtener un nuevo carné-ficha a los socios del club. No mejoran la gestión y sí suponen un costo para la entidad deportiva, para el socio o el usuario, a la vez que conllevan un empleo (costo) de tiempo para estos últimos.
  - Desaprovechar las capacidades profesionales del personal de la entidad deportiva, permutando cada año los puestos laborales. Sí tiene unos importantes costos de tiempos de aprendizaje y de eficacia de los desempeños, con la consiguiente merma de calidad, cuanto menos temporal.
  - Adquirir material deportivo para la piscina, previamente a conocer los programas y las actividades acuáticas planificadas para la temporada. Sí conlleva destacables costos económicos.

A continuación se pasa a analizar sobre qué elementos de la gestión, o afectados por ella, inciden estos costes, estableciendo, al menos, cinco grupos: La entidad deportiva en su conjunto, piscina o club de natación; las actividades acuático deportivas que prestan; el medio ambiente; la imagen de la entidad; el mantenimiento de la piscina.

En alguno de los ejemplos expuestos se aprecia que las acciones propuestas no pueden evaluarse en sí mismas, o al menos son de difícil evaluación. Puede por lo tanto hablarse de costos tangibles, los que pueden medir, y de costos intangibles, de difícil medición. A su vez se pueden subdividir en internos, que repercutan en la propia piscina, y externos, de repercusión sobre el entorno. Y también podrán ser sistemáticos, cuando tienen lugar con asiduidad (suelen estar motivadas por defectos en el sistema), o accidentales, debidos a causas fortuitas o a puntuales errores humanos.

Se han mostrado algunos ejemplos de costos tangibles internos. Se muestran seguidamente algunos costos intangibles, internos y externos:

- Costos intangibles internos. Por ejemplo, acciones que:
  - Disminuyan la motivación del personal.
  - Alteren el clima de la organización.
  - Desvaloricen la confianza de los socios, de los proveedores, de usuarios, clientes.
- Costos intangibles externos. Por ejemplo:
  - Pérdida de fidelidad de socios y usuarios.
  - Pérdida de interés en el entorno hacia las actividades acuáticas o los programas que se ofrecen.
  - Pérdida de la confianza de la entidad ante los demás organismos deportivos.

Y podrían establecerse otros criterios que convengan a la entidad deportiva, sobre el carácter de las acciones emprendidas o a emprender, como por ejemplo: acciones preventivas de futuro; acciones de ejecución de los programas; acciones de evaluación (entre otras muchas posibles).

Relacionar todas estas acciones permitirá obtener una parrilla resumen donde quedarán reflejados todos los desempeños realizados y, como consecuencia, la totalidad de los gastos (costes) que asume la piscina o el club de natación, lo que permitirá reconocer los que resultan positivos y aportan valor, los neutros o indiferentes y los que deben considerarse como superfluos o despilfarros económicos, deportivos, laborales, temporales y sociales.

a) Algunos ejemplos de despilfarros en la gestión de una piscina.

Si bien no puede generalizarse acerca de los gastos y costos de las instalaciones deportivas, como las piscinas, sí pueden exponerse ejemplos de algunos de los despilfarros más corrientes en el proceso de su gestión, agrupados siguiendo la sistemática antes referida:

- Costos tangibles internos:
    - No amortizar los productos adquiridos.
    - Compras y gastos de productos deportivos innecesarios.
    - Comidas y gastos de representación excesivos.
    - Encendido de las luces más tiempo del necesario o con mayor potencia de la necesaria.
    - Gastos de agua caliente en vestuarios por su deficiente regulación.
    - Calefacciones y aires acondicionados regulados con temperaturas excesivas.
    - Usos de productos de limpieza sin control.
- Costos tangibles externos:
    - Costos de los padres por llevar a sus hijos a las competiciones.
    - Demora en el pago de facturas a proveedores.
    - Incumplimiento de los horarios de apertura de la piscina.
    - Retraso en el comienzo de las sesiones acuáticas.
- Costos intangibles internos:
    - No considerar la capacidad creativa del personal de la piscina.
    - Deficientes –o falta de– planificaciones de actuación, improvisar.
    - No realizar cursos de formación y actualización para el personal.
- Costos intangibles externos
    - Colas para efectuar los pagos, obtener información, etc. (intangible temporal).
    - Cambios de fechas y horas de competiciones (intangible temporal y de otros costos).
    - Información deficientemente indicada o distribuida (intangible temporal y de otros costos).
    - Enfrentamientos entre clubes de natación.
- Periodicidad sistemática en despilfarros:
    - Agua de los vasos deteriorada con frecuencia (turbia, fría...).
    - Frecuencia de análisis positivos de germicidas en vestuarios.
    - Requerimiento de tres firmas autorizando cualquier compra menor.
    - Exigencia de un informe sobre cada gasto efectuado sin importar la cuantía.

- Periodicidad accidental en despilfarros:
  - Corte total de luz en un vestuario durante varias horas.
  - Luz encendida toda la noche en alguna de las dependencias de la piscina.
  - Grifo abierto durante todo el fin de semana.
  - Pérdida de un albarán de entrega de un producto.

Impactos medioambientales

La práctica de actividades acuáticas no deja de resultar saludable para la persona que se ejercita en este medio, si bien los gases generados por una piscina cubierta por la quema de combustibles, el gasto energético, el consumo de agua potable, los productos que utiliza a veces degradantes para el medio ambiente, y otras acciones más, producen unos niveles de contaminación que pueden resultar elevados en exceso y nocivos para el entorno y en general para el planeta.

Desde la perspectiva medioambiental la natación debe resultar saludable para quienes se ejercitan en una piscina, a la vez que protectora con el medio ambiente.

A partir de los diversos documentos sobre medidas para el control de la degradación medioambiental, de obligado cumplimiento unos (elaborados por cada país o estado), de recomendación otros (como el ya referido manual sobre deporte y medio ambiente del COI), cada gestor deportivo debiera elaborar una relación (desiderata) de las situaciones y las acciones que por su contenido pueden degradar el medio ambiente. Siguiendo a este manual, en la piscina, *grosso modo*, deben evitarse:

- Consumos incontrolados y excesivos de energía (se han citado en el presente texto algún modo de conocer su alcance). En concreto deben elaborarse mecanismos de actuación sobre:
  - Los sistemas de calefacción y refrigeración, y de ventilación de la piscina.
  - Los sistemas de iluminación de las playas y vasos, sobre todo, así como de los vestuarios, salas y pasillos.
  - Los sistemas de agua caliente sanitaria (ACS), en especial las duchas en vestuarios.
  - La maquinaria y los equipos (calderas, deshumectadoras, etc.).
- Los riesgos causados por el uso de sustancias químicas. Debe evitarse:
  - Evitarse o en su caso sustituirse las sustancias químicas que resulten nocivas.

- El almacenaje de estos productos sin las debidas medidas de precaución.
- Desoír las normas locales sobre salud y seguridad, así como las instrucciones de uso de los diversos materiales, maquinarias y productos.
- El tratamiento irrespetuoso con el medio ambiente, de estos productos, y falta de control periódico.
- Posibles ruidos y molestias ocasionados por el funcionamiento de la instalación (p.e. ruidos da las maquinarias), así como por las actividades que en ella se realizan (aglomeración de personas, horarios de apertura y cierre, excesiva iluminación exterior, etc.).

Del mismo modo, y de acuerdo con el propio COI, deben diferenciarse niveles de responsabilidad medioambiental, individual y colectiva, de manera que en unos casos corresponderá a la organización deportiva el tratamiento para su subsanación (piscina o club de natación, entrenadores y profesores) y en otros le corresponderá a la entidad la invitación para su reflexión por parte de los afectados subsidiarios, nadadores y usuarios, entrenadores, espectadores, padres, tal como se recoge en el capítulo 9 de la presente obra.

Y al margen de que las actividades físicas se realicen en una instalación deportiva artificialmente creada o se celebren en la naturaleza, el COI insiste en que debe prevalecer siempre, como criterio básico, el evitar cualquier acción que suponga un perjuicio para el medio ambiente. Como consecuencia deberán evitarse en todo momento, y ponerse todos los medios para que así sea:

- Contaminar las aguas.
- Tirar residuos sólidos.
- Emitir gases tóxicos.
- Contaminar o degradar los suelos.
- Participar en la deforestación.
- Disminuir la biodiversidad.
- Degradar el paisaje física o estéticamente.
- Disminuir los recursos no renovables.

Y a su vez, en lo que se refiere al desarrollo sostenible, es esencial que las actividades deportivas eviten siempre:

- Desperdiciar los recursos de materias primas, energía y agua.
- Marginar a un grupo o una parte de la población.
- Menospreciar la cultura y las creencias.
- Perjudicar las actividades económicas locales.

Falta, carencia de normativas o reglamentos

Los reglamentos de uso de una piscina consisten en un conjunto de normas que regulan su funcionamiento, facilitan su acceso, utilización y seguridad; aseguran el respeto hacia los usuarios y entre ellos, y hacia el personal de la instalación; y evitan el deterioro por mal uso o por su uso inapropiado, de la instalación en su conjunto, los materiales, los equipos y los enseres de todo tipo, como se ha expuesto anteriormente. Deben por lo tanto ser conocidos y aceptados por todas las personas implicadas en la gestión, muy particularmente por quienes van a hacer uso de ella.

En las instalaciones deportivas, como las piscinas, pueden considerarse dos tipos de documentos: a) los reglamentos de uso de la instalación, que tratan de regular que su uso y su funcionamiento sea el correcto y adecuado para cada caso, como garantía de seguridad para el deportista; b) y las normas de utilización de cada uno de sus espacios y dependencias que concretan los modos particulares para utilización, a la vez que adaptan, en su caso, las normas generales existentes de rango superior. Deben evitarse, entre otras, las siguientes situaciones:

- Ambigüedad en las especificaciones de carácter general, como acceso a la piscina, forma de pago, aforos, horarios, actividades desarrolladas.
- Carencia de normas generales sobre derechos y obligaciones de los usuarios.
- Imprecisión, cuando no carencia, de normas específicas de cada uno de los espacios y dependencias, de la instalación, acordes a sus características (zonas húmedas, pies descalzos, etc.).
- Ausencia de normas para el régimen de uso libre de los vasos y las demás zonas deportivas.
- Ausencia de normas para cada una de las actividades deportivas dirigidas.

Incumplimiento de los derechos del niño

El respeto a los derechos de las personas es un tema incuestionable, mayor si cabe en el caso de la infancia. En la gestión de las entidades deportivas debe ponerse un empeño exquisito en evitar que se vulneren los derechos del menor en su práctica deportiva, en la totalidad de los escenarios posibles.

La influencia que ejercen los medios de comunicación en la sociedad, en general, y en particular sobre los más jóvenes puede resultar muy motivadora, pero también comporta riesgos. Los padres y entrenadores confunden, en muchos casos la formación con el rendimiento inmediato y ven en el joven talentoso una posible inversión. Ese culto al campeón, esa cultura basada en el éxito puede, también, frustrar las expectativas de muchos jóvenes que al no poder alcanzar el objetivo abandonan el deporte.

Por otro lado, algunos responsables deportivos confunden los objetivos a la hora de organizar el deporte escolar o de base. Tienden a reproducir las características que prevalecen en el deporte espectáculo o de competición. Esa influencia mediática es la que explica las contradicciones que se plantean a la hora de orientar el deporte escolar y también el deporte para todos. Se produce, en algunas ocasiones, una instrumentalización política del deporte, y se utiliza este fenómeno mediático como argumento central en las políticas deportivas de algunos gobiernos o administraciones. Se trata de un deporte de consumo, espectáculo de masas que se consagra como una de las dimensiones más visibles de la vida social en las sociedades avanzadas contemporáneas. El deporte competitivo continúa estando entre las prácticas deportivas populares y, resulta mayoritaria la población que desearía que un hijo/a hiciera deporte de alta competición o deporte profesional. «La popularidad y las elevadas recompensas económicas que alcanzan algunos deportistas profesionales y de alta competición, magnificado todo ello por los medios de comunicación, propician esta imagen positiva y altamente deseada» (García Ferrando, 2005).

Un detenido repaso a los derechos de la niñez, y entre ellos en concreto sus derechos hacia el deporte, permitirá reconocer y denunciar situaciones en las que no se cumplen o se vulneran esos derechos. Entre las más frecuentes que tienen lugar en el entorno de las actividades acuáticas, se pueden mencionar[2] (68):

- El primer derecho que con más frecuencia se vulnera es la posibilidad de practicar deporte, entendido en términos más universales.
- En el presente caso, la imposibilidad de elección de las actividades acuáticas como deportes a practicar.
- También se da el caso contrario, la imposición a la fuerza de asistencia a sesiones de natación o de otras de las posibles actividades en el agua.
- Carencia de una conveniente planificación educativa de la enseñanza de la natación por la entidad, piscina o club de natación, que especifique los objetivos educativos, edades, metodología a utilizar, actividades, etc.).
- Programas y sesiones de enseñanza, de perfeccionamiento, de entrenamiento, dirigidas por un profesorado poco cualificado o preparado.
- Cursos de enseñanza de la natación masificados con un número excesivo de niños y niñas.
- Entrenamiento excesivo para la edad de los jóvenes.

---

2   Basado en Mestre J. A. El derecho deportivo del niño y el derecho a saber nadar, en Navarro F.; Gosálvez M.; Juárez D. *Natación+*. Real Federación Española de Natación (RFEN). Sevilla: CLV Libros; 2017, pp. 771-807.

- Tiempo limitado, generalmente en defecto, en los cursos de aprendizaje.
- Discriminación por razón de religión, ideología de los padres, estatus social, o cualquier otra circunstancia, en las inscripciones, composición de los grupos, participación en los programas, etc.
- Falta de respeto a la equidad de género en las inscripciones a los cursos y actividades, en la composición de los grupos, etc., así como separar niños y niñas en la composición de los grupos o los equipos.
- Falta de atención hacia la integración y la socialización de cada uno de los niños y niñas en el grupo, a la vez que se respetar cada individualidad.
- Empleo de pedagogías no fundamentadas en la educación integral del joven, o de metodologías y didácticas no adaptadas a sus fases evolutivas y posibilidades.
- Metodologías y pedagogías no adaptadas a los niños y niñas con limitaciones físicas o psicológicas, o no integrarlos, en la medida de lo posible, en los cursos ordinarios.
- Deficiente información a los padres y madres acerca de los objetivos metodológicos de los programas de enseñanza, entrenamiento etc. así como del contenido y los resultados de cada una de las sesiones.
- Tiempos de actividad no apropiados a las condiciones y peculiaridades individuales de cada niño y niña y su grado de predisposición hacia en medio acuático.
- Enseñanza de la natación exclusivamente como primera etapa de una trayectoria deportiva enfocada al éxito, al logro en la natación de competición.
- Especializar en un estilo concreto y único desde las primeras sesiones de la enseñanza o el perfeccionamiento acuáticos.
- Imposibilidad para continuar en la práctica de la natación finalizada la fase de aprendizaje básico de la natación, por motivos ajenos al niño o sus padres.
- Deficiencia en las medidas sanitarias obligatorias en cuanto a higiene, temperatura del agua y del ambiente, vestuarios adecuados, etc.
- Carencia de las medidas de seguridad obligatorias, y de los materiales adaptados necesarios.
- Piscinas no adaptadas y con barreras arquitectónicas de acceso, de tránsito o de entrada al agua.
- Ausencia de espacios que posibiliten la intimidad de los niños y niñas en vestuarios.
- Y sobremanera se vulneran completamente los derechos de la infancia y la juventud si se aplican maltratos o castigos físicos, verbales o psicológicos durante las sesiones.

REFERENCIAS BIBLIOGRÁFICAS

Otra bibliografía consultada

Análisis sociocultural + Comunicación (Alcalá consultores) (2016). Encuesta nacional de Hábitos de Actividad Física y Deportes en la población de 18 años y más. Informe final. Santiago de Chile: Ministerio del Deporte, Instituto Nacional de Deportes del Gobierno de Chile.

Blázquez D. *La iniciación deportiva y el deporte escolar*. Barcelona: INDE; 1995.

Boquera Oliver M. *Estudios sobre el acto administrativo*. Madrid: Civitas; 1982.

Cagigal J. M. *El deporte en la sociedad actual*. Madrid: Editora Nacional; 1975.

Centro Latinoamericano de Administración para el Desarrollo (CLAD). *Código Iberoamericano de Buen Gobierno*; 2006.

Cerezo R. (Coord.). *Manual de Mantenimiento de Instalaciones Deportivas*. Fundación Deportiva Municipal. Ayuntamiento de Valencia; 2011.

Comisión de las Comunidades Europeas (2001). *La gobernanza europea. Un libro blanco*. COM (2001) 428 final. Bruselas.

Comisión Europea de la Educación. *Año europeo de la educación a través del deporte, 2004*. Bruselas: Consejo de la Unión Europea; 2003.

Conesa J. (Dir.) (2010). *Mantenimiento de Instalaciones Acuáticas*. Instituto Andaluz del Deporte. Consejería de Turismo, Comercio y Deportes. Junta de Andalucía.

Consejería de Economía y Consumo, y Consejería de Deportes, de la Comunidad de Madrid(2008). *Guía de eficiencia energética en instalaciones deportivas*. (Descargable en formato pdf desde la sección de publicaciones de las páginas web:www.madrid.org —Consejería de Economía y Consumo, organización Dirección General de Industria, Energía y Minas— y www.fenercom.com)

De la Iglesia G. *Régimen jurídico del deporte en edad escolar*. Barcelona: Bosch; 2004.

Di Donato D. *Hábitos deportivos de los cordobeses.* Diplomatura en Gestión Deportiva. Secretaría de Postgrado y Educación Continua. UBP, CMS; s.a.

Dirección Nacional de Determinantes de la Salud e Investigación. Ministerio de Salud de la Nación. *Directrices Sanitarias para Natatorios y Establecimientos Spa.* Serie: Temas de Salud Ambiental n° 12. Programa de Calidad de Agua y Salud Departamento de Salud Ambiental. Ciudad Autónoma de Buenos Aires: Departamento de Salud Ambiental; 2014.

EOI Escuela de Negocios, Centro de Eficiencia Energética de Gas Natural Fenosa. Manual de eficiencia energética para pynes. 04 Centros deportivos. CNAE 93.1.

García Ferrando, M. *Aspectos sociales del deporte.* Madrid: Alianza; 1990.

García Ferrando M. *Encuesta sobre hábitos deportivos de los españoles. Avance de Resultados.* Madrid: C.S.D.; 2005.

García Ferrando M. y Mestre J. A. *Los hábitos deportivos de la población de Valencia (2000).* Valencia: Ajuntament de Valencia; 2002.

Hontangas Carrascosa J. *El Derecho a la salud en el deporte.* Madrid: Reus; 2016,

Hontangas Carrascosa J. *El Deporte no competitivo en España.* Madrid: Bosch; 2012.

Hontangas J.; Mestre J. A.; Orts F. *La gestión participada en el deporte local.* Madrid: Reus; 2014.

Hontangas J.; Mestre J. A.; Orts F. *El interés general como principio rector de la acción pública en el deporte local.* Madrid: Reus; 2017.

Hontangas J.; Mestre J. A.; Orts F. *Género y deporte (el camino hacia la igualdad).* Madrid: Reus; 2018.

Institut Català d'Energia (Contingut tècnic: Salas A.;, Sant Martí, M.; Valero N.). *L'Energia a les instal·lacions esportives.* Barcelona: Generalitat de Catalunya Departament d'Empresa i Ocupació; 2012.

Ley Argentina del Deporte. Ley n° 20.655. Promoción de las actividades deportivas en todo el país. Sancionada: marzo 21 de 1974. Promulgada: abril 2 de 1974.

López F.; Segador C.; Encinas D. y Cuadros L. "Análisis de la eficiencia energética de una piscina pública climatizada mediante energía solar térmica y biomasa", en XVI Congreso internacional de Ingeniería de Proyectos, Valencia, 11-13 de julio de 2012.

Mandel R. D. *Historia Cultural del Deporte.* Barcelona: Bellaterra; 1986.

MEC. *Carta Europea del Deporte.* Madrid: CSD; 1992.

Mestre J. A. *Planificación deportiva, teoría y práctica.* Barcelona: INDE; 1995.

Mestre J. A. *Gestión de entidades con piscina.* Sevilla: Wanceulen Deportiva; 2010.

Mestre J. A. y García E. *Manual de la legislación y reglamentación del deporte local.* Madrid: FEMP; 2000.

Mestre J. A. y Orts F. *Gestión en el deporte.* Sevilla: Wanceulen; 2010.

Navarro, F. *Pedagogía de la natación*. Valladolid: Miñón; 1978.

Navarro F.; Gosálvez M.; Juárez D. (eds.). *Natación+*. Real Federación Española de Natación (RFEN). Sevilla: CLV Libros.

Millán A. *Legislación Deportiva*. Barcelona: Códigos Ariel; 2004.

Ministerio de Desarrollo Social Secretaría de Deporte. Subsecretaría de Planeamiento y Gestión Deportiva Dirección Nacional de Deporte Social Dirección de Fomento Deportivo. *Plan Nacional de Deporte Social 2013-2016*.

Norma Argentina IRAM-ISO 9000. Segunda edición 2015-09-25. Sistemas de gestión de la calidad. Fundamentos y vocabulario (ISO 9000:2015 Traducción oficial, IDT). Quality management systems Fundamentals and vocabulary.

Orts F. *La gestión municipal del deporte en edad escolar*. Barcelona: INDE; 2005.

Orts F. *Propuestas para la gestión deportiva en municipios pequeños*. Actas del I Congreso de Gestión Deportiva. Valencia: GEP-ACV; 2002: 110-123.

Orts F., et al. *Programación en la Iniciación Deportiva: Paradigma Investigación-Acción*. Colección Aula Deportiva. Valencia: Ayuntamiento de Valencia; 1999.

Pachot Zambrana K. L. *El derecho al deporte en la Constitución y las normas de ordenación del deporte en Cuba*. Tesis doctoral de la Universidad de Oriente. Ciudad de La Habana: Editorial Universitaria; 2008.

Presidencia de la Nación. Ministerio de Educación y Deportes. Secretaría de Deporte, Educación Física y Recreación. República Argentina. *Plan Estratégico 2016-2020*.

Salas A. *Indicadores de eficiencia energética: cómo reducir costes y mejorar la imagen corporativa*. Barcelona: Institut Català d'Energia (ICAEN); s.a.

Sociedad Argentina de Pediatría. Subcomisión de Prevención de Accidentes. Consenso Nacional de Prevención del ahogamiento. *El niño y el agua. 1ª parte*. Arch Argent Pediatr 2009; 107(3):271-276.

VV AA. *Guía del Concejal de deportes*. Madrid: FEMP; 2000.

VV AA. *Pla estratègic de l´esport a Barcelona*. Barcelona: Ajuntament de Barcelona; 2002.

VV AA. *Plan General del Deporte en Andalucía*. Andalucía: Consejería de Turismo y Deporte, Junta de Andalucía; 2001.

Zambrana M. *Historia y breve evolución del deporte en España. Desde la educación física de Amorós a la gestión del siglo XXI*. Madrid: Cuadernos Técnicos del círculo de gestores; 2005.

NATACIÓN

COLECCIÓN: NATACIÓN, DESDE LA ENSEÑANZA AL ALTO RENDIMIENTO

DIRECTORES DE COLECCIÓN

Fernando Navarro
- Doctor en Ciencias del Deporte UPM
- Master En Alto Rendimiento Deportivo COE/UAM
- Maestro- Entrenador ENE/RFEN
- Entrenador Olímpico

Antonio Oca
- Director Técnico de la FNCLM
- Profesor ENE/RFEN
- Ex Seleccionador Nacional de Jóvenes

SERIE 1 / **ENSEÑANZA**
1. Cómo lograr la competencia acuática
2. Las primeras brazadas en el medio acuático
3. La enseñanza de la natación deportiva

SERIE 2 / **BASES DE LA PRÁCTICA**
1. Identificación del nadador con talento y el entrenamiento hacia la excelencia
2. Perfeccionamiento técnico de los estilos
3. Perfeccionamiento técnico de salidas, virajes y llegadas

SERIE 3 / **DESARROLLO DE ALTO RENDIMIENTO**
1. El entrenamiento de la resistencia
2. El entrenamiento de la fuerza
3. El entrenamiento de la velocidad
4. La planificación del entrenamiento para competición
5. Cómo mejorar el rendimiento en las pruebas de 50 y 100 m / 200 y 400 m / 800 y 1500 m
6. Cómo mejorar el rendimiento en las pruebas de aguas abiertas

SERIE 4 / **CONTENIDOS DE APOYO**
1. La gestión de las piscinas de uso público: derechos, programas y garantías
3. La monitorización y el control del entrenamiento
4. Biomecánica de la natación
5. Fisiología de la natación
6. Entrenamiento psicológico
7. La alimentación del nadador

Cómo lograr la competencia acuática

JUAN ANTONIO MORENO MURCIA
Universidad Miguel Hernández de Elche

LUIS MIGUEL RUIZ PÉREZ
Universidad Politécnica de Madrid

Colección:
Natación: desde la enseñanza al alto rendimiento
ISBN: 978-987-4434-76-0
Páginas: 184

Esta obra propone un *nuevo enfoque de enseñanza acuática* en la que se apuesta por la necesidad de cambiar y de repensar los escenarios acuáticos de enseñanza y desarrollo de la competencia acuática.

Por ello, además de desarrollar el concepto de "competencia acuática" y describir su evolución en el nivel comportamental, afectivo y cognitivo, presenta una forma concreta de enseñarla y evaluarla: el *Método Acuático Comprensivo*. Se trata de una metodología motivante, que impulsa a la acción, que mejora la atención y el tiempo de reacción, que traslada lo aprendido al contexto social y que favorece la regulación de las emociones positivas. Está centrado en el alumno y tiene en cuenta las diferencias individuales respecto de los factores metacognitivos-cognitivos, motivacionales-afectivos, evolutivos y sociales. Todo ello en función de que aprendan a usar la inteligencia para dirigir la acción de su comportamiento de forma activa en pro de su autonomía.

Así se describe tanto las conductas apropiadas e inapropiadas como sus consecuencias, empleando términos explícitos y claros. Se anima a los alumnos a buscar las metas que supongan un reto –pero que esté a su alcance– y a que regulen su conducta. Se considera el éxito en términos de mejora más que en términos de comparación con otros, que se produce como resultado del esfuerzo, también este formativo.

Por el *aprender haciendo*, por el descubrimiento por sí mismos de los principios, conceptos, teorías y leyes, por la comprensión profunda producida por el razonamiento práctico, crítico y creativo, y por los efectos permanentes que puede producir, este método de enseñanza podría significar un punto de inflexión para el lector comprometido con esta labor.

www.ingramcontent.com/pod-product-compliance
Lightning Source LLC
Chambersburg PA
CBHW071812230426
43670CB00013B/2432